U0096602

文化、經典與閱讀

——李威熊教授七秩華誕祝壽論文集

黃忠慎　主編

前言

　　本書是慶祝李威熊教授七秩華誕的論文集，全書共收〈郭店《老子》文本性質再探〉、〈從天命、天爵、五儀之義理關係談儒家的生命教育〉、〈漢魏晉南北朝「騷」、「賦」分合述論：一個文學與文化觀點的考察〉……等十二篇論文，所有作者都是李威熊教授的弟子，內容涵蓋文化、經典與閱讀等各個層面，若以傳統的國學分類而言，則義理、考據、詞章兼而有之，這些論文涵蓋面之廣泛，也反映出李威熊教授治學之多重面向。

卷首語

——我們的敬服與感恩

一

近些年來，我們都懷抱著歡喜的心來迎接每一年的 1 月，只因為我們的恩師李公威熊教授的生日就在這個月份，而民國 99 年的 1 月，對於我們來說，更是具有極為特殊的意義：

恩師要過七十大壽了！

早在五年前，我的學妹林素珍老師就有為恩師出一本祝壽論文集的想法，但因有同門表示六五壽慶的意義遠不及七秩華誕那般莊重盛大，於是我們決定等五年後再說。轉眼間，五年過去了，恩師七十華誕對於我們這些門下弟子而言，確實值得大肆慶祝，於是而有了這本論文集的問世。

二

我們的恩師李威熊教授研究中國經學四十年，是臺灣國學界中的權威人士。曾擔任國立編譯館小學、國中、高中國語文教科書編審，中華民國孔孟學會執行秘書十年（民國 68～77 年），參與《中國文化百科全書》編輯工作，任高普考、特考典試委員二十餘次，並以《根葉集》一書獲頒「中興文藝獎」。民國 88 年教師節，恩師接受總統府

的邀請,在中樞紀念孔子誕辰大會上,向總統、副總統、五院院長、各部會首長報告〈孔子的全人教育思想〉。會後應許水德院長之約,再到考試院作專題演講。這樣的經歷,我們做弟子的實在與有榮焉。

　　恩師平日在教學、研究、服務之餘暇,以從事推廣閱讀及弘揚中華文化為己任。幾年前在其家鄉南投草屯成立九峰書院,初步達成其生平之美夢,七十大壽之後,進一步經營書院,實可預期。

三

　　恩師於民國 64 年榮獲國家文學博士學位,消息披露在臺灣的幾家報紙上,我個人初次獲悉李老師的大名,就是在報紙上看到這則消息。在我讀政大中文所碩士班時,有一陣子,李師來代高師仲華上課,上課前我從其姓名直覺以為是一位成名已久的前輩學人,見了面才知是一位文質彬彬、氣質極佳的年輕老師。

　　老師在班上廣受歡迎,上課時幾次強調他來自南投草屯鄉下,臺中師範學校畢業,在小學、中學教過書,政大中文所博士班畢業後,到靜宜文理學院擔任系主任,現在回到母校政大來專任。迄今,談到李老師,我總是想到師專與靜宜這兩個名詞,我對這兩校有莫名的好感也是因為李師的緣故,後來,我拿到博士學位後,也在老師的舉薦下進入靜宜大學專任。

　　老師於民國 79 年遷回南投草屯,並幫助彰化師大規劃國文系,次年成為彰化師大國文系創系主任,當年我與臧汀生學長亦在老師的提攜之下進入彰師國文系任教。

　　在李師進入國文系之前,同門年双兄、燉彬兄已先在國文系的前身——共同科的國文組專任,國文系正式成立後,李師門下又有我與清泉兄、維杰兄、素珍師妹先後幸運地可以跟在恩師身邊,有持續學習的機會。恩師從彰師退休,改往逢甲大學專任後,又有慧霜女棣(恩

師與我共同指導其碩士論文）通過嚴格的審核，進入彰師國文系專任。我們這本祝壽論文集，十二位作者中，有六位任教於彰師，這是最主要的原因。

四

恩師博學多聞，著作等身，其治學特重會通博綜的工夫，已出版的著作包括：《經典釋文引說文考》、《馬融之經學》、《漢書導讀》、《董仲舒與西漢學術》、《論語述要》、《問學叢談》、《根葉集》、《民俗文化的歸向》、《中國的經學》、《中國文化精神的探索》、《國學常識與應用文》、《國學常識》、《中國經學發展史論》、《三民主義文藝的本質》、《孟子的故事》、《成人教育論著目錄》、《大學國文選》、《大學國文精選》、《早期神仙思想的養生之道》、《心影片片》、《遇見現代小品文》、《魏晉玄學家的故事》等二十餘種，另有《隋唐經學》與《群經大義》兩書正在排印中，即將出版。期刊論文部分則有〈清代吳派經學評述〉、〈清初經學的復興運動〉、〈從中國語文特質看對古典詩歌形式結構的影響〉、〈五經含文與反經合道——談《文心雕龍》宗經的文學觀〉、〈《漢志》稱諸子「論六經之支與流裔」疏證〉、〈王通續經、擬經及其儒風反古析論〉……等數十篇。整體觀之，恩師著作有專業論述與大眾讀物兩大類，文字流暢平順，內容深淺得當，且讀其書、文如見其人，有時候，我們拜讀恩師大作，就猶如面對恩師聽講一般，備覺親切。

五

恩師不僅道德、學問俱佳，行政方面的長才更是有目共睹，就以國立彰化師範大學來說，恩師受託，於民國 80 年擔任彰化師大國文系

創系主任，曾經同時身兼三職：國文系主任、進修部主任、成人教育中心主任（民國 82 年～83 年），其後榮任教務長（民國 83～88 年），也曾被委以重任，出任彰化師範大學代理校長（民國 87 年 12 月～88 年 5 月）。彰化師大之外，恩師擔任過南投縣福龜國小教務部主任（民國 48 年～51 年）、臺北木柵國小導師（民國 52 年～55 年）、臺市立金華女中導師（民國 57 年～61 年）、省立臺中師專講師兼導師（民國 62 年～65 年）、靜宜文理學院中文系主任（民國 65 年～67 年）、國立政治大學中文系主任（民國 68～79 年）、逢甲大學人文社會學院院長（民國 93 年～96 年）。恩師從事教育工作超過四十年，大概只有初到逢甲大學專任期間較為悠閒，多數時候都是教學、研究、服務並重，生活顯得極為忙碌而充實。

六

　　恩師能者多勞，除了在學校從事教育工作之外，行有餘力，又曾擔任過考試院國家高普考試典試委員（民國 67～80 年）、國防部理論研究委員（民國 72～74 年）、國立編譯館教科書編審委員（民國 72～89 年）、教育部國語科審查主任委員（民國 84～88 年）、教育部科學及人文社會學科指導委員會指導委員（民國 74～76 年）、行政院新聞局諮詢組（文學哲學歷史小組）委員（民國 78～80 年），以上是政府機關。至於非官方學術機構方面更是可觀，包括：中華民國孔孟學會執行秘書（民國 67～77 年）、中國古典文學研究會理事（民國 67～92 年）、中華民國孔孟學會理事（民國 70～96 年）、中國文字學會理事（民國 85～92 年）、《孔孟月刊》主編小組（民國 85～96 年）、中國經學研究會常務理事（民國 86～92 年）、中國訓詁學會監事（民國 86～92 年）、《國文天地》編輯顧問（民國 86～96 年）、南投閱讀學會理事長（民國 95～96 年）、義守人文社會學報校外編輯（民國 95～96 年）、

中國語文月刊編輯委員（民國 95～96 年）、僑光人文社會學報校外編輯委員（民國 95～96 年）、文哲期刊編輯委員（民國 96 年）、《中國學術年刊》校外編審委員（民國 96 年）、《國文學誌》校外編審委員（民國 96 年）、臺灣閱讀文化基金會董事（民國 96 年）等。這樣的資歷，我們所有弟子加起來也難以望其項背。

七

　　恩師格局宏大，聲名遠播，故亦被國際學術單位相中，其在國際學術單位任職的經歷包括：1、國際退溪學會創始會員、學會理事（民國 68～75 年）。此一學會創立於 1979 年，以韓國著名儒學學者李退溪命名，以推廣國際儒學為宗旨，分會遍佈韓國、日本、臺灣、俄羅斯、香港、美國、德國等，永久會址設於韓國首爾。2、法國第七大學訪問教授，講授國際漢學（民國 77～78 年）。巴黎第七大學（Université de Paris 7 - Denis Diderot），又稱「德尼‧狄德羅大學」，成立於 1971 年，是一所綜合性大學，歷年來致力於國際漢學之推廣與研究。3、國際儒學聯合會顧問（民國 82～87 年）、理事（民國 88～92 年）。國際儒學聯合會（International Confucian Association）是由臺灣、中國、美國、韓國、日本、新加坡、德國、越南、俄國等國家與儒學研究有關的學術團體和個人發起成立的國際學術聯合組織，永久會址設於北京。

八

　　我們的恩師學經歷俱佳，數十年來在教育界、學術界付出了無數的心血，迄今仍著述不輟，由此贏得了極佳的口碑，所有門人都清楚地看到這一點，也因此對之欽敬萬分，而其讓我們最感窩心的則是，

恩師面對弟子、後學，永遠出之以最溫煦和藹的態度，讓我們一直有如沐春風的感覺，甚至，在電話中向恩師請益問安，也能從話筒彼端強烈感受到恩師對我們的體貼與關心，我們對於恩師的佩服與感激是與日俱增的。現在，恩師要過七十華誕了，我們僅以此論文集為仁者壽。

民國 99 年 1 月　門人黃忠慎敬誌於彰化師大研究室

目　次

日治時期吳鳳傳說的建構

王年双

彰化師範大學國文系教授

摘　要

　　有關吳鳳的歷史討論是從日治時期開始，而有關吳鳳的神話傳說，也在日治時期有了很大的開展。像中田直久的《殺身成仁通事吳鳳》就是最早建構吳鳳神話的著作。過去很多人以為日本人建構吳鳳神話，主要宣揚吳鳳祛除原住民之陋習，不惜犧牲生命，這也引來了鄒族人對文化歧視的抗議。事實上，日本人建構吳鳳神話，有其時代背景，是當時嘉義廳長津田毅一的想法，原本只是區域性的目的，漢人是主要的對象。它後來引起總督府的重視，其實也是間接的，至於對漢人的影響，是通過以漢詩創作的士紳，也是有限的。至於對原住民的歧視，那不是當時政治和學術高度所能掌握的。

關鍵詞：日治時期、吳鳳神話、原住民

　　現在對吳鳳的認識，一般都認為真有其人。但在清領時期，知道有吳鳳這個人的人不多，因為有關吳鳳的記載很少，而且簡單。同時，吳鳳故事直接以傳說面世，也沒人懷疑其人真假，便沒作任何討論。

　　有關吳鳳的歷史討論是從日治時期開始，而有關吳鳳的神話傳說，也在日治時期有了很大的開展。像中田直久的《殺身成仁通事吳鳳》、三浦幸太郎《義人吳鳳》、佐藤房吉《吳鳳》、松田織太郎《吳鳳》，還有連橫的《臺灣通史》（臺北：臺灣省文獻委員會，1955）等都是。

　　臺灣甫「光復」，嘉義市長宓汝卓即創設紀念吳鳳的吳鳳康樂區，該區建設委員會秘書江天柱隨即發表《吳鳳傳》和《吳鳳歌劇》，同時省教育廳採用吳鳳遺烈為國民學校教材，並在達邦社設立吳鳳鄉公所，省農業試驗所核准南美熱帶產的人心果命名為吳鳳柿，這些還是地方性的活動。國民政府遷臺，總統蔣介石七上阿里山，1951 年 10 月又來避壽，召地方父老詣吳鳳事蹟，命嘉義縣長林金生重修吳鳳廟，1953 年 11 月 12 日落成，頒賜「舍生取義」匾額，1959 年 3 月 19 日還親自蒞廟獻花，而在 1950 年曾前來憑弔吳鳳的考試院長賈景德，也為新廟撰《重修吳鳳廟碑》立石，同時林熊祥等編著的《臺灣文化論集》、吳海天編著的《中華民族英雄評傳》錄有吳鳳傳，吳鳳正式成為國家宣傳的人物。將吳鳳故事編入小學《國語》與《生活與倫語》課本。同時也拍攝了故事片《阿里山風雲》（1950 年，萬象）、《吳鳳》（1962 年，臺製），以為宣傳。一些公私立團體也配合宣傳，嘉義市有吳鳳路，學校有創辦於 1953 年的吳鳳中學，後改制為商專、工專，今名吳鳳技術學院。在這時，對歷史討論變少了，神話傳說的編造增加了。

　　詭弔的是，曾被蔣介石召見的首任吳鳳鄉長高一生，次年 9 月被捕，誣指組織「蓬萊解放委員會」，與同案湯守仁、縣警局巡官汪清山、達邦村村長方義仲等人，在 1954 年 2 月 23 日被槍斃，樂野村村長武義德及嘉義縣參議員杜孝生醫生在綠島關了 23 年，他們都是鄒族菁英，吳鳳所「教化」的原住民後裔。

但就在傳說編造之後，也有人開始對吳鳳的傳說和歷史進行質疑。像林衡立〈阿里山曹族獵首風俗之革除〉（1950 年）、章怡〈吳鳳異說〉（1957 年）、倪搏九〈吳鳳死事考正〉、毛一波〈吳鳳傳說的演化〉（1966 年），[1] 分別從獵首祭的革除、殺吳鳳的動機、吳鳳的功績等加以討論，不過，在具有政治高度的宣揚吳鳳精神下，未能引起重視。直到 1980 年 7 月 28 日陳其南在《民生報》發表〈一則捏造的神話──吳鳳〉，才引起社會關注，夾雜了人權運動、族群問題，進而點燃官方和民間爭議的炮火。

1984 年原住民運動興起，認為「吳鳳神話」扭曲了原住民形象，剝奪原住民歷史詮釋的權利，因此，破除「吳鳳神話」是運動初期的重心。就在吳鳳公園開幕的同時，鄒族青年在靜坐抗議。1988 年林宗正牧師率領數名原住民青年以電鋸拆毀嘉義車站前的吳鳳銅像，同年教育部長毛高文下令刪除小學課本裡的吳鳳故事。次年 3 月 1 日內政部將吳鳳鄉改為阿里山鄉。「吳鳳神話」破除了，憤怒似乎平息了。

至於吳鳳廟，在 1974 年在東廂闢吳鳳陳列室。殿中懸有國民黨大老孫運璿、邱創煥和林洋港的贈匾。還在 1985 年增建後殿及廂房，完成雙進格局，同時建紀念公園，漢寶德設計監造，加入了崇仁館、尚義館等靜態、動態陳列館及根香廳、益智館與管理中心，完工後，也和縣內所有三級古蹟一樣，都趕上了當年 11 月 27 日內政部的第二批公告。

個人無意討論戰後種種爭辯，只對本地學者指斥日本人捏造吳鳳傳說的說法感到興趣。我選擇中田直久的《殺身成仁通事吳鳳》，來看最早當時吳鳳傳說是怎樣建構的，期能瞭解建構者的心態，還歷史真相。

日本人在臺灣始政的第二年──明治二十九年（1896 年）11 月 19 日，東京帝國大學農科大學助教授本多靜六博士組團攀登玉山，雖

---

[1] 以上均收錄在邱奕松：《吳鳳成仁二百周年紀念專輯》（嘉義：信道印刷社，1968 年）。

患瘧無力攻頂，卻採集了臺灣第一份的紅檜標本，同時運回日本，由松村任三教授以福爾摩沙拉丁語化，在明治三十四年（1901 年）命名為臺灣紅檜（Chamaecyparis formosensis）。同行的林杞埔撫墾署長齊藤音作，在次年 3 月，登玉山成果報告當時的總督乃木希典，並研擬了開發森林的可行性方案。同年 12 月，齊藤作第二次調查，勘查區域沿石鼓盤溪、陳有蘭溪、楠梓仙溪到曾文溪上游，並沒有進入阿里山森林中心區域。總督府先後指派數批專家上山複勘，初估森林面積十萬町步、蓄積一億尺締。日本內閣接到報告，認為阿里山頗具開發價值，指示擬定阿里山森林鐵道開發計畫。

　　明治三十二年（1899 年）2 月，嘉義辦務署第三課派在達邦社負責監督第一駐在所施工的石田常平，與特富野頭目 Moru 一行四人從十字路上山，在二萬坪附近，發現廣大的檜木林。石田將發現經過報告嘉義辦務署署長岡田信興，並呈報臺南縣知事，描述過於粗略，當局另派臺南縣技手小池三九郎進行專業勘查[2]。小池原先從清水溪上溯進行調查，後來在石田引領下，再從十字路進抵檜木林所在。由於小池三九郎林學素養高過石田常平，他向臺灣總督府提出的報告受到重視，因此正式文獻記載阿里山檜木林的發現者成為小池。

　　明治三十三年（1900 年），總督府派臺中縣殖產課長小西成章、嘉義廳技師小笠原富二郎、小池三九郎及石田常平等人調查阿里山森林，同時調派鐵道部技手飯田豐二勘查阿里山森林鐵路舖設之可行性。明治三十五年（1902 年）5 月，總督府民政長官後藤新平，請當時在東京帝大林學科森林利用學講座之首任指導教授的林學博士河合鈰太郎，從嘉義入阿里山進行勘查，他的勘查報告成為後藤開發阿里

---

[2]　另說，日本陸軍中尉長野義虎，他在明治二十九年（1896 年）從玉里翻越玉山經過阿里山時，發現了阿里山檜木林。陳玉峰指出，眠月舊名「薄皮仔林」，意即紅檜大森林，係 19 世紀末臺灣開拓先人早就存在的地名，可見漢人發現檜木林早於日本人，見陳玉峰：〈河合鈰太郎與眠月〉，http://i46552.myweb.hinet.net/9401/007.htm（2009.10.20）。

山施政方針，次年（1903 年）2 月後藤命河合負責開發及森林鐵道測量，第二年（1904 年）又將阿里山森林經營預算，送帝國議會審議。同年 10 月，在河合陪同下，後藤新平等百餘人，深入萬歲山頂[3]。

後藤新平是深受當時總督兒玉源太郎信任，由於兒玉還兼陸軍大臣、內務大臣、文部大臣等職，甚至轉任參謀本部次長、滿州軍總參謀長，長期不在臺灣，實際政務都取決於後藤新平，是真正的統治者。當時後藤看到居住在「峰巒襞積，谿壑迴環」的阿里山上的鄒族人，相較於其他地方的山地原住民，顯得「馴服」多了，感到十分驚訝，從當地父老口中得知，「此吳元輝流澤所致也」，內心更為感動。

> 乃訪其廟賦詩以弔之，將刊山石，顯其潛德，會有命卸事不果[4]。

他到吳鳳廟賦詩祭弔，詩作主要彰顯吳鳳不為人知的品格。這首詩見錄於中田直久《殺身成仁通事吳鳳》。本來他還想立個詩碑的，可惜一直到他離臺，都沒能實現。不過，根據昭和六年（1931 年）12 月 23 日嘉義郡守佐藤房吉〈改修吳鳳廟碑記〉[5]：

> （後藤）囑嘉義廳長岡田信興重修廟宇建碑。未幾，長官廳長交替，事不果行。

後藤曾經囑附岡田信興重修廟宇，但後來他在明治四十五年（1911 年）5 月所寫的〈阿里山蕃通事吳元輝碑〉並未提及這件事，或許是忘了。

---

[3] 陳玉峰〈河合鈰太郎與眠月〉：http://i46552.myweb.hinet.net/9401/007.htm，（引用日期 2009.10.25）。另說是 2 月 25 日，見施懿琳：《臺灣古典文學史年表》：http://140.116.14.95/classes/class%20c5.htm（引用日期 2009.2.20）。不過，根據中田直久：《殺身成仁通事吳鳳》（東京：博文館，1912）的記載「明治三十七年秋」，證明另說並不正確。

[4] 後藤新平：〈阿里山蕃通事吳元輝碑〉，《吳鳳成仁二百周年紀念專輯》，頁 40。

[5] 佐藤房吉：〈改修吳鳳廟碑記〉，《吳鳳成仁二百周年紀念專輯》，頁 42。

　　由於當時正值日俄戰爭期間，阿里山開發案也因軍費吃緊的財務問題，在帝國會議被擱置。戰後，明治三十九年（1906 年）通過阿里山森林開發案，但總督府財政困難，轉交大阪合資會社藤田組開發。不過，就在當年 4 月 1 日，兒玉源太郎轉任陸軍參謀總長，卸下總督的職務，7 月 24 日病故。同年 11 月 13 日後藤也卸下民政長官職務，擔任當月 26 日在東京成立南滿洲鐵道株式會社首任總裁。就在後藤離職轉任之際，當月 20 日小笠原富二郎在勘查鐵道路線時，發現一棵紅檜巨木，樹齡近 3000 年，樹高 50 米，樹圍 23 米，所在標高 2160 米，敬為神木。

　　據說，後藤新平推崇吳鳳之餘，還派人類學者伊能嘉矩調查一百多年前的吳鳳故事[6]。伊能早在明治二十九年（1896 年）就來臺灣，在總督府民政局任職，明治三十一年（1898 年 4）月任《蕃政研究》調查員，明治三十三年（1900 年）任臨時臺灣舊慣調查會幹事，就在後藤上阿里山那年（1904 年）4 月，以《臺灣蕃政志》向東京大學申請博士學位，不過明治四十年（1907 年）他卻又撤回申請。從他後來的著作裡，看不出曾經展開這方面的調查工作。

　　繼兒玉源太郎為臺灣第五任總督的是佐久間左馬太，為任期最長的臺灣總督。施政方針迥異於前任，最大的不同，就是採取武力的手段處理原住民事務。在他長達九年的任期，理蕃事業可分前後兩期，前期著重在隘勇線前進與通電鐵刺網的架設工作，原住民的活動範圍驟然縮小，激起原住民的反抗，然後再予以局部的膺懲；後期即實施著名的「五個年計劃理蕃事業」，時間從明治四十三年（1910 年）4 月開始，到大正四年（1915 年）1 月結束[7]。同年 4 月 30 日辭去總督

6　莫那能：〈破除一切的「精神殖民」——從「吳鳳神話」到「後藤新平神話」〉，《祖靈之邦》：http://www.abohome.org.tw/index.php?option=com_content&view=article&id=1647:viewpoints-1647&catid=65:2008-10-22-22-01-21&Itemid=60（引用日期 2009.10.25）。

7　一般都稱「五年理蕃事業」，此名稱參考孫大川：《臺灣原住民族歷史語言文化大辭典（網路版）》：http://210.240.41.130/citing/system_acquaint.asp（引

的職務，同年 8 月 5 日病逝。有些史家劃左久間前期理蕃為「第一次
五年理蕃計劃」，後期理蕃為「第二次五年理蕃計劃」。

臺灣總督府的原住民業務，原以山地開發為主，歸屬民政局殖產
部管理。明治三十五年（1902 年）爆發南庄事件後，日本人認為殖產
體系沒有武力理蕃是不夠的，次年（1903 年）就在民政局警察本署下
設立蕃務掛，成為理蕃政策的專職單位。左久間總督甫一上任，第 4
天就在警察本署下設立蕃務課，明治四十一年 1908 年）5 月 30 日提
拔以嚴刑峻罰著稱的警察署長大島久滿次為民政長官，次年 10 月廢警
察本署與總務局，原屬各課併入內務局，惟蕃務課擴編成獨立單位—
—蕃務本署。這一改併，原本警察本署長成了警視總長，直接充當內
務局長，原本只有「緊急狀況之下」才能指揮監督各地方廳長，由於
擔任內務局長，就可以直接指揮監督各地方廳長，權力大幅提升。至於
成立蕃務本署，主要逼降原住民和取得蕃地，在討伐戰爭時，成為武裝
警察的指揮中心，而各地方廳也相對成立蕃務課，管理各地原住民事務。

除明治三十七年（1904 年）秋後藤新平訪吳鳳廟賦詩外，日本官
方對吳鳳故事並沒什麼興趣，一直到始政的第 16 年——明治四十三年
（1910 年），嘉義廳長從五位勳五等津田毅一突然對吳鳳感到興趣，
他會對吳鳳感到興趣，據自己說：

> 余嚮蒞桃園廳也，伐大豹蕃，懲大料崁蕃，兩蕃慓悍獰猛，實
> 在意表。殊枕頭山之役，互穿塹濠，交狙擊，彈丸雨飛，血肉
> 迸灑之間，攀險峻，蹈荊棘，而左指右揮，每見部下死傷，有
> 不堪悲憤痛恨者，躬亦遂為毒蛇所螫。平蠻之後，纔得癒治，
> 艱苦具嘗。爾後轉任臺南，每螫痕感痛，未曾不想到兇蠻之昏
> 暴。[8]

用日期 2009.10.25），該辭條由楊南郡撰寫。

[8] 津田毅一：《殺身成仁通事吳鳳・殺身成仁通事吳鳳序》。

主要因為他曾經率部參加推進隘勇線的最前線，實際經歷戰爭之苦。
明治三十四年（1901 年）改桃仔園辦務署為桃園廳，他應該當年到任
的，前一年（1900 年）6 月日本政府為了推進三角湧與水流東的隘勇
線，和大豹群（ncaq）、大嵙崁前山群（sbtunux）的泰雅族人發生激
烈的武力衝突。他所說的「伐大豹蕃，懲大嵙崁蕃」，應該是指明治四
十年（1907 年）為了推進瓦厝埔、烏才頭、白石鞍山、打鐵坑到白沙
鵠的隘勇線，大嵙崁支廳長井阪支廳長率警與大豹群總頭目 Watan
Syat 發生激戰，成功推進 2 里多的隘勇線[9]，以及明治四十年（1907
年）為了推進阿姆坪、枕頭山、插天山與李貌岸監督所的隘勇線，南
北兩路討伐。北路深坑廳順利攻上插天山，南路桃園廳遇到頑強抵抗，
造成警務課長等 200 多人死傷，勉強功上枕頭山，這也就是他所說的
「枕頭山之役」。這些往事，就是在他轉任臺南廳時，仍時時想到那些
昏暴的蕃人。他曾在枕頭山被蛇咬傷，癒後傷口仍時有螫痛感，這本來
是自己不小心，和蕃人無關，這裡特別提起，想表達的是討伐戰爭不像
外界看的那樣風光，而是拿生命去拚搏，即使擁有精良的現代裝備，也
還得和險惡的自然環境挑戰，他這樣書寫，主要和下文作對照。

> 再轉守嘉義，古諸羅之地也，歲之庚戌，巡視阿里山，昔時獷
> 戾嗜殺之醜蠻，今也馴服含和，烝烝嚮化，而覩鳳之流澤深且
> 大，回顧北蕃征戰之苦，憮然者久之。且阿里山，大森林，坤
> 輿希有者也。供之國家之資，而蕃民幫助其事，未非鳳遺德令
> 之然。正氣磅礡，振作人心者，彰彰乎不泯矣。[10]

庚戌年就是明治四十三年（1910 年），他巡視了阿里山，和後藤一樣，
看到馴服的鄒族人，這讓有實際經驗的津田回想起「北蕃征戰之苦」，

---

9 桃園廳下轄大嵙崁、三角湧、大坵園、楊梅壢、鹹菜硼、中壢等六支廳。
10 同註 8。

什麼力量讓「獷戾嗜殺之醜蠻」變成「馴服含和，烝烝嚮化」？甚至對帝國有鉅利的阿里林森林事業，還發揮了「幫助其事」的效益，歸結原因，就是吳鳳的「遺德」。

明治三十九年（1906 年）3 月 17 日 6 時 43 分，嘉義梅山發生了芮氏地震規模 7.1 的強烈地震，震央位於北緯 23.55 度，東經 120.45 度的三美莊至開元後之間，吳鳳廟「廟宇傾圮」。這次地震，造成 1247 人死亡，2399 人受傷，11992 間房屋倒壞。那時嘉義廳長仍為岡田信興，正忙於救災善後，無暇重建吳鳳廟。繼任的嘉義廳長津田毅一在登上阿里山，感懷吳鳳遺德，就決心重建工作。

> 明治四十一年，津田毅一為嘉義廳長，銳意重修，用官民捐金四千圓，並建後藤新平撰文之碑於境內；大正二年竣工，佐久間臺灣總督來臨落之。[11]

明治四十一年（1908 年）應該是津田毅一就任嘉義廳長的年代，重新修廟應在他巡視阿里山之後。這是日本人第一次為吳鳳修廟，經費採取募捐的方式。同時為了表彰吳鳳遺德，他還下令編纂吳鳳傳記。

> 乃使文士鉤微蒐隱，編纂傳記，庶幾辯或（惑）者妄，以稱揚島民義烈，亦出於一片獎勵之微衷云爾。[12]

這位文士，就是當時嘉義廳警務課長中田直久，他在大正元年（1912 年）奉命編寫《殺身成仁通事吳鳳》一書，書成，次年廟才落成。可以說，修廟是表揚吳鳳的硬體工程，傳記是表揚吳鳳的軟體工程。

---

[11] 佐藤房吉：〈改修吳鳳廟碑記〉，《吳鳳成仁二百周年紀念專輯》，頁 42。
[12] 同註 8。

建廟，工程師要考慮雇主的需求，同時也要表現自己的藝術審美思維。同樣的，寫傳記，作者要考慮雇主的動機，同時也要表現自己的學術修養。津田是中田的長官，而且是津田授意中田編纂，中田的編纂工作必然考慮了津田的動機，和其它作品一樣，中田在編纂傳記時，也不可避免的帶有自己的思想傾向。要釐清津田的編纂動機和中田的寫作傾向，本來並不是件容易的事，所幸傳記作為一種歷史散文，有一定的客觀要求，對作者主觀的思想傾向有所制約，減少我釐清問題所面臨的困擾。

這裡應特別指出，津田新廟也好，令人作傳也好，都是他自己的意思，與總督府無關，也與地方父老無關。

雖然後藤曾囑岡田新廟，或許只是口頭說說，總督府和嘉義廳始終都沒編列預算，到津田才有新廟的行動，但經費依舊沒編列府、廳的年度預算之中，所以他才採取募捐的方式。這次新廟立傳，也不是採取清代常見的官督民辦的方式，終究傳記部分還是運用到了行政資源，親自命令屬下執筆，落實自己的想法。

筆者嘗試探討津田強烈的動機究竟為何？主要有下列各點：

一、建構地方義烈之民風

津田畢竟是嘉義廳長，為地方民政最高長官，瞭解、掌握進而樹立嘉義的民風，使之成為易治之區，是他的職責所在，他在〈殺身成仁通事吳鳳序〉裡寫道：

> 乾隆丙午，林匪之亂，全島陷沒，諸羅民人，憤然嬰城死守，遂得全焉，義憤之氣，獨萃於諸羅者，豈非聞鳳之風而立者乎，清帝詔賜嘉義之稱，亦非鳳等義烈之士為之，素而然乎？其功之偉，曷可沒哉？

從吳鳳牽扯到林爽文事件，乍看之下，會令人摸不著頭緒。嘉義古稱諸羅，林爽文圍攻諸羅，由於當地官民死守，而未得逞，乾隆特頒「嘉其死守城池之忠義」，是嘉義得名的原由，是歷史真實。固然吳鳳故事發生在林爽文事件之前，但：

> 其事蹟志乘多闕焉，其重義履信，見危授命，優可為後昆之矜式者，今尚存於口碑焉。

就是到了津田的時代，吳鳳故事還都不見於正式記載，只能留下一些「口碑」，這些口碑，流佈範圍有限，而且隱定性和準確性都不高，不論在林爽文的時代或津田的時代，都不足以激發人心。

這樣說來，將諸羅民人死守林匪，是出於風聞吳鳳義烈之事，雖十分牽強，但從嘉義民政首長的角度來說，又十分合理，畢竟政治目的昭然若揭。

二、宣揚綏撫的理蕃政策

雖然在津田重修吳鳳廟、為吳鳳立傳期間，佐久間總督正實施著強硬的理蕃政策，但不表示綏撫政策完全停止，畢竟在日本人眼中，蕃人可以分為已歸化和未歸化兩種，這點和前朝並無二致，也就是綏撫教化的工作，一直進行著。

明治三十五年（1902年）12月，總督府參事官兼臨時蕃地事務調查係專員持地六三郎在南庄事件後，提出《關於蕃政問題意見書》，作為兒玉、後藤時代理蕃政策制定方針，其立場「蕃地佔臺灣本島面積之五六成左右，林產礦產，以及農產利源的寶庫……，卻蕃人封鎖，未能開發。……在帝國主權眼中，只見蕃地而不見蕃人。蕃地問題，宜以經濟著眼來解決。」「劣等人種和優等人種相接觸，生存競爭的結

11

果，劣等人種必為優等人種所同化滅族。」[13]在他眼中，只有蕃地的經濟利益，要取得經濟利益，就要取得蕃地，要取得蕃地，就必須對蕃人動用武力，蕃人是劣等人種，不是同化就是滅族，這也是佐久間鐵血政策的張本。

即使這樣，次年1月制定的《理蕃大綱》第二條，對南蕃還是以撫為主。五年理蕃計劃的前半期，大津蕃務總長推動的，是威撫兼用的討伐，到後半期才以武力為主，但仍以綏撫為輔，就在大正四年（1915年）佐久間宣布理蕃五年計劃結束，也指示以後理蕃以綏撫為主。可以看出，日本人視武力和綏撫為一體兩面，武力可收短期壓制之效，但長久之計，仍在綏撫教化，佐久間也看得清楚，更何況津田呢？

三、以儒家思想籠絡漢人

過去漢人記載吳鳳故事，不論是劉家謀《海音詩》，抑或是倪贊元《雲林縣采訪冊》，都說他救人而死，並未輕許以儒家道德最高指標的仁與義。但明治三十七年（1904年）後藤新平在吳鳳廟所賦詩裡，我們看到：

> 一死成仁見偉才，混蒙天地豁然開，口碑千古靈如在，服冕乘風策馬來。[14]

詩中就將吳鳳故事定位為「成仁」，津田更認為他的義風，激起諸羅民人死守鄉土義烈之心，成為嘉義得名之由。可見他們都想從臺灣漢人認同的儒家思想，突出吳鳳的義烈精神，這樣雖不足以讓討伐行動合

---

[13] 臺灣總督府警務本署編：《理蕃誌稿》（東京：青史社，1989〔1911〕年）第1卷，頁180-181。
[14] 見錄於《殺身成仁通事吳鳳》，頁50。

理化，但至少讓漢人知道日本也佔在弘揚聖人之教這一邊。這對讀聖賢書的漢人是最受用不過了，滿洲人也是佔在聖人這邊，激起讀聖賢書的漢人的義憤，打敗佔在上帝那邊的另一群「漢人」。

從某個角度來說，這或許也是後藤新平的「生物學原理」，史家說後藤自稱其治臺政策的基本理念是根據「生物學原理」制定，所謂「生物學原理」，是是運用他醫學專業知識在殖民地統治上，也就是先瞭解被殖民者的體質，來配合施以有效的政策。具體作法是設置調查會來調查當地人民舊有的風俗習慣，並且在理解掌握之後，根據其舊有的風俗習慣施行殖民政策[15]。儒家的仁和義，是漢族人民最高精神指標，自然是日本帝國主義者積極提倡的對象。

四、說明撫蕃的經濟效益

修吳鳳廟，為吳鳳立傳，不可能讓鄒族人自覺的背上祖先的原罪，心甘情願的為統治者提供服務。從廟的位址一直在漢人村庄，就可知吳鳳對鄒人並無任何實質的作用。然而，從後藤到津田，都一直強調阿里山森林之利，得到馴服蕃人的幫助，而歸功於吳鳳。

> 抑阿里森林之域，林林焉，總總焉，自改籍以來，謀築鐵路，設電機，具為採辦，而蕃不唯無害，轉相為力，得發天地之藏，成國家之業，未始非元輝之賜也。[16]

把蕃人從野蠻走向文明，說成吳鳳的功勞，並不是要蕃人感念吳鳳再生之德，而是在文明世界樹立理蕃楷模，作為日本人理蕃政策的指標，

---

[15] 謝宗倫：《日治時期後藤新平現代化政策之研究－以生物學原理為中心》（高雄：國立高雄第一科技大學應用日語所碩士論文，2008）

[16] 後藤新平：〈阿里山蕃通事吳元輝碑〉，《吳鳳成仁二百周年紀念專輯》，頁40。

也作為漢人支持理蕃政策的指標，更重要的是，在帝國主義、殖民主義和資本主義的心目中，這些幫助，這些利益，才是最實際的，畢竟在他們的眼中，經濟利益才是最重要的，而蕃人的人力資本，也對他們經濟投資來說，最具有說服力。

五、爭取在地仕紳的支持

津田重修吳鳳廟，用的是官民捐金，等到廟成，吳鳳傳記完稿之後，又向內地和臺灣仕紳徵文徵詩。

中田直久的《殺身成仁通事吳鳳》裡頭，從第 75-131 頁是吳鳳傳的附錄，碑銘詩文，佔了全書接近四成三的篇幅，全都是津田從各地徵集過來的。茲錄其目：

> 宜蘭小林孤松（吉久）〈聞吳鳳祠堂告成有感〉
> 臺南原田春境〈贊吳通事鳳公以應楊亭明府雅屬〉
> 臺南趙雲石〈應津田太守吳鳳徵詩二首〉
> 嘉義緒方雄幸〈詠吳通事〉
> 臺北館森鴻（號袖海）〈弔阿里山蕃通事吳元輝〉
> 豬口安喜（鳳庵）〈嘉義廳長津田毅一君倡建阿里山安蕃通事
> 　　吳元輝祠堂土木竣功三月為期徵詩江湖以紀其事賦此應焉
> 　　二首〉
> 伊藤暘谷〈追懷義士吳鳳〉
> 佐佐木栗堂（景明）〈聞吳元輝祠堂新建賦此〉
> 田口香石〈追表故安蕃通事吳君之義勇〉
> 臺北趙一山〈懷安蕃通事吳鳳君〉
> 嘉義蘇孝德〈懷吳鳳〉
> 新竹鄭十洲〈題安蕃通事吳鳳君〉

臺北林佛國〈吳鳳廟重新告成〉

斗六許錦若〈安蕃通事吳鳳廟宇重新應津田嘉義廳長徵詩之命〉

臺中林癡仙〈吳通事歌〉

臺南楊鵬摶〈應津田太守徵詩題吳鳳廟〉

嘉義張浚三〈吳鳳公贊〉

嘉義徐埴夫〈吳鳳廟成徵詩賦此以應〉

嘉義陳家駒〈社口庄吳鳳祠重修落成〉

嘉義林培張〈題故通事吳君鳳〉

嘉義莊伯容〈詠安蕃通事吳君鳳〉

嘉義許紫鏡〈恭應津田太尊徵詠安蕃政通事吳公鳳〉

斗六黃丕承〈恭應津田廳長為安蕃通事吳君鳳徵詩〉

樸仔腳黃楷侯〈當道重修吳君鳳祠徵詩以昭盛典自愧不文摭拾
　　遺事成長句二十韻匪能揚休也聊誌景仰微忱云爾〉

嘉義林建寅〈題故通事吳君鳳〉

嘉義沈瑞辰〈安蕃通事吳鳳祠堂重修告峻恭應為津田廳長徵詩
　　賦此以應〉新竹汪鐵庵〈通事吳鳳歌〉

北門嶼王大俊〈弔吳君鳳〉

嘉義徐緝夫〈吳鳳廟成徵詩賦此以應〉

嘉義徐大沂〈恭應津田大人徵詩詠安蕃故通事吳公鳳〉

新竹鄭鵬雲〈懷安蕃通事吳鳳君〉

臺北李碩卿〈懷安蕃通事吳鳳君〉

新港林維朝〈恭應津田太守徵詠安蕃故通事吳公鳳〉

布袋嘴蔡榮申〈敬應安蕃通事吳君鳳徵詩〉

布袋嘴蔡琴〈應安蕃通事吳君鳳徵詩〉

布袋嘴蔡榮春〈敬應安蕃通事吳君鳳徵詩〉

北港蔡然標〈敬贈安蕃通事吳君鳳〉

北門嶼王俊南〈追懷吳元輝〉

嘉義李占欣〈安蕃通事吳鳳廟工事告竣徵詩書此應命〉

基隆陳潤生〈懷安蕃通事吳鳳君〉

嘉義余銘聲〈應津田太守徵詠故安蕃通事吳公鳳〉

嘉義余慶鐘〈同〉

嘉義徐鴻霖〈懷安生蕃通事吳君鳳〉

水崛頭羅維屏〈詠故通事吳君鳳軼事〉

嘉義張元榮〈題蕃通事吳君鳳詩〉

嘉義周哲〈詠通事吳鳳詩〉

水崛頭許藜堂〈詠吳鳳〉

頂蔦松李冠三〈頌安蕃通事吳君〉

新竹戴殊光〈寄題吳鳳通事廟〉

臺北蔡啟華〈弔安蕃通事吳公〉

打狗陳春亭〈題吳鳳廟〉

嘉義林玉書〈安蕃通事吳鳳公廟重修詩以慶之〉

栗子崙周麗金〈懷安蕃通事吳鳳君〉

嘉義郭風友〈謹應安蕃通事吳鳳徵詩〉

斗六鄭芳春〈為吳君鳳恭詠〉

嘉義鄭作型〈應津田太守徵吳鳳通事詩〉

布袋嘴蔡榮申〈敬應安蕃通事吳鳳君徵詩〉

基隆鄭汝馨〈懷安蕃通事吳鳳君〉

基隆顏雲年〈同〉

北門嶼謝英泰〈弔吳君鳳〉

新竹趙廷琳〈弔故安蕃通事吳鳳君殉職〉

臺北黃贊鈞〈懷安蕃通事吳鳳君〉

查畝營劉神嶽〈題吳鳳公祠〉

鹽水港翁煌南〈應津田太守吳鳳徵詩〉

桃園呂鷹揚〈弔安蕃通事吳君〉

嘉義徐杰夫〈吳鳳廟成書此應命〉

斗六黃服五〈應吳鳳徵詩〉

布袋嘴蔡乃誠〈弔吳君鳳〉

嘉義蔡獻其〈題安蕃通事吳鳳君〉

北門嶼王炳南〈應津田廳長吳鳳徵詩〉

北門嶼王經綸〈弔吳鳳〉

北門嶼王謀〈同〉

水崛頭黃守仁〈懷故安蕃通事吳鳳君廟宇重修〉

嘉義胡嫁〈詠通事吳鳳詩〉

嘉義闕經邦〈題故通事吳君鳳〉

嘉義余塘〈謹應津田廳長安蕃通事吳鳳徵詩〉

栗子崙林經鄉〈懷安蕃通事吳鳳君〉

灣內陳地〈懷吳鳳〉

臺北潘灣堂〈追弔安蕃通事吳鳳君〉

中瀨秀（號溫岳）〈吳鳳祠〉

臺中傅鶴亭〈吳通事詩〉

臺中陳百川〈追表故安蕃通事吳君鳳之義勇〉

番子藔張子和〈應津田太守吳君鳳徵詩〉

番子藔黃仰山〈同〉

番子藔洪唱三〈同〉

基隆許梓桑〈懷安蕃通事吳鳳君〉

臺北洪以南〈同〉

桃園簡楫〈同〉

同林子楨〈同〉

臺北魏清德〈同〉

臺北黃菊如〈同〉

臺北謝汝詮〈同〉

黃爾廉〈詠安蕃通事吳君鳳〉

臺斗坑白師彭〈同〉

嘉義石母田成治〈謁吳君祠〉

布袋嘴陳寶書〈吳君鳳安蕃盡節賦〉
臺斗坑白玉簪〈紀故通事吳公鳳遺烈文〉
蕃社陳曉嵐〈故通事吳公鳳紀述文〉
臺北佐倉達山（名孫生）〈讀吳鳳傳〉

這些應徵的詩人，身份相當多樣。茲分述於下：

（一）日本官員或詩人

小林吉久，號欽堂，相模人，在明治三十四年（1901 年）任職臺北監獄所長，歷任彰化廳長、宜蘭廳長，大正九年（1920 年）退休，任臺灣炭業株式會社社長、朝日製糖株式會社社長、臺灣電氣興業宜蘭殖產中壢軌道株式會社董事，同時任職日本拓殖株式會社董事，也任職總督府評議會員、社團法人臺灣鑛業會長。原田春境是當時臺南博物館長，大正元年（1912 年）6 月前清進士許南英返臺南省墓，南社設宴歡迎，原田特假該館晚香樓，懇邀許南英與南社詩人開會吟詩。館森鴻，本名萬平，字子漸，一字神海，號袖海，仙臺人，出於重野博士門下，又師事後藤新平，在臺 20 餘載，與士人頗相契合，歸國後刪存舊稿，輯為《拙存園叢稿》，凡 170 篇。伊藤貞，號暘谷，豐後人，在總督府任職。至於佐佐木景明，號栗堂；田口信義，字香石，號老梅庵，畫家；中瀨秀，號溫岳，肥前人，資料還有待查，但都會寫漢詩，至少都是詩人。

比較特別的是佐倉孫三和豬口安喜。佐倉孫三（1860-1941）在明治二十八年（1895 年）就來臺了，曾任學務部員、警保課高等警務掛長，明治三十一年（1898 年）為鳳山縣打狗警視，著有《臺風雜記》，還請當時民政局長後藤新平為他寫序。他曾接觸羅東、烏來的原住民，有一定的認識，這種心態應代表一部分日本人的看法，或許也能說明構築神話的動機，主要針對漢人的知識階層。豬口安喜在大正二年

（1913 年)6 月 20 日以警部外為討伐基那吉群六社警察隊司令部總指揮官專屬，後來擔任民政局警察本署理蕃課長，參與總督府多部史料編纂工作，和小松吉久同為南雅社創社社員。

（二）臺灣鄉紳、街庄長或詩人

收錄詩文，若以作家計，共 99 人，其中 88 人屬臺灣本地人，數量最多，這些臺灣人還可以再分幾種類型。

1、嘉義廳籍的

以收錄作家前面註明的籍貫來看，直接標明嘉義的本地人就有 25 人，如果連同緒方雄幸、石母田成治等日人，就高達 27 人。其實當時為十二廳時代（1909-1920 年），嘉義廳原轄樸仔腳、東石港、新港（後改竹頭崎）、打貓、中埔、後大埔等 6 個支廳，併入斗六廳之大部分，與鹽水港廳之一部分，擴增土庫、斗六、西螺、下湖口、北港、中埔、竹頭崎、打貓、樸仔腳、東石港、鹽水港、店仔口等 12 個支廳。這樣一來，籍為斗六 4 位、新港 1 位、鹽水港 1 位，也在嘉義廳的轄內，不僅如此，臺斗坑庄、水堀頭街為嘉義廳直轄街庄，栗仔崙、布袋嘴在東石港支廳轄下，灣內庄在樸仔腳支廳轄下，番仔藔在下湖口支廳轄下，頂蔦松庄在北港支廳轄下，北門嶼、查畝營庄在鹽水港支廳轄下，番社庄在店仔口支廳轄下。從而我們可以看到中田編輯體例，除了標嘉義的，只限廳治所在的嘉義街，嘉義街以外的行政區域，全標街庄名稱。這麼一來，註明布袋嘴、北門嶼各 6 位，番仔藔、水堀頭各 3 位、臺斗坑、栗仔崙各 2 位及頂蔦松、灣內、查畝營、番社各 1 位，共 26 位，也應在嘉義廳轄下，這樣，屬於轄下作家高達 59 人，佔了 60%。

這些籍在嘉義廳的人物，大多具有政商、地主等身份，像蘇孝德曾為嘉義區長，嘉社社長，昭和五年（1930）與李德和、陳景初創立連玉詩鐘社。徐杰夫為山子頂庄人，明治四十一年（1908 年）為山仔

頂區庄長，大正二年（1913年）為嘉義區長、嘉義廳參事，歷任州協
議會員、嘉義銀行頭取、商工銀行、臺灣貯蓄銀行取締役，以及畜牛
組、臺南製冰公司、羅山信用組合等要職，為當地首富，為羅山吟社
社員。林玉書（1881-1965），字臥雲，號六一山人，水上鄉三界埔人，
臺灣總督醫學校畢業，任職臺灣總督府嘉義醫院，為嘉義市第一位西
醫，明治四十四年（1911年）與白玉簪、周掄魁、賴雨若、賴惠川合
組羅山吟社，大正六年（1917年）玉峰吟社成立，與羅山諸友一同加
入，鷗社成立，受聘顧問，後入為社員，與陳文石協助陳潮渠主持社
務。昭和二年（1927年）12月，加入鄭作型、羅峻明創立的國黌同藝
會，五年（1930年）與蘇孝德、張李德和、吳文龍、賴尚遜等四人設
連玉詩鐘會。林維朝（1868-1934），為新港區庄長兼保正，明治四十
一年（1908年）為嘉義廳參事，聯合新港文人組鷇音吟社。水崛頭許
藜堂，本名許然，曾與余慶鍾等人在大正四年（1915年）創玉峰吟社，
大正十年（1921年）加入布袋鷺社，昭和十一年（1936年）參加麗澤
吟社。陳家駒為羅山吟社社員，大正十一年（1922年）參加北港的汾
津吟社。許紫鏡，又名素癡、子安，羅山吟社社員，與臺中櫟社、臺
南南社等文人有密切往來。莊伯容，號景陵，羅山、玉峰兩書院許以
文學第一，後學醫，為醫生，選為南部十傑之一，曾任廳參事、嘉義
衛生組合長。沈瑞辰，見臺灣改隸，所學無用，於明治二十九年（1896
年）組茗香吟社。以上諸人，都是羅山吟社成員，但不是羅山諸子都
應徵詩作，羅山重要人物，如：賴雨若（1877-1941）、賴惠川
（1887-1962）、張李德和（1892-1972）、賴子清（1894-1988）、王殿沅
（1892-1972）都沒有參與。當時嘉義除羅山吟社外，前後還有玉峰吟
社、尋鷗吟社、葵社、汾津吟社、樸雅吟社、鴻社、月津吟社等社，
在大正十二年（1923年）10月17日還成立嘉社，文風甚盛。

　　此外，張元榮，號少六，前清貢生，分發儒學教職，掌玉峰書院
兼任聖樂友聲社社董，擔任惜字社主管。明治三十年時授佩紳章，為
嘉義廳參事、臺南州教育委員。徐鴻霖，嘉義街北門人，為著名孝子，

大正四年（1915 年）蒙內田嘉吉接見[17]。此外，番社庄的陳曉嵐，曾為庄長，投資嘉義製酒。[18]

2、嘉義廳以外的

當時 12 廳，除嘉義廳外，還有宜蘭廳、臺北廳、桃園廳、新竹廳、臺中廳、南投廳、嘉義廳、臺南廳、阿緱廳、臺東廳、花蓮港廳、澎湖廳，但應徵詩文作者標示的籍貫，似乎沒有疊合。計宜蘭 1 位、基隆 4 位、臺北 12 位、桃園 3 位、新竹 5 位、臺中 3 位、臺南 3 位、打狗 1 位，共 32 位，除去宜蘭那位小林吉久和臺北 3 位日本人，共 29 位。當時基隆廳已併入臺北廳，打狗支廳所屬的鳳山廳也併入臺南廳，以基隆、打狗為籍貫，不知基於何種考量。

這些人絕大部分都是臺籍鄉紳兼漢詩詩人，有些人還有街庄長的身份，像洪以南，本名文成，艋舺人，明治二十九年（1897 年）任辦務署參事，授佩紳章，明治三十九年（1907 年）任臺北廳參事，大正二年（1913 年）買下李怡和的達觀樓，作成為北臺灣文人聚會之所，大正三年（1914 年）9 月為淡水區長，同時他也是瀛社首任社長。桃園呂鷹揚（1866-1924），明治三十年（1897 年）創桃園國語傳習所分教場於大嵙崁，任三角湧辦務署參事、大嵙崁辦務署參事，1899 大溪街街長，明治四十一年（1908 年）為桃園廳參事。基隆許梓桑，明治三十四年（1901 年）授佩紳章，明治三十六年（1903 年）任基隆街庄長，昭和三年（1928 年）授佩藍綬褒章，昭和十二年（1937 年）為臺北州會員、臺北州協議會員，曾參加瀛社成立大學，基隆大小的詩社和詩文雅集，他都參與，昭和七年（1932 年）接手經營傳統詩半月刊《吟稿合刊詩報社》。

---

[17] 見鷹取田一郎：《臺灣孝節錄》（台北：臺灣總督府，1916 年）。

[18] 高淑媛：〈產業發展與地方社會——以陳曉嵐、陳按察為例的分析〉，《第二屆南瀛研究國際學術研討會》，http://www.nanyingresearch.org.te/conference/23/index.htm（引用日期 2009.11.1）。

　　有些是地主、實業家，像：基隆顏雲年以開採金礦、煤礦起家，
被稱為炭王金霸，大正十年（1921 年）為臺灣總督府評議會評議員，
曾任瀛桃竹聯吟會會長，大正三年（1914 年）在顏家環鏡樓舉行詩盟，
為第一次全臺詩人大會。臺中林癡仙，名朝崧，字俊堂，自號無悶道
人，出身霧峰林家下厝，是櫟社發起人。林佛國，字耘生，臺北人，
臺灣總督府國語學校師範部畢業，任公學校訓導，明治四十二年（1909
年）轉任臺灣日日新報記者，為漢文部總編輯，同友人創設景美購買
販賣利用組合，任組合長。

　　也有些前清宿儒或當時新聞文化工作者，熱心詩文活動的，如：
趙雲石（1863-1936），原名元安，字文徵，號一山，以號行，亦作益
山，又號劍樓，板橋人，創劍樓書塾，設帳授徒，大正十年（1921 年）
組劍樓吟社。趙一山（1856-1927）在臺南地方法院擔任通譯，南社第
二任社長。魏清德，號潤庵，新竹人，臺灣總督府國語學校師範部畢
業，曾任中港公學校訓導，普通文官試驗及格後，明治四十三年（1910
年）入臺灣日日新報社，後擢漢文部主任，擅漢詩，初入詠霓詩社，
後為瀛社創社社員，新竹竹社社員，戰後出任瀛社第三任社長。李碩
卿，號石鯨、秋麟氏，大正十年（1921 年）8 月 24 日基隆小鳴吟社創
立，作〈小鳴吟社序〉，大正十五年（1926 年），長子春霖另立網珊吟
社。蔡啟華以社外友身分參加大正二年（1913 年）11 月 9 日基隆顏雲
年的環鏡樓雅集，大正四年（1915 年）參加民政長官內田嘉吉的鳥松
閣雅集。還有打狗的陳春亭（1884-1941），本名陳年科，澎湖湖西鄉
沙港人，弱冠渡臺旅居旗津，每與南社詩人相唱和，明治四十三年（1910
年）與其師陳梅峰，同門陳皆興、董石福、鎮海龍等創立旗津吟社。

　　在日治時期，像這樣的徵詩文活動，也不是第一次，明治三十七
年（1904 年）10 月日人木下新三郎、館森鴻與臺南羅秀惠以後藤新平
作的兩首七絕〈鳥松閣偶題〉，向全臺徵詩，集為《鳥松閣唱和集》。
施懿琳稱該集：

包括：與日人關係較密切的魏清德、洪以南、黃玉階、謝汝銓；
亦有與日保持著一定距離的蔡惠如、林獻堂、鄭汝南等。因此
《鳥松閣唱和集》，乃一部日本統治者「內臺一如」政策下的
產物，由此可看出部分臺灣文人與日本執政者或親善友好，或
虛與委蛇的複雜關係。[19]

由於日本文化長期接受漢文化影響，詩社等詩文活動也在知識階層流
行，領臺第二年　　明治二十九年（1896 年）加藤重任、水野遵、土
居通豫、黑江松塢、館森鴻、木下大東等人，即組織純日本的漢詩社
團──玉山吟社，也未嘗不能視為對漢文化仰慕的一種形式，因此，
津田向全臺詩人徵詩，也可以視為出版書籍的例行活動。

　　不過，這並不表示這次徵詩活動只是虛應故事，因為通過徵詩活
動，將本來不被漢人知悉的吳鳳故事，傳達到漢人高級知識份子腦裡，
再向中下層傳播，這個目的也未嘗沒有，而且準確的達成任務。

　　津田重新吳鳳廟，令人為吳鳳作傳，具有上述多元目標，中田受
命編纂，也自然遵循津田之意，達成目標。

　　依筆者分析，中田的撰述工作，是通過下列幾種方式建構吳鳳的。

一、蒐集文物以證明吳鳳本人的存在

　　在中田執筆進行吳鳳傳記資料蒐集之前，他能掌握的書面資料只
有寫在咸豐五年（1855 年）的劉家謀《海音詩》和寫在光緒二十年（1894
年）的倪贊元《雲林縣采訪冊》。不過，比對文字之後，筆者發現中田
並沒有蒐集到劉家謀的詩文，全書也沒提到劉家謀及《海音詩》。

---

[19]　施懿琳：〈鳥松閣唱和集〉詞條，《臺灣歷史辭典》，http://nrch.cca.gov.tw/cc
a/home/ website/ site20 /contents/011/cca220003-li-wpkbhisdict002921-0864-u.
xml，（引用日期 2009.10.25）。

　　中田就在《雲林縣采訪冊》簡單書面記載的基礎上，親赴社口吳
鳳祠，看到的卻是地震後的「斷礎殘甍」，荒廢已久。幸而在庄民家找
到神牌兩座和神像一尊。神牌一為「吳府中王神位」，另一為「皇清阿
里山通事安撫有效吳諱鳳公神位」，神像則為「武冠軍服，長髯垂胸，
右揮劍，左握韁，騎白馬而睥睨，凜如生」。同時又前往番仔潭庄吳家
廟，訪得吳家累世靈牌。有了這些文物，開始建構吳鳳祖父連及父珠
以降來臺卜居，結婚生子的家族歷史，又從生卒年月資料，建構吳氏
家族成員活動情形。

　　他根據吳家神位靈牌上的記錄，確定吳鳳生於康熙三十八年（1699
年）1月8日，死於乾隆三十四年（1769年）8月10日，破除《雲林
縣采訪冊》死於康熙五十七年（1718年）的說法，也排除他在社口親
自採訪得來的雍正七年（1729年）8月3日的說法。有了累世靈牌，
也有了吳鳳父親吳珠、母親蔡良蕙、庶母陳貞慈、妻陳良德、長子汀
援、次子汀巽和孫奇玉、怡直之名諱及生卒年月等基本資料。

二、追溯原漢衝突，暗伏漢移民的不正當性

　　在臺灣，番人是原住民，漢人是數量最多的入侵者，荷西，、明
鄭、滿清、日本都是外來政權。荷西、明鄭、滿清、日本的理番政策，
必然影響到原漢之間的衝突，但原漢之間，最直接感受到的，其實就
是彼此之間的「漢害」和「番害」，很少歸咎到實際政權的統治者。所
以，中田就直接追溯清代原漢衝突，有如下敘述。

　　　　及為清國版圖也，民番雜居，移入者年多，番境月縮，郊原衍
　　　　沃之地，悉被侵佔，其勢如波濤漲溢。移住者多獷悍獪猾，獷
　　　　悍者則驅眾襲番社，火其家，殺其族，傲然奪取焉。獪猾者則
　　　　乘番之蒙昧，或贈布帛，或娶其女，結交通親，而約借地，及

書契券，目不解文字，曖昧四至境界，改訂年月無窮，居然抄
略焉，竟使番人無辭乎訴，無地乎住，退於山隈溪隈，纔保其
餘喘耳。

當時有社商、社棍者，又有番割者，介民番間，為融和疏通者，
此徒結託，為偏私交易，陵駕刻殘，不顧其窘悴。有妄役番丁，
疲頓致不能起者；有強收番女為婢妾者；有誘奪番童，鬻為奴
隸者。政令廢弛，置而不問，恬然以為當通事之職。比社商輩，
勢咸有間焉。乃其貪惏無不至，蕃社之貢賦，陪（倍）加徵集，
而收一半於己；清人輸於番，借地租穀，亦減殺其半，詭言誕
計，納一半於己。貿易之私課，販賈之私稅，濫取狼籍（藉），
無不致巨富者。[20]

從以上的敘述，我們可以看到清代原漢衝突裡「漢害」的部分，「漢害」
可分兩類，即「移入者」和「社商社棍、番割」，其中「移入者」又分
「獷悍者」和「獪猾者」。從他的口中，顯然這些漢人和社商番割才是
原漢衝突的禍源，而實際情形，恐怕也不假，從清人公私文件裡，也
不難找到漢人壓迫番人的記載，只是「移住者多獷悍獪」的「多」字
下得重。

不過，一直到現在，還看到不少民族激進份子，用相關史料質疑
清領時期泉漳移民的公義性，想來當時日本人也有這種心理，想告訴
漢人：你們毋須抗日，你們的土地其實也是「獷悍獪猾」的祖先掠奪
欺騙而來，不公不義，人皆得而居之。只是，文裡並未明說，單純陳
述事實，畢竟打擊漢人的民族自信心，不是那時施政的軸心。

---

[20]　《殺身成仁通事吳鳳》，頁 55-56。

三、認同前朝理番政策，證明日人理番之合理性

　　荷西、明鄭、滿清和日本一樣都是外來政權，番人對任何外來政權來說，都是人力資源，尤其在殖民時代，奪取商業資源是最高目標，如果須批判過去政權的理番政策，無異讓自己的理番政策站不住腳，中田將巧妙的將原漢衝突和這些外來政權的理番政策作了分割，他採取了方式，就是美化荷蘭與明鄭的理番政策，說：

> 荷蘭治臺灣，興產施教。
> 鄭氏逐荷蘭而據於此，多移漳泉之民，而屯營有長，拓植有法，不使番人紛擾，制度秩然。[21]

從後來的研究看，荷蘭和明鄭的理番政策也相當粗魯，中田的說法或許出於資料不足，認為那時沒有原漢衝突，難免給人美化之嫌，同時他也從「興產」和「拓植」的角度，來作為理番的最高指導原則。對於清代理番政策，他也作了總結，肯定清廷的理番政策。

> 夫清朝理番之政，豈如此鹵莽而放肆者哉？其經綸在以武威之，以德懷之，故不服者懲伐之，服者開懇（墾）稼穡，安其土為旨矣；其拓地由由欲專闢草萊，使兇番不得埋伏潛行，漸脫馘首惡息也，若有抗者，則驅馴服番人臠之，即出於以番制番法，而移住者亦有制，不得濫航。[22]

---

[21] 《殺身成仁通事吳鳳》，頁 55。
[22] 《殺身成仁通事吳鳳》，頁 56-57。

中田之所以不去批判清朝的政策，主要是武力和綏撫並重，也是日本理番的總綱領。其實，清人理番主要還在牡丹社事件之後，那也是光緒以後的事，距離割臺才剛好 20 年，中田這種以偏概全的說法，除了解釋日本理番政策前有所承之外，實在想不出別的理由。

四、批判清國官吏顢頇無能，作為理番失敗的原因

前代理番政策既然正確，仍不能平息番亂，最終就是歸咎清代官員的無能。

> 然潛渡年多，戶口月加，抱資者內謁納財，恣然侵佔。且知縣巡檢等，不赴於任，僑居臺灣府城，優遊偷閑，使小吏雜職當事。《平臺紀略》敘當時之狀云。官吏孳孳以為利藪，沈湎樗蒲，連宵達曙，其緩急蕩逸，可以見矣。時或有釐革其顢政者，雖樹石畫境界，嚴禁侵佔與通婚，而遵守者，府縣官衙旁近移民耳，不數月而解廢，如此數次，蓋有政而無政也。而番人，地已被奪也，家已被焚燬也，老弱已被隸役也，被驅逐於溪山間也，猶且侵略不止，人孰不側目思報，況慓悍如豹者，豈無咆哮搏噬之禍乎？[23]

中田總結清代官吏執行政務，有下列諸多錯失：1.貪贓枉法；2.怠忽職守；3.執法不力。這些也就罷力，更糟的是，臨陣脫逃。

> 康熙六十年，朱一貴倡亂，一貴，餵鴨之小夫也，而南北呼應，文武官不及一戰，爭先逃避澎湖。未旬日全臺陷沒。阿里山番、

---

[23] 《殺身成仁通事吳鳳》，頁 57。

> 水沙連番乘釁而起,掩擊殺通事,屠社商、社棍之族,所在清
> 人被慘殺者無算。[24]

中田指控,「番害」起於清國官吏未能盡忠職守,這也未嘗不真實。他
根據的是藍鼎元《平臺紀略》,在這裡固然是為吳鳳安番、撫番作時代
舖敘,但也試圖造成讀者對清代官員顢頇無能的刻板印象。這樣也等
於給日本治蕃政策預伏合理性——前朝不會管,管不好,理所當然由
後朝來管。

五、模糊番害和人頭祭,以強調討伐的正當性

關於人頭祭,漢人原有記載,只有劉家謀詩裡「拚卻頭顱飛不返」
提到「頭顱」,也沒說到人頭祭。《雲林縣采訪冊》只說「番性嗜殺,
通事畏其兇,每買游民以應」,不但沒提到祭祀,最後也是「番不聽,
殺鳳以去」,始終都沒有人頭相關的記載。只是倪贊元把「嗜殺」說成
「番性」,充滿歧視,日本人也襲用這種態度,稱他們為「兇番」、「醜
番」。

對於阿里山番害,中田處理得相當模稜兩可。他一方面運用田調
或口碑,以「報復性出草」來詮釋,將《雲林縣采訪冊》擴寫為:

> 阿里山番,性慓悍,加之永受清人欺瞞,遂生猜疑之念,怪於
> 小故,激於瑣細,睚眥之怨,不霽則不已,為通事者,欲避其
> 害而罔其利,往往迎意,誑無賴移民,誘焉而贈其社,以任兇
> 番之慘殺。[25]

---

24 《殺身成仁通事吳鳳》,頁 57-58。
25 《殺身成仁通事吳鳳》,頁 59。

從後來人類學家的調查顯示，這種「報復性出草」存在於高山原住民，這樣解釋，看起來也合情合理。

然而，中田也從文獻考察吳鳳任通事長達 48 年，這 48 年來，吳鳳怎樣處理原漢衝突，成了神化吳鳳的關鍵點。如果神化之後的吳鳳，48 年都不能消弭「報復性出草」，似乎有虧職守；如果吳鳳在這 48 年間已消弭「報復性出草」，那何以他還不可避免走向捨生取義的命運？

於是根據伊能嘉矩、森丑之助等人類學家田野調查，找出鄒族「人頭祭」的習俗，聯繫到吳鳳故事來。

> 阿里山番，每年穀熟，祭祀必供頭顱，清人遭害甚多。[26]

就是這個人頭祭的「陋習」，使吳鳳備感棘手。

> 吳通事蒞職，欲除其殘暴，然惡習染以成性，不能猝革。[27]

最後吳通事也只能捨生取義去革除這個陋習。在中田的設想裡，阿里山番受吳鳳精神的感動，一併除去「祭祀性出草」和「報復性出草」，但其它高山原住民沒有吳鳳這樣的聖人感化，出草就層出不窮了。

> 使其鄰接番社通事，皆備吳之才識，與出此措置，則洗除其腥膻之氣，無乃移風乎。[28]

這裡表現了吳鳳的機智，相較之下，其他通事的妥協性就該加以批判。日本人的征討和安撫，都出於不妥協性，這些理番行動，在此取得了正當性。

---

[26] 《殺身成仁通事吳鳳》，頁 61。
[27] 《殺身成仁通事吳鳳》，頁 61-62。
[28] 《殺身成仁通事吳鳳》，頁 62。

對於原住民，日本人只須利用漢人的舊經驗，再現「兇」、「頑」、「馘首」等刻板印象，就足以激起同理心了。甚至還可以說得比漢人更假惺惺。自稱是理蕃之一員的佐倉孫三（1860-1941）這樣說：

> 夫生蕃亦人也，非猛獸毒蛇也，何故獲取人之首級而自相悅耶？蓋亦因於一種惡習耳。彼之生也，以山河為都市，以樹林為室屋，以麋鹿為伴侶，子孫相傳以為武陵桃源。偶有異人種者，踰越其山河，伐採其樹林，驅逐其麋鹿，漸近其臥榻，於是彼憤然曰：我未有所加於彼，而彼敢窺我天賦之產，濫侵我父祖之地，是不俱戴天之仇，不可不報也。報仇之道不一，而莫快於斷其頭以弱其族也。於是馘首之風漸行，因襲之久，不啻視之為罪惡，數出殺其辜良民，而不毫怪焉。或於訴訟，或於結婚，或於祭祀，常以多獲相誇耀。噫，何其戾之甚耶？故欲建理蕃之計者，先繹其原由，察其推移，常以愛撫為本，以威力為末，待之以赤心，言必行之，諾必果之，務使彼感孚我德。然而兇暴尚難馴，狎而侮者，始以干戈懲之，實於不得已焉。若夫徒恃武力與詐術，以為能事則謬矣。[29]

一開始強調「夫生蕃亦人也，非猛獸毒蛇也」，和「我把你們當人看」有異曲同工之妙，可是他們有「惡習」。接著，接著分析「惡習」形成的原因，對蕃人報復入侵者的心理，表示高度的理解，但對自己的入侵，沒有任何道歉，因為他們主要喚起同樣入侵也同樣沒有道歉的漢人的同理心，強調蕃人犯了「馘首」、「濫殺無辜」、「以多誇耀」等錯誤，就好像性侵還責怪對方反抗一樣。最後搬出聖賢之道，「愛撫為本，威力為末」，作為理蕃最高指導原則，展現和、漢共同的理想。「今距其死既久，理蕃之術，愈出愈精。立學訓誨子弟，設場教授耕織。」

---

[29] 《殺身成仁通事吳鳳》，頁 130。

強迫原住民接受他們不急迫的教育訓練，虛構吳鳳當年也同樣教化生番，而現在日本人做得比吳鳳還多。「彼猶不感孚敢反抗，則不得已舉膺懲之典。劍光之紫電，閃於林藪，砲聲之霹靂，起於山谷。」誣賴原住民恩將仇報，就如同當年對待吳鳳一樣。最後還用三個反詰句，強調日本人「仁至義盡」，才不得已動起干戈。「然而彼之兇行今猶昔日，豈措置未得其宜乎？籌畫未盡其妙乎？抑至誠未格乎？何其然，彼據天設之嶮，鼓必死之勇，是以未至廓清也。」

佐倉在明治二十八年（1895年）就來臺了，曾任學務部員、警保課高等警務掛長，明治三十一年（1898年）為鳳山縣打狗警視，著有《臺風雜記》，還請當時民政局長後藤新平為他寫序。他曾接觸羅東、烏來的原住民，有一定的認識，這種心態應代表一部分日本人的看法，或許也能說明構築神話的動機，主要針對漢人的知識階層。

六、以增飾法為傳記添血肉。

中田奉命編撰吳鳳傳記，原本就非學術性著作，以感染人心為重點，並不要求實事求是。

對於吳鳳的家世，中田並未取得吳氏族譜，只是根據累世靈牌，將吳鳳家族寫成書香世家，陶冶出他仁義的節操。

中田最困擾的是，吳鳳任通事的48年，如何處理人頭祭，才不會傷及他的仁義呢？幸好中田掌握到吳鳳是在朱一貴事件平息之後任通事的，之前，全臺文武官員爭先逃避澎湖，以致阿里山番、水沙連番乘亂襲擊漢民。於是在中田巧妙的安排下，吳後上任第一件事，就面臨了人頭祭的需求，他想到番亂出草所獲的人頭，順水推舟的要求：

> 以嚮所馘四十餘,一祀祭享一首級。[30]

這樣就解決吳鳳 48 年任內原漢和平相處的問題。至於「報復性出草」,吳鳳順勢和社番商議:

> 嚴禁與通事不議,私出害他,今而後,有敢違者,灰爾聚落,殲爾妻孥,悔無及也。[31]

這樣,在他任內也消弭了報復性出草,出現民番安堵的盛世。

七、改動情節,使合情理,具可讀性。

　　吳鳳「成仁」的過程,中田是根據倪雲林的《雲林縣採訪冊》加以改造。改造的幅度相當大,可分三個部分。
　　先是成仁前的準備,中田將吳鳳遺囑一分而二,將吳對情勢的判斷,

> 兇番之性難馴久矣,我思制之無術,又不忍置人於死。今當責以大義,幸而聽,番必我從;否則,必為所殺。[32]

改成:

> 吳通事仰而嘆曰:天生吳鳳,命綏撫之職,不能移風易俗,不以對天,其惟以身代斯民。[33]

---

[30] 《殺身成仁通事吳鳳》,頁 62。
[31] 《殺身成仁通事吳鳳》,頁 62。
[32] 倪贊元:《雲林縣采訪冊》,《臺灣文獻叢刊 37》(臺北:臺灣銀行研究部,1959),頁 180。

將「綏撫」當作天命，自責虧職，準備成仁，美化吳鳳。將吳預先囑咐，「豫戒家人作紙人持刀躍馬，手提番首如己狀」，「我死勿哭」等，予以保留。原本他交待的：

> 速焚所製紙人，更喝「吳鳳入山」，我死有靈，當除此患。[34]

顯然訴諸神秘主義，自認死後將變成冤鬼，殺番報復。這些話，不但符合漢人宗教思維，而且後人請祠、請祀，也有了「靈驗」的依據。但明治維新以後的日本人，寧可回歸到人情世故來處理，將話改成：

> 焚柩前，而當曰：「吳鳳欲革番人殘暴之習，百方不聽，吞恨而死，其靈訴天，降殃番社，無有孑遺。」[35]

將吳鳳想要自力報復，改為請天懲罰，維護了他仁厚畏天的形象。《採訪冊》變鬼之說，也不合於儒家的鬼神觀。

成仁的經過，保留了吳鳳：

> 諭番眾：以殺人抵命，王法具在；爾等既受撫，當從約束，何得妄殺人！[36]

而「鳳服朱衣紅巾以出」，實際上就是出於漢人著紅衣死，死後變厲鬼的宗教思維，至今為情自殺者，還多半著紅衣。而日本人未必不知，只是計巧的將紅衣轉換成標幟。添加了：

---

34 《雲林縣采訪冊》，頁180。
35 《殺身成仁通事吳鳳》，頁65。
36 《雲林縣采訪冊》，頁180。

33 《殺身成仁通事吳鳳》，頁63。

> 然一與爾等約，應畀一人，明日逍遙此支廟之旁近，朱衣紅巾
> 者即是也。但雖畀乎，若殺之，天譴忽降，爾等殄滅，必無噍
> 類，而則當馘首。[37]

除了預約之外，也對殺人馘首，天怒人怨，作了預告。原本《采訪冊》沒
有任何人頭的記載，中田添入人頭祭，卻對吳鳳的人頭採取曖昧法，說：

> 番相呼颼馳，擊之吻其元，曰將者也，曰青年也，高擎其首級，
> 眾熟視，忽叫曰「呀！」曰：「吳通事也，吳通事也！」皆愕
> 然變色，誰知昨約畀人者，其自畀吾軀。番人雖暴，豈得不怪
> 而惑乎？棄其屍，悄悄而去。[38]

棄屍不等於棄頭，中田將頭模糊處理，可能受原文制約，人頭祭得之
於田調或口碑，而番人驚愕的表情，疑惑的心理，是中田根據情節需
求增加的。

　　成仁後包含兩個情節。原本先「社番災難」，後「番女告歸」，中
田故意顛倒了次序，目的在使前後兩事形成因果關係。原本：

> 會社番有女嫁山下居民，能通漢語，習聞鳳言，歸告。[39]

這裡「鳳言」就是「我死有靈，當除此患」的詛咒語，而中田改成：

> 會提母勝社有女嫁於社口莊鄰界清人，能通清語，聞之竊驚，
> 往社，具告吳通事之所以死，及柩前之言辭，焚紙靈紙馬之情，
> 一社大驚，惴惴彌日。[40]

37　《殺身成仁通事吳鳳》，頁 63。
38　《殺身成仁通事吳鳳》，頁 64。
39　《雲林縣采訪冊》，頁 180。

這樣，「具告吳通事之所以死」呼應了前文番人「不解吳通事約畀人，
通事已斃，或惑或怪」的疑慮，加深了前文「一社聚談，追懷其溫容
端然，撫愛之久，恩澤之深，遂自恨背其訓，懺悔無已」的心理。「柩
前之言辭，焚紙靈紙馬之情」，又為下文的災難，預先作了鋪墊。

> 社番每見鳳乘馬持刀入其山，見則病，多有死者，相與畏懼，
> 無以為計。[41]

始終沒有偏離「靈驗」的主題。中田加工後的番女說辭，「一社大驚，
惝惝彌日」的結果，使得：

> 終有見吳通事振刀躍馬而來者，家家竦然，震眩而病者，喪心
> 病狂者，逐日加多，土目老番，無術可施。[42]

這樣的災情，有了因果，並賦予心理學的詮釋。

《采訪冊》沒有提到疫癘，應該是中田根據口碑增飾上去的，但
這也不影響疫癘的真實性，只是疫情未免誇飾。

八、存異説以資比較。

這篇章最後有所謂的《異傳》，中田直久特別強調：

> 本傳採蒐傳說，取其尤明確者，訂之遺趾，以敘列焉。而至其
> 殉職之狀態，則每莊不同傳，每蕃社有異聞，蓋聞吳鳳之名者，

40　《殺身成仁通事吳鳳》，頁 65。
41　《雲林縣采訪冊》，頁 180。
42　《殺身成仁通事吳鳳》，頁 65。

先想其捐軀，禁歇蕃害，專說其一事，年久事遠，口語相違，
相（想）像亦加，遂得無非生差忒乎。且救民生之耀德，歷年
而燦然煥發，蕃人覺眩昏，民人覺彩麗，各依其所感以傳之。
自不得不異也，所傳雖異，亦是偉人之閃影，不忍棄之也，乃
集錄眾說，以附本傳後，真偽固非所問也。[43]

在《異傳》裡，保存著一些中田蒐集的資料，但可信度有問題。保存
這些異說，純粹想讓讀者知道這個故事流傳既久，難免有所增飾，對
吳鳳故事有另一種角度的觀察。

結語

嘉義廳長津田毅一重新修建吳鳳廟，下令編纂《吳鳳傳》，大正元
年（1912 年）由屬下嘉義廳警視課長中田直久寫了《殺身成仁通事吳
鳳》。修廟和立傳並沒編年度預算，經費純粹由津田向各界募集而來，
可見這原本是地方建設的一部分。廟成津還向各界徵集詩作，其中以
本地漢詩詩人居多，這些詩人大多佩紳章，屬於漢人知識份子，徵詩
活動無形中宣揚了吳鳳故事與精神。

中田直久的《殺身成仁通事吳鳳》全書 131 頁。1-45 頁是日文傳
記，49-74 頁是漢文傳記，對象應是漢人知識份子，不是鄒族人民；
從而我相信他不是「神化」吳鳳，而是對漢人更有影響力量的「聖化」；
日本人不完全憑空捏造，也根據田調口碑來增加可信度；比較可議的
是，將原本單純的方志史料，以建廟立傳徵集詩文等方式予以政治化，
試圖形成運動。也由於這樣，此書自始至終就沒有尊重原住民的文化
與生活，事實上，當時的政治和學術高度也僅止於此。

---

[43] 《殺身成仁通事吳鳳》，頁 70。

郭店《老子》文本性質再探

徐富昌
國立臺灣大學中文系教授

摘　要

　　自帛書本《老子》和郭店本《老子》問世後，為學界提供了一個難得的機會，讓吾人能在今本與各通行本，今本與出土本，甚至今本與出土本及出土本之間，針對典籍在流傳中的各種現象或可能模式，進行探索和考察。而其中最受矚目和重視的是郭店本《老子》與今本《老子》之間的文本和思想的關係。郭店《老子》的文本，究竟是「輯選」的摘抄本，抑或是早期的來源文本，及長時期聚積後形成的並行文本？甚至是口傳形式經寫定後的文獻形式？學者各有不同的看法。本文綜論各家觀點後，提出個人對該文本性質的基本判定。

關鍵詞：郭店老子、老子、文本、出土文獻、楚簡

壹、前言

　　自帛書本《老子》和郭店本《老子》問世後，為學界提供了一個難得的機會，讓吾人能在今本與各通行本，今本與出土本，甚至今本與出土本及出土本之間，針對典籍在流傳中的各種現象或可能模式，進行探索和考察。[1]而其中最受矚目和重視的是郭店本《老子》與今本《老子》之間的文本和思想的關係。文本方面，羅浩（Halrold D. Roth）認為「在研究郭店《老子》簡文時我們所面臨的最重要問題之一是：這些簡文是否屬於傳世或通行的八十一章《老子》文本的一種版本？還是這些簡文自身就是獨立的文本或者甚至說是三種互不相關的文本？」[2]這是頗具代表性的說法。當然，在三者之外，還有一種口傳形式而非文字形式的觀點被提出來，觸及了口傳文獻和文獻寫定的相關問題。

　　《老子》文本變化原本就相當複雜。而傳世《老子》版本，大抵為魏晉人所編定。可確指為漢代的傳本，實屬寥寥。[3]從簡本發展到帛甲本，帛甲發展到帛乙本，其間可觀察成篇成書的痕跡；從帛乙本發

---

[1] 徐富昌：〈典籍異文之鑒別與運用──以簡帛本與今本《老子》為例〉，《出土文獻研究方法論文集》，（臺北：臺灣大學出版中心，2005 年），頁100-101。

[2] 〔美〕羅浩：〈郭店《老子》對文研究的方法論問題〉，收入〔美〕艾蘭、〔英〕魏克彬原編，邢文編譯：《郭店老子──東西方學者的對話》，（北京：學苑出版社，2002 年），又見邢文編譯：《郭店老子與太一生水》（北京：學苑出版社，2005 年），頁 41。（以下凡引不同學者之對話關點，因二書所編頁碼不同，故皆分別注出。）又見羅浩：〈郭店《老子》對文中一些方法論問題〉，《道家文化研究》第十七輯（北京：三聯書局，1999 年），頁 198。

[3] 王重民《老子考》收錄敦煌寫本、道觀碑本及歷代刻印本，共存目 450 餘種。嚴靈峰編《無求備齋老子集成》，初、續、補三《編》輯錄影印《老子》版本共 356 種。這些傳世《老子》版本，大抵為魏晉人所編定。可確指為漢代的傳本，實屬寥寥。

展到西漢鄰、傅、徐、劉四本，再發展到以王弼本為代表的各通行本，則可觀察編輯和整理的變化。李零在談到郭店簡的意義時，曾云：「如果我們把古書比作一條藏在雲端的龍，宋元以來的古書是它的尾巴，敦煌的發現是它的身子，那麼，現在的發現就是它的脖子，我們離看到龍頭的日子已經不太遠了。」[4]從這個角度看，了解郭店本與帛書本與今本間的傳承關係，以及追索對郭店本《老子》的文本性質，都是值得觀察的新議題。

貳、郭店《老子》文本性質再議

郭店《老子》出土後，最受屬目和重視的是楚簡《老子》與今本《老子》之間的關係。其中最突出的是兩種對立的意見：一是認為郭店楚簡《老子》是優於今本《老子》的古老傳本；[5]一是認為郭店楚簡《老子》是今本《老子》的三種節選本。[6]而依羅浩（Halrold D. Roth）的講法，我們還得觀察：這些簡文是否屬於傳世或通行的八十一章《老子》文本的一種版本的問題？同時還得觀察這些簡文是否自身就是獨立的文本的問題，甚至也要觀察甲乙丙組是否是三種互不相關的文本的問題。

1998 年美國達慕思大學召開的郭店簡國際學術研討會上，韓祿伯在研討會的總結發言中指出：

> 三組郭店《老子》中包括了與今本《老子》密切對應的一些章
> 節，關於這三組《老子》與今本《老子》的關係，大家提出了

---

[4] 李零：《重見七十子》，載《讀書》（2002 年第 4 期），第 37 頁。

[5] 解光宇：〈郭店竹簡《老子》研究綜述〉，《學術界》（1999 年 5 月），頁 3-16。

[6] 唐明邦：〈竹簡《老子》與通行本《老子》比較研究〉，《郭店楚簡國際學術研討會論文集》（武漢：湖北人民出版社，2000 年），頁 429-435。

兩種主要的可能性：一種可能性是今本《老子》早有文字形式
存在，郭店《老子》只是從中摘抄了一些章節；另一種可能性
是，郭店《老子》是從一組口傳的文獻中選錄成編的，它們後
來與其他的一些材料一起，被整理為今本《老子》。[7]

韓祿伯又指出：

這一總結粗略地概括了郭店《老子》與今本《老子》的兩種文
獻關係，但仍有一些細微的立場觀點需要注意。例如，今本《老
子》也許早有文字形式傳世，但它當時也許並沒有今本「五千
言」的全部章節。它可能有一個類於今本《老子》的形式（分
為 81 章或其他若干章），或者，它可能只有今本《老子》的材
料和內容，卻沒有今本的順序。這些材料也許最初有文字的形
式，或最初是口傳的；或者，它也許最初是口傳的，然後有其
文字形式，然後再度口傳，直至最終寫定成篇。郭店《老子》
的順序也許是原始的，或者，它出於某種目的對今本的順序進
行了重編，比如，出於教學的需要。

羅浩（Halrold D. Roth）在〈郭店《老子》對文研究的方法論問題〉中，
認為傳世《老子》與郭店《老子》對文之間有三種可能的關係，提出
三種模型說，一、輯選模型；二、來源模型；三、並行文本模型。其
中，模型一指郭店《老子》對文是《老子》組本的「輯選」，因此稱之
為「輯選」模型；模型二指郭店《老子》對文是祖本《老子》的來源
之一，因此稱之為「來源」模型）；模型三指郭店《老子》對文自身構
成一種獨立的文本，同祖本《老子》及如從羅浩的研究中發現的《管

---

[7]　《郭店老子──東西方學者的對話》，頁 138；又見於《郭店老子與太一生
水》，頁 101。

子‧內業》等類似作品一樣，來自更早的一種或多種原始材料，因此我們之為「並行文本」模型。[8]李若暉根據羅浩所提出的三種模型，認為學者們的意見也大致可以依照這三個模型而分為三派[9]，以下借用羅浩的觀點，補述相關模型分類：

一、屬於「輯選」模型者

屬於「輯選」模型者，基本上，就是主張「節錄說」或「節抄」。這一說法較具代表性的有：王博、裘錫圭、李學勤、高晨陽、唐明邦、陳鼓應等人的主張。如王博認為：

> 郭店《老子》實際代表的是三種不同的《老子》傳本，而且是這三種不同《老子》傳本的摘抄本。[10]

王氏又謂：「甲組與乙、丙組可能由不同的編者在不同的時間完成，但其內容又見於今傳《老子》中。這種情形說明，也許在此之前已經出現了一個幾乎是五千餘字的《老子》傳本。郭店《老子》的甲組與乙組、丙組祇是依照不同主題或需要，從中選輯的結果。」[11]裘錫圭同

8　〔美〕羅浩：〈郭店《老子》對文研究的方法論問題〉，《郭店老子與太一生水》，頁47-48。又見羅浩：〈郭店《老子》對文中一些方法論問題〉，《道家文化研究》第十七輯，頁200-201。

9　李若暉觀點見於〈郭店竹書《老子》研究述論〉，《古籍整理研究學刊》第2期（2004年3月），頁1-18。

10　王博：〈關於郭店楚墓竹簡老子的結構與性質〉，《道家文化研究》第十七輯，頁162。

11　王博觀點見於〈郭店《老子》為什麼有三組？〉為1998年5月美國達慕思大學召開的郭店簡國際學術研討會資料，轉引自裘錫圭：〈郭店老子簡初探〉，《道家文化研究》第十七輯，頁27。

意「在此之前已經出現了一個幾乎是五千餘字的《老子》傳本」的意見，並認為：

> 如果在老聃死後，『五千言』形成之前，確有多種『老子語錄』
> 在社會上流傳，而郭店的三組《老子》簡就是其中的三種的話，
> 就很少有可能出現其內容全部見於『今傳《老子》中』的情況。
> 很難設想，在晚於郭店《老子》簡的時代，即晚於公元前三百
> 年左右的戰國晚期，有人能把一二百年甚至更長的時間內所流
> 傳的多種『老子語錄』的內容絲毫不漏地合編成一部『五千
> 言』。今天偶然發現的三種『老子語錄』，其所抄各章竟然全都
> 見於今傳《老子》，就未免顯得太過湊巧了。[12]

李學勤則認為：

> 道家有《老子》甲、乙、丙三組，均繫摘抄，不相重複。[13]

李氏主張摘抄，但云「不相重複」，則不然。甲、乙、丙三本之間，整體看來，幾乎沒有重複。可是，在相當於今本《老子》第六十四章下段中，有一部分在甲、丙兩本中都有。如王弼本六十四章下半作：

> 為者敗之，執者失之。是以聖人無為，故無敗；無執，故無失。
> 民之從事，恆於幾成而敗之，慎終如始，則無敗事。是以聖人
> 欲不欲，不貴難德之貨；學不學，復眾人之所過。以輔萬物之
> 自然，而不敢為。

---

12 裘錫圭：〈郭店老子簡初探〉，《道家文化研究》第十七輯，頁 27-28。
13 李學勤：〈先秦儒家著作的重大發現〉，《郭店楚簡研究》（瀋陽：遼寧教育
　　出版社，1999 年），頁 14。

既見郭店本甲組（第十至十三簡）：

> 為之者敗之，執之者遠（甲組10）之。是呂聖人亡為，古亡敗；
> 亡執，古亡遊。臨事之紀，誓冬女忖，此亡敗事矣。聖人谷（甲
> 組11）不谷，不貴難得之貨，孝不孝，復眾之所＝些。－是古聖
> 人能專萬勿之自肰，而弗（甲組12）能為。（甲組13）

亦見於郭店本丙組（第十一至十四簡）：

> 為之者敗之，執之者遊之。－聖人無為，古無敗也；無執，古
> □□。□□□□，（丙組11）斬終若忖，則無敗事喜。－人之敗
> 也，互於丌幾成也敗之。－是呂□（丙組12）人欲不欲，不貴
> 戁得之貨；學不學，復眾之所逃。是呂能補墿勿（丙組13）之
> 自肰，而弗敢為。（丙組14）

二組不但「重複」，其中用字用詞亦有所變化。高晨陽認為：

> 從簡本《老子》自身看，亦不難發現選編的跡象。第一，竹簡
> 的形制存在三種類型。簡本《老子》的文字並不多，即兩千餘
> 字。倘若它為全本，似當一氣錄成，而不應有這種差異。之所
> 以發生這種情況，很可能為教授的需要，分三時抄錄而成，形
> 成了我們今天見到的樣子。[14]

唐明邦認為「竹簡《老子》看來並非完本」：

---

[14] 高晨陽：〈郭店楚簡老子的真相及其與今本老子的關係〉，《中國哲學史》
1999 年第 3 期，頁 77-81。

既不是一個完整抄本,說不上是一種完的思想著作。當屬於《老子》五千言的三種節錄本,同通行本《老子》相比較,不可否認存在很大的缺陷,不足以被認定為《老子》原本。[15]

陳鼓應則認為楚簡《老子》是「三種不同的抄本」:

楚簡《老子》抄寫在三種長短和形制不同的竹簡上,整理者將它們分成甲乙丙三組,從這三組的字體可看出為不同的人書寫,其書寫時間也可能不盡相同。三組所抄內容大體不相重複,僅有一節相當於今本 64 章一段文字,重出於甲、丙組中,兩相對照,丙組中的文句與馬王堆帛書及今本相近。通體觀之,甲組文義較近組本,它所根據的傳本當比丙組要古早,再則由甲丙組合於今本 64 章下的部份內容相重而字跡頗有差異這點來看,可見抄手根據著的是不同傳本。楚墓中存在著不同的《老子》抄本,反應了楚地流行著不同的《老子》傳本。[16]

陳氏認為「三種不同的抄本」是「抄手根據著的是不同傳本」亦即「楚墓中存在著不同的《老子》抄本,反應了楚地流行著不同的《老子》傳本。」從文章看,並未特別主張「節抄」。不過,艾蘭、魏克彬原編,邢文編譯的《郭店老子——東西方學者的對話》一書中提到陳鼓應對「摘抄」的看法:

關於郭店《老子》摘抄於一部內容基本上與今本《老子》相同的《老子》文獻的觀點。陳鼓應旗幟鮮明地支持這一觀點。根

---

[15] 唐明邦:〈竹簡老子與通行本老子比較研究〉,《郭店楚簡國際學術研討會論文集》,頁 429。

[16] 陳鼓應:〈從郭店簡本看《老子》尚仁及守中思想〉,《道家文化研究》第十七輯,頁 67。

據他以前的研究，他認為《史記》關於《老子》及其作者的記
載是正確的。也就是說，《老子》在公元前 5 世紀由老聃一人
所作。陳鼓應指出，一些其他的文獻說明，老聃是齊人；老聃
作完此書之後，有不同的版本傳世。[17]

陳鼓應又認為「郭店的新發現證明了這一觀點。首先，我們可以看見
《老子》是一部早前的文獻，比近幾十年來許多學者所認為的時代要
早。其次，郭店《老子》與今本《老子》第 64 章對應的內容，在郭店
《老子》中重出；其異文告訴我們，郭店的這兩節內容分別抄自不同
的版本。」[18]

以上這些說法，多半主張在郭店《老子》之前，就有一個足本的
《老子》，郭店《老子》甲、乙、丙三組只是節錄摘抄。有些講法雖然
未直接指說節抄，卻仍可視為「輯選」模型的變異類型。如王中江認為：

如果說簡本《老子》為關尹弟子所傳，何以只有帛書本和通行
本《老子》的五分之二呢？這可以做出幾種解釋：一是竹簡被
盜。但據稱遺失很少。實際上如何，不得而知。二是《老子》
一書開始就不多，後被附益。但這種可能性不大。因為帛書本
和通行本，與簡本對照基本相似。三是，陪葬時，只是象徵性
地放進去一部分。這種可能性很大。[19]

所謂「只是象徵性地放進去一部分」，雖然不是節抄，亦可視為「輯選」
模型的變異類型。周鳳五認為：

---

[17] 《郭店老子——東西方學者的對話》，頁 139；又見於《郭店老子與太一生
水》，頁 101-102。又原註云：「關於老子及其作品的詳論，請見陳鼓應：《老
莊新論》（上海：上海古籍出版社，1992 年），尤其是第 43-58 頁。」
[18] 同註 17。
[19] 王中江：〈郭店竹簡老子略說〉，《郭店楚簡研究》，頁 103-108。

> 甲組《老子》是一個經過戰國時代儒家改編的本子，盡量淡化
> 道家宇宙論與形上思想的色彩，並刻意修改文字，避免與儒家
> 「五行」之說正面衝突，是一個「儒家化」，甚至「子思學派
> 化」了的道家經典。[20]

主張郭店《老子》是儒家刪節的改編本。黃人二則認為郭店《老子》
是鄒齊儒家的改動節選本：

> 簡本《老子》是目前最接近《老子》成書時代的一個本子。照
> 道理說，文本內容應該是最接近《老子》原本的原貌。但情形
> 或許恰好相反。即簡本可能對《老子》原文做了很大的改動，
> 是個改動很大、經過節選的儒者版本。[21]

黃氏並謂：「先秦術百家爭鳴，各家學說，必有所吸收和排斥。然居一
家學術學說之中心者，主張制度之核心處，則無一不相衝突。所以輸
入外家學說之後，必加以變易，以適合於主流學說，否則難以保持，
故需對外來學說加以改造。……所以編集或錄寫經傳記說者，有所惡
忌，故意刪削增加特定之文字。與本家的觀念直接相衝突者，傳承過
程中就施之以必要的增加或刪改。這種『筆削手法』，是從孔子開始的
儒門的傳統手法，然後寄託和褒貶就存在其中了。郭店竹簡《老子》
似乎是這種情形下的產物。」[22]黃釗在〈竹簡《老子》應為稷下道家
傳本的摘抄本〉一文中，認為是「稷下道家的摘抄本」，並謂：

---

[20] 周鳳五：〈郭店竹簡的形式特徵及其分類意義〉，《郭店楚簡國際學術研討會
論文集》，頁 54-55。

[21] 黃人二：〈讀郭店老子並論其為鄒齊儒者的版本〉，《郭店楚簡國際學術研討
會論文集》，頁 493。

[22] 同上註，頁 498。

簡本出土後，有人把三組竹簡視為三種不同的《老子》傳本，
也有人把三組竹簡合起來看，稱簡本「是一個完整傳本」。這
些似都值得推敲。筆者以為，這三組《老子》簡，既非三種不
同的《老子》本，也非完整的《老子》傳本。它們實際上乃是
同一種《老子》本的摘抄本。[23]

黃釗強調甲、乙、丙三組竹簡「實際上乃是同一種《老子》本的摘抄
本」，並非「三種不同的《老子》傳本」。程水金認為是經過「纂改的
摘抄本」：

古人抄書有沒有纂改古書的可能？答案是肯定的。……郭店墓
主所抄的《老子》，不僅是摘抄，而且是根據某種思想所纂改
的摘抄本。[24]

上列諸說，都可以視為「輯選」模型的變異類型。這種說法多半主張
在郭店《老子》之前，就有一個足本的《老子》，郭店《老子》甲、乙、
丙三組只是節錄摘抄。

二、屬於「來源」模型者

　　屬於「來源」模型者，基本上，視郭店《老子》為目前最早的《老
子》文本。這類說法者稍少，但仍具代表性，如許抗生認為：

---

[23] 黃釗：〈竹簡《老子》應為稷下道家傳本的摘抄本〉，《中州學刊》第 1 期，
　　總 115 期（2000 年），頁 67。相關意見又見於〈竹簡老子的版本歸屬及其
　　文獻價值探微〉，《郭店楚簡國際學術研討會論文集》，頁 484-492。

[24] 程水金：〈郭店簡書老子的性質及其學術定位〉，《郭店楚簡國際學術研討會
　　論文集》，頁 499-505。程氏並云：「簡書《老子》只能是一種摘抄本而不是
　　什麼『完整的《老子》傳本』。」

《老子》一書似乎經歷了由簡本向帛書本的轉化過程。[25]

許抗生續謂:「簡本《老子》甲、乙、丙三組很可能是當時社會上流傳的多種《老子》語錄或著述中的三組文字,是春秋末年流傳下來的,至戰國晚年由後人合編增補成較完整的帛書《老子》和今本《老子》的。」[26]

池田知久認為:

《郭店楚墓竹簡》所收的《老子》甲、乙、丙本,並非後代定形的《老子》五千言中的一部分,可以說它是尚處於形成階段的、目前所見最古的《老子》文本。[27]

以上這些,依羅浩之說,屬於「郭店《老子》對文是祖本《老子》的來源之一」的性質,這可歸入「來源」模型。

三、屬於「並行文本」模型者

屬於「並行文本」模型者,主張郭店《老子》對文自身構成一種獨立的文本,同祖本《老子》一樣,來自更早的一種或多種原始材料。吳根友認為:

簡本《老子》一書中仍有一些戰國中期的文字,《老子》一書可能無定本,而只是一個不斷被注釋的開放文本。[28]

---

[25] 許抗生:〈再讀郭店竹簡《老子》〉,《中州學刊》第 5 期,總 119 期(2000年),頁 75-77。

[26] 許抗生:〈初讀郭店竹簡老子〉,《郭店楚簡研究》,頁 93-102。

[27] 〔日〕池川知久:〈尚處形成階段的《老子》最古文本〉,《道家文化研究》第十七輯,頁 167。

[28] 吳根友:〈道論在簡本《老子》中的地位及道、德等概念在簡、帛、王本中

所謂「一個不斷被注釋的開放文本」，正是羅浩所謂的「文本是一種由一位作者或多位作者創造的獨特的總合體及思想的表達。」[29]谷中信一以為：「相當於《老子》五千言的本文，當時確實存在，但未必不可以這樣考慮：它沒有被匯集成冊而成為一本書，而是被分編成三個或更多的部分，作為本文通用。因為甲、乙、丙三本之間重複的地方確實幾乎沒有。可是，在相當於現行《老子》的六十四章下段中，有極少的一部分，在甲、丙兩本中都有。從這點來看，上述分編的可能性應該是極少的。」[30]因此，谷中信一認為：

> 如果是這樣的話，三本應該各自具有獨自的主題，但在通讀一遍後，並感覺不到這種編輯意圖。那麼，如果說甲、乙、丙三本不是節抄本的話，也就必須說相當於它們的母本的《老子》並不存在。[31]

聶中慶認為：

> 楚簡《老子》甲、乙、丙本既不是摘抄本，又不是全本。同時也不是三個不同的時間裏產生的三種抄本，因為此觀點只看到了甲、乙、丙本的歷時性差異，但沒有認識到文本內部的歷時性差異，誤認為文本內的文字都是同一時期形成的。我們認為楚簡《老子》是在文字聚合的基礎上，經過長時期的聚積後形成的一種文本。不但甲、乙、丙本的形成是歷時的，文本內部

含義異同初探〉，《江漢論壇》第 10 期（1999 年），頁 5。

[29] 〔美〕羅浩：〈郭店《老子》對文研究的方法論問題〉，《郭店老子與太一生水》，頁 48。又見羅浩：〈郭店《老子》對文中一些方法論問題〉，《道家文化研究》第十七輯，頁 201。

[30] 〔日〕谷中信一：〈從郭店《老子》看今本《老子》的完成〉，載《郭店楚簡國際學術研討會論文集》，頁 436-444。

[31] 同註 30，頁 438。

各文字聚合的形成也是歷時的。其中簡甲本的內部構成比較原
始，只是將單篇別行的老子語進行簡單的抄錄，而簡丙本的內
部構成則比較成熟，應該說是經過編輯後形成的本子，已經顯
露出今本《老子》的雛形。[32]

上引所謂「既不是摘抄本，又不是全本。同時也不是三個不同的時間
裏產生的三種抄本。」重點在於強調「楚簡《老子》是在文字聚合的
基礎上，經過長時期的聚積後形成的一種文本。」再如丁四新認為：

從《老子》一書的原始本向郭店三組簡本、馬王堆帛書甲、乙
本及各通行本發展，吾人以為編者們都是在有意識地重新編輯
《老子》，使之趨向更為合理化，這包括用字上的雕琢、語詞
的潤飾、文句的統一、章句的重組、篇章結構的劃分，以及語
言的內涵和語意的扭變等問題。[33]

所以丁氏又認為：「先秦各簡本《老子》相對於帛書本及各通行本構築
的相對穩定框架來說，還是一個處在流動變化過程中的文本。」丁氏
以這個文本中的每一活頁單位都可能而且應該得到重新組織，以從屬
於帛書編者使《老子》成書成篇的理想。他同時認為在考察、比較簡
帛到通行本《老子》的文本關係時，文本的評判不是一味地以追求原
始與古樸為標準，以為愈原始愈古樸，文本的編輯質量就愈好，這可
能是一個錯誤的文本評判傾向，文本的本始狀態與文本的優劣判斷是
兩碼事。從簡本經過帛書本，發展到各通行本有其內在的不得已的合

---

[32] 聶中慶：《郭店楚簡〈老子〉研究》，（上海：復旦大學「中國古代文學研究
中心」博士論文，2003 年），頁 33。

[33] 丁四新：〈申論《老子》文本變化的核心觀念、法則及其意義〉，《哲學動態》
11 期（2002 年），頁 12。

理性。他強調這個文本中的每一活頁單位都可能而且應該得到重新組織，以從屬於帛書編者使《老子》成書成篇的理想。[34]

丁氏透過「活頁單位」的概念，把握《老子》文本的可變性與不可變性界限的基本單位，以闡明《老子》文本變化的必然性和合理性。在這一觀念的基礎上，丁氏認為《老子》文本是可能，而且也應該得到重新編輯和組織的。事實透過透過具體文本的比較，的確可以發現其中變化的觀察線索。

以上這些說法，都可歸入「並行文本」模型。羅浩認為此一模型顯示了「郭店楚簡的確構成獨立的文本而不是原始《老子》的奠基本、修纂本或者抄本。」「我們稱之為獨立的文本，因為它滿足了上述關於文本的最基本定義：『文本是一種由一位作者或多位作者創造的獨特的總合體及思想的表達。』儘管它包含有現存《老子》對應的文句，郭店楚簡顯示其獨特的版式及組織形式。因此對應文句的出現並不表明郭店竹簡文句一定來源於《老子》也不表明郭店簡文抄寫時一定流傳一種名叫《老子》的文本。郭店簡文很可能是獨立的文本或者說是三種獨立的文本，這些文本中有些材料後來被抄寫進我們所知的《老子》當中。」[35]

參、口傳文獻與文獻寫定再探

在眾多文本的討論中，對於郭店《老子》文本是否只是「口耳相傳」的模式，或是「通過記憶」、「憑記憶」的寫錄也被提出。

[34] 同註33。
[35] 〔美〕羅浩：〈郭店《老子》對文研究的方法論問題〉，《郭店老子與太一生水》，頁48。又見羅浩：〈郭店《老子》對文中一些方法論問題〉，《道家文化研究》第十七輯，頁201。

　　羅浩在〈郭店《老子》對文研究的方法論問題〉一文中，提到「無論是在郭店丙組還是在通行文本中，這兩行韻文的文字仍處於一種尚未定型的變化狀態──這也許是因為它基於一種口傳的傳統，在文字上並無定本。」[36]韓祿伯在針對甲、乙、丙三組《老子》與今本《老子》的關係時，指出兩種主要的可能性，而其中一種「可能性是，郭店《老子》是從一組口傳的文獻中選錄成編的，它們後來與其他的一些材料一起，被整理為今本《老子》。」[37]韓祿伯續謂：

> 它可能有一個類於今本《老子》的形式（分為 81 章或其他若干章），或者，它可能只有今本《老子》的材料和內容，卻沒有今本的順序。這些材料也許最初有文字的形式，或最初是口傳的；或者，它也許最初是口傳的，然後有其文字形式，然後再度口傳，直至最終寫定成篇。郭店《老子》的順序也許是原始的，或者，它出於某種目的對今本的順序進行了重編，比如，出於教學的需要。[38]

這個意見顯然認為今本《老子》的材料有幾個可能：一是「最初有文字的形式」；二是「最初是口傳的」；三是「最初是口傳的，然後有其文字形式，然後再度口傳，直至最終寫定成篇。」這涉及了口傳形態和書面形態二者之間的關係。上面提到的三種情形，都有可能發生。我們既無法排除早期成篇的文獻，先是經過了口傳階段；也無法排除著作者以直接文字形式寫定。至於口傳→文字形式→再度口傳→寫定成篇，實際上也只是口傳與文獻的傳佈方式之一。《郭店老子──東西

---

[36] 〔美〕羅浩：〈郭店《老子》對文研究的方法論問題〉，《郭店老子與太一生水》，頁 41。又見羅浩：〈郭店《老子》對文中一些方法論問題〉，《道家文化研究》第十七輯，頁 198。

[37] 《郭店老子──東西方學者的對話》，頁 138；又見於《郭店老子與太一生水》，頁 101。

[38] 同註 37。

方學者的對話》一書中，也指出「大家討論的另一種可能是，今本《老
子》在當時已經有寫本存世，但只是在口頭流傳。因此，有可能它會
被再一次寫錄，但不是通過傳抄，而是通過記憶。這裡的觀點是：
郭店《老子》是節選自這樣一部口傳的《老子》，而不是《老子》全
本。」[39]這種所謂「通過記憶」的寫錄，其實又指出口傳文獻與文獻
寫定的問題。類似的口傳文獻觀點，如白素貞亦認為：

> 郭店《老子》中的許多文字如果被當作口傳文獻的一個部分，
> 可能就可以被解釋了。這些文獻應該是抄手在聆聽的過程中記
> 錄的。[40]

此外，她注意到：

> 郭店材料中有明顯的口傳因素，並推論大量的通假字應該是口
> 傳的標誌。
> 有不同類型的口傳文獻：一篇文獻可以有成型的特定的口傳形
> 式，並以此形式口傳；這樣的文獻可以根本不必有書面的形
> 式。另一方面，一部文字的文獻也可以被口傳，然後根據口傳
> 被再次寫錄下來。[41]

他如白牧之也認為「有一種口傳文獻，其材料沒有固定的順序；當它
們被寫錄下來時，便具體為獨立的篇章，只有很少的相似的章節。」[42]
這些觀點，都明顯地認定先秦時有口傳文獻的傳統。而這些口傳文獻，

---

[39] 《郭店老子——東西方學者的對話》，頁 138；又見於《郭店老子與太一生
水》，頁 101。

[40] 《郭店老子——東西方學者的對話》，頁 142；又見於《郭店老子與太一生
水》，頁 104。

[41] 同註 40。

[42] 同註 40。

有的可以被寫定，有的則僅是口傳形式而已。當然有些寫定的文獻，也可以被口傳，並根據口傳再次寫錄下來。口傳則牽涉記憶，與抄寫不同，無所謂底本問題。關於口傳文獻與文獻寫定的問題，李學勤他注意到：

> 在古代沒有印刷的書籍，所以文獻是難以得到的；很多作品可能都是記在心裏的。如果要寫下來，往往是根據記憶寫錄，而不是照抄一個祖本。[43]

李氏並舉證支持文獻「往往是根據記憶寫錄的，而不是照抄一個祖本」的觀點。李氏說：「這種現象有有力的證據。例如，郭店一號楚墓發現的《緇衣》與饒宗頤討論的《緇衣》零簡的那個本子，也許其出土地點與下葬時間都是相近的，但這兩個本子的文字是不同的，說明它們是憑記憶寫錄的。」[44]不過，李氏舉的證據，事實上，也有問題。饒氏所指的《緇衣》本子，實即上博《緇衣》，是接近於齊、魯特色的抄本。[45]而郭店《緇衣》，依周鳳五的考索，蓋與郭店《老子》的字形結構同屬楚國文字特色，是楚國簡帛的標準字體。[46]據馮勝君、蘇建洲

---

[43] 《郭店老子──東西方學者的對話》，頁 140-142；又見於《郭店老子與太一生水》，頁 103。

[44] 《郭店老子──東西方學者的對話》，頁 140-142；又見於《郭店老子與太一生水》，頁 103。原注云：饒宗頤說明此簡已在海外，但出於楚地而且屬於戰國時期，見《緇衣零簡》，《學術集林》第 9 輯，1996 年，第 66-68 頁。

[45] 駢慧涓：〈從三種《緇衣》看先秦文獻的傳播〉，《上海師範大學學報（哲學社會科學版）》第 32 卷第 4 期，2003 年 7 月，頁 57。駢氏指謂上博《緇衣》簡更接近於「齊魯」的文字體系：「在字形結構方面，上博簡的字體渾厚，筆劃較粗，字跡清楚，書寫熟練；郭店簡字體圓潤，筆劃較細，字跡清楚，書寫風格接近楚國文字。……相比較，上博簡的非楚文字特徵明顯，如「四」、「新」、「古」等字，這些字更接近於齊魯的文字體系。」

[46] 周鳳五：〈郭店竹簡的形式特徵及其分類意義〉，《郭店楚簡國際學術研討會論文集》，頁 57-59。周先生根據「形體結構」與「書法體勢」，將郭店竹簡的字體分為四類：第一類常見於楚國簡帛，字形結構是楚國文字的本色，書法體勢則帶有「科斗文」的特徵，是楚國簡帛的標準字體；第二類出自

的觀點，楚地抄手大都為楚人，[47]然而，二個本子皆出於楚地，卻有不同的文字風格，若無祖本或底本參照，是無法根據口傳和記憶，寫錄出具有齊、魯特色的本子來。其實，有關於口傳文獻的觀點，也有反對的聲音，如瓦格納質疑：

> 為什麼郭店《老子》中沒有一章不見於今本《老子》？也就是說，在郭店《老子》中，沒有任何證據表明：這些文獻來自一個口頭文獻，而這一口頭文獻如羅浩的口傳理論所示，包括了比今本《老子》更多的材料。[48]

譚樸森則認為：

> 郭店《老子》中基本上沒有重複的章節（只有一個例外），這說明它們都是抄自一部已經存在文字形式的文獻。[49]

我們相信，從已存在的《老子》的原始本向郭店三組簡本、馬王堆帛書甲、乙本及各通行本發展，其實是有其軌跡的。即使是郭店甲、乙、丙三種文本中，存在著歷時性的差異，可能也有其各自的文本來源，但有一個底本可供抄手錄寫，或者可供編者進行編輯和整理，那是可以肯定的。照聶中慶的講法：「簡丙本與簡甲本的本質區別在於，簡丙

齊、魯儒家經典抄本，但已被楚國馴化，帶有「鳥蟲書」的特徵；第三類用類似小篆，應是戰國齊、魯儒家經典的原始面貌；第四類與齊國文字的特徵最吻合，是楚國學者新近自齊國傳抄、引進的儒家典籍，保留較多齊國文字的形體結構與書法風格。而郭店《緇衣》周先生歸入第一類。

[47] 馮勝君：〈有關戰國竹簡國別問題的一些前提性討論〉，《古文字研究》第二十六輯，北京：中華書局，（2006年11月），頁314-319；蘇建洲：《〈上博楚竹書〉文字及相關問題研究》，臺北：萬卷樓圖書股份有限公司（2008年1月），頁216-218。

[48] 同註40。

[49] 同註40。

本中已經顯露出人為編輯的痕跡。就是說，這一時期已經脫離了《老子》文本的初始聚積階段，人們開始按照自己的理解，對《老子》進行編輯和整理。我們從簡丙本中已經可以看到今本《老子》的雛形。」[50]姑且無論五千言是否成形，一個有文字形式《老子》文本的存在，則是毋庸置疑的。

此外，白素貞提到「郭店材料中有明顯的口傳因素，並推論大量的通假字應該是口傳的標誌。」夏含夷也有不同的意見：

> 我當然不願意低估古代的口傳文化，可是在我看來，中國古代歷史上沒有多少具體證據能夠證明口傳的傳承方式，反而有許多證據證明寫本的存在。不錯，很多文獻是在老師和學生之間的交往過程中產生的。即使我們設想學生是根據老師口傳的知識而寫出了這些文獻，這和文獻後來傳授的過程沒有什麼關係。關於《詩經》的異文，很多是聲音相同的假借字，當然可以理解為口傳的證據。然而，也有不少只能產生於抄寫的形近異文。無論如何，出土的漢代寫本往往反映同樣的異文，《詩經》的情況並不是孤例。如上面第一章所論那樣，在戰國時代寫本裏，聲近和形近的異文都很普遍，可以說是當時抄寫的一個特點。[51]

夏氏的說法是正確的。異文產生的原因，通假字固然是大項，但因重文異體、因古今字不同、因形近訛誤、因避諱換字等原因，皆可產生異文。[52]以「形近訛誤」為例，因形體相近而造成的典籍（版本）異

---

[50] 同註 32，頁 43。

[51] 夏含夷：〈《重寫中國古代文獻》結論〉，《簡帛》第二輯（上海：上海古籍出版社，2007 年），512 頁注 1。

[52] 徐富昌：〈簡帛典籍異文產生的原因〉，《簡帛典籍異文側探》（臺北：國家出版社，2006 年），頁 28-46。

文數量較多，情況也相當複雜。如帛書《周易》作：「九二：傷夜，夜有戎，勿血。」（〈夬〉卦）；今本《周易》作：「九二：惕夜，莫夜有戎，勿恤。」（〈夬〉卦）。其中，今本《周易》「惕」字，帛書《周易》作「傷」，形近訛誤。[53]「惕」、「傷」為訛誤所構成之異文。再如今本《周易》：「无妄之災，或繫之牛，行人之得，邑人之茲。」（〈无妄〉卦）；帛書《周易》作：「无☐☐☐，或擊☐☐，☐☐之得，邑人之災。」（〈无孟〉卦）。其中，今本《周易》「或繫之牛」，帛書《周易》作「或擊☐☐」，其中，「擊」字為「繫」之訛，此亦形近訛誤之例。

又如上博《周易》：「九二：才帀审吉，亡咎，王晶賜命。」（〈帀〉卦）帛書《周易》作：「九二：在師中吉，无咎，王三湯命。」（〈師〉卦）今本《周易》作：「九二：在師中吉，无咎，王三錫命。」（〈師〉卦）今本《周易》「王三錫命」字，上博《周易》作「王晶賜命」，「錫命」即「賜命」。〔錫／賜〕為異體異文。帛書《周易》作「王三湯命」，「湯命」意無所解，「湯」字形近於「錫」、「賜」，蓋為形近致誤之字。

由上舉諸例，可知因形近訛誤會導致異文的產生。這種類型的異文，多半來自抄寫的錯誤。如無底本，僅是口傳，就無法解釋為量不少的訛誤字的產生。從上博《周易》到帛書《周易》，再到今本《周易》，我們相信這類的錯誤多半來自傳抄而非口傳錄寫或記憶錄寫造成。

肆、小結

羅浩提出分析《老子》文本的方法論，其中文本研究法，指出傳世《老子》與郭店《老子》之間可能的三種關係，是有效而系統的方法。從那個視角，本文臚列了一些類型，進而簡析之。大體說來，屬

---

[53] 上博《周易》另作「啻」字：「☐☐：啻啻，莫譽又戎，勿卹。」（〈夬〉卦）則「啻」與「惕」、「傷」二字亦為異文。

於摘抄說的「輯選」模型最多學者主張，基本上，他們認為郭店《老子》自身並未能構成獨立文本，它只是原始《老子》的節抄本，是「輯選」出來的。屬於「來源」模型的主張者較少，認為郭店《老子》是獨立的文本，同時是祖本的來源。「並行文本」模型的主張者，同樣認為郭店《老子》自身構成一種獨立的文本，但他們認為郭店《老子》雖然是來自更早的一種或多種原始材料，但已脫離文本的初始聚積階段，並進入編輯和整理階段。

　　基本上，本文支持「並行文本」模型的觀點，認為從了解甲、乙、丙組的歷時性差異，進而認識到文本內部的歷時性差異，再觀察其人為編輯的痕迹（丙組），我們就可以理解楚簡《老子》是在文字聚合的基礎上，經過長時期的聚積後形成的一種文本。事實上，先秦時期文獻流傳過程中，文本的來源及因襲充滿了複雜性及變動性。從出土文獻和傳世文獻的對勘來看，文本來源及眾本之間的因襲關係，事實上並不易追索。如從《上博（四）‧內豐》與《大戴禮記》「《曾子》十篇」及《郭店‧緇衣》、《上博‧緇衣》與《禮記‧緇衣》等材料來觀察，它們之間，體現了先秦時期文獻流傳過程中「同一篇章，不同傳本」的現象。可見文獻與文本的流傳，不論其是否有無定本，或者是透過口述再記錄流傳，似乎都無法避免文本重出，[54]或眾本並行的複雜的現象。

54　如針對《上博（四）‧內豐》與《大戴禮記》「《曾子》十篇」的相關問題，梁濤云「不過從〈內豐〉與《曾子》的相關文字看，它們之間並不是一種直接的對應關係，而更像是對某種相同觀念和思想的紀錄和敘述。之所以出現這種情況，可能是因為早期儒家學者沒有著書立說的習慣，其言論往往由弟子記錄、流傳下來，所以一開始並沒有固定的傳本，〈內豐〉與《曾子》是當時流傳的不同傳本。或者當時雖已有固定傳本，但學者仍可根據自己的需要選擇摘錄，〈內豐〉即是其摘錄本，其中也包括了《曾子》的言論。但不論是那種情況，〈內豐〉與《曾子》存在一定的聯繫則是可以肯定的。」（參見梁濤撰：〈上博簡《內豐》與《大戴禮記‧曾子》〉，簡帛研究網：http://www.jianbo.org/admin3/2005/liangtao001.htm，2005 年 6 月 26 日。）由這些看法中，亦可間接說明文獻流傳過程中的複雜性及變動性。

　　至於郭店《老子》是否可能「從一組口傳的文獻中選錄成編的」，
或者「一篇文獻可以有成型的特定的口傳形式，並以此形式口傳；這
樣的文獻可以根本不必有書面的形式。另一方面，一部文字的文獻也
可以被口傳，然後根據口傳被再次寫錄下來。」我想，從先秦文獻存
在的事實，那種「在古代沒有印刷的書籍，所以文獻是難以得到的；
很多作品可能都是記在心裏的。」的說法，是值得商榷的。我支持先
秦有寫本和文獻的存在，同時也認為抄手是在有底本的情境下進行錄
寫工作的。我們並不排除先秦有口頭文化及其傳統，但「根據記憶寫
錄」之說，從出土本和傳世本之間的異文對照，從文字書體的風格的
抄寫呈現看來，相信那絕不是先秦文本主要傳佈方式。

從天命、天爵、五儀
之義理關係談儒家的生命教育

張清泉
彰化師範大學副教授兼國文系主任

摘　要

　　生命教育是當前各級學校都很重視的一項課題，檢視傳統文化的素材裡，實也不乏相關切要的論述。本文即從《論語》中，孔子的天命說切入，探討孔子對於生命的相關論點，從「死生有命」─道德價值重於生命價值，到「與天合德」─天命落實於德命，確認了孔子順天知命的天命觀。到了《孟子》更以「天爵」之說進一步落實孔子的「天命」理論，強調「修其天爵而人爵從之」。此外《荀子》、《大戴禮記》、《孔子家語》等書中也提出了「五儀」之說，更具體的將儒家「道德生命」內涵予以確認，從「庸人、士、君子、賢人、聖人」等具體實踐目標來確立「道德生命」的崇高意義以及生命的高貴價值。這種希聖希賢的生命意義與道德實踐的生活目的，正是傳統儒家一貫相傳的生命教育，而這種生命教育便若隱若顯的依附在傳統的經學與義理之學中，默默的從事著無言的生命教育工作。

關鍵詞：天命、天爵、五儀、生命教育

壹、前言

處在科技文明日新月異的時代，人類社會生活節奏日趨快速，生活腳步日趨緊張，精神壓力也隨之上升。在緊張忙亂的生活步調裡，不知不覺也漸漸對生命的意義、人生的目標產生疑惑，由此所衍生的問題也就接踵而來。長期以來受到升學主義掛帥的環境氛圍之影響，所謂「生命意義」之課題，在現有教育體制中並沒有得到應有的重視，所幸近年來「生命教育」已逐漸受到各界關注，相關探討也正積極的展開，亡羊補牢，為時不晚。不過，令人好奇的是，兩三千年來，傳統文化對於所謂「生命教育」之課題，究竟如何處理？「生命教育」難道只是現代社會的新產物？傳統文化中果真沒有所謂的「生命教育」嗎？恐怕不然，就其實質內涵來看，有關「生命」或「教育」問題之探討，古今以來多少哲學家及教育家如孔、孟、荀、老、莊乃至歷代學者，均有無數精湛的論述傳世，可見古代雖無生命教育之名，然卻不乏生命教育之實。若能發掘傳統文化中對於生命意義與價值的探討論述，並能善加運用這些珍貴的文化遺產，相信必能有助於當今生命教育之推展與實施。本文即試從《論語》所載內容，探討孔子對生命意義與價值之觀點，其次再以《孟子》的天爵說對照其與天命說的關係，接著更以《荀子》、《大戴禮記》、《孔子家語》等書中的五儀之說證明天爵的內涵，最後再以「義理」一詞的發展演變，進一步探討儒家生命教育的具體內涵。

貳、天命與天德的從屬關係

有關生命意義與生命價值之探討，這是孔子一生中未曾稍間的課題，在《論語》書中出現的次數超過 20 以上，小從個人生命的壽夭，大至命運的窮通，乃至「命」與「天」的關係探索，皆有所闡述。其中有一重要的關鍵，即為「德性」功能之發揮，亦即透過「與天合德」的追求，使個人的道德實踐和崇高的天德可以合而為一，達到個人道德的圓滿與生命的昇華，此即孔子對「天命」一詞的觀點主旨所在，略述如下。

一、死生有命──道德價值重於生命價值

人生在世，幸與不幸，標準如何界定，傳統的觀念或可以「五福」之具足與否論之，五福即《尚書‧洪範》所記載：「一曰壽、二曰富、三曰康寧、四曰攸好德、五曰考終命。」[1]意謂人生若能長壽且生活富裕，加上身體健康安寧無病，最後又能壽終正寢，如此可謂福壽兩全，了無遺憾矣，但前述諸福報的更重要源頭，還得先多積善行、廣修福德（攸好德），如此方能生生世世永享福報，由此可見，「修德」乃是五福的基本要件。《論語‧顏淵篇》云：

> 司馬牛憂曰：「人皆有兄弟，我獨亡。」子夏曰：「商聞之矣：死生有命，富貴在天。君子敬而無失，與人恭而有禮。四海之內，皆兄弟也。君子何患乎無兄弟也？」[2]

---

[1] 見〔唐〕孔穎達：《十三經注疏‧尚書正義》（臺北：新文豐公司），頁 178，。
[2] 見程樹德：《論語集釋》下冊（臺北：鼎文書局，1973 年），頁 720。以下所引《論語》原文皆出自此本，不再附註。

司馬牛以無兄弟為憂，子夏以孔子的話告訴他，「死生有命，富貴在天。」[3]意即死生壽夭，自有命定，富貴窮通，全看天意，言下之意，「命」與「天」似乎有些許共通關聯之處。既然死生富貴由不得人，因此君子當務之急也只能盡人事而聽天命，亦即「敬而無失，與人恭而有禮」，其意仍是導歸於「修德」為主，如此自然「四海之內皆兄弟」，不須再以無兄弟為憂了。此外，〈憲問篇〉有云：

> 子路問成人。子曰：「若臧武仲之知，公綽之不欲，卞莊子之勇，冉求之藝，文之以禮樂，亦可以為成人矣。」曰：「今之成人者何必然？見利思義，見危授命，久要不忘平生之言，亦可以為成人矣。」

〈子張篇〉亦云：

> 子張曰：士見危致命，見得思義，祭思敬，喪思哀，其可已矣。

以上兩章中都有一句共通之語「見危授（致）命」，亦即當生命面臨挑戰必須有所抉擇之時，尚有比生命更為重要，甚至連生命都可以為之拋卻者，即是不可違背信義與禮節，同樣也是強調德行修為之重要性。從以上所舉三章內容看來，孔子及其弟子對於生命的價值觀，是把壽夭窮通歸結到天意和命定，甚至為了維護道德的價值，必要時連生命都可以不惜犧牲，因此，孔子說：「朝聞道，夕死可矣。」（〈里仁篇〉）又說：「自古皆有死，民無信不立。」（〈顏淵篇〉），凡此種種，無非皆欲強調道德價值更甚於生命價值。

---

[3] 《論語集釋·顏淵上》，「考異」：「《論衡》〈祿命篇〉〈辨祟篇〉皆引孔子曰：死生有命富貴在天。又〈問孔篇〉說天厭之及賜不受命，亦皆引二句為孔子語。」見《論語集釋》下冊，頁720。

　　孔子既然強調德行價值高於生命價值，因此無論個人修養、國家施政莫不以「德」為指歸，《論語》諸多篇章中皆有例可證，個人修養方面如：

> 子曰：「德不孤，必有鄰。」（〈里仁〉）
> 子曰：「有德者，必有言。有言者，不必有德。仁者，必有勇。勇者，不必有仁。」（〈憲問〉）
> 子曰：「巧言亂德，小不忍則亂大謀。」（〈衛靈公〉）
> 子曰：「鄉愿，德之賊也。」（〈陽貨〉）
> 子曰：「德之不脩，學之不講，聞義不能徙，不善不能改，是吾憂也。」（〈述而〉）
> 子曰：「志於道，據於德，依於仁，游於藝。」（〈述而〉）

為政方面如：

> 子曰：「為政以德，譬如北辰，居其所而眾星共之。」（〈為政篇〉）
> 子曰：「道之以政，齊之以刑，民免而無恥；道之以德，齊之以禮，有恥且格。」（〈為政篇〉）
> 子曰：「君子懷德，小人懷土；君子懷刑，小人懷惠。」（〈為政篇〉）
> 君子之德風，小人之德草。草上之風，必偃。（〈先進篇〉）

從上面所列舉的篇章內容即可看出，孔子重視道德遠勝於一切，因為個人自身的死生壽夭、窮通禍福，一切莫非是命，無非天意，因此「盡人事聽天命」，乃是最明智的選擇，而這「盡人事」的主要依循則莫過於「志道據德」、「居仁由義」的道德準則了。這也正是孔子周遊列國

依舊不能推行大道之後，乃退而刪詩書訂禮樂，從事教育講學工作，
倡導以「行仁」為終身職志的德行教育之宗旨所在。

二、與天合德——以德命順應天命

　　既然孔子重視道德遠勝於一切，那麼孔子所謂的「道德」標準，
究竟其淵源從何而來？其內涵又為何？茲先就其淵源探討之，《論語·
述而篇》云：

　　　　子曰：「天生德於予，桓魋其如予何？」

意即孔子身上所具備的「道德」操持，其淵源乃來自於上天，孔子一
生所奉行不渝的道德標準，即是順乎天意而為，這道理並不是一般人
所容易理解的，因此，〈憲問篇〉乃云：

　　　　子曰：「莫我知也夫！」子貢曰：「何為其莫知子也？」子曰：
　　　　「不怨天，不尤人。下學而上達。知我者，其天乎！」

孔子曾說無人能了解自己，子貢問其緣故，孔子告以雖然道之不行，
阻逆重重，但仍無須怨天尤人，依舊信道不渝，堅持「下學而上達」，
只要上天了解我就可以了。皇侃《疏》云：「下學，學人事；上達，達
天命。」[4] 意即於人事方面克盡其德，言忠信行篤敬，自能上達天意，
與天合德，順應天命，是故「知我者，其天乎！」因此，〈雍也篇〉記
載「子見南子，子路不說。」孔子竟發誓曰：「予所否者，天厭之！天

4　見《論語集釋》下冊，頁 887。

厭之！」可見孔子是以其一片誠心昭告於天，唯天可鑑之，故〈子罕篇〉亦云：

> 子畏於匡，曰：「文王既沒，文不在茲乎？天之將喪斯文也，後死者不得與於斯文也；天之未喪斯文也，匡人其如予何？」

孔子在匡地遭遇匡人圍禁五天，雖處危難卻無所疑懼，正如前述「天生德於予，桓魋其如予何？」，孔子同樣以「天不喪斯文」的道理來安慰隨行弟子。由此可知，孔子一生教導弟子仁義忠信種種德行，其標準與淵源正是來自上天的使命，無怪乎顏淵死，子曰：「噫！天喪予！天喪予！」（〈先進篇〉）不只夫子自己以為肩負上天之使命，眾弟子也將孔子視為如天一般，子貢說：「夫子之不可及也，猶天之不可階而升也。」（〈子張篇〉），「儀封人」也將孔子視為天之代言人，他說：「二三子，何患於喪乎？天下之無道也久矣，天將以夫子為木鐸。」（〈八佾篇〉）

　　既然孔夫子一生所呈現的道德標準與淵源是來自上天所賦予的使命，那麼這種「上天所賦予的使命」，其內涵又復為何？以下繼續探討之。首先是「天德」的內涵，關於此問題，《論語・泰伯篇》云：

> 子曰：大哉堯之為君也，巍巍乎，唯天為大，唯堯則之。蕩蕩乎，民無能名焉；巍巍乎，其有成功也；煥乎，其有文章。

此章前面是在讚美堯帝法天行化的聖德偉功，而後面的「巍巍乎！蕩蕩乎！煥乎！」等等一切讚美辭，實際上即是讚天之辭，在孔子心目中，堯舜都是與天合德的聖人，所以天之德便在堯舜身上找到具體的典範。因此〈堯曰篇〉云：「咨爾舜！天之曆數在爾躬。允執其中。四海困窮，天祿永終。舜亦以命禹。」這些都是以人法天，與天合德之明證。此外，《周易・乾卦》象曰：

> 大哉乾元！萬物資始，乃統天。雲行雨施，品物流行。大明終
> 始，六位時成，時乘六龍以御天。乾道變化，各正性命，保合
> 太和，乃利貞。首出庶物，萬國咸寧。[5]

《周易》〈彖傳〉相傳出自孔子手筆，乾卦即代表「天」，此處用以描述「天」之德能，乃萬物所資始，雲行雨施，澤潤萬物，一切品類得以流行生息，乃至首出庶物，萬國咸寧。雖然此處所言較偏於「自然天」之義，然〈象傳〉曰：「天行健，君子以自強不息。」孔子仍然賦予了以人法天的德行內涵。《論語・庸也篇》云：「子貢曰：如有博施於民而能濟眾，何如？可謂仁乎？子曰：何事於仁，必也聖乎！」由此可知，「博施濟眾」是聖人之德，正與上述之天德相合。故〈乾文言〉說：「夫大人者，與天地合其德，與日月合其明，與四時合其序，與鬼神合其吉凶。」[6]大人即是聖人，因此〈乾文言〉又說：「知進退存亡，而不失其正者，其唯聖人乎？」此即聖人與天合德之意，而天之德能為何？簡言之，即〈象傳〉所謂「雲行雨施，品物流行」以及〈庸也篇〉所言的「博施濟眾」也。

其次是「天命」的問題，既然以人法天、與天合德乃人事所必遵循的順天之道，所以將「天德」視為上天的使命也就順理成章。「天命」在《論語》共出現二次，其一是〈為政篇〉：

> 子曰：吾十有五而志於學，三十而立，四十而不惑，五十而知
> 天命，六十而耳順，七十而從心所欲，不踰矩。

而此章「知天命」一語，《集解》孔曰：「知天命之始終。」皇侃《疏》云：「天命謂窮通之分也。」[7]朱熹集注云：「天命即天道之流行而賦於

5　見〔清〕李道平：《周易集解纂疏》（北京：中華書局，1994 年），頁 34。
6　見《周易集解纂疏》，頁 64。
7　見《論語集釋》上冊，頁 65。

物者。」[8]皇侃的說法仍針對人事而言，朱子的說法已稍有觸及「天德」之義涵，唯尚未具體指出「天德」之名。到了清儒劉寶楠的《論語正義》乃綜合前人諸義，提出「德命」一語，[9]正好為上述的「天德」做了具體點示，劉注云：

> 《說文》云：「命，使也。」言天使已如此也，《書・召誥》云：「今天其命哲，命吉凶，命歷年。」哲與愚對，是生質之異，而皆可以為善，則德命也，吉凶、歷年則祿命也，君子修其德命自能安處祿命。[10]

劉氏所謂之「德命」，猶今日所稱之「道德生命」，意即在物質生命之外，透過求學認知，了解自我的內在精神尚有求善求美的良知良能，並付諸道德實踐而成就其精神領域的另一種生命意義與價值，此即是道德生命。孔子遭遇了桓魋之難，便說：「天生德於予，桓魋其如予何？」夫子既已「知天命」，又稱「天生德於予」，孔子的道德實踐目標既是「與天合德」，因此劉氏以「德命」解釋「天命」，應是極貼切之說法。

「天命」出現的另一章為〈季氏篇〉云：

> 孔子曰：君子有三畏：畏天命，畏大人，畏聖人之言。小人不知天命而不畏也，狎大人，侮聖人之言。

此處有關「畏天命」之說，劉寶楠亦有相同的主張，《正義》曰：

8　同前注。

9　更早的有《賈子六術・道德》曾云：「命，德之理也。」唯其非專為《論語》之注，錄之可并參考。見〔清〕阮元：《經籍纂詁》卷 83 引（臺北：宏業書局，1986 年），頁 835。

10　見〔清〕劉寶楠：《論語正義》卷 2（臺北：文史哲出版社，1990 年），頁 44。

> 「天命」兼德命與祿命言，知己之命原於天，則修其德命，而
> 仁義之道無或失。安於祿命而吉凶順逆必脩身以俟之，妄為希
> 冀者非，委心任運者亦非也。[11]

劉氏針對「天命」有關的兩章，均以「德命」釋之，而此章的「君子
有三畏」，皇侃《疏》引江熙云：「小人不懼德故媟慢也。」[12]加上前
面引證《易・乾文言傳》所謂的「大人者，與天地合其德。」由此觀
之，孔子由「畏天命」到「知天命」，亦即在不了解「天命」之前乃抱
持敬畏的態度，進而瞭解了原來天命就落實在具體的道德實踐之中，
只需順天無違便是了。這便是孔子的自覺：「以德命順應天命」，也就
是在實際人倫日常生活中，以仁義道德為具體實踐功夫，從君子開始
邁向希聖希賢的目標，最終達到「與天合德」。

參、天命和天爵的表裏關係

承續著孔子「與天合德」的天命觀義涵，到了《孟子》又有進一
步的發展，《孟子》把孔子在《論語》中片片段段所敘述的「天命」概
念，更具體的用「天爵」一語予以表述，透過這種「天爵」與「人爵」
的區別，使得「天命」與「德命」的關係更加明顯，也使得「天命」
概念更加落實到具體的「德行」義涵，試析如下。

《孟子》首先對於世人所認定的「尊貴」提出探討，《孟子・公孫
丑下》云：

---

11 見《論語正義》卷 19，頁 661。
12 《論語集釋》下冊，頁 1004。

> 天下有達尊三：爵一，齒一，德一。朝廷莫如爵，鄉黨莫如齒，
> 輔世長民莫如德。[13]

《孟子》認為世人所共同認定的「尊貴」標準有三，一是爵位、一是年齡，另一則為道德；在朝排班論事當然以爵位高低是所依循，鄉里之中應對酬酢理當序齒，至於在野教化人民輔助世道，就沒有比道德涵養更受尊重的了。此處值得注意的是，《孟子》已將「德」與「爵」二者相提並論，接著〈公孫丑〉篇又云：

> 孔子曰：「里仁為美；擇不處仁，焉得智！」夫仁，天之尊爵
> 也，人之安宅也，莫之御而不仁，是不智也。

此處則正式將「仁」解作「天之尊爵」，顯示出「德」即是另一種形式的「尊爵」；到了〈告子篇〉更是直接將「天爵」與「人爵」作對照：

> 有天爵者，有人爵者。仁義忠信，樂善不倦，此天爵也。公卿
> 大夫，此人爵也。

《孟子》說，「公卿大夫」是世間的爵位與榮耀，其尊貴係來自於權力源頭所賜予，既是他人所賜予，則「趙孟可貴賤之」。至於「天爵」，則是不同於世俗的尊爵，其形成是由於實踐「仁義忠信，樂善不倦」而獲致世人發自內心由衷的尊崇，其尊崇並不是來自權位之所賜予，因此也不會遭受他人的任意予奪，此即「天爵」說的要旨。

至於「天命」與「天爵」是否有所關聯？二者雖有一字之別，但其關係卻是匪淺。《論語・先進》云：

---

[13] 見《十三經注疏・孟子》，頁 73。以下所引《孟子》原文皆出自此本，不再附註。

> 子曰：「回也其庶乎，屢空。賜不受命，而貨殖焉，億則屢中。」

此章「不受命」一語，皇侃《疏》引王弼云：「命，爵命也。億，憶度也。子貢雖不受爵而能富。」[14]意謂子貢無意仕進，不受爵位，卻因貨殖而致富，[15]此以「爵」訓「命」之一例也。又《禮記‧郊特牲》「古者生無爵，死無諡」句，注：「周制爵及命士，雖及之猶不諡耳。」疏云：「命即爵也。」[16]此亦以「爵」訓「命」之另一例也。依此義，則《孟子》以「天爵」闡述「天命」，其義乃有所依據。

　　既然《孟子》以「天爵」闡釋孔子的「天命」其義已明，只是在上述「仁義忠信，樂善不倦，此天爵也。公卿大夫，此人爵也。」這段話中，「公卿大夫」屬於世間爵位固無疑問，然「仁義忠信，樂善不倦」，本身只是一種善行，並非具體的「爵位」，但因為這些善行不斷的累積，最終將可以獲致一種結果，也就是得到人們發自內心的自然尊崇，這就是《孟子》對「天爵」的說法。其實，《孟子》所謂的「仁義忠信，樂善不倦」此乃就天爵的「成因」而言；至於其「果位」為何？在《論語》《孟子》書中早已將道德人品作了許多不同的區別與名稱，諸如「士、善人、成人、君子、賢人、仁人、聖人」等，這些名稱，實際上就是所謂「天爵」的具體果位。由於「公卿大夫」為「人爵」之具體祿位，而所謂「天爵」也當有其相對應的「天祿爵位」，上述的「君子、賢人、聖人」等品位，正是透過實踐「仁義忠信，樂善不倦」所得到的具體成就，也就是「天爵」與「天祿」的具體果位。總言之，「仁義忠信，樂善不倦」係就天爵之「因」而論；「士、君子、

---

[14]　《論語集釋》下冊，頁 677。

[15]　《史記‧仲尼弟子列傳》端木賜傳云：「子貢好廢舉與時轉貨貲，喜揚人之美，不能匿人之過，常相魯衛，家累千金，卒終於齊。」子貢只是多次幫助魯衛解除困局，並未出仕受爵。見〔漢〕司馬遷《二十五史‧史記》第 2 冊（臺北：藝文印書館），頁 882。

[16]　見《十三經注疏‧禮記》，頁 505。

賢人、聖人」乃就天爵之「果」而言。[17]此理應已甚明，只是確切的
說法尚未浮現，直到「五儀」之說被提出之後，總算把上述諸多人格
品級作出了扼要的整併，以下繼續探討之。

肆、天爵和五儀的因果關係

關於「五儀」之說，分見於《荀子·哀公》、《大戴禮記·哀公問
五義》、《孔子家語·五儀解》等書，此外《新序》、《說苑》亦有類似
之說。本文即以《荀子》一書為其代表，將「五儀」之說與天爵之關
係作一分析比較。《荀子·哀公》篇云：

> 孔子曰：人有五儀，有庸人，有士，有君子，有賢人，有大聖。[18]

此處綜合了《論語》書中孔子的說法，歸納出人的品德高下依其德行
修為來分，概有五種等級，除卻「庸人」一項之外，其餘四者按照《孟
子》的講法也就是踐行「仁義忠信，樂善不倦」後，依其工夫深淺所
得的結果，亦就是天爵的具體「果位」，此說無疑使得上述天爵因果階
位之論得到具體明證與呼應，以下分述之。

首先須將「庸人」挑出另論，因為「庸人」並不在「天爵」之列，
何謂「庸人」？《荀子·哀公》篇云：

---

[17] 大陸學者趙建功說：「孔子講的天命指的是整個客觀世界的規律，它包括自
然界的規律，也包括人類歷史的規律。」見鄒新、趙建功：〈孔子的天命觀
芻議〉，《大學時代論壇》（2006 年 3 月）。按：此「規律」即天命的因果律，
據此推之，則天爵亦應有其因果律，即「仁義忠信，樂善不倦」為天爵之
「因」，「士、君子、賢人、聖人」乃天爵之「果」。

[18] 見李滌生：《荀子集釋》頁 664。（臺灣：學生書局，1986 年）。另《家語·五
儀解》云：「孔子曰：人有五儀，有庸人，有士人，有君子，有賢人，有聖
人，審此五者，則治道畢矣！」（臺北：中華書局，1979 年）。卷一，頁 10。

> 所謂庸人者，口不道善言，心不知邑邑；不知選賢人善士托其
> 身焉以為己憂；動行不知所務，止立不知所定；日選擇于物，
> 不知所貴；從物如流，不知所歸；五鑿為正，心從而壞：如此
> 則可謂庸人矣。[19]

庸人也就是《論語》所謂的小人，其口中無好話，心中無遠慮（邑邑：即悒悒，憂逆短氣貌。）因此不知託身於賢善之士得其屏障以分憂解勞，一但遭遇災難，只能自己承擔其憂。又復動靜失據，不知輕重本末；只能隨波逐流，不知何所歸止；心志屈從五官所好，流於偏邪；這就是一般未聞大道的平庸庶民，等而下之則為德行不端之小人矣，這是《荀子》書中對小人（庸人）的定義。以上先將小人（庸人）作一區隔之後，接著再將「士、君子、賢人、聖人」之義涵依序敘述之：

一、士

在古代士、農、工、商的「四民」社會裡，「士」的含義很多，諸如「士者，事也，任事之稱。」（《白虎通・爵》）「士，講學道義者也。」（《國語・齊語》）[20]「士」的階層也頗為特別，有出仕之士，亦有未仕之士，故知「士」乃介於貴族與平民間之特殊階層。若以貴族族群論，則其地位最低，乃為大夫任事者，因此《孟子》提及「人爵」時，只說到「公卿大夫」，卻未言及「士」。若以平民階層論，則「士」乃是平民中的知識分子。以下乃探討「士」之義涵。《荀子・哀公篇》云：

---

[19] 同前注。
[20] 見〔清〕阮元等譔：《經籍纂詁》（臺北：宏業書局），頁 458。

> 所謂士者，雖不能盡道術，必有率也；雖不能遍美善，必有處
> 也。是故知不務多，務審其所知；言不務多，務審其所謂；行
> 不務多，務審其所由。故知既已知之矣，言既已謂之矣，行既
> 已由之矣，則若性命肌膚之不可易也。故富貴不足以益也，卑
> 賤不足以損也：如此則可謂士矣。[21]

既然「士」乃初學道者，故對道術尚不能盡善盡美，但其持身也必有
軌範以為依循；言行雖未盡美善，卻也有其固守之原則。所知不求多，
正確為要；所言不求廣，精當為是；所行不求博，正道是從。如是審
查其所知、所言、所行，皆無違正道，進一步當擇善而固執之，富貴
貧賤不能損益之，能夠做到這樣堅守原則的人，便足以稱為「士」了。
又〈非十二子〉篇有云：

> 古之所謂處士者，德盛者也，能靜者也，修正者也，知命者也，
> 箸是者也。今之所謂處士者，無能而云能者也，無知而云知者
> 也，利心無足而佯無欲者也，行偽險穢而彊高言謹愨者也，以
> 不俗為俗，離縱而跂訾者也。[22]

理想中的「處士」(未出仕者)，應是道德隆盛、安時處順、修身正行、
樂天知命、心有定守不隨流俗移轉者，相較於後世之處士，能力不足
卻自誇為有能，無知卻自認有知，貪得無饜卻佯為無欲，行為險邪污
穢卻強顏高論恭謹，自命清高卻不覺其矯俗，標新立異卻不覺其窘困，
這是《荀子》對古今處士人格高低之評價。此外〈不苟〉篇則又將「士」
的品格詳分為「通士、公士、直士、愨士、小人」等五個等級，[23]可
見《荀子》對於「士」所應具備的條件及其要求是很嚴謹的。

---

[21] 見《荀子集釋》頁 664。
[22] 見《荀子集釋》頁 105。
[23] 見《荀子集釋》頁 51。

接著再回過來看看《論語》中對於「士」的人格要求，在孔子眼中，無論出仕與否，「士」都是不可忽視的國家人才，「士」應是講學道義而且深明義理之人，即今日所謂的讀書人、知識分子。在道德生命的建構過程中，讀書求學、明理尚義是一個重要的起步，因此在《論語》中孔子對於「士」的人格要求，亦多所描述，〈子路篇〉云：

> 子貢問曰：「何如斯可謂之士矣？」子曰：「行己有恥，使於四方，不辱君命，可謂士矣。」曰：「敢問其次。」曰：「宗族稱孝焉，鄉黨稱弟焉。」曰：「敢問其次。」曰：「言必信，行必果，硜硜然小人哉！抑亦可以為次矣。」曰：「今之從政者何如？」子曰：「噫！斗筲之人，何足算也。」

此章具體的指出「士」的基本條件，首要之務便是知恥，有了知恥之心，使於四方即能圓滿達成任務，不辱君命，此即為「士」矣。退而求其次，若能於宗族鄉黨間獲得孝弟之稱譽，也可算是一個不錯的知識分子了。再不然，能做到說話必守信不移，作事必堅持到底，就算是一個不能變通的小人物，也還算是不差的。至於當今之從政者，其器識淺陋，更是連這樣的小人物也比不上了。〈子路篇〉又云：

> 子路問曰：「何如斯可謂之士矣？」子曰：「切切、偲偲、怡怡如也，可謂士矣。朋友切切、偲偲，兄弟怡怡。」

孔子在這一章指出，對待朋友能殷切相責以善，對待兄弟則以和順為宜，兄弟朋友各有其相處之道，不失為讀書明理之士。又如：

> 子曰：士志於道，而恥惡衣惡食者，未足與議也！（〈里仁篇〉）
> 子曰：士而懷居，不足以為士矣。（〈憲問篇〉）

一個知識分子如果立志於道德生命的追求，卻又以惡衣惡食為恥，或者內心念念不忘的是居處之華美，這種人實在是不夠資格談論道德生命的。這是關乎人生方向的確立，提醒士人要在物質生活與精神生活中有所取捨。此外〈泰伯篇〉亦云：

> 曾子曰：士不可以不弘毅，任重而道遠。仁以為己任，不亦重乎？死而後已，不亦遠乎？

知識分子的確是「任重而道遠」的，以行仁為己任，豈非重責大任？而且這個責任至死方已，豈不長遠？在道德生命的實踐中，由志於學開始，「君子無終食之間違仁，造次必於是，顛沛必於是。」（〈里仁篇〉）直到道德生命的終極目標──仁與聖的達成，這條路是既長且遠的。最後，在〈微子篇〉中乃列出「周有八士：伯達、伯适、仲突、仲忽、叔夜、叔夏、季隨、季騧。」這八人乃四個雙胞胎之兄弟，長大後皆成為賢士，為國効勞。以上為《論語》書中所言「士」應具備的條件。

其次，《孟子》書中對於「士」的看法為何？《孟子‧梁惠王上》云：

> 無恆產而有恆心者，惟士為能。若民，則無恆產，因無恆心。

若家無恆產卻仍能具有恆常向善的心志者，也只有讀書明理的士人做得到，若是一般庶民便無法如此。〈滕文公下〉云：

> 孟子曰：「昔齊景公田，招虞人以旌，不至，將殺之。志士不忘在溝壑，勇士不忘喪其元。孔子奚取焉？取非其招不往也。如不待其招而往，何哉！

齊景公打獵時,以大夫的旌旗使喚管理苑囿的虞人,然虞人以不合禮制而未聽從,景公便欲殺之。孔子聞之遂讚美其為「志士不忘在溝壑,勇士不忘喪其元(首)」,這正是「士」所應具備的骨氣,不畏犧牲、勇於承擔與拒絕。〈万章下〉云:

> 孟子謂万章曰:一鄉之善士,斯友一鄉之善士,一國之善士,斯友一國之善士;天下之善士,斯友天下之善士。

此章意謂「善士」所交結的朋友,自然是「同聲相應,同氣相求」,皆是志同道合的朋友。綜合上述,約可得知《孟子》書中對「士」的要求,不外須具備「恆心、清廉、勇氣」等善行條件,此外,遇有機會即應出仕,〈藤文公下〉云:「士之仕也,猶農夫之耕也。」可見《孟子》是積極鼓勵士當出仕,為國効勞貢獻所學。〈藤文公下〉又云:「士無事而食,不可也。」這也是強調奉獻己力換取衣食乃為正當之行。總之,一切均不離德行為首要之務,因此「盛德之士,君不得而臣,父不得而子。」(〈萬章上〉)無論仕與不仕,具備恆心、清廉、勇氣等各項善行,這正是所有人爵與天覺的基本要件,一切都從「士」開始。

二、君子

　　從「士」出發,有了一個善的開始,邁向天爵的下一個目標便是「君子」,因此,「士君子」也是常被聯在一起的稱呼。〈哀公〉篇云:

> 所謂君子者,言忠信而心不德,仁義在身而色不伐,思慮明通而辭不爭,故猶然如將可及者,君子也。[24]

---

[24] 見《荀子集釋》頁 664。

此處對「君子」的描述可謂言簡義賅，其所言皆合於忠信，但心中卻不自以為有德，所行皆合於仁義，臉上卻無矜伐之色，內心思考條理明通但言詞卻謙恭不爭，外表看起來和藹可親，與一般人沒什麼特別不同處，這就是最平實的君子了。此外諸如：

> 君子之學也，入乎耳，箸乎心，布乎四體，形乎動靜。端而言，蠕而動，一可以為法則。（〈勸學篇〉）
> 君子不傲、不隱、不瞽，謹順其身。」（〈勸學篇〉）
> 君子隆師而親友，以致惡其賊。好善無厭，受諫而能誠，雖欲無進，得乎哉！」（〈修身篇〉）
> 君子之求利也略，其遠害也早，其避辱也懼，其行道理也勇。（〈修身篇〉）

以上所舉僅為〈勸學〉、〈修身〉二篇之犖犖大者，其餘三十篇所論及者可謂目不暇給，俯拾即是，由此亦可看出「君子」之德的普遍性及重要性了。

　　《論語》一書論及「君子」之德者，至少即有九十處之多，[25]因為「君子」既是走向希聖希賢之路的里程碑，也是建立道德生命的重要基礎之故。以下略舉《論語》中論述「君子」的必備條件敘述之，〈學而篇〉云：

> 子曰：君子食無求飽，居無求安，敏於事而慎於言，就有道而正焉，可謂好學也已。

---

[25] 詳參《四書引得‧論語》（哈佛燕京學社編纂），頁 142-143，。

此章同前舉「士志於道，而恥惡衣惡食」意思相近，即不以物質生活為重；此外還須敏於行事而謹慎言語，親近有道德者，求其誨正開導，這才是一位好學的君子。又〈憲問篇〉云：

> 子曰：君子道者三，我無能焉：仁者不憂，知者不惑，勇者不懼。子貢曰：夫子自道也！

君子的條件有三，即「仁者不憂，知者不惑，勇者不懼」，孔子自謙其未能達到，但子貢認為這三條件孔子早已具備。又〈衛靈公篇〉云：

> 子曰：君子義以為質，禮以行之，孫以出之，信以成之。君子哉！

〈子張篇〉亦云：

> 子夏曰：君子有三變：望之儼然，即之也溫，聽其言也厲。

這些都是具體的指出成為君子的必要條件，此外《論語》中曾經被孔子稱許為君子者，蓋有三人，即子賤、子產及南宮适，〈公冶長〉篇云：

> 子謂子賤，君子哉若人！魯無君子者，斯焉取斯？

又云：

> 子謂子產：有君子之道四焉：其行己也恭，其事上也敬，其養民也惠，其使民也義。」

另〈憲問〉篇云：

> 南宮适問於孔子曰：羿善射，奡盪舟，俱不得其死然；禹稷躬
> 稼，而有天下。夫子不荅。南宮适出，子曰：君子哉若人！尚
> 德哉若人！

以上這三人皆是《論語》中孔子所謂「君子」的典範，從中吾人便可以了解「君子」所應具備的條件了。

齊次，《孟子》書中對於「君子」的看法其實仍是稟承孔子的論點，無大差異，〈離婁下〉云：

> 孟子曰：「君子深造之以道，欲其自得之也；自得之，則居之
> 安；居之安，則資之深：資之深，則取之左右逢其原；故君子
> 欲其自得之也。」

此章乃言為學之要在於「深造之以道」，以求默識心通有所自得，方能取精用宏安其學，進一步方能左右逢源，是乃君子為學之道。〈離婁下〉又云：

> 孟子曰：君子所以異於人者，以其存心也。君子以仁存心，以
> 禮存心。仁者愛人，有禮者敬人。愛人者，人恒愛之；敬人，
> 人恒敬之。有人於此，其待我以橫逆則君子必自反也：我必不
> 仁也，必無禮也；此物奚宜至哉！其自反而仁矣，自反而有禮
> 矣，其橫逆由是也；君子必自反也：我必不忠。自反而忠矣，
> 其橫逆由是也；君子曰：此亦妄人也已矣！如此則與禽獸奚擇
> 哉！於禽獸又何難焉！是故，君子有終身之憂，無一朝之患
> 也。乃若所憂則有之。舜、人也，我亦人也；舜為法於天下可
> 傳於後世，我由未免為鄉人也：是則可憂也。憂之如何？如舜
> 而已矣！若夫君子所患，則亡矣。非仁無為也，非禮無行也。
> 如有一朝之患。則君子不患矣。

此章對於「君子」之存心論之特詳,主要重點則在於君子當以仁、禮存心,以此愛人敬人,必能獲得相等之回報,倘若不然,則當反省是否不忠?倘若「自反而直」夫復何憂何患?故曰「君子有終身之憂,無一朝之患也。」此乃君子最重要的存心,不可不察。

三、賢人

所謂「賢人」蓋指超越「君子」之上,僅次於「聖人」之道德生命境界也。〈哀公〉篇云:

> 所謂賢人者,行中規繩而不傷于本,言足法于天下而不傷于身,富有天下而無怨財,布施天下而不病貧:如此則可謂賢人矣。[26]

「賢人」之一切所行無不合於規矩準繩,且皆出於自然而然,毫無勉強,接近於孔子的「從心所欲不踰矩」;其所有立言也都足以為天下法式,而且言行如一,不致有矛盾召譏之事發生;雖富有天下卻無私財,能廣施德澤嘉惠百姓卻不自貧,唯有賢者乃能致此。

夫子向來不輕易許人曰賢,因此《論語》眾弟子中被孔子稱之曰賢者,也只有顏回一人而已,〈庸也篇〉云:

> 子曰:賢哉回也!一簞食,一瓢飲,在陋巷,人不堪其憂,回也不改其樂。賢哉回也!

---

[26] 見《荀子集釋》頁 664。

夫子並未明示賢人的條件為何，但舉顏回的簡樸生活，僅僅一簞食，一瓢飲，居住在陋巷中，一般人皆是無法忍受其憂苦，顏回卻是自得其樂，始終不改，關鍵即在顏回心中所樂者為何，此即孔子何以一再稱許「賢哉回也！」的原因。吾人若欲進一步了解顏回何以被夫子稱許為賢，可從其他篇章中略知一二。如〈為政篇〉：「子曰：吾與回言終日，不違如愚。退而省其私，亦足以發，回也不愚。」顏回在夫子面前總是不違如愚，因此孔子也說：「回也，非助我者也，於吾言無所不悅。」（〈先進篇〉）但是課後觀其反應，卻又都能有所發明，誠所謂「聞一以知十者」（〈公冶長篇〉）。因此，夫子亦稱許曰：「有顏回者好學，不遷怒，不貳過。」又說：「回也，其心三月不違仁。」（〈雍也篇〉）甚至還說：「用之則行，舍之則藏，惟我與爾有是夫。」（〈述而篇〉）由此可知，顏回在夫子心目中，其「賢人」的地位是其他弟子所不及的。

至於《孟子》對賢人之看法如何，《孟子‧離婁下》云：

> 禹、稷當平世，三過其門而不入：孔子賢之。顏子當亂世，居於陋巷，一簞食，一瓢飲；人不堪其憂，顏子不改樂：孔子賢之。孟子曰：禹、稷、顏回同道。禹思天下有溺者，由己溺之也；稷思天下有飢者，由己飢之也；是以如是其急也。禹、稷、顏子，易地則皆然。今有同室之人者，救之，雖被髮纓冠而救之，可也。鄉鄰有鬥者，被髮纓冠而往救之，則惑也，雖閉戶可也。

除了上述諸賢者外，《孟子》書中所讚許的「賢人」，尚有「微子、微仲、王子比干、箕子、膠鬲」等五人（〈公孫丑上〉），這五人都是輔佐武丁之賢人，在《論語》中也曾經獲得孔子的讚許：「微子去之，箕子為之奴，比干諫而死。孔子曰：「殷有三仁焉！」（〈微子篇〉）這些都是《論》《孟》書中所論及的賢人風範。

四、聖人

「聖人」乃是孔子天命思想中，道德生命的極致，也是「天爵」、「五儀」中最崇高之階位，「聖人」既是道德生命的終極目標，故《荀子》特別冠以「大」字，稱之為「大聖」，其定義為何？〈哀公〉篇云：

> 所謂大聖者，知通乎大道，應變而不窮，辨乎萬物之情性者也。大道者，所以變化遂成萬物也；情性者，所以理然不取舍也。是故其事大辨（徧）乎天地，明察乎日月，總要萬物于風雨，繆繆肫肫（穆穆純純），其事不可循，若天之嗣，其事不可識，百姓淺（淡）然不識其鄰：若此則可謂大聖矣。[27]

「大聖」者，其智慧可明通大道，明辨萬物之情性，故可應乎萬變而無困窮。至於「大道」為何？即「變化遂成萬物」者，也就是《周易·乾卦》〈彖〉傳所謂之：「大哉乾元！萬物資始，乃統天。雲行雨施，品物流行。大明終始，六位時成，時乘六龍以御天。乾道變化，各正性命，保合太和，乃利貞。首出庶物，萬國咸寧。」前已說明此即「天道」（天德），以下所謂「情性者，所以理然不取捨也」，即言聖人之情性乃隨順萬物之情性以定其是非取捨者也，亦即所謂「與天合德」也，故其所治之事務，大則遍乎天地，明則察乎日月，統領萬物廣施化育，如和風之拂煦，如時雨之霑潤。其德象乃穆穆純純不可探循，有如天之化育，不可測知，百姓日受其澤而淡然莫知，如是乃可謂之「大聖」矣！

---

[27] 見《荀子集釋》頁 664。

在孔子心目中，堯、舜、禹、湯、文武、周公這些都是聖人的典範，且其道統一脈相傳，至於自身則謙稱不敢自許，《論語‧述而篇》云：

> 子曰：若聖與仁，則吾豈敢？抑為之不厭，誨人不倦，則可謂云爾已矣！公西華曰：正唯弟子不能學也！

孔子只是謙稱「為之不厭，誨人不倦」而已，不敢自許為聖與仁；然則聖者為何？或可由他章略窺一二，〈子罕篇〉云：

> 子絕四：毋意，毋必，毋固，毋我。

意者任意，必者專必，固者固執，我者私我，以上四者孔子皆已無之，鄭汝諧《論語意原》云：「子之所絕者，非意必固我也，絕其毋也，禁止之心絕則化矣。」[28] 孔子不但已絕了意必固我四者，更進一步連禁絕之心亦化於無形，這可說是聖人最高超的境界了。

又〈雍也篇〉云：

> 子貢曰：「如有博施於民，而能濟眾，何如？可謂仁乎？」子曰：「何事於仁，必也聖乎！堯舜其猶病諸！夫仁者，己欲立而立人，己欲達而達人。能近取譬，可謂仁之方也已。」

可見，「博施濟眾」唯聖為能。夫子自十五志於學，三十而立，四十而不惑，五十而知天命，六十而耳順，七十而從心所欲，不踰矩。此一修學成德的進程，無疑即是由士而君子，由君子而進賢，乃至登於仁聖之域。夫子雖未明言，然其立身行道，周遊列國，推行大道，刪詩

---

28 見《論語集釋》下冊，頁 497。

書，定禮樂，作育英才，為萬世師表，此一仁聖之典範，足以垂千秋
而不朽。

其次，《孟子》對「聖人」之解釋云：「規矩，方員之至也；聖人，
人倫之至也。」（〈離婁上〉）畫方圓必以規矩，欲成聖人則必以人倫為
規矩，人倫之本分行到極至方成聖人。又〈萬章下〉云：

> 孟子曰：伯夷，聖之清者也；伊尹，聖之任者也；柳下惠，聖
> 之和者也；孔子，聖之時者也。孔子之謂集大成。

伯夷、伊尹、柳下惠各得聖之清、任、和一分，清則不雜，任則能擔，
和則融順，孔子則集其大成，謂「聖之時」者也。又〈盡心下〉云：

> 孟子曰：聖人，百世之師也，伯夷、柳下惠是也。故聞伯夷之
> 風者，頑夫廉，懦夫有立志；聞柳下惠之風者，薄夫敦，鄙夫
> 寬。奮乎百世之上。百世之下，聞者莫不興起也。非聖人而能
> 若是乎，而況於親炙之者乎？

在聖人的感化之下，即能「頑夫廉，懦夫有立志」，又能使「薄夫敦，
鄙夫寬」，可見聖人的德能之遠大矣。

以上「士、君子、賢人、聖人」乃所謂「天爵」之具體階位，《孟
子》曰：「古之人修其天爵而人爵從之，今之人修其天爵以要人爵，既
得人爵，而棄其天爵，則惑之甚者也，終亦必亡而已矣。」志士仁人
從立志行道開始，此即由「士」出發，其次則以「君子」為其人格之
根基，終此一生力行不怠，以達希賢希聖之目標，是乃修其天爵，若
遇時機之宜，「用之則行」而人爵從之。故不論出仕與否，先決條件乃
須修其天爵，縱使不得出仕，「舍之則藏」亦無損於天爵之尊貴。此即
儒家相傳的安身立命之道，自「士人」開始，乃求學志道之起點，經
過「君子」階段以奠定人格之基礎，進一步奮勇向前力爭上游，朝著

賢人、大聖之目標努力邁進，終究完成其希賢希聖之道德生命歷程。至於「仁」字則是此一過程裡，自始至終所不可或缺之原動力，也就是終身以「行仁」為其職志，正所謂「仁以為己任，不亦重乎？死而後已，不亦遠乎？」此乃從孔子的「天命」說到《孟子》的「天爵」說，乃至後世《荀子》等書中的「五儀」說，一貫相傳的儒家道德生命之脈絡系統，此系統也提供了後世儒者所依循的教育目標，那就是以尊德行為導向的道德教育與生命教育，這種教育便發展成後世的「義理」之學，此「義理」之學又與「經學」關係密切，二者已如水乳交融，難分彼此。

伍、儒家的生命教育——經學與義理之學

自孔子的「天命」思想掀起了開端，揭示出道德價值超越於生命價值之上，到了《孟子》復以「天爵」之說衍其遺緒，推崇天爵更甚於人爵。《荀子》稍晚於《孟子》，更具體的提出「五儀」之論，遂使得從「士人」出發，以「君子」為本，以終身行仁為職志，以希賢希聖為終極目標的儒家道德生命教育得以確立。〈中庸〉云：「天命之謂性，率性之謂道，修道之謂教。」正是此義的落實，因此，傳統儒家的教育自然便以道德生命之啟迪與教化為主。前面所列舉《論》《孟》《荀》諸章內容，其實也就是生命教育的主要內容，廣義言之，孔門四科「德行、言語、政事、文學」，皆與生命教育不可分割，狹義言之，則德行一科與道德生命更是關係密切；後儒所區分的義理、考據、經世、詞章之學，大抵亦從此四科而來，然則儒家的生命教育即是義理之學，而義理之學復與經學息息相關，其理不言可喻。

考「義理」一詞或亦可謂濫觴於《孟子》，〈告子上〉云：

> 故曰口之於味也有同耆焉;耳之於聲也有同聽焉;目之於色也
> 有同美焉,至於心獨無所同然乎?心之所同然者何也?謂理
> 也、義也,聖人先得我心之所同然也,故理義之悅我心,猶芻
> 豢之悅我口。[29]

耳目口鼻這些生理上面的需求,正是為滿足物質方面的慾望,借以提供生理方面成長所需之養分,這是物質糧食,人人皆有同樣的需求。然不能只顧及物質方面的追求而忽略了心理精神方面的滋潤與成長,此即精神糧食的補充,亦即所謂的「理、義」,故曰:「理義之悅我心,猶芻豢之悅我口。」《孟子》雖稱其為「理義」,然與「義理」似亦相去不遠。

到了漢代,「義理」一辭已甚普遍,《史記》《漢書》已經多次出現,如《漢書·楚元王傳》附劉歆傳(卷三十六)云:

> 初《左氏傳》多古字古言,學者傳訓故而已,及歆治《左氏》,
> 引傳文以解經,轉相發明,由是章句義理備焉。[30]

兩漢時期經學大盛,雖然此時期之經學成就以章句訓詁為主,然而章句訓詁乃為義理之基礎,訓詁不詳則義理不明;有唐一代「義疏之學」大興,已有突顯義理之傾向。《唐書·孔穎達傳》(卷七十三)云:

> 先是,與顏師古、司馬才章、王恭、王琰等諸儒受詔撰定《五
> 經》義訓,凡一百八十卷,名曰《五經正義》。太宗下詔曰:「卿
> 等博綜古今,義理該洽,考前儒之異說,符聖人之幽旨,實為
> 不朽。」[31]

---

[29] 見《十三經注疏·孟子》,頁 196。
[30] 見〔漢〕班固:《二十五史·漢書》(臺北:藝文印書館),第 4 冊,頁 977。
[31] 見〔宋〕歐陽修:《二十五史·唐書》(臺北:藝文印書館),第 23 冊,頁 1265。

到了宋代諸儒大興「理學」、「道學」或稱「性命」之學，於是，「義理」之名更加昌顯，《宋史‧樂志》（卷 131）云：

> 是時，濂、洛、關輔諸儒繼起，遠溯聖傳，義理精究。[32]

又《宋史‧儒林傳》〈劉清之傳〉（卷 437）亦稱其「及見朱熹，盡取所習焚之，慨然志于義理之學。」[33]另《清儒學案‧戴東原學案》亦云：

> 有漢儒之經學，有宋儒之經學，一主於訓詁，一主於義理，此愚之大不解者。夫使義理可以舍經而求，將人人鑿空得之矣，奚取乎經學？惟空憑胸臆之無當於義理，然後求之古經，求之古經而遺文垂絕，今古懸隔，然後求之訓詁，訓詁明則古經明，古經明而我心所同然之義理乃因之而明。[34]

由此可見義理之學不離訓詁，義理既是經學的中心主旨，同時也是啟發道德生命的主要依據。清儒曾文正公《聖哲畫像記》云：

> 姚姬傳氏言學問之途有三，曰義理、曰詞章、曰考據。至若葛陸范馬，在聖門，則以德行而兼政事；周程張朱在聖門，則德行之科也，皆義理也。[35]

義理之學即是道德生命之學，也就是希聖希賢之學，《孟子》說：「形色，天性也，惟聖人然後可以踐形。」（〈盡心篇〉）王陽明曾問「讀聖

---

[32] 見〔元〕托克托：《二十五史‧宋史》（臺北：藝文印書館），第 31 冊，頁 1503。

[33] 同註 32，第 36 冊，頁 5313。

[34] 見徐世昌：《清儒學案》第三冊（臺北：世界書局，1979 年），卷七十九，頁 1。

[35] 見〔清〕曾國藩：《曾文正公詩文集》（臺北：商務印書館，1970 年）。

賢書,所學何事?」答案便是在此。這一脈相傳者皆是諸儒為建立道德生命,鼓舞學子希聖希賢的義理之學,也就是生命教育最具體的實踐。遠自先秦群經及諸子百家針對宇宙人生所進行的探究,其實無非皆是義理之學、生命之教,因此,整部中國思想使,也可說即是生命教育史,傳統的生命教育,便依附在義理之學當中,今日欲推展生命教育,傳統儒學中即有安身立命的無限寶藏,只是多被忽略了罷,這種現象實有待各方予以重視。

陸、結語

　　孔子對生命的價值取向係以道德生命為其所崇尚,更以道德生命的體認與實踐來落實天命的規律與法則。孟子繼承孔子與天合德的天命思想,更發展為天爵之說,勉人實踐道德,修其天爵。唯《孟子》僅就天爵之成因論之,未述明具體果位,到了荀子乃具體提出「士人、君子、賢人、大聖」的階位,使得天命與天爵之規律法則,成因與結果更為具體顯明,並且從中亦可歸納出儒家經學與義理之學對此道德與生命教育之傳承。雖然經學的發展在章句訓詁與義理方向上曾經有所爭執與消長,甚至也曾因為科舉制度與功名利祿的影響,使其目標與義旨隱而不彰,然而儒家一脈相傳的倫理道德教育,均是賴於經學之傳遞不輟而得以保存,孔子知天樂天的天命觀,以及終其一生拳拳服膺的道德實踐,如此所建構出來的豐富且充實的道德生命教育內涵,確實成為中國文化中的寶貴精神文明,藉仁義忠信等諸德目,長久以來在知識分子心目中,以「士君子」作為讀書人的基本人格要求,並以希賢希聖為德性修養之最高目標,確立了終身道德生命的重要根基,達成了「知天命」、「修天爵」的道德實踐,也形成了獨特的「義理之學」。透過義理之學的探討,知識分子對於生命的意義與價值,有了正確的認識與努力的方向,同時也因為讀聖賢書,對於國家社會具

有不同的責任感與使命感。由此可見「生命教育」在傳統社會中並未缺席，不但如此，其對生命教育的貢獻更不亞於現代生死學或宗教學的功能，此種功能實有賴當代學者重新予以正視與發揚。

方苞周禮學的女官系統與女教思想

丁亞傑

國立中央大學中文系助理教授

摘　要

　　本文從官制論究方苞對《周禮》女官的解釋，官制的背後，其實涉及是制度的觀察：一是社會制度，指實際且持續在運作的制度，旨在處理社會問題，維持社會秩序。一是社會化的制度，旨在構思並建立各種制度，將社會各個成員納入社會之中。方苞嘗試分析〈天官〉職官系統的結構，從權力與社會化的角度說明宮廷類職官所以設置的緣故。方苞並指出〈天官〉的結構，是以滿足天子飲食男女之欲為前提，卻又以禮制規約天子權力的政治體制。整個女官系統，最終似是導向天子。此時，《周禮》不僅是聖人的制作，因此而為後人所崇拜，更重要的是經由解釋，《周禮》有了現實的意義。解經，不僅是「論述」前賢往聖之言，著重知識問題；更是「重制」前賢往聖之言，以為當代的規範，著重實踐層面。

關鍵詞：周禮、方苞、女官、女教

壹、緒言

徐復觀（1903-1982）嘗云：「以官制表現政治理想，是在政治思想史中所發展出的一種特別形式。」又云：「官制之所以能表現政治理想，有兩個系統。一是著眼到由官制的合理地分配、分工，可以提高政治效率，達成政治上所要求的任務。甚至想以官制限制君權，以緩和專制的毒害。……另一是要由官制與天道相合而感到政治與天道相合的系統」。[1]以制度作為研究思想史的方法，並以此探討《周禮》。但以這一方法觀察《周禮》，即使擺脫劉歆（？-23）作偽說，[2]無論認為《周禮》是周公所作，抑或戰國末年所作，還是成書於漢武帝之後，至少從《周禮・天官》的設官分職看，其「政治理想」卻頗有疑義。

胡宏（1105-1155）即云：「王裘服宜夫人嬪婦之任也，今既有司裘，又有縫人、屨人等九官，則皆掌衣服者也。膳夫、酒正之職固不可廢，又有腊人、鹽人等十有六官，則皆掌飲食者也。醫師之職固不可廢，又有獸醫等五官，皆醫事也。帷幕次舍之事固不可廢，而皂隸

---

[1] 徐復觀：《周官成立之時代及其思想性格》（臺北：臺灣學生書局，1980 年），頁 5-6。

[2] 《周禮》真偽的考辨，舉其要者如下：錢穆（1895-1990）：〈周官著作時代考〉，《燕京學報》第 11 期（1932 年 6 月），後收入《兩漢經學今古文平議》（臺北：東大圖書公司，1978 年），頁 285-434；郭沫若（1892-1978）：〈周官質疑〉，《金文叢考》（北京：人民文學出版社，1954 年），頁 49-81；楊向奎（1910-2000）：〈周禮內容的分析及其成書時代〉，《山東大學學報》1954 年第 4 期，後收入《繹史齋學術文集》（上海：上海人民出版社，1983 年），頁 228-276；顧頡剛（1893-1980）：〈周公制禮的傳說和周官一書的出現〉，《文史》第 6 輯（北京：中華書局，1979 年）；徐復觀：《周官成立之時代及其思想性格》；侯家駒：《周禮研究》（臺北：聯經出版公司，1987 年）；彭林：《周禮主體思想與成書年代研究》（北京：中國社會科學出版社，1991 年）；金春峰：《周官之成書及其反映時代新考》（臺北：東大圖書公司，1993 年）。

之所作也，亦置五官焉。凡此不應冗濫如是，且皆執技以事上，役於人者也，而以為冢宰進退百官均一四海之屬，何也？」[3]簡言之，胡宏的質疑是冢宰既輔王治國，何以設如是之多的內廷官職；其次，各官職司以技術為主，且多有重疊；第三，各官位階又大都不高，為人所役。以此當冢宰之任，頗不相合。方孝孺（1357-1402）也云：「冢宰治之本，天下之大事宜見於冢宰，今《周禮》列於冢宰之下者，預政之臣不過數人，而六十屬皆庖臣之賤事，攻醫制服之淺技。夫王之膳服固冢宰之所宜知，然以是為冢宰之職，則陋且褻矣，此必非周公之意。」[4]也質疑冢宰設立官職，與聞國政不過少數人，餘人從事的則是賤職淺技，設官的原則不明。聲口一如胡宏。

今人侯家駒則敘述〈天官〉職掌的現象：「〈天官〉不僅主財政，還管百官人事，兼管宮廷之事。」[5]卻未指出原因。金春峰從歷史的沿革分析：《周官》之「冢宰」兼管內朝與外朝，既是政治上的管家，亦是王室王宮的總管。這是王之國事與家事，國與家尚未完全分開的宗法制度的歷史情況的反映。」[6]西周金文職官確實有宰。斯維至從金文證明宰之官實仿自殷制，並指出宰本小臣，《周禮》以冢宰攝百官，決非西周之制。[7]張亞初、劉雨全面比對金文與《周禮》：宰之官職，至晚在殷代晚期已經出現，但在西周早期還不是重要的人物，到西周中晚期，才越來越重要。至于大宰一名，在西周金文中尚未發現。宰的職掌可以歸納為以下兩點：一、管理王家內外，傳達宮中之命。二、在錫命典禮中作儐右或代王賞賜臣下。《周禮》中的冢宰是百官之長，這與銘文中的情況不符。西周之宰，主要是管理王家宮內事務，與《周

---

[3] 張心澂：《偽書通考》（臺北：鼎文書局，1973 年）引，冊上，頁 347。

[4] 張心澂：《偽書通考》引，冊上，頁 358。

[5] 侯家駒：《周禮研究》，頁 33。

[6] 金春峰：《周官之成書及其所反映的文化與時代新考》，頁 9。

[7] 斯維至：〈兩周金文所見職官考〉，《中國文化研究叢刊》第 7 卷，1947 年，後收入《中國古代社會文化論稿》（臺北：允晨文化公司，1997 年），頁 189-190，221。

禮》的小宰、內宰地位職司相當，但是宰的權勢的確有與日俱增的趨勢。[8]

顧頡剛分析〈曲禮〉中的大宰，認為其原始意義是掌祭祀犧牲的頭子，後來失去原意，便成為總百官的宰相了。又從《詩經》〈十月之交〉、〈雲漢〉論析冢宰的官屬，原是天子的近臣，雖只管理天子的某一部分生活，而實際上卻掌握著政權，所以他們做得好時為人民所歌頌，做不好時便為人民所痛罵。[9]彭林則從《左傳》、《國語》等文獻考證春秋列國楚、宋、鄭諸國大宰均非相職，魯國三桓執政也非相職。只有吳國大宰相當於相，但情況較特殊。其結論認為周代並無後世一人之下萬人之上的相，到戰國時國君之下始分設將相，分掌文武二柄。[10]無論從金文抑或傳世文獻，均可見出宰的地位的變化。

既然宰的權勢與日俱增，《周禮》中的冢宰，就不會完全是宗法制度的反映，也不會完全是銘文中職權的反映。可能的推論是在宰的權勢日漸擴增之後，《周禮》的作者賦宰以百官之長的職權。這就涉及到看待《周禮》的立場：如果將《周禮》視為歷史文獻，前述的研究成果，基本上已給我們清晰的答案。但如視《周禮》為含義理於其中的經典，不論作者為誰，且在不涉及作偽的前提下，何以要有如此的設計？楊天宇析論〈天官〉系統六十三職官，除治官外，其餘可分為：第一類掌飲食的官，第二類掌服裝的官，第三類是醫官，第四類掌寢舍的官，第五類是宮官，第六類是婦官，第七類是掌婦功的官。並指出大宰的屬官，除前述第一類諸官（案：指治官）協助施行部分職掌外，其他各類職官的職事皆甚細微，幾與〈天官〉作為治官的職掌無涉，而尤以服務生活和宮內事務的職官為多，占了〈天官〉系統職官

8 　張亞初、劉雨：《西周金文官制研究》（北京：中華書局，1986 年），頁 40-41。
9 　顧頡剛：〈周公制禮的傳說和周官一書的出現〉，《文史》第 6 輯，頁 22，29-30。
10 　彭林：《周禮主體思想與成書年代研究》，頁 185-194。

的絕大部分，因此頗為後世學者所譏。但楊天宇認為作者究竟為何如此設官，恐怕還是值得研究的問題。[11]

而〈天官〉中的宮官、婦官、婦功之官等，更引起非議。胡宏即云：「王后之職，恭儉不妒忌，帥夫人嬪婦以侍天子奉宗廟而已矣。今內宰凡建國左右立市，豈后之職也哉？內小臣掌王后之命，后有好事於四方，則使往，有好令於卿大夫則亦如之。閽人掌王宮中門之禁。說者以為二官奄者、墨者也。婦人無外事，以貞潔為行，若外通諸侯，內交群下，則將安用君矣。」[12]這些批評，或不免於以今視古，或不免於批評者個人的意識型態，都忽略了制度的內涵。

制度的設計，是設計者的籌畫：就制度本身而言，具有形式或儀式的特色，以《周禮》論，六官就是一相對整齊的系統，六官所屬職官職司細微，照應到每一個點上，某些職官的職司，象徵的功能可能超過實際的功能。其次，制度也涉及權力，各個職官雖賦予一定的權力，但賦予就是一種限制性的操作，權力於此必須不斷被解釋。在解釋之時，權力或是提高，或被削弱。第三，制度的最高目標是維持國家或社會的秩序，所以是一秩序建構的動態過程，各個職官的職司會互相影響，甚至互相平衡。[13]

是以官制的背後，其實涉及是制度的觀察：一是社會制度，指實際且持續在運作的制度，旨在處理社會問題，維持社會秩序。一是社會化的制度，旨在構思並建立各種制度，將社會各個成員納入社會之中。[14]然而這是為了便於分析而有的理論上的分別。社會制度，往往就是社會化的制度；而社會化的制度，也落實在社會制度。《周禮》雖

11 楊天宇：《周禮譯注》（上海：上海古籍出版社，2006年），頁1-2。
12 張心澂：《偽書通考》引，冊上，頁346。
13 以上對制度的分析，參考卡爾‧西格博‧萊具格著，黃晶、程煒譯：〈作為象徵符號具形化的制度〉，陳恆、耿相新主編：《新史學（觀念的歷史）》第9輯（鄭州：大象出版社，2009年），頁128-145。
14 〔美〕喬爾‧查農（Joel Charon）著，汪麗華譯：《社會學與十個大問題》（北京：北京大學出版社，2009年），頁52-54。

是以官制表達政治理想的作品,但官制所涉及的層面,包含社會各個結構,在分析《周禮》時,採用社會化制度這一觀念,不僅能描述其理想性質,且從政治擴及於社會,頗能得其實際。

於此即可見出方苞《周禮》學特殊之處。方苞不同於胡宏、方孝孺等人,在嘗試分析〈天官〉職官系統的結構,從權力與社會化的角度說明宮廷類職官所以設置的緣故。對〈天官〉的女官及延伸而來的女教也不從反面批評,而是從正面析述。藉由這些詮釋,或可見出不同於已往的見解。更能得知方苞對《周禮》設置女官的分析,對女教的詮釋。

貳、周禮的女官系統與女教系統

冢宰的職能既是治理國政,而所屬職官與問國政者少,服務宮廷者多,從制度是設計者的籌畫而論,這顯然不能完全從歷史的反映解釋。劉師培(1884-1919)云:「太宰本係掌膳之臣,因周公為此官,復有輔周之績,因升太宰為首輔,以冠六卿。若膳夫以下,則仍古太宰之屬官,與序官所言天官掌治,半屬相違,可以知太宰本非顯秩矣。」[15]宰的職能,本就處理王家事務,所以《周禮》的作者在設計〈天官〉時,就保存了這一功能。但宰的地位原本不高,設計者卻賦予宰如此重要的責任。如果宰僅僅是西周的遺留,應保留宰的原有職

---

[15] 劉師培:〈論歷代中央官制之變遷〉,《國粹學報》第 27 期,「政篇」,光緒三十三年(1907)二月十二日(臺北:臺灣商務印書館影印《國粹學報》舊刊全集,1974 年 9 月),頁 2。《左傳・僖公九年》:「經:夏,公會宰周公、齊侯、宋子、鄭伯、許男、曹伯于葵丘。」此宰周公即宰孔,楊伯峻(1909-1992)疑為周公忌父,見《春秋左傳注》(北京:中華書局,1990 年 5 月 2 版),頁 324。《公羊傳・僖公九年》:「宰周公者何?天子之為政者也。」《穀梁傳・僖公九年》:「天子之宰,通于四海。」宰在《春秋》經傳中的地位已大為提高。

能與地位。如果宰的權力在戰國後日漸增高,就不應存在如此多的宮廷類官,或至少有與宮廷類官數量相當的治官。這一現象,還是應考慮《周禮》作者何以如此設計。

宮廷類官又以女官爭議最多,也是本文主旨,列出各官女官表如下:[16]

表一:周禮女官表

	職官	配屬	位階	職掌	備考
			天官冢宰		
1	酒人	女酒三十人,奚三百人	在奄人之下	掌為五齊、三酒	
2	漿人	女漿十五人,奚一百五十人	在奄人之下	掌供王之六飲	
3	籩人	女籩十人,奚二十人	在奄人之下	掌四籩之食	
4	醢人	女醢二十人,奚四十人	在奄人之下	掌四豆之實	
5	醯人	女醯二十人,奚四十人	在奄人之下	掌共五齊、七菹	
6	鹽人	女鹽二十人,奚四十人	在奄人之下	掌鹽之政令	
7	冪人	女冪十人,奚二十人	在奄人之下	掌供巾冪	
8	九嬪	嬪九人		掌婦學之法	

---

[16] 〔清〕孫詒讓(1848-1908)以為:「全經五篇,凡本非屬官而以事類附屬者有三:一婦官,此九嬪、世婦、女御、女祝、女史及〈春官〉世婦、內外宗等是也。一三公,地官之鄉老,爵尊於大司徒是也。一家臣,〈春官〉之都宗人、〈夏官〉之都司馬、家司馬、〈秋官〉之朝大夫、都士、家士是也。三者皆無所繫屬,故以其職相近者附列各官,亦大宰八法屬官之變也。」見氏著,王文錦、陳玉霞點校:《周禮正義・天官・敘官》(北京:中華書局,1987年12月),冊1,卷1,頁50。婦官既非〈天官〉屬官,又以事類相近而置一類,其因為何,更值單獨探討。

9	世婦			掌祭祀、賓客、喪紀之事	
10	女御			掌御敍於王之燕寢	
11	女祝	四人，奚八人		掌王后之內祭祀	
12	女史	八人，奚十六人		掌王后之禮職	
13	內司服	女御二人，奚八人	在奄人之下	掌王后之六服	
14	縫人	女御八人，女工八十人	在奄人之下	掌王宮之縫線之事	
地官司徒					
15	舂人	女舂抌二人，奚五人	在奄人之下	掌供米物	
16	饎人	女饎八人，奚四十人	在奄人之下	掌凡祭祀共盛	
17	槀人	女槀每奄二人，奚五人	在奄人之下	掌共外內朝冗食者之食	
春官宗伯					
18	守祧	女祧每廟二人，奚四人	在奄人之下	掌守先公先王之廟祧	
19	世婦	每宮卿二人 下大夫四人 中士八人 女府二人 女史二人 奚十六人		掌女宮之宿戒	
20	內宗		凡內女之有爵者	掌宗廟之祭祀薦加豆籩	
21	外宗		凡外女之有爵者	掌宗廟之祭祀佐王后薦玉豆	
22	巫	女巫無數		掌歲時祓除	

　　《周禮》職官等級從〈序官〉所見可分為卿、大夫（中大夫、下大夫）、士（上士、中士、下士）、府、史、胥、徒。[17]〈天官·宰夫〉：「一曰正，掌官法以治要。二曰師，掌官成以治凡。三曰司，掌官法以治目。四曰旅，掌官常以治數。五曰府，掌官契以治藏。六曰史，掌官書以贊治。七曰胥，掌官敘以治敘。八曰徒，掌官令以徵令。」這是說明各官職掌。而在說明職掌之時，府、史、胥、徒列入其中系統。鄭玄（127-200）注：「正，辟於治官，則冢宰也。……師，辟小宰、宰夫也。……司，辟上士、中士。……旅，辟下士也。」[18]正是六官之長，師是六官副貳，司相當於上士、中士，旅（下士）即下士。鄭玄在〈天官·冢宰〉又云：「自大宰至旅下士，轉相副貳，皆王臣也。」[19]這是說明各官爵位，府、史、胥、徒不在此一系統之內。賈公彥並說府、史、胥、徒是「庶人在官」。

　　賈公彥在〈天官·宮正〉云：「府……主藏文書也，史……主作文書，胥……為什長，徒……給徭役。諸官體例言府、史、胥、徒之義皆然。……諸言『伯』者，伯者長也，以尊長為名。縣師之類言『師』者，皆可取師法也。諸稱『人』者，……即〈冬官〉鄭云：『其曰某人者，以其事名官。』言氏者有二種，……鄭注〈冬官〉：『族有世業，以氏名官。』……鄭注引《春秋》：『官有世功，則有官族』是也。……言司者，皆是專任其事。言『典』者，出入由己，課彼作人，故謂之為典也。諸稱『職』者，財不久停，職之而已。凡云『掌』者有三義：一者他官供物，己則覽掌之而已，………二則掌徵斂之官，……三者，

---

[17] 王偁敏指出不見於〈序官〉而載於相關職官者則有三公，未載實有職掌；公，有實官職守；孤，未附任何實職。見〈周禮所見婦女之地位及職司〉，《漢學研究》第12卷第2期（1994年12月），頁6-7。又據〈春官·司服〉職官爵位依序為王、公、侯、伯、子、男、孤、卿大夫、士。府、史、胥、徒不列入。

[18] 〔唐〕賈公彥（？-？）：《周禮注疏》（臺北：藝文印書館影印嘉慶二十年南昌府學刊本，1985年12月），卷3，頁12。

[19] 〔唐〕賈公彥：《周禮注疏》，卷1，頁5。

掌非己所為，……凡六官序官之法，其義有二：一則以義相從，……
二則凡次序六十官，不以官之尊卑為先後，皆以緩急為次弟，……。」[20]
賈公彥進一步申說府、史、胥、徒的職掌，再說明各官得名之故，末
則說明序官的原則。

　　賈公彥在〈天官・酒人〉云：「奄不稱士，則此奄亦府、史之類，
以奄異也。言『女酒三十人』，則女酒與奚為什長，若胥、徒也。」[21]
據此可略推知女官地位高低。

　　〈天官〉系統的女官，從女酒到女冪，主掌飲食，包括供王后、
祭祀、賓客之飲食等。在奄人之下，地位不高。且均無官位或爵位。
從九嬪到女御，為天子之妾，主要職掌是禮事，次為宮內之事。女祝、
女史也是主掌禮事。內司服、縫人下的女御主掌衣飾。〈地官〉系統的
女官，從女舂扰到女槁，主掌官員的飲食及祭祀，也在奄人之下，均
無官位或爵位。〈春官〉系統的女官女祧、內宗、外宗、女巫主掌禮事。
世婦、內宗、外宗有爵位。[22]

　　以上計二十二職女官，除九嬪、世婦、女御、世婦、內宗、外宗
六職，餘均無官爵位。如再去除九嬪、世婦、女御為天子之妾不計，
僅三職有官爵位。至於主要職掌，以祭禮為主，次則飲食，再次則
是衣服。飲食也多與祭禮有關。九嬪掌婦學，與女教關係最切，餘
均有實際的職司，距女教較遠。其女教的內涵，須從祭祀的儀式中
見出。

---

[20] 〔唐〕賈公彥：《周禮注疏》，卷1，頁7-8。

[21] 〔唐〕賈公彥：《周禮注疏》，卷1，頁11。

[22] 王爾敏認為《周禮》所見，婦女可任高官，世婦以下，婦女職官較高者為
內宗及外宗。見〈周禮所見婦女之地位及職司〉，《漢學研究》第12卷第2
期，頁7。但以整體比例而言，數量偏低。陳麗蓮認為各職官依據職掌安
排適合人選，女子不一定卑下，必要時可任重要職位。說較合理。見〈周
禮婦教研究〉，《中山中文學刊》第1期（1995年6月），頁207。又王爾敏
將典婦功列入女官，但該官性別不明，故本文未列入。

如據賈公彥序官的原則「不以官之尊卑為先後，皆以緩急為次弟」，〈天官〉六十三官，酒人、漿人、籩人、醢人、醯人、鹽人、冪人分別位於第二十二、二十三、二十五、二十六、二十七、二十八、二十九；九嬪、世婦、女御、女祝、女史，分別位於第五十至五十四；內司服、縫人分別位於第五十九、六十。〈地官〉七十八官，舂人、饎人、槀人分別位於第七十六至七十八。〈春官〉七十官，守祧、世婦、內宗、外宗，分別位於第十四至十七，女巫位於第六十四。也可見出禮事為要，飲食次之。

再參照張亞初、劉雨〈周禮六官與西周金文職官對照表〉，[23]〈天官〉部分酒人到冪人金文無此類職官。九嬪，張亞初、劉雨指出金文有保侃母，乃女性之師保類官，職司與此類女官有相類似之處。從世婦到女史，金文有婦氏，與此相類。〈地官〉部分舂人、饎人、槀人，金文無此類職官。〈春官〉守祧、內宗、外宗、女巫，金文無類職官，世婦，金文有婦氏與此相類。在六官下，只有第一層級標明是女性官職者，金文才有與之相類的女官（婦氏），即九嬪、世婦、女御、女祝、女史、世婦六官；以下二、三、四層級的女職，金文全無。金文中的婦氏，傳達君氏（王后）之命，應是宮中的女官。[24]《周禮》的作者，擴大西周的女官數量，婦氏分化為世婦等五官，並承襲女官從事宮中職務的傳統。胡宏對女官的批評，顯然未理解西周職官的系統。

《周禮》的部分職官，其職責與女性的教化相關，所以本文稱為女教系統。並非《周禮》專設此一系統。其官員並非均為女性，且九嬪、世婦與女官重複。列表如下：

---

23 同註8，頁112-139。
24 同註8，頁48。

表二：周禮女教表

職官		配屬	位階	職掌	備考
天官冢宰					
1	內宰	下大夫二人 上士四人 中士八人 府四人 史八人 胥八人 徒八十人		掌治王內之政令	
2	內小臣	奄上士四人 史二人 徒八人		掌王后之命，正其服位	
3	寺人			掌王之內人及女宮之戒令	
4	九嬪			掌婦學之法，以教九御	
5	典婦功	中士二人 下士四人 府二人 史四人 工四人 賈四人 徒二十人		掌婦式之法，以受嬪婦及內人女功之事齎	
春官宗伯					
6	世婦	女府二人 女史二人 奚十六人		掌女宮之宿戒	

　　寺人未列官爵，典婦功的工、賈位階不明。除此之外，其官爵平均較女官系統為高。內宰、內小臣列於〈天官〉第四十五、四十六，比女官為前，典婦功則在女官之後。至其職掌，一在政令，二在婦學。內宰在金文中宰與此相類，內小臣在金文中小臣與此相類，但在西周早、中、晚期，其地位高與低同時存在。[25]寺人金文中有寺與此相類，但其職責不完全限於宮內。[26]世婦則是前文中所稱婦氏。

　　《周禮》的女官系統與女教系統，或可如此分判：女官地位較低，女教則較高。女官重在禮事，女教則重在法令；從此延伸，女官執行宮廷內實際的工作，女教執行宮廷內規範的工作。依排列次序而定的緩急輕重，女官也不如女教。

參、方苞的周禮觀

　　四庫館臣敘述宋以降《周禮》學流變：「《周禮》一書，得鄭注而訓詁明，得賈疏而名物制度考究大備。後有作者，弗能越也。周、張、程、朱諸儒，自度徵實之學，必不能出漢唐上，故雖盛稱《周禮》而皆無箋注之專書。其傳於今者，王安石、王昭禹始推尋於文句之間，王與之始脫略舊文，多輯新說，葉時、鄭伯謙始別立標題，借經以抒議。其於經義，蓋在離合之間。於是考證之學，漸變為論辯之學，而鄭、賈幾乎從祧矣。」[27]從「考證」之學，漸變為「論辯」之學，自與四庫館臣治學方法有關；但是方法本身並非中立，涉及價值評估。在四庫館臣看來，宋元明《周禮》學，就是一論辯之學，缺乏考證，而考證又是治禮學的基本方法。評惠士奇（1671-1741）《禮說》就清

---

[25] 同註8，頁114，44-45。

[26] 同註8，頁114，43。

[27] 〔清〕永瑢（1743-1790）等著，王伯祥（1890-1975）斷句：《四庫全書總目‧經部‧禮類一》（北京：中華書局，1995年4月6刷），卷19，頁155。

楚說明:「古聖王經世之道,莫切於禮。然必悉其名物而後可以求其制度;得其制度而後可語其精微。」[28]從名物、制度到思想,可以見出四庫館臣研治禮學的方法論反省。如以此為標的,或可看到從晚明至清初《周禮》學的變遷。明代《周禮》學者王應電(?-?)有《周禮傳》十卷、《圖說》二卷、《刪翼》二卷,為明代中期重要《周禮》學者,四庫館臣評云:「雖略於考證,而義理多所發明。」[29]至於王志長(?-?)《周禮注疏刪翼》三十卷,四庫館臣云:「志長此書亦多采宋以後說,浮文妨要,蓋所不免,而能以注疏為根柢,尚變而不離其宗。」[30]所謂「尚變」正是指前述從考證到論辯的治禮風氣。所謂「不離其宗」指王志長仍本注疏,而略有考證之學。但是這「不離其宗」的學風,其實是四庫館臣本身的治禮方法論,及由此而來的價值判斷。在晚明「尚變」才是其時主要學風。

　　明清之際的禮學轉變,一是禮學的內在化、本體化。禮不是外在的規範,而是內在於生命之中,生命與德目合一,呈現一「即心即禮」的思考模式。[31]明清之際禮學另一轉變是從家禮轉向儀禮,亦即從私家儀注轉向以經典為法式,禮經的校勘、注疏、訓詁、圖表、釋例、正義等步步展開,禮意才得以重現;至於禮學功用在準古禮以革其時禮律,並矯正民間禮俗。[32]入清之後,康熙朝的禮學注重具體禮制儀節的研究,從雍正到乾隆,禮學轉變為經學注解的研究。[33]乾隆元年

28　〔清〕永瑢等著,王伯祥斷句:《四庫全書總目·經部·禮類一》,卷19,頁156。

29　同註28,頁154。

30　同註28,頁155。

31　詳見龔鵬程:《晚明思潮》(臺北:里仁書局,1994年),頁2-9的分析。

32　張壽安:《十八世紀禮學考證的思想活力──禮教論爭與禮秩重省》(臺北:中央研究院近代史研究所,2001年),頁29-128。

33　周啟榮:〈清代禮教思潮與考證學──從三禮館看乾隆前期的經學考證學兼論漢學興起的問題〉,勞悅強、梁秉賦主編:《經學的多元脈絡──文獻、動機、義理、社群》(臺北:臺灣學生書局,2008年),頁55。

（1736）下詔開三禮館，至乾隆十九年（1754）《三禮義疏》定本刊刻，經歷十九年的修纂禮書工作，就在這一大背景下完成。[34]

與此同時，方苞（1668-1749）的三禮學也次第完成。方苞禮學專著有康熙五十九年（1720）成《周官集注》十二卷、乾隆十四年（1749）成《儀禮析疑》十七卷、康熙五十一年（1712）成《禮記析疑》四十八卷、康熙六十年（1721）成《周官析疑》三十六卷附《考工記析疑》四卷，次年成《周官辨》一卷。[35]《周官集注》是簡易訓詁，可作為初研《周禮》讀本；至其《周官析疑》、《儀禮析疑》、《禮記析疑》三部著作，不是逐字逐句訓解文字、考證名物與辨析制度，而是針對經文提出質疑，並以己說解之。其中固有典制考證，但在質疑經文之時，其實已呈顯方苞個人見解。散篇則有三十二篇之多，分見其文集。就其內容觀察，大略可分為四類：考訂禮書真偽正誤、禮學專著序文、纂修禮書條例、現實禮制辯論。方苞治禮大致承襲上述的禮學轉變，注意禮學的義理，禮制的應用，禮書的注解。

方苞云：

> 凡人心之所同者，即天理也。然此理之在身心者，反之而皆同；至其伏藏於事物，則有聖人之所知，而賢者弗能見者矣。[36]

本文主旨雖在褒揚《周禮》的聖經地位，但研究《周禮》的方法，卻隱約可見：從天理人心，下降至事物。或者說天理人心，必須從事物

---

[34] 詳參林存陽：《三禮館：清代學術與政治互動的鏈環》（北京：社會科學文獻出版社，2008 年）。該書敘述三禮館諸問題頗詳。惟林存陽從明清易代之際，析述清代禮學的發展，過分強調政治層面，較不能見到明清禮學實有一貫穿的脈絡。

[35] 見〔清〕蘇惇元（1801-1857）：《望溪先生年譜》（臺北：臺灣商務印書館影印道光二十七年刊本，1981 年 1 月）相關各年條。

[36] 〔清〕方苞著：〈周官辨序〉，《集外文》，劉季高（1911-2007）校點：《方苞集》（上海：上海古籍出版社，1983 年 5 月），卷 4，頁 599。

逆探才可獲得。天理人心既潛藏於事物，事物本身的研究，就成為獲得此理的方法。方苞禮學，確實屢言天理人心，但卻不甚措意於此，而是從天理人心，強調制度的合理性。[37]《周禮》為聖人（周公）所作，不容置疑；而聖人不虛作，有其經世民的情懷，是以研讀《周禮》，應重其安邦定國的功能。這是方苞《周禮》學的基本立場。本此立場，方苞考辨《周禮》真偽，就其考辨方法分析，似是從文獻考證進入，但因已有預設，所以隱藏其後的其實是思想在主導。亦即考證的背後，有義理為之，可說是義理主導了考證工作。方苞云：

> 嗚呼！世儒之疑《周官》為偽者，豈不甚蔽矣哉！《中庸》所謂盡人物之性，以贊天地之化育者，於是書具之矣。蓋惟公達於人事之始終，故所以教之、養之、任之、治之之道，無不盡也。[38]

整部《周禮》所建立的官職，是本於人性，一直擴展到由官職構成的制度，由制度所構的的外在世界。人性的開展，是借由制度而完成；由制度所構成的外在世界，也保證了人性得以開展。論究人性，就須論究制度，此即方苞談論天理人心，卻少究心天理人心的原因，因為天理人心已蘊含在制度之中。並批評王安石（1021-1086）而云：

> 熙寧君臣所附會以為新法者，察其本謀，蓋用為富強之術，以視公之依乎天理以盡人物之性者，其根源較然異矣。[39]

---

[37] 楊向奎（1910-2000）認為該文是方苞欲消除學者與聖人認識上的差距，從而理明而人心同，而達正確之本體，但方苞未就此繼續發展，不能成為清初思想家。見氏著：〈方苞望溪學案〉，《清儒學案新編（三）》（濟南：齊魯書社，1994年3月），頁31。

[38] 〔清〕方苞著：〈讀周官〉，劉季高校點：《方苞集》，卷1，頁16。

[39] 同註38。

一是盡人物之性，有本有末；一是富強之術，有末而無本。前者有一義理存在，後者僅是治術。此一批評未必公允，但可見出方苞是如何觀看《周禮》：《周禮》並不是或並不僅是為富國強兵而存在，其設官立職的根源，來自人性；而其目的則是完成此一人性。方苞輒云：

> 嗚呼！聖人之法，所以循天理而達之也；聖人之經，所以傳天心而播之也……。[40]
> 《周官》一書，豈獨運量萬物，本末兼貫，非聖人不能作哉？[41]

「始終」、「本末」而外，「天理」最常出現在方苞評價《周禮》的話語中。天理這一觀念，在方苞《周禮》學系統中，並非泛泛之論，而是確然相信。與其同時學者李光坡（1651-1723）《周禮述註》也曾出現：「〈司徒〉一篇教養相侔，蓋聖人酌乎天理人情之安，措之天下。」[42]又云：「……又有以見夫天理民彝不容泯滅，無情者必負羞而畏神，使之有所不忍，實善於佐瀳之窮者也。」[43]而方苞在其《周官集註》中也常引李光坡研究成果。但在江永（1681-1762）《周禮疑義舉要》中，就未見這一話語。

方苞本著上述信念，據以治《周禮》：

> 其設官分職之精意，半寓於空曲交會之中，而為文字所不載。[44]

又云：

---

[40] 〔清〕方苞著：〈周官辨偽二〉，劉季高校點：《方苞集》，卷1，頁21。

[41] 〔清〕方苞著：〈周官析疑序〉，劉季高校點：《方苞集》，卷4，頁82。

[42] 〔清〕李光坡：《周禮述註》，影印《文淵閣四庫全書·經部·禮類》第94冊（臺北：臺灣商務印書館，1983年），卷10，頁52。

[43] 〔清〕李光坡：《周禮述註》，卷21，頁51。

[44] 〔清〕方苞著：〈周官集注序〉，劉季高校點：《方苞集》，卷4，頁83。

> 凡義理必載於文字,惟《春秋》、《周官》,則文字所不載,而
> 義理寓焉。[45]

兩則文字均在強調研究《周禮》,應著重在義理;但是義理又不完全見
載於文字(即官職所構成的制度)之中。於是不能僅就職官制度直接
證明義理,而是要間接發明各該職官所以設立的根本原因。即前述所
云人性、官職、制度、世界的循環構成。[46]

肆、方苞周禮學的女官系統

天理人心的示現,人性與世界的關係,一部分即表現在人類社會
最根本的兩性組成。《禮記‧昏義》:「昏禮者,禮之本也。」[47]方苞云:

> 余少讀《戴記》,見先王制禮,所以致厚于妻者,視諸父昆弟
> 而每隆焉,疑而不解也。既長受室,然後知父母之安否、家人
> 之睽睦實由之。又見戚黨間或遭大故,遺孤襁褓,其宗室與家
> 聲,皆係于女子之一身,而諸父昆弟有不可如何者。然後知先
> 王制禮,乃述天理以示人,而非世俗之淺意所可測也。[48]

---

45 〔清〕方苞著:〈周官析疑序〉,劉季高校點:《方苞集》,卷4,頁82。

46 除本文所述論外,劉康威有較細部的分析,指出方苞《周禮》觀一是復《周
官》原名,二是駁〈冬官〉未亡之說,三是《周禮》為聖人之治。見《方
苞的周禮學研究》(臺北:東吳大學中文系碩士論文,2006年),頁86-111。

47 〔唐〕孔穎達(574-648):《禮記正義》(臺北:藝文印書館影印嘉慶二十
年南昌府學刊本,1985年12月),卷61,頁6。

48 〔清〕方苞著:〈蔣母七十壽序〉,劉季高點校:《方苞集》,卷7,頁209。
類似的意見,見〈書孝婦魏氏詩後〉、〈汪孺人六十壽序〉,《方苞集》,卷5,
頁128;卷7,頁210。

在方苞看來，女性主家，親人彼此之間的和睦，全系於女性；當家中男性不幸遭逢變故，維繫家庭於不墜，也是女性在主導。這些男性均無與焉。這是從其日常的生活中體驗女性地位的重要。[49]再將這體驗指為先王體天理而制此禮。禮有了形而上的根據，並有形而下的發用。就女性而論，在禮學中有無可替代的地位。方苞並認為女性之禮，超過男性。女性／家庭，是一體兩面。家的支柱，是女而非男。方苞再將之擴大為國：

> 周之初，后夫人之德著於《詩》者，皆女婦之常也。其所以傳者，蓋將用之閨門、鄉黨、邦國，以化天下而為聲教焉。[50]

治家不等於治國，治家也不能順理成章的推擴到治國。家與國的聯繫，是以禮為之。將禮從家推擴至國，於是家禮也是國禮，以禮含蓋家國。

方苞的疑問，或來自於《禮記·哀公問》，並以曾發生的歷史事件說明上述的疑義：

> 觀唐宋、之末，有劫於悍婦，溺於寵嬖，以悖父子之恩，失君臣之義者，然後知聖人告君以是為本，其義深，其慮切矣。[51]

一旦宮廷失序，國家即開始漸亂。這是方苞讀史的感受，且據此以釋經。經典的義理，以歷史的事件證明。這一「本」即是夫妻敵體。方苞續云：

---

[49] 有關此一問題，可參考丁亞傑：〈士大夫生命的自我投射——方苞朱子詩義的女性認知〉，《東華漢學》第 2 期（2004 年 5 月），頁 201-226。

[50] 〔清〕方苞著：〈張母吳孺人七十壽序〉，劉季高點校：《方苞集》，卷 7，頁 207。類似的意見，見〈書王氏三烈女傳後〉、〈書烈婦東鄂氏事略後〉，《方苞集》，卷 5，頁 127，130。

[51] 〔清〕方苞：《禮記析疑》，影印《文淵閣四庫全書·經部·禮類》第 122 冊（臺北：臺灣商務印書館，1983 年），卷 28，頁 2。

> 哀公以冕而親迎為已重，蓋視昏禮為男女燕昵之私。故孔子不
> 曰先君而曰先聖，以示公乃文王、周公之裔，不可不自敬其身，
> 而欲敬其身以興敬於民，則必自妻子始。[52]

夫妻結合，既非「男女燕昵之私」，這是因為有男女而後有夫婦，有夫
婦而後有家庭、宗族，有家庭、宗族而後才有人倫結構。人倫結構當
然就是禮。是以方苞才說婚禮是上承「先聖」而來，而非從「先君」
而來。先聖代表的就是文化傳統，先君僅是政治傳承。是以溯源推本，
禮始於夫妻。為要明其本根，夫妻上祀天地神明，以崇本報德，下立
上下之敬，以反身建則。所以漢儒解《詩經》的傳統，就方苞而言，
並不僅是經解，更是真實的歷史。[53]方苞這一講法，並非指涉一般人
民，而是特別著重在天子、后妃或君、夫人。

　　由此可以討論方苞對《周禮》的女官系統的看法。女性的地位如
此重要，對《周禮》女官系統，即使地位較低，方苞也有特殊的見解：

> 女酒與奚，皆為什長。若胥、徒，皆庶人之妻，願給事而受廩
> 餼者。注引漢法以為女奴，非也。為齍盛、齊酒、籩豆之實，
> 以事天地宗廟，不宜用罪人。[54]

鄭玄云：「女酒，女奴曉酒者。古者從坐男女，沒入縣官為奴。其少才
知以為奚。」賈公彥云：「女酒與奚為什長，若胥徒也。……以其曉解
作酒有才智則曰女酒；其少有才智給使者則曰奚。」[55]女酒為奚之長，

---

[52] 〔清〕方苞：《禮記析疑》，卷 28，頁 3。方苞指出正因魯哀公溺愛失敬，
　　所以為強臣所欺陵。將春秋時期魯國國君權柄日漸下移，完全歸為單一原因。

[53] 相關析述，見丁亞傑：〈方苞述朱之學──詩經的歷史想像與文化建構〉，
　　《當代儒學研究》第 1 期（2007 年 1 月），頁 51-110。

[54] 〔清〕方苞：《周官集注》，影印《文淵閣四庫全書・經部・禮類》第 95 冊
　　（臺北：臺灣商務印書館，1983 年），卷 1，頁 7。

[55] 〔唐〕賈公彥：《周禮注疏》，卷 1，頁 11。

方苞同於賈公彥；女酒與奚的身分，鄭玄、賈公彥均認為是因從坐而
為奴。兩者之異在於才能的高下，高者為女酒，低者為奚。方苞則認
為女酒與奚均參與祭祀之事，不應用罪人。這一論析，根本不從文獻
考證中得來，而是直接從義理判斷。參與祭祀為何用女奴，鄭玄、賈
公彥均無申說。方苞分析其見解云：

> 〈秋官・司厲〉惟盜賊之子女謂之奴，入于舂稾，則女奴不供
> 他職，而他職之女奚不得為奴明矣。女酒及奚凡三百三十人，
> 舂稾事按繁重，而女舂扰止二人，奚五人，女稾十有六人，奚
> 四十人，蓋給役者司厲所入女奴，而女舂、女稾及其奚，特監
> 視教導之耳。[56]

按〈秋官・司厲〉云：「司厲掌盜賊之任器貨賄，辨其物，皆有數量，
賈而楬之，入于司兵。其奴男子入于罪隸，女子入于舂稾。」鄭眾（？
-83）云：「坐為盜賊而為奴者輸于罪隸。」此為鄭玄「奴從坐而沒入
縣官」之所本。[57]惟原文似是盜賊男者為罪隸，女者為舂稾，與從坐
無關，也與盜賊之子女從坐無關。[58]方苞其實是承鄭眾等之解釋，再

---

56 〔清〕方苞：《周官析疑》，《四庫存目叢書・經部・禮類》第 86 冊（臺南：
莊嚴文化出版公司影印清康熙至嘉慶間刻抗希堂十六種本，1997 年），卷 1，
頁 4。〔清〕孫詒讓云：「凡女宮皆用刑女，猶奄閽皆用刑男也。」並舉《說
文》為證，指出奚即女隸。見氏著，王文錦、陳玉霞點校：《周禮正義・天
官・敘官》，冊 1，卷 1，頁 34。案方苞之意應從〔明〕王應電而來：「若
女酒、女漿之類，皆擇民間女子之賢而善于其事者以供職。其次者為奚，
少才知之稱，亦用之以供役。……舊說以女及奚為女奴非也。」見《周禮圖
說》，影印《文淵閣四庫全書・經部・禮類》第 90 冊（臺北：臺灣商務印
書館，1983 年），卷上，頁 26-27。方苞之說，有待商榷。但〔清〕黃以周
（1868-1899）意見同於方苞。見氏著，王文錦點校：《禮書通故・職官禮
通故三》（北京：中華書局，2007 年），冊 4，頁 1471。
57 〔唐〕賈公彥：《周禮注疏》，卷 36，頁 9。
58 〔清〕黃以周指出：「古律自坐與從坐有輕重之別，為從坐之情多可原
也。……盜賊之子自入于舂稾，舂稾不盡是盜賊之子也。」見氏著，王文錦

擴大層面。這一解釋，提升了女春、女稾及奚的地位，成為監視教導罪隸的女官。其後的女漿到女冪等女官，據此也可知是監視教導之官。所以在《周官析疑》就不再針對此點討論。至於內司服之女御，賈公彥云：「……女御還是女奴曉進御衣服者。」其後縫人之女御，「義同於上」，女工是「女奴巧者」。[59] 再據方苞前述的理論，也都不會是女奴。

　　《周禮》女官系統中較為特殊者是兼有女官與女教功能的女祝與女史。依鄭注，女祝是「女奴曉祝事者」，女史是「女奴曉書者」，[60] 在方苞的解釋系統，自也不能成立。女祝的職掌是：「掌王后女內祭祀，凡內禱祀之事。掌以時招梗禬禳之事以除疾殃。」方苞云：

> 鬼神之事，婦人信之尤酷。聖人因人情之所不能已，制為正祀，領于禮官，則淫祀不禁而自止矣。[61]

一是將這些鬼神信仰，納入國家祀典，但最終希望這些信仰能逐漸消止。二是這一目的是借由女祝——禮官完成，所以女祝實是廣義的禮官。以禮導淫祀於正，這是在不得不承認鬼神之事一個權宜的辦法。三是方苞的偏見，女性特別相信鬼神之事，雖然方苞並未否認男性亦然，但相較之下，女性較男性酷信。這可能也是方苞的生活經驗，但

點校：《禮書通故·職官禮通故三》，冊 4，頁 1456。侯家駒解此為「沒身為奴」，見《周禮研究》，頁 147。而據溫慧輝的研究，《周禮》無論是本刑還是附加刑，沒有從坐之罰，見《周禮·秋官與周代法制研究》（北京：法律出版社，2008 年），頁 120-130。

59　〔唐〕賈公彥：《周禮義疏》，卷 1，頁 19。

60　〔唐〕賈公彥：《周禮義疏》，卷 1，頁 18。〔清〕孫詒讓則云：「女祝雖無爵位，然備官後宮，且古者巫祝皆世事，則女祝疑當以祝官之良家婦女為之，與女巫略同。鄭概以女奴當之，恐非。」又云：「女史疑當以良家婦女知書者為之，奚乃女奴耳，鄭義恐未允。」俱見氏著，王文錦、陳玉霞點校：《周禮正義·天官·敘官》，冊 1，卷 1，頁 53。除對奚的解釋外，女祝、女史的身分與方苞之見略同。

61　〔清〕方苞：《周官集注》，卷 2，頁 49。

在其文集沒有明顯的呈露。其後的女史：「掌王后之禮職，掌內治之貳，以詔后治內政，逆內宮，書內令。」[62]方苞更云：

> 則非有道藝而知禮法者，莫能任也。其諸擇嬪婦之賢者而為之與。[63]

並進一步申說：

> 于后所行之禮，命之曰職，而女史掌之，使朝夕恪勤，凜然于職之不易盡，則驕肆懈惰之習無自而生矣。[64]

女史非女奴，是選擇嬪婦之賢者擔任，協助王后的禮職。王后在盡其禮職時，卻又為禮職所盡。借著制度，賦予王后職責及由此職責所擁有的權力，但制度／職責／權力，卻反過來限制王后，將其納入這一制度所欲達到的社會目標。王后的社會目標——禮職，可據女官協助之職責推知：

> 古者內宮九御，自夫人嬪婦以下，贊王后舉內治。以供祭祀賓客之事，以獻蠶桑種稑、織文組就之功，以治王族嘉好合食、內宗三月之教，以備喪祭弔唁之禮，亦如庶司百職之不可缺也。[65]

祭祀宴享一也，蠶桑農事二也，和睦宗族三也，喪祭弔唁四也。除了祭祀天地之外，大約含蓋了人的生與死。根據這些職事，而有各種禮典。后夫人等就在參與這些禮典。女官則協助禮典的執行。[66]

---

[62] 〔唐〕賈公彥：《周禮義疏》，卷 8，頁 3。
[63] 〔清〕方苞：《周官集注》，卷 1，頁 13。
[64] 〔清〕方苞：《周官集注》，卷 2，頁 49。
[65] 〔清〕方苞：《周官析疑》，卷 1，頁 11。

　　后以下的後宮，鄭玄注〈九嬪〉引《禮記·昏義》：「古者天子立六宮，三夫人、九嬪、二十七世婦、八十一御妻，以聽天下之內治，以明章婦順，故天下內和而家理也。」並云：「不列夫人于此官者，夫人之於后，猶三公之於王，坐而論婦禮，無官職。」[67]注〈世婦〉：「不言數者，君子不苟於色，有婦德者充之，無則闕。」[68]方苞均同鄭玄。[69]后、夫人、嬪婦等，一方面執掌禮事，一方面又為禮教所規範，而為天下女性的模範，希冀導致天下之家能和而治。

　　但方苞並不疑後宮百二十人之說，以為：

> 不知苟王心無主，而以欲敗度，則惑弱專妬，即一二人亦足以羸王躬而亂百度。果能正心修身以齊其家，則九嬪、世婦、女御之備官，不過恪共內職，以廣世嗣而已。[70]

先確定其職掌，即前所說後宮諸女，如同庶司百職，不可或缺；再確定女性特有的價值，可廣世嗣。後宮人數的多寡，並不是問題，反而有正面的價值。有問題的是天子能否正心修身。

66　至於《周禮》的女職，經林素娟分析有桑蠶女工、參與祭禮、生育、協助葬禮等，至為詳細。見《空間、身體與禮教規訓──探討秦漢之際的婦女禮儀教育》（臺北：臺灣學生書局，2007 年），頁 273-324。

67　〔唐〕賈公彥：《周禮義疏》，卷 1，頁 17。

68　〔唐〕賈公彥：《周禮義疏》，卷 1，頁 18。《禮記·昏義》明云二十七世婦，此處鄭玄卻說不言其數，兩者不同。後宮百二十人，乃《禮記》之說，而非《周禮》之說。〔清〕孫詒讓亦以為《周禮》與《禮記》不能強合。見氏著，王文錦、陳玉霞點校：《周禮正義·天官·敘官》，冊 1，卷 1，頁 51。

69　〔清〕方苞：《周官集注》，卷 1，頁 11-12。

70　〔清〕方苞：《周官析疑》，卷 1，頁 11。賈公彥疏〈九嬪〉引鄭玄《禮記·檀弓》注：「夏后氏增以三三而九，為十二人。殷人又增以三九二十七，合三十九人。周人上法帝嚳而立正妃，又三二十七為八十一人，以增三十九，并后合百二十一人。」方苞質疑此說：「夏殷周以三遞增，絕無徵據。」但信鄭玄〈九嬪〉注引《禮記·昏義》，以為後宮百二十人確不可易。

內司服的女御，鄭玄云：「有女御者，以衣服進，或當於王，廣其禮，使無色過。」賈公彥云：「欲見百二十人之外，兼有此女御之禮，王合御幸之，使無淫色之過，故名女御也。」[71]賈公彥之意，似是內司服的女御在百二十人之外，王可臨幸，以免色過。但果如此說，是廣王之色過，抑或免王之色過？方苞全同於鄭注。[72]縫人之女御，方苞則無注解。

由此可以推知，王后、九嬪、世婦、女御等雖為天子後宮，但九嬪等序位在女酒等女官之後，女祝、女史等女官之前。之前諸官，掌飲食之職而重在祭祀。之後諸官，又從旁協助王后等行禮職，且名為協助，實則有督導的意味。由是觀之，九嬪等地位雖較高，但受限於諸女官的職掌，反而難以為所欲為。這或許是《周禮》設計者所欲限制的目的。

〈天官〉系統終究廷類官甚多，方苞對此解釋云：

> 〈天官〉之屬，教、禮、政、刑、事五典之綱維，無不統焉。王畿、侯國、六服、四裔之政令，無不行焉。其切於王身者，獨起居、游燕、飲食、衣服、左右、贊御之事耳。劉氏彝、項氏安世乃謂〈天官〉六十皆王者所用以自治，偏而不舉矣。[73]

指出〈天官〉諸官，職掌五典，統御天下。與天子有關的職事，相較之下可說較少，不認為〈天官〉諸職有過多的宮廷之官。但只要稍加

---

[71] 〔唐〕賈公彥：《周禮義疏》，卷 1，頁 19。〔清〕孫詒讓指出：「女奴乃罪人沒入者，至卑賤，不得為侍御。」以為賈公彥說誤。見氏著，王文錦、陳玉霞點校：《周禮正義・天官・敘官》，冊 1，卷 1，頁 55。

[72] 〔清〕方苞：《周官集注》，卷 1，頁 13。

[73] 〔清〕方苞：《周官析疑》，卷 3，頁 12。〔宋〕劉彝（1029-1091），著有《七經中義》170 卷；〔南宋〕項安世（1129-1208）著有《項氏家說》10 卷。方苞所引，為項安世引劉彝《七經中義》之說，見《項氏家說》，影印《文淵閣四庫全書・子部・儒家類》第 12 冊（臺北：臺灣商務印書館，1983年），卷 5，頁 4。

比類析義，此說可能難以服人。方苞混職官與職事不分，就整體〈天官〉系統所涉職事而論，自是包含所有禮制與四方政令，但其職官種類與數量，卻明顯的偏向於宮官。所以問題的重點是何以有此諸官，方苞在注〈天官〉之末引李光坡之言，就在說明這一問題：

> 蓋飲食男女，人之大欲存焉。自公卿以下至於庶人，或有所制而不敢縱，或有所求而未必遂。若尊為天子，富有四海，何求而不應哉？何憚而不為哉？……周公知百官之得其統，四海之得其均，其要在王身。是故先以宮室安其身焉，次以飲食理其體焉，繼以賦式節其用焉，終以內宮佐其德焉。……天子不得以自私，女子小人不得以竊惑。[74]

李光坡指出〈天官〉系統設官，略據宮室、飲食、財賦、內宮四大系統。而四大系統的核心就是天子。冢宰所以掌宮內之事，所以多宮廷之官，大概都是從節制天子自身的權力考慮。而內宮的設官，依其層級，后妃嬪婦佐天子之德，女官佐后妃之德。〈天官〉的結構，是以滿足天子飲食男女之欲為前提，卻又以禮制規約天子權力的政治體制。不論是方苞抑或李光坡的說解，整個女官系統，最終似是導向天子。

〈地官〉系統的女官較為單純，女舂扰、女饎、女槀依方苞前例，均非鄭玄所云：「女舂，女奴能曉扰者。」[75]方苞注〈槀人〉亦云：

---

[74] 〔清〕方苞：《周官集注》，卷 2，頁 62；《周官析疑》，卷 7，頁 27。原文見〔清〕李光坡：《周禮述註》，卷 5，頁 21。《周官集注》引文與李光坡小異，《周官析疑》引文則全同。將〈天官〉設官做一系統的說明，賈公彥早於李光坡，見〈天官・宮正〉疏，《周禮義疏》，卷 1，頁 7-8。

[75] 〔唐〕賈公彥：《周禮義疏》，卷 9，頁 17-18。鄭玄於饎人、槀人均不再注女饎、女槀的身分。賈公彥云：「有奄者，以其與女奴同處故也。」又云：「（舂人）在此者與倉人、廩人、饎人連事，故亦連類在此。」據賈公彥建立的連事例及用官例，可以知賈公彥同鄭玄，以女饎、女槀為女奴。

春人、槀人其事較饎人為繁重，而饎人奚四十人，春人、槀人
奚止五人者，以春槀給役者有司屬所入女奴，而女春、女槀及
奚特監視而指揮統治之耳。不列女奴及其數者，以〈司屬〉職
有明文，且以罪人入，數不可定也。[76]

其說一如〈天官〉女官的分析。但〈天官〉畢竟宮官甚多，所以方苞
又引李光坡之言：

冢宰掌邦治，舉其要耳。其僚屬庶尹皆經理王宮之政，至于遂
生復性，以寵綏斯民者未遑也。故設司徒之職，舉天王作君作
師之事，而致之于民。乃順承天，萬物資生，故曰〈地官〉也。[77]

雖然仍認為冢宰之職是舉其大要，不可能鉅細靡遺，但也間接承認〈天
官〉設官，重在王宮之政，較忽略民眾所需，所以再設〈司徒〉以補
之。與民眾密邇相關的教與養，其實是在〈地官〉。是以女官於此無所
發揮。

〈春官〉系統的女官除世婦外，餘也較為單純。[78]方苞注〈世婦〉云：

此女官設府于內，以掌后宮之禮者。上自王后，下及內、外宗，
皆其所教。以外命婦有齒德者為之，所謂女傅也。內宰自外而
治內，春官世婦自內而達外，必如此法制乃備。[79]

---

[76] 〔清〕方苞：《周官析疑》，卷 8，頁 15。

[77] 〔清〕方苞：《周官集注》，卷 4，頁 59；《周官析疑》，卷 15，頁 28。原文
見〔清〕李光坡：《周禮述註》，卷 10，頁 49。方苞兩引文全同，但與李光
坡小異。

[78] 女巫，方苞以為僅是神明降之在女者。見《周官集注》卷 5，頁 9。至其職
掌，又以為女巫舞雩可以感鬼神。邦有大災，歌哭而請，妖妄不經。見《周
官析疑》，卷 23，頁 21。是以本文存而不論。

[79] 〔清〕方苞：《周官集注》，卷 5，頁 4。世婦為公卿大夫之妻有齒德者，並

世婦之屬有女府、女史，鄭玄云：「女奴有才知者。」[80]仍據前例，方苞不會承認此說。鄭玄、賈公彥均未說明世婦的身分，但方苞卻指出是外命婦之有齒德者。如此，世婦似是內、外宗之長，更重要的又是宮中女性之長，與內宰合治宮中。

內宗，鄭玄云：「王同姓之女。」外宗，鄭玄云：「王諸姑姊妹之女。」[81]宮卿世婦與內外宗合論，即可清楚見出方苞建立的架構：

> 九嬪、世婦、女御為治官之屬，內、外宗為禮官之屬。[82]

治官治宮內諸事，禮官主宗廟祭祀，前者涉及天子，後者則協助王后。方苞又指出宮卿世婦的重要：

> 復設宮卿世婦大夫士，以列職於宮中，使王深知深宮燕私一嚬一笑，中外臣庶皆得以耳而目之。所以止邪於未形，而正君心、謹陰禮，俾表裡澄澈，以為萬官億兆之儀則也。[83]

宮卿世婦，除為女性之長外，也可借其設官，規約天子。正君心、謹陰禮確是宮卿世婦的目標；但作為萬官億兆之儀則，就不會是宮卿世婦之責，而是對天子之要求。於是《周禮》的女官系統，及所延伸的女教系統，在方苞的解釋下，其所重者究竟是女性抑或男性？

見《周官析疑》，卷20，頁13。〔清〕孫詒讓也以為〈天官·世婦〉為內命婦，〈春官·世婦〉為外命婦，見氏著，王文錦、陳玉霞點校：《周禮正義·天官·敘官》，冊1，卷1，頁52；《周禮正義·春官·敘官》，冊5，卷32，頁1262。

[80] 〔唐〕賈公彥：《周禮義疏》，卷17，頁6。
[81] 均見〔唐〕賈公彥：《周禮義疏》，卷17，頁7。
[82] 〔清〕方苞：《周官集注》，卷5，頁4。
[83] 〔清〕方苞：《周官析疑》，卷16，頁4。

伍、方苞周禮學的女教思想

這一問題在下述更是清晰：

> 周公建官，自王宮嬪婦，以及奄寺暱近之人，膳服瑣細之事，
> 皆屬于冢宰。正以暱近則儇媚易生，瑣細則宴私易逞。故董之
> 以師保，務使禮度修明，君心順正，小無所忽，大不可踰，乃
> 心誠意之根源，興道致治之樞紐也。[84]

政權中心既是天子，就必有天子居處之所及相應執事之人。〈天官〉系統，也大致圍繞王宮設立官職，以處理對應事項。各個職官的職掌，可以限制天子的權力，並規範宮廷女官，以為天下的儀則。凡此俱從天子及后妃始，這即是《周禮》的女教系統。

女教系統中最重要且直接的官員就是內宰。鄭注〈內宰〉：「宮中官之長。」賈公彥云：「名內宰者，對大宰治百官，內宰治婦人之事，故名內宰。」[85]大宰既兼統內外，即可知宮廷之事，不僅是天子私人家務，而關係到天子德行的完備，后妃輔佐的功能，最終是能治理天下。內宰主要職掌是：「以陰禮教六宮，以陰禮教九嬪，以婦職之法教九嬪。」鄭玄引鄭眾云：「陰禮，婦人之禮。」[86]但此一婦人之禮的具體內容，鄭玄等並未指出。而鄭玄注〈地官·司徒〉則云：「陰禮謂男女之禮，昏姻以時，則男不曠，女不怨。」賈公彥亦云：「以陰禮謂昏

---

[84] 〔清〕方苞：《周官析疑》，卷1，頁11。

[85] 〔唐〕賈公彥：《周禮義疏》，卷1，頁15-16。〔清〕孫詒讓云：「內宰與小宰相對為內外，小宰治王宮之政令，內宰治王內之政令，職掌略同也。賈謂對大宰，未允。」見氏著，王文錦、陳玉霞點校：《周禮正義·天官·敘官》，冊1，卷1，頁42-43。

[86] 〔唐〕賈公彥：《周禮義疏》，卷7，頁12。

姻之禮……。」[87]則明指陰禮是婚禮。對照〈天官‧世婦〉:「掌祭祀、賓客、喪紀之事。」[88]、〈天官‧女史〉:「掌王后之禮職。」[89]、〈春官‧世婦〉:「詔王后之禮事……相內、外宗之禮事。」[90]陰禮應不限於婚姻之禮,確是與女性有關之禮。方苞也認為陰禮是婦人之禮,[91]注〈內宰〉也略同於鄭注。惟一較特殊者是夫人等之財用,方苞云:

> 用此知古者夫人、嬪婦、女御,爵命雖視公卿、大夫、士,然有財用而無祿秩。蓋深居宮禁,隨身調度,及母家姻戚問遺禮幣,凡財用之事,皆包於九式之匪頒、好用中。此古聖王所以謹內治、明女教,而為萬民則效也。[92]

〈天官‧大宰〉的「九式」中有「匪頒之式」、「好用之式」,鄭注「匪頒之式」是:「王所分賜羣臣也。」「好用之式」是:「燕好所賜予。」[93]〈天官‧大府〉又云:「家削之賦以待匪頒……幣餘之賦以待賜予……凡式貢之餘財,以供玩好之用。」[94]而家削之賦、幣餘之賦,又來自大宰之「九賦」。亦即九式的支出是賴九賦的徵收。方苞也以為「以九賦待

---

[87] 〔唐〕賈公彥:《周禮義疏》,卷 10,頁 6。

[88] 〔唐〕賈公彥:《周禮義疏》,卷 8,頁 1。

[89] 〔唐〕賈公彥:《周禮義疏》,卷 8,頁 3。

[90] 〔唐〕賈公彥:《周禮義疏》,卷 21,頁 18。

[91] 〔清〕方苞:《周官集注》,卷 2,頁 38。〔清〕孫詒讓認為:「凡禮之涉婦人者,通謂之陰禮。」氏著,王文錦、陳玉霞點校:《周禮正義‧天官‧內宰》,冊 2,卷 13,頁 514。即陰禮可包婚禮,但婚禮不等於陰禮。侯家駒指出鄭玄注〈天官〉與〈地官〉陰禮,兩者不同,比對〈天官‧內宰〉職數言陰禮,從而認為〈天官〉注較合理,即陰禮是女性之禮。見《周禮研究》,頁 234。金春峰也認為陰禮是婦人之禮。見《周官之成書及其所反映的文化與時代新考》,頁 105。

[92] 〔清〕方苞:《周官析疑》,卷 7,頁 9。

[93] 〔唐〕賈公彥:《周禮義疏》,卷 2,頁 12。

[94] 〔唐〕賈公彥:《周禮義疏》,卷 6,頁 14-15。

九事」，[95]夫人等有爵命而無祿秩，財用即來自九式。但在〈大府〉：「凡
邦之賦用取具焉。」方苞注云：「軍旅、田役、施惠以及百府有司祿廩
之類，九式所不載者。」[96]指出夫人等之用度，雖來自九式，卻為九
式所不載。注〈大府〉：「凡式貢之餘財，以供玩好之用。」云：

> 以式貢之餘財共之，則知不可以耗天下之經費矣。猶人情不能
> 無所親幸，惟列於八柄，詔以冢宰，曰予以馭其幸，則知不可
> 濫以爵祿矣。聖人制法，慮周萬變，凡此類皆防川者小決使導，
> 毋致壅潰之意也。[97]

似又認為夫人等之財用，來自式貢之餘財。夫人之財用，有來自匪頒
之式、好用之式，九式、九式所不載，式貢之餘三種，形成夫人等財
用來源的三種解釋。[98]

　　觀方苞之意，似意謂夫人等地位雖崇，卻非政府的正式官員。夫
人等是天子的家人，不具政府的職務。對夫人等的限制，是做為女教
的象徵。夫人等日常用度，既來自天子賞賜，則應有一定的節制，無
法奢靡浪費；更重要的是夫人等既非官員，自也不能涉及政務。夫人

95　〔清〕方苞：《周官集注》，卷2，頁22。

96　〔清〕方苞：《周官集注》，卷2，頁23。

97　〔清〕方苞：《周官析疑》，卷6，頁10。〔漢〕鄭玄注云：「明玩好非治國
之用。」見〔唐〕賈公彥：《周禮義疏》，卷6，頁15。〔清〕孫詒讓則引沈
夢蘭（？-？）：「謂之玩好之用，正不貴異物之意也。」見氏著，王文錦、
陳玉霞點校：《周禮正義・天官・大府》，冊2，卷11，頁449。均試圖降
低供天子玩好之用的負面意涵。〔清〕黃以周云：「內外府以地言，皆非天
子私藏。」見氏著，王文錦點校：《禮書通故・職官禮通故三》，卷34，頁
1458。侯家駒則直接指出玉府收藏，純供君王私用，內府才是供大事故之
用，外府是供王朝經常之用。見《周禮研究》，頁205。

98　侯家駒指出九賦來自邦畿之內，九式的費用，是由九賦支付。府、史、胥、
徒以及賈、工、奚等庶人在官者的薪資、飲食，則出自匪頒。見《周禮研
究》，頁197，207，208。

等的功能，其場域在宮中，其職能在禮事。[99]所謂贊王后、執禮事，
以此作為天下女教之則。觀乎九嬪、世婦、女御的職掌，不出於此。
方苞是更進一步的確定夫人等的地位。

內小臣之職也是佐王后等之禮事，方苞指出與內宰之異：

> 內小臣所詔，則禮事之小者。……知然者，祭祀、賓客，王后
> 涖事於廟，惟內宰、宮卿得贊，而內小臣不得與。宮中喪紀，
> 則內宰不得贊。[100]

內宰是內小臣等之長，應可兼管內小臣之職。但若細分兩者之異，一
在宗廟贊禮，一在宮中贊禮。宮中除有相禮諸女官外，也有監督諸女
官職事的內小臣。

寺人掌王之內人及女宮的戒令，方苞云：

> 此掌內人之禁令，則禁以所不得為，如膳服踰侈、禮度惰忘、
> 功事廢弛之類。[101]

內人，鄭玄認為是女御，女宮，是刑女之在宮中者。[102]方苞認為內人
兼世婦、女御，[103]女宮是女奚之屬。[104]不論為何，寺人及所輔佐的對

---

[99] 杜芳琴將周代女性限於家中，主生育、中饋、事親，男性則主禮典、征伐
　　等，就忽略了女性在禮事的地位。見〈等級中的合和：西周禮制與性別制
　　度〉，《浙江學刊》第 4 期（2002 年），頁 205-210。
[100]〔清〕方苞：《周官析疑》，卷 7，頁 10。此處宮卿指〈春官・世婦〉。楊天
　　宇指出內小臣是王后的侍從官。見《周禮譯注》，頁 14。
[101]〔清〕方苞：《周官析疑》，卷 7，頁 12。
[102]〔唐〕賈公彥：《周禮義疏》，卷 7，頁 22。
[103]〔清〕方苞：《周官析疑》，卷 7，頁 11，12。楊天宇則認為還包括女府、
　　女史、女酒、女籩及宮中諸女工。見《周官譯注》，頁 111。
[104]〔清〕方苞：《周官集注》，卷 2，頁 45。

象，均較內小臣為低。而所禁止的行為，依方苞前述的理論架構，何止限於內人及女宮，自可推及后妃嬪婦。而這些才是女教的具體規範。

九嬪，方苞遵鄭注而云：

> 九嬪既習于德、言、容、功，又備于從人之道，是以教女御也。[105]

與寺人相較，寺人規範世婦等的外在行為，九嬪則較重視女御的內在德行。

典婦功掌絲枲之事，「以供王及后之用，頒之于內府。」[106]〈天官・內府〉：「凡四方之幣獻之，金玉齒革兵器，凡良貨賄入之。……凡王及冢宰之好賜予則共之。」[107]合而觀之，經文明云內府藏良貨賄，以供王及后之賞賜。方苞卻反駁賈公彥所云：「以待王及后之用，故藏之於內府也。」以為：「內府……非王及后之私藏也。」[108]又反駁王應電云：「內府受良貨賄，以共王及后之用。」以為：「服用之常，宜於儉樸，非若玩好賜予專取精良也。」[109]而認為：

> 非宮中所縷績，王與后不用，而所用兼苦良，亦所以勸內職、彰女教也。[110]

---

[105] 〔清〕方苞：《周官集注》，卷2，頁46。

[106] 〔唐〕賈公彥：《周禮義疏》，卷8，頁4。

[107] 〔唐〕賈公彥：《周禮義疏》，卷6，頁19。

[108] 〔清〕方苞：《周官集注》，卷2，頁50。《周官析疑》，卷7，頁19。原文見〔唐〕賈公彥：《周禮義疏》，卷8，頁4。

[109] 《周官析疑》，卷7，頁19-20。原文見〔明〕王應電：《周禮傳》，影印《文淵閣四庫全書・經部・禮類》第90冊（臺北：臺灣商務印書館，1983年），卷1下，頁48。

[110] 〔清〕方苞：《周官集注》，卷2，頁50。《周官析疑》，卷7，頁19。徐復觀指出大府所收貨賄，其善者須藏於玉府。至於內府所收，也是良好的。於是大府所收，似是只有壞的了。見《周官成立之時代及其思想性格》，頁115-116。

綜合方苞意見，王及后服用之絲麻，一則在宮中繰績，非諸侯貢賦；二則精粗兼用，非專用精良。但是此一解釋，是據其勸內職、彰女教的前提而來，而與《周禮》原意不合。

至於宮中的法律，方苞注〈小宰〉云：

> 大司寇所掌五刑無宮刑，以小宰建之也。
>
> 凡宮之糾禁，事在宮外而關涉于宮中者，……皆有糾禁。
>
> 宮刑使大宰之貳掌之，則雖天子不得私喜怒，而妃妾專妒虐下之患不禁而自弭矣。[111]

宮刑獨立於大司寇之外，其所對治的對象，是所有宮中之人。行為不論在宮中或宮外，均受到限制。這些法律的訂定與執行，均非天子與后妃所能干預。一方面自是規約宮人，另一方面正是限制天子與后妃的權力。方苞引葉氏之說：

> 小宰貳太宰，首王宮之刑禁。蓋侍御僕從，一有不正，出入起居，一有不欽，皆足以害治。故宮刑雖以為王宮之禁，而實格君心之非。[112]

---

[111] 引文俱見〔清〕方苞：《周官集注》，卷1，頁31；《周官析疑》，卷3，頁9。兩者意同而文字稍異。小宰之職掌王宮而兼后宮，所以本文未列入女教系統中。互詳注83。又陳顧遠（1896-1981）已注意宮刑不同於官刑，不在〈秋官〉系統中。見〈周禮所述之司法制度〉，原載《中國法學雜誌》1937年新1卷第5、6期合刊，收入耿素麗、胡月平編選：《民國期刊分類彙編·三禮研究》（北京：國家圖書館出版社，2009年），頁457-476。

[112] 〔清〕方苞：《周官集注》，卷1，頁31-32。此葉氏為方苞弟子葉酉（？-？），曾任三禮館纂修。可參考林存陽編：〈三禮館儒臣一覽簡表〉，收入《三禮館：清代學術與政治互動的鏈環》，頁250-256。

直接指明宮禁的對象是侍御僕從的日常起居，最後的目標則指向天子。小宰並非女官或女教系統，其職掌宮刑政令，自不限於女官。但在方苞等的解釋下，卻導向天子及后妃。后妃能否專妒虐下，又在君心之是非。

方苞並引王志長之說，以為冢宰職司宮內之教的原因：

> 自冢宰失職，而後有女寵之禍，有閹寺之變，有內藏之私，有宮市之患，有奢僭百出之弊。凡先王治天下之本，莫不廢壞焉。[113]

如依照王志長所說，冢宰的主要職責，反不在統掌五典，治理國家，而在治理內宮之事，以節制天子之權。這應是根據歷史的理解——國家之變，多出自宮廷——而來的解釋。有鑑於歷史的事實，所以〈天官〉系統多內廷之官，本為缺點；但在王志長、李光坡等解釋下，這一缺點反而成為優點。或者說鑑於史實，令這些學者想到〈天官〉系統，以面對所處時代。方苞約略繼承了此一解釋脈絡。

陸、結論

冢宰的職能既是治理國政，而所屬職官，與問國政者少，服務宮廷者多，宮廷類官又以女官爭議最多。然而官制的背後，其實涉及是制度的觀察：一是社會制度，指實際且持續在運作的制度，旨在處理社會問題，維持社會秩序。一是社會化的制度，旨在構思並建立各種制度，將社會各個成員納入社會之中。

---

[113] 〔清〕方苞：《周官集注》，卷1，頁11。原文見〔明〕王志長：《周禮注疏刪翼》，影印《文淵閣四庫全書‧經部‧禮類》第91冊（臺北：臺灣商務印書館，1983年），卷1，頁43。

　　《周禮》的部分職官，其職責與女性的教化相關。本文將《周禮》中的女官依其性質及功能，權宜區分為女官及之教系統，再比較其異同，大致而言，女官地位較低，女教則較高。女官重在禮事，女教則重在法令；從此延伸，女官執行宮廷內實際的工作，女教執行宮廷內規範的工作。依排列次序而定的緩急輕重，女官也不如女教。

　　方苞研治《周禮》強調研究《周禮》，應著重在義理；但是義理又不完全見載於文字。於是不能僅就職官制度直接證明義理，而是要間接發明各該職官所以設立的根本原因。方苞論及《周禮》中的女官及女教，也就依循此一理念為之。

　　方苞認為婚禮是上承「先聖」而來，而非從「先君」而來。先聖代表的是文化傳統，先君僅是政治傳承。是以溯源推本，禮始於夫妻。為要明其本根，夫妻上祀天地神明，以崇本報德，下立上下之敬，以反身建則。

　　方苞並指出而內宮的設官，依其層級，后妃嬪婦佐天子之德，女官佐后妃之德。〈天官〉的結構，是以滿足天子飲食男女之欲為前提，卻又以禮制規約天子權力的政治體制。整個女官系統，最終似是導向天子。

　　政權中心既是天子，就必有天子居處之所及相應執事之人。〈天官〉系統，也大致圍繞王宮設立官職，以處理對應事項。各個職官的職掌，可以限制天子的權力，並規範宮廷女官，以為天下的儀則。凡此俱從天子及后妃始，這即是《周禮》的女教系統。

　　冢宰的主要職責，就在治理內宮之事，以節制天子之權。所以〈天官〉系統多內廷之官，本為缺點；此時反成為優點。

　　方苞解釋《周禮》的女官及女教系統，隱含對女性的行為與模式的期望，而有各種限定，與《周禮》原意有若干距離。這些期望與限定，可從天子后妃擴大為男女兩性，最終則指向男性，於是也隱含對男性的要求。所以在規範女性的同時，也在規範男性。男性之德，依賴女性，反之亦然。形成兩性動態的關係，任何一方的不圓足，均會

影響另外一方。其次，這些規範，是從生活常規出發，注意兩性的日常瑣事，從日常生活中反省自身的行為，而不是建立單一的女教理論，僅限定女性。

女官制度的設立，不但將女性納入社會系統中，也將男性納入，從而建立共遵的秩序。此時，《周禮》不僅是聖人的制作，因此而為後人所崇拜，更重要的是經由解釋，《周禮》有了現實的意義。解經，不僅是「論述」前賢往聖之言，著重知識問題；更是「重制」前賢往聖之言，以為當代的規範，著重實踐層面。經典也就不會是故書文獻，而有規範的意識，從而回復了經學的價值。[114]

---

[114] 周婉窈即指出方苞對儒家的禮有生死以之的宗教精神，其原因可能是受到桐城地區母教的影響。見〈清代桐城學者與婦女的極端道德行為〉，《大陸雜誌》第 87 卷第 4 期（1993 年 10 月），頁 18，20。周啟榮則認為方苞治禮，上承康熙朝禮學學風，不只是學術興趣，而是以宗族禮治維持地方秩序。見〈清代禮教思潮與考證學——從三禮館看乾隆前期的經學考證學兼論漢學興起的問題〉，勞悅強、梁秉賦主編：《經學的多元脈絡——文獻、動機、義理、社群》，頁 63。若以方苞《周禮》學觀察，又不止是維持地方秩序，而近於建立國家禮制。

論臺灣客家神鬼傳說的倫理意識

——以臺中東勢民間故事為對象

彭維杰

國立彰化師範大學國文學系副教授

摘　要

　　本論文從倫理學觀點探究臺灣客家民間文學中的神鬼傳說，以臺中東勢一帶的民間故事為研究對象，分析其中神鬼的倫理角色，並探討神鬼與人際的互動模式，再論其倫理概念之特質，最後探究客家神鬼傳說在道德評價上的兩大特性。

　　神鬼倫理腳色之分析，分從神祇與鬼魅兩方說明，神祇有禦侮護民、懲訓惡人、救苦救難等腳色；鬼魅則有惡鬼與善鬼之分。神鬼與人際互動模式有五：一、神鬼助人，人得福報；二、人間作為，神鬼評斷；三、信守承諾，違者受罰；四、起乩問神，溝通陰陽；五、未明所以，保持距離。倫理概念特質可歸納四大特色，即尊力神威以得保障、神祇有高下之別、鬼魅有善惡之分和尊重生命物我平等。至於道德評價方面，本文提出兩大看法：一、神鬼傳說隱含善惡判準，二、人鬼關係趨於互惠。

關鍵詞：民間文學、客家文學、神鬼傳說、倫理學

壹、前言

　　本文研究的區域為東勢一帶的大埔語言生活區，考察其中流傳的客家民間傳說，取材主要對象為臺中縣立文化中心出版胡萬川總編輯的《東勢鎮客語故事集》一至七集。[1]「傳說」是民間文學分類中的一種體裁，陳慶浩、王秋桂主編的《中國民間故事全集》〈前言〉就說：

> 民間文學範圍極大，分類方法亦多，按體裁則無非散文、韻文及韻散混和三類。……散文則是廣義的民間故事，包括神話、傳說、生活故事、幻想故事（童話）、寓言和笑話等。[2]

民間故事範圍極廣，包括神話、傳說、生活故事、幻想故事、寓言和笑話等，其中，傳說是極有特色的一種民間文學體裁，現代學者對傳說的界定是：「民眾口頭創作和傳播的描述特定歷史人物或歷史事件、解釋某種地方風物或習俗的傳奇故事。」[3]這個定義涵蓋了作者的群體性，文體的散文性，傳播的口頭性，內容的傳奇性等特質。就內容或題材而言，傳說至少包含人物傳說、史事傳說、風物傳說和習俗傳說四類，本文研究的神鬼傳說僅是其中人物傳說的一部分。

---

[1] 胡萬川、黃晴文總編輯：《東勢鎮客語故事集》（豐原：臺中縣立文化中心，1994 年 3 月）；《東勢鎮客語故事集（二）》（1994 年 10 月）；《東勢鎮客語故事集（三）》（1996 年 2 月）；《東勢鎮客語故事集（四）》（1998 年 7 月）；《東勢鎮客語故事集（五）》（1999 年 8 月）；《東勢鎮客語故事集（六）》（2001 年 4 月）；《東勢鎮客語故事集（七）》（2003 年 6 月）。

[2] 陳慶浩、王秋桂主編：《中國民間故事全集》（臺北：遠流出版社，1989 年），頁 4。

[3] 黃濤編著：《中國民間文學概論》（北京：中國人民大學出版社，2005 年），頁 143。

由於「傳說」承載的文化內涵極為豐厚，所以學者即指出：

> 傳說往往寄寓著民眾的世界觀、道德觀、社會理想等，在傳播
> 中以「可信」的講述方式和傳奇性的情節對一代代的民眾起著
> 觀念培育和道德教化的作用。許多傳說都傳達著民間對勤奮、
> 勇敢、機智、公正、廉明、忠誠等優秀品質和良好行為的肯定、
> 倡導，以及對懶惰、怯懦、蠢笨、貪婪、霸道、始亂終棄等不
> 良品性的否定、禁止。[4]

這個論點即是提出了傳說在教育上的價值，也是本文研究的重要基
礎。本文基於相同看法，所以從倫理學方面對「傳說」進行探究闡述。

目前國內研究客家民間傳說的學術論文不多，[5]其中與本研究直接
相關者為范姜灯欽的《臺灣客家民間傳說研究》，其書第六章的「臺灣
客家民間神鬼傳說」列舉分析許多神祇，包括伯公、三山國王、城隍、
以及其他神仙傳說，在論文「摘要」中作者提到臺灣客家民間傳說的
特色與價值說：「本質上，融合了大陸客家原鄉內涵與臺灣本土色彩；
形式上，反映客家生活風貌，同時展現客家婦女特質。其價值在於提
供文學創作素材、傳承客家文化、具有道德教化功能、以及蘊涵經濟
效益。」這個特色和價值的歸納顯示客家傳說價值的多元性，本研究

---

[4] 黃濤編著：《中國民間文學概論》，頁 168。
[5] 經筆者蒐尋國內學位論文，僅 5 篇，計有范姜灯欽：《臺灣客家民間傳說研究》（臺北：東吳大學中國文學系碩士論文，2003 年）；陳俞君：《臺灣的三山國王信仰與傳說探討》（臺北：國立臺北大學民俗藝術研究所碩士論文，2004 年）；林欣育：《土地與認同：美濃地區客家墾拓傳說之研究》（新竹：國立清華大學／臺灣文學研究所碩士論文，2006 年）；鍾愛玲：《徘徊在「鬼」「怪」之間：苗栗地區「魍神」傳說之研究》（新竹：國立清華大學臺灣文學研究所碩士論文，2007 年）；吳易珍：《臺灣詔安客家民間傳說研究》（雲林：雲林科技大學漢學資料整理研究所碩士論文，2007 年）。

便是希望在這個基礎上，再聚焦於倫理學的探究，呈現微觀視角的研究價值。

貳、客家民間神鬼傳說的倫理角色

有關客家神鬼的民間傳說，出現極為有趣的情形，亦即神祇傳說方面多集中於客家信仰的神明，以土地公、三山國王和城隍爺最為普遍，其「伯公傳說」多講土地神伯公的由來、神格職務與神威、與客家莊的開發關係、伯公與伯婆等；「三山國王傳說」多述說其由來、婚事、神威、治病、治水、懲罰等事跡；「城隍傳說」內容多屬水鬼升城隍、差吏巡察等；其他神仙傳說則有美濃仙人、太白仙君、八仙、彭祖、床公婆、布袋和尚、石古大王、動物神等等。至於鬼魅傳說多無具名對象，普遍以鬼稱之，或稱水鬼、女鬼，以人遇鬼、鬼傷人、人制鬼三種情形為多。歸納其講述內容，主要在敘述神仙的由來，以及助善懲惡所顯現的神威；而鬼魅的傳說則以人鬼互動情節鋪述。這些傳說大多是講述者的親身經歷或耳聞。

一、神祇的倫理角色

（一）禦侮護民角色

客家傳說在神祇倫理角色的塑造中，最普遍的便是墾殖時期的顯靈護民，較常被提及的便是三山國王，東勢傳說裡以顯聖退敵情節鋪陳的故事，很能表現客家族群早年開發山林遇到阻礙的實情。在〈王爺的傳說〉中，敘述王爺顯靈，擊退來犯的原住民，拯救客家人的故事：

有一年，原住民本來要來包圍、攻打我們大茅埔的，但是，當他們前進到大茅埔山背一個叫做「梨背」的地方時，就看到騎馬拿大刀的王爺顯聖，還有一位繫著肚兜的太子爺，追趕他們，把他們追得無路可逃，就因如此，他們攻打不成只好退回去了。回去了之後，整個部落就不平安了，不是這個人生病就是那個人生病。[6]

後來原住民與客家人講和往來，到三山國王廟裡看到供奉的長鬚王爺，就臉色發青說：「你們拜的那位長鬚王爺，就是那天我們要攻打大茅埔時，把我們追得無路可逃的人。結果回去之後，大家都生病，我們才會出來講和。」[7]莊民這才知道是王爺顯靈救了大家的性命。

另一則傳說則敘述更清楚，內容指出時間、地點、人物為印證，三山國王藉乩童溫阿耕降旨示警：

王爺為了保護大家，就找了一位乩童，就是溫阿添先生的父親。他那天頂著草做乩童。……他說：「某日，西南方會出現原住民，眾信士那天要提高警覺，不可以到那兒去。」

這些人聽了也不怎麼相信，到了那天就跑到西南方牛屁股地形下的河岸邊，……結果三個人都被原住民殺了，確實就是王爺交待的話，是那一天，那個方向，這些人都不知道遵守，就被原住民殺了。

（這離現在多久的事了？）可能是一百多年前的事了，是溫阿添的父親溫阿耕做的乩童，如果溫阿耕還在，現在也上百歲了，所以是一百多年前的事了。[8]

6　〈王爺的傳說〉，《東勢鎮客語故事集（六）》，頁 15。

7　〈王爺的傳說〉，《東勢鎮客語故事集（六）》，頁 15。

8　〈王爺的傳說〉，《東勢鎮客語故事集（六）》，頁 17。

這則傳說裡不聽從示警的人，便遭原住民殺害，事後莊民對三山國王
的顯靈深深感念，當然信仰更為虔誠。

在〈王爺公顯身〉中敘述了三段情節來彰顯王爺的神力，內容
如下：

> 從前原住民出動殺人取頭。在大茅埔那裡，有一隻懷孕的羌，
> 一直走道廟的最裡面。那時大茅埔的王爺很靈、立刻藉著乩童
> 說：「明天你們這些人不要到山上去。」第二天，真的，大約
> 早上十點鐘左右，原住民便出動殺人取頭了。
>
> 還有一次，馬路上流著血水，一直流到大茅埔的廟裡，第二天
> 原住民又出動了，真是準啊！每當原住民要出動時，大茅埔的
> 王爺都能預知而用不尋常的異象相示警，所以很靈驗。
>
> 有一次，就在大茅埔的山背後，在山背那邊出現了兩兄弟，走
> 到山頭那兒站著，原住民一看，怕得要死，就馬上退陣。真靈
> 啊！就那時候的事跡來說，真的是很靈呢！[9]

客家人的守護神三山國王，在客家先民與原住民的衝突中，王爺公的
示警與顯靈，保佑村民免於被殺害，故事內容很貼近開山打林的墾荒
生活。

三山國王傳說應是與原鄉信仰直接相關，所以如此具有客家特
色。三山國王信仰源於大陸廣東潮州，隨著先民來臺開墾，流傳到臺
灣之後，三山國王便成為臺灣客家人特有崇拜的神祇，其廟宇則成為
客家移民聚落的表徵。有關三山國王由來的說法，最為普遍的內容是
敘述原鄉的傳說，當時三山國王為潮州人，南朝宋文帝時出生，卒於
梁武帝大道三年（531 年）。大王巾山名連傑、二王明山名趙軒、三山

9　〈王爺公顯身〉，《東勢鎮客語故事集（三）》，頁 3。

獨山名喬俊。三人因試不第，隱居華山，後由於奮勇救駕而受封為「鎮國元帥」，此即「三山國王」。[10]

劉還月《臺灣的客家族群與信仰》說：

> 在臺灣三山國王一直不是重要的神祇，即使在客家人的心目中，它的地位還比不上三官大帝；但自它的傳說開始，便一直扮演客家人守護神的角色，大多數客家人墾拓過或居住的地方，都建有三山國王廟。[11]

可見三山國王信仰雖源於大陸，但流傳到臺灣，卻成為臺灣客家社會本土化的神祇。傳說裡三山國王協助客家莊民治水、治病。在與原住民泰雅族的墾殖爭地中，屢屢展現神威嚇退敵人，為拓荒歲月奠下信心；對於不敬神明的日本人，適時給予教訓，這些神跡為東勢地區客家人所津津樂道，深具地方特色。

（二）懲惡訓人角色

神祇多是顯靈庇佑信徒，但對不當舉動或不敬的行為，也會懲罰，以彰顯其威儀。三山國王對於不敬神祇者的教訓，是不分族群的，像在〈番龍的故事〉中，敘述鄰居「番龍」起乩的經過。「番」在客語中意指未受教化之原住民，引申指「不可理喻」之人。會被鄰里取名為「番龍」，可知他平日在鄉里蠻橫莽撞，不可理喻，所以常被神明懲罰：

---

[10] 胡萬川總編輯：《沙鹿鎮閩南語故事集（一）》（豐原：臺中縣立文化中心，1994 年），〈三山國王〉，頁 2。這雖是閩南民間故事，但是也記錄了與客家民間傳說相同的內容。

[11] 劉還月：《臺灣的客家族群與信仰》（臺北市：常民文化公司，1999 年），頁 253。

每次他一隻拳頭舉起來，一隻手又去抓令旗的時候，還沒抓到
就會「咿咿哦哦」起乩了，從家裡一直跑到公館廟，每次都是
穿著短褲頭，打赤膊。到廟那邊，先點一把香，而且一點就是
五十枝以上，這麼大把的香。香點著以後就用香燙自己的身
體，從前面一直燙到後面，又從後面燙到前面，燙了好幾十下
全身都燙遍了，才把香插到香爐裡。然後，就鑽八仙桌的縫，
本來八仙桌的縫比頭還小，他就硬鑽進去；鑽進去以後又開始
拉出，可是怎樣都拉不出來，又「咿咿哦哦」的叫。最後沒辦
法，只好把八仙桌舉起來搖，弄來弄去都弄不出。這樣一直弄
差不多要弄半個小時，才拉出來，這時候也就退神了。⋯⋯
他每次從山上回來，只要對三山國王的令旗有所不敬，或是對
他母親有不孝的動作時，三山國王就會罰他被香燙和鑽八仙桌
的縫。[12]

「番龍」蠻橫粗魯，三山國王就懲罰他燙自己身體，又讓頭卡在桌縫，
教訓意味明顯，講述者深信：

本地真正有神，神會保佑信他的人，保佑像番龍的母親，不讓
那桀驁不馴的兒子打她，對世人是很好的教訓。[13]

據講述者自述，這件事發生在他小時候，約四五十年前的真實故事。
三山國王展現了神力，番龍身上卻沒有起泡，毫髮無傷，更令百姓懾
服，這樣教訓而不傷害的情形突顯了三山國王的法力、神威。

---

[12] 〈番龍的故事〉，《東勢鎮客語故事集（二）》，頁 35。
[13] 〈番龍的故事〉，《東勢鎮客語故事集（二）》，頁 39。

另有日據時期日本人「阿被桑」對王爺不敬而受到懲罰的故事，阿被桑常藉巡視大茅埔時，總愛拿棍子打人，有次更打了三山國王神像的頭，那天晚上，王爺立刻顯靈嚇壞那平日作威作福的日本人：

> 有一回，那日本人哪，那時候那個日本人叫做「阿被桑」，真不近情理。在大茅埔這裡服務，常常出來巡視，每回總愛拿著棍子打人。有一回去打了王爺三兄弟神像的頭。打了頭後，那天晚上王爺就顯靈了，跑到他的窗戶那兒，三兄弟把窗圍圍圍住。唉呀！第二天起床，說有多怕就有多怕，說不知是什麼，矮矮的有三個在我的窗戶那兒。人們說那是王爺在懲罰你啦，因為你這樣的打他的頭。從此以後他就再也不敢了，以前的王爺可真是靈得很呢！[14]

這個傳說發生在異族統治者的身上，格外富有趣味性。因為故事中的日本人形象具有暴力傾向，被統治的當地客家人藉由守護神懲罰對方，紓解怨氣。這樣的傳說類似墾殖時期顯靈保護先民的說法，頗有族群意識融在其中。

（三）救苦救難角色

1、治病治水

早期的客家先民，多從事農業賴以維生，在醫學落後的時代，往往透過乩童拜請神祇顯靈，求取藥籤，醫治疾病，尤其在客家的三山國王傳說裡，往往被醫生判定沒救被醫院拒收的病人，傳奇性地痊癒，像〈三山國王顯聖治病〉說：

---

[14] 〈王爺公顯身〉，《東勢鎮客語故事集（三）》，頁3。

> 採青草的方式是：將王爺請上綀轎抬到野外去，如果遇到可用
> 的藥草，神明就會發出聲響指示，隨後而來的人就利用筊杯請
> 示，如果是聖杯，就將那味草藥拔起來，有時又會地上好大一
> 條的蚯蚓，如果不是，就再找別種東西。就這樣到處收集，等
> 到齊全了，往往就是好大一堆，就拿回來用小火熬煮，讓病人
> 喝下，結果病就痊癒了。
> 我的堂妹阿滿，就是新高皮鞋店的老闆娘。那時也被醫生判定
> 沒救了，好幾個醫院都拒收了，結果也是回來求王爺用採青草
> 的方式把病治好。[15]

這則東勢地區傳說，講述內容除描述採藥儀式外，還清楚地指出講述
者的表妹阿滿，是本地新高皮鞋店的老闆娘，原本是無藥可醫的重症
病人，最後也是祈求三山國王賜青草藥而把病治好。

　　一般民間故事裡，來源傳說是極普遍的題材，在東勢神鬼傳說中，
特別記載了仙人掘水的內容，〈臺灣水的由來〉說：

> 從前的仙人下凡來。我們臺灣就沒水。沒有水喝呀！喝水要用
> 買的。那老伯啊，家裡就沒有水喝。「阿伯，阿伯！我那裡真
> 累啊，又沒水喝！」他說：「沒水喲！沒水我去～。」這仙人有
> 那仙鐵杖不是。一插下去，他講：「山這麼高，水這麼高。」
> 一插下去，高山頂上都有水，就那仙人變的。[16]

神仙供水給人生活，運用魔法變造，使人生活方便，講述情節非常簡
略，敘述語意也不連貫，但神力超越想像，使臺灣得以安居。值得注
意的是，這個地方傳說的內容涉及的範圍並未侷限在東勢的區域。

---

[15]　〈三山國王顯聖治病〉，《東勢鎮客語故事集（六）》，頁 25。
[16]　〈臺灣水的由來〉，《東勢鎮客語故事集（五）》，頁 67。

　　與水有關的傳說中，還有治水以顯神跡的〈鯉魚伯公的故事〉，內容敘述東勢「泉水井」中的兩尾「金鯉魚」被荷蘭人捉走後，大甲溪河水從此易倒灌，尤以東安里危害最甚，但自蓋了鯉魚伯公廟後就不再淹水了，這是一則極具東勢地方特色的傳說：

> 聽說這裏有個泉水井很大，井中有兩尾金鯉魚──不是日本時代留下來的石鯉魚哦，是這樣紅紅大大尾的金鯉魚。荷蘭人來看到這麼漂亮就把牠們捉走了，捉走以後。每次大水一來就會倒灌，剛好就是我住的東安里這邊灌的最屬害，於是大家就說：「啊！現在這魚來討債了。」鯉魚說：「你們這些人不保護我們，讓我們給荷蘭人抓走了。」於是當地人就用石頭堆了鯉魚的形狀來補償牠們。這樣以後大水就不再倒灌了。當然了，用石頭堆成鯉魚形狀，就像堤岸一樣，當然不會淹水。現在這裏真有個鯉魚伯公的廟，很旺，不只初一十五有人拜，每天早、晚，里民都會去拜拜，香火很鼎盛。這就是我們鯉魚伯公的故事，有了鯉魚伯公廟之後，大水就不曾再倒灌了。[17]

這則傳說涵蓋了動物傳說和神仙傳說，與當地信仰生活有緊密關聯。與此相近的傳說，還有《東勢鎮客語故事集（三）》的〈鯉魚伯公的故事〉，其中亦有相似的情節，但是內容敘述荷蘭人捉走的並非金鯉魚，而是「金螃蟹」，並且拿走「金扁擔」，從此大甲溪非常容易潰堤：

> 我小時候曾聽人說起，說我們這兒的鯉魚伯公，是因為荷蘭人來東勢後，抓了維護大甲溪安全的那隻金螃蟹，拿了金扁擔。之後，大甲溪才開始向兩岸切割崩堤，也因此才出現有鯉魚伯公。[18]

---

[17] 〈鯉魚伯公的故事〉，《東勢鎮客語故事集（二）》，頁63。
[18] 〈鯉魚伯公的故事〉，《東勢鎮客語故事集（三）》，頁51。

傳說中的「寶物」被外國人強行奪走，造成河水向岸邊切割而潰堤，使鄉民激起凝聚地方意識的共識，一致團結抗外。展現治水神蹟，也促成保鄉意識，這是一則頗富東勢地方特色的傳說。

2、解決生活疑難

　　神祇無所不能，客家人善於耕種與開墾山林，這與職掌土地的伯公，可謂密不可分，日常生活大小事情都要向伯公報告，甚至連生育，伯公都要調解。客家人稱土地神為伯公，因伯公是與陽世的里長平行，在眾神中神格最低，但卻無所不管。在〈伯公分配〉中敘述：

> 天下這麼亂，這土地公就說：「唉！天下這麼亂，來召集大伙兒開個會。」因為世間的紛亂，於是把狗、貓、老虎、雞、豬、人……等，全都召集到土地公前開會。……
>
> 老虎你呀，常咬死人，……我認為你一年生一次就好了。……（豬）你對社會的貢獻還真大哪！養大就要給人殺了吃，你生多些沒關係。這樣吧，一年生兩次好了！
>
> 輪到雞了。「你一次好了，像你這種喋喋不休的人，到社會上專製造事端惹麻煩，一次就好了。」……
>
> 「土地公，拜託啦！實在說我又不曾睡午覺，不要這樣啦，讓我自由一點好不好！」
>
> 他說：「這樣吧！我不要管你的事情了，隨便你們吧！」待會兒，換人了，人說：「土地公，這樣吧，既然雞可以這樣，我也應該可以，我當人呀，全是為了你，大家都讓你分配，而我必須種田養牠們這些，是不是！如果我沒有生多些，田事就會做不了。所以我和雞一樣好不好？」
>
> 土地公說：「好吧！好吧！」[19]

---

[19]　〈伯公分配〉，《東勢鎮客語故事集（三）》，頁85。

這是神祇支配萬物生育的有趣故事，將眼前自然界繁衍生息的現象，付予土地公決定的權利。就神祇職權而言，低階的土地公顯然是超越太過，但就傳說而言，這也正好突出了文學趣味。再從信仰文化來說，為土地公擴權，顯示了客家人對土地神的尊敬和依賴的程度。

傳說裡可見客家人生活上依賴土地公的情形，像東勢鎮東安里的鯉魚伯公，現已重建新廟成為「永安宮」，在《東勢鎮志》有相關之記載：

> 乾隆末年，東勢街初墾時，今中寧里匠寮巷、東安里鯉魚巷一帶為熱鬧街市，時在街道下方斜坡建石坎護坡，完工後覺石坎如鯉魚狀，尤其節比排列的石頭如魚鱗片，街民乃於魚頭部置神位，供奉伯公，請示疑難，靈驗異常。街民孩童、雞、鴨失蹤，伯公常能指示如願尋獲，赴外應考者，亦常往祭拜，以求「鯉躍龍門」。[20]

連找尋失物都得靠土地伯公顯靈協助，學子考試更需要祂來庇佑。

神祇萬能的傳說是民間故事中的大宗，在客家百姓生活裡處處可見神祇助人的說法，東勢地區的神祇形象多展現禦侮護民、懲治不敬、濟助解難的多方事跡。在客家先民開墾拓荒的歲月裡需要神祇保障生命，日常生活裡也需要神祇解紛排難，傳說的相關題材自然豐富。

二、鬼魅的倫理角色

東勢客家民間鬼魅的傳說，敘述的情節包括人遇到鬼、鬼傷害人、人制住鬼等有關人與鬼之間互動的內容。傳說內容包含水鬼傳說、鬼差傳說、女鬼傳說、好兄弟傳說、鬼火傳說、問仙傳說、其它鬼怪傳

---

[20] 陳炎正：《東勢鎮志》（臺中：恆藝出版社，1995 年），頁 384。

說等,這些鬼魅傳說,多是在本地發生或外出遇見而流傳於東勢客家莊。但就形象塑造而言,傳說中的鬼魅並不如神祇的多元與鮮明,綜觀東勢地區的鬼魅種類,約以水鬼和女鬼為大宗,水鬼形象又比女鬼具體明晰。就其倫理角色可大別為惡鬼與善鬼兩大類。

(一)惡鬼角色

民間傳說中的惡鬼多是水鬼,在民間溺水而死的人將成為水鬼,水鬼必須儘快找到替身,俗稱抓交替,才能投胎轉世。東勢前臨大甲河,後傍沙連河,水流湍急、深潭又多,常有人溺水而死,所以「水鬼」傳說特多。[21]

水鬼為找替身而成惡鬼,像〈水鬼〉講述一個水鬼故意要作弄好心揹牠過河之人,結果反被識破,被人捉住訓斥一頓:

> 有一個水鬼讓一個閹豬的人揹牠過河。牠自己不知道牠的真面
> 目已被閹豬的發覺了;而那個閹豬的人知道他遇到一個水鬼,
> 叫他揹,他也答應了。就用捆豬的繩索將鬼揹著,走到了河中
> 央,那鬼就是硬要下來;那人就不肯,就一直把牠揹過河。
> 揹過河之後,因磐上有八卦,鬼被八卦鎮住了,跑不掉。那人
> 就問牠:「下次還敢嗎?」那鬼說:「不敢了!」你看,連鬼也
> 會來作弄人哩![22]

---

[21] 劉守華在《中國民間故事類型研究》一書中,以〈己所不欲,勿施於人〉為標題,對於「漁夫和水鬼」故事作解析,提到這類型的傳說,在當代所采錄的文本達八十多例,又從古籍鉤沉得二十多例,可見這是中國鬼傳說裡常見的一種類型。劉守華《中國民間故事類型研究》(漢口:華中師範大學出版社,2002 年 10 月),頁 248。

[22] 〈水鬼〉,《東勢鎮客語故事集(三)》,頁 73。

內容顯示人以智慧和勇氣制服惡鬼，這個鬼魅形象顯得狼狽。但另一則傳說的鬼魅則亮麗照人，在〈棺材板落油鑊〉裡敘述日據時代以前，在東勢大甲溪邊，時常會有一位漂亮的女孩，坐在河邊大苦練樹下的石頭上，叫人背她過河。一旦把她揹到水流很急的地方，她就把舌頭伸得長長的，臉變得很難看，原形畢露，讓揹她的人受到驚嚇，跌到溪裡淹死。如果不理會她的話，等過了河，她就會變成一塊棺材板，因為發生了許多事，最後被一位有道行的道士制住：

> 他（指道士）先準備一個油鍋在東勢對岸的土牛，仍然假裝成一個來往的商人，要過大甲溪。那個女孩變得漂漂亮亮的等在那裡，叫他揹。他也故意的揹她，揹到了河的中央，她拍他的肩膀要和他說話，他也沒回頭，就一直揹過了河，把她扔在那滾燙的油鍋裡。一直炸、一直炸，炸到最後剩下像豬油渣了，從這次以後就比較少發生這樣的事了。[23]

這個女鬼外形容易使人失去戒心，但是騙不了道士法眼，道士智慧與勇氣兼具，將準備找替身的惡鬼制服滅除。東勢先人流傳吃豬油渣（豬油粕）不怕鬼，可能是傳說女水鬼下油鍋被炸成豬油渣之緣故。

除了找替身外，也有搗蛋鬼，像〈水鬼〉中敘述水鬼從水裡爬上岸來，在人剛煮好的飯鍋中撒入沙子，讓整鍋飯都無法食用，一連兩天都故意惡整：

> 到了第三天下午，我就決定：今天不去打魚，也不煮飯了。就把網拉著，躲在一旁，看到底是什麼東西來撒沙子。結果，就看到一隻水鬼從水裡爬了上來，我把網拉好，等那水鬼一跳回

---

[23] 〈棺材枋落油鑊〉，《東勢鎮客語故事集（三）》，頁 45-47。

> 水裡，我就用網子將牠罩住，一被罩住，就跑不掉了，就捉到
> 一隻水鬼。[24]

這個鬼魅形象有些頑皮淘氣，雖是惡鬼，但趣味性很高，漁民運用謀
生工具與技巧，制服搗蛋的水鬼，儼然是人鬼遊戲，情節充滿趣味。
另外一則故事〈鬼鬧賭繳人〉，講述一個喜歡賭博的人，經常在賭錢時
被鬼捉弄，心裏十分生氣；於是用女人的大黑褲圍住「金斗甕」，使得
鬼回不了家，乖乖就範：

> 那些人賭到下半夜要回家了，鬼就把路攔住，讓他不能過去，
> 不但是攔路，而且也不斷捉弄他。那人被他一鬧生氣了，第二
> 天中午就回到這兒來指認，發現這地方有三朵火苗，就是有三
> 個「金斗甕」在那兒。他心裡想！「哼！你竟敢來作弄我！」
> 就回去把他太太做月子時沾到血污的大黑褲拿來，當鬼出去時
> 把甕用那大黑褲圍住。讓鬼想進去也回不去。等到他賭錢回來
> 了，那些「鬼」啊，全部在甕外團團轉，繞來繞去的。那賭錢
> 的人說：「看你下次還敢這樣捉弄我嗎？」那些鬼搖搖頭說：「不
> 敢了！」[25]

這些鬼捉弄的對象是個賭徒，應有教訓不當行為的用意，沒想到反被
賭徒用智取勝，使鬼魅不再打岔、攔路教訓他的賭博行為。這個故事
講述者表面上對賭博行為沒有任何評斷，只客觀描述鬼魅行為和人的
反擊。但從倫理角色的解讀來說，或許有雙層意思，表層而言，鬼魅
惡作本是惡鬼，被人制服，應是大快人心；深層來論，客家人生活儉
樸，痛恨賭博行為，講述鬼魅阻止夜賭，似已暗示對不良習性的批判。

---

24 〈水鬼〉，《東勢鎮客語故事集（三）》，頁 73。
25 〈鬼鬧賭繳人〉，《東勢縣客語故事集（三）》，頁 119。

其實，早期先民為了生存，敢與強悍的泰雅族原住民對抗，所以對喜愛捉弄人的鬼魅，客家人非但不怕，反而利用適當機會，展現機智和勇氣制服它。

（二）善鬼角色

一般人常說：「人鬼殊途，互不干擾」，但在鬼魅積善陞官傳說裡，善鬼形象就打破了這個說法。在〈新竹城隍个由來〉中敘述魚夫與水鬼結拜為兄弟，水鬼要找替身，接連兩次，都被他的結拜兄弟破壞，雖無法找到替身，結果好心有好報，終至升為城隍爺。

> 他說：「也好在有你這樣子的破壞。」他說：「因為我做了善事，沒找人當替身，現在有一個城隍爺的職位，還出缺，要我去當城隍爺。」
> 他說：「既然這樣，那我不會再破壞你的好事了，要不然，這樣子吧，你儘量替我應徵一個職位，我們兩個好有個伴。」
> 他說：「哪有什麼職位呢！況且你是人，我又是那個東西。」
> 他說：「這麼吧，你儘量讓我，掃地也好嘛，在你的廟裡，能幫你掃地，我也甘心。」
> 到最後去新竹當城隍爺，在那兒接受信徒的膜拜，此時才答應他說：「你來我這兒當廟公幫我掃地。」
> 所以說城隍爺會這麼香火鼎盛，全由於掃地的那個人。上頭不要有什麼消息來，一有壞消息來，他馬上會向地方百姓這些人說：「唉！有什麼劫難了，有怎麼樣了！」他都會一一向他們通報。
> 他說：「實在不是城隍爺靈，而是掃地的那個，是那個靈才對啦！」[26]

---

[26] 〈新竹城隍的由來〉，《東勢鎮客語故事集（五）》，頁 54-61。

基本上這是一個典型的「水鬼變城隍」的民間故事，新竹城隍廟之所以靈驗是因為那個廟祝，亦即水鬼的結拜兄弟多話才會如此。

　　而在〈水鬼升城隍〉中，雖然有相類似之情節，卻非升為城隍爺，而是城隍爺收水鬼為身邊之人，在出巡時，代祂坐鎮城隍廟，成為他的「代理人」。

> 哇～又被壞了好事，他的時運又錯過啦，沒去子出世啦～這樣他已錯過六年的時間啦，到後來呀，城隍爺降旨下來說：「你這副德性啊！到頭來就是不能出世啦！這樣吧！你到我的城隍廟來，有時我會出巡去，你可以代我坐鎮就對啦！平時就站在我身邊。」[27]

據講述者說，這個故事發生的地點就在沙連河，現今的泰昌里，原火車站（客家文物館）後方的泰新橋附近。

　　另外，善鬼積善升官的還有變身為土地公的，像〈水鬼變伯公〉中敘述東勢沙連河有個打魚的和水鬼結交為好友，每次魚夫打魚時，水鬼還幫魚夫趕魚、捕魚。

> 這是我的阿婆與阿公說的啦！從前有個打魚的啊，每次要打魚，都要準備酒去，到了河邊——沙連河，那條河有很多深潭，他就把酒倒下潭裡，同時對潭水說！「喂！好兄弟呀！來呀！飲酒噢～」。日子一久啊～好兄弟竟然跟他對話啦！有個來同他說話：「同庚的，同庚的，你真的好誠意呀～總是準備酒來給我喝。」打魚的在水潭上游打魚，他就會到潭尾趕魚上來給他捉。如果打魚的在潭尾打魚，他又會在潭尾趕魚上來給他抓。[28]

---

[27] 〈水鬼升城隍〉，《東勢鎮客語故事集（五）》，頁 3-7。
[28] 〈水鬼變伯公〉，《東勢鎮客語故事集（五）》，頁 15-17。

傳說水鬼每次有替代機會時，就將此事告知魚夫，接連三次，都被好友魚夫破壞，雖無法找到替身，結果好心有好報，終至升為伯公。

> 事後他又去打魚，那位好兄弟質問他：「哎～某某人哪，你怎麼這樣呢？一直去跟我傳話，害我不能投胎，沒得交替啊！」他回答：「管不了你那麼多啦！」過了一段時間，又來向打魚的說：「同庚的，同庚的，我要走啦！改天你不要再來打魚了，我要走了，我不會在這裡了。」就問他：「到底是怎麼啦？」他回答：「那閻羅王要調他去某某地方，去當土地公啦～」說他那麼好心腸，沒有和別人交替。

其情節與〈水鬼升城隍〉有相類似之情節，不過在〈水鬼升城隍〉中，水鬼最終成為城隍爺身邊之人，成為祂的「代理人」。

此類善鬼形象的最大特色，在於善鬼與人交往互動的過程，充滿人性的表現，最終升格為神祇，這雖可說是客家人善有善報觀念的投射，但金榮華著《中國民間故事集成類型索引》中「一般民間故事」之乙類「宗教神仙故事」收有編號776「落水鬼仁念放替身」、編號776A「漁夫義勇救替身」，[29]屬於「神的賞罰」之「因果報應」題材，可見此類非東勢客家故事專有。

就臺灣客家民間鬼魅的傳說內容來看，多數與人的生死主題有關，所以敘述投胎轉世，及遇鬼受驚的情節居多。生活中人們總認為鬼是猙獰、恐怖、不祥者，避之惟恐不及，惡鬼會傷人甚至害死人，惟受害者大多是心術不正、自食惡果。在東勢客家有些人制鬼的傳說裡，敘述人捉到鬼、教訓鬼的情節，足以證明人可以不怕鬼魅。但是

---

[29] 金榮華：《中國民間故事集成類型索引》（臺北：中國口傳文學學會，2000年），（一），頁1-20。

也有人遇到和善的鬼成為好鄰居，或娶得美嬌娘，因此人遇到鬼並非全然不幸。

　　神鬼傳說的講述內容，對於神鬼的倫理形象角色固然有其定型化的情況，如前所述，神祇多以顯聖祐民的能者型態現身；而鬼魅則以驚嚇害人的惡者型態為多。這種善惡分明近似定型的塑形講述，並非是客家民間文學所獨有，而是一般民間文學共有的情形，但就東勢的善鬼陞官故事來說，已顯出地方特色。

參、神鬼與人際的互動模式

　　民間故事往往是以生動的情節發展吸引聽眾，以達到傳播的效果。客家傳說裡，神鬼與人之間的互動情節，當是講述者或傳述者著墨最多的地方。從倫理活動的規律觀之，人神或人鬼之間產生的關係，無論正面或負面的互動，皆是講述故事者欲藉此描述達到傳播的目的，所以往往在情節設計構思上，用心經營。藉分析客家傳說裡神鬼與人際互動的模式，可以發現民間故事的倫理思維，方便進一步探究其間的道德規範建構，更可一窺神鬼傳說中的價值概念。

　　統觀東勢客家民間的神鬼傳說，在互動關係裡約可歸納五種情形：

一、神鬼助人，人得福報

　　客家傳說裡有許多講述神鬼助人的故事，像〈問觀音〉敘述有祖孫三人經常買金紙和香來供神佛，並且將前後花費共記了九本帳簿，全家心意如此虔誠，結果卻沒有得到半點功德，於是孫子就想找觀音算帳，問清楚原由。在尋找觀音的路上，農舍主人、民宿主人以及載他渡海的海龜來，都託他問觀音，為何修練這麼久，卻未能修得正果：

到了觀音廟，最先問為什麼竹園、果園不會有收成，樹都不結果呢？祂說：「那竹根部埋了很多寶物在那裡，有金、銅，也有玉，都埋在那裡，所以果樹不結果。把那些清除掉，就會結果了。」又問：「那女孩子不會講話，是何原因？」祂說：「見夫踢狗就會講話。」就又問：「大龜說牠在海邊修練這麼久，為何還得不到正果，上不了天？」祂說：「牠喉嚨處有三顆寶珠，那三顆珠吐出來就可升天。」[30]

他幫別人問神之後，自己的事卻忘了。但他在回程的路上，海龜把三顆寶珠吐出給他；幫果農清除農地，也得到財寶；而且走到那女孩子家，正看到她在踢狗，誠如觀音所說，他就把她娶回去。祖孫三代做的好事因此得到的三樣好處，全歸他所有，這就是他的福報。

與前述傳說相似的〈問佛祖〉敘述情節與〈問觀音〉略同，故事的女主角一樣是啞巴女，只是將海龜改成青龍，而質問的對象亦從「觀音」換成「佛祖」。內容敘述陳家、劉老伯、青龍行善和修行多年，卻未能修得善果，問於佛祖，佛祖就回說：

這樣子啊，好吧！你今天回去跟那些龍說，現在牠的善事做到現在期滿了，牠可以上天庭了；你也向那姓陳的子弟說，陳家到現在出頭天了，不必再愁了。而你呢，你現在回去，就有老婆了，那啞巴女就是你的太太；你一回去，她就會把你當作丈夫一般的來迎接你。……你一回去，鐵樹開花，錢樹開花，你向你岳父說，這兩棵樹一下掘開，一邊是比你家做善事所用掉的錢多了好幾倍的財產在底下；另一邊就是比劉家用掉還多的財產在底下，你們兩家結成了一家親，就全部都圓滿了。[31]

---

[30] 〈問觀音〉，《東勢鎮客語故事集（二）》，頁139。
[31] 〈問佛祖〉，《東勢鎮客語故事集（四）》，頁88。

觀音和佛祖在客家信仰中是非常崇高的神祇,故事裡修行多年者都得到圓滿的福報。

平日積累善行,祈求而得到神助,是理所當然,但若未主動祈求,神仙也不致袖手不管,像〈孝順〉:

> 天上的神仙,對於凡人只要是孝順的人,就會賜些寶貝給他。這是要鼓勵,告誡人們要孝順長輩。以下的故事是從前我的阿婆說的。
>
> 有個孝子,家裡很窮,每天上山工作,但是仍然沒有足夠的錢買米;想種些蕃薯又沒蕃薯可種,只好在山上放聲大哭。
>
> 忽然看見一隻兔子跳啊跳的,就幻化無蹤了。孝子用柴刀在兔子幻化的地方挖掘,發現了一個裝滿錢銀的瓦罐,他將這些錢抱回去之後,就成了一個有錢的人了。[32]

孝順的美德在客家社會裡尤其重要,故事裡的孝子窮苦而勤奮,但仍無法滿足衣食所需,無助大哭,神仙遂以金錢賜助。這個傳說裡孝子並未祈求神助,仍然得到福報。

除了神仙,鬼魅亦會助人,在〈拗筍〉傳說裡敘述受好兄弟指引,每次都能摘滿一大布袋的筍子。清明節前後筍子就會冒出地面來,這時候去摘筍子最合適,講述者用第一人稱說:

> 沒想到,才剛蹲下去正想摘時,就清清楚楚地聽見一聲:「喂!」就像是在耳邊一般。我抬頭到處看看,奇怪!旁邊都沒有其他人在工作,於是我就說了:「唉!你不用抗議啦!現在你這裡冒了這麼多嫩筍,我幫你摘一摘,將來才不會長得都是竹子,擋住了光線。你不妨礙我,我也不妨礙你,大家互不侵犯。而

---

32 〈孝順〉,《東勢縣客語故事集(四)》,頁79。

　　且我頂著這麼大的太陽來摘筍子，我也不是個好命的人啦，我
　　也要辛苦才有一口飯吃。如果你體恤我，你就指引我到有較多
　　筍子的地方，我摘夠了就要回家了。」……

在誠心誠意地說明來歷後，好兄弟也會體諒辛苦之人，讓他滿載而歸。

　　改天再去，我說：「好朋友，我又來囉！」就把布袋放在墳前
　　的案桌旁。「哪裡有筍子可摘？你要帶我去喔！」於是就拿著
　　布袋一直走、一直走。自然就會走到滿地竹筍的所在，又會摘
　　得挑都挑不動。真是的，而且是常常都會這樣呢！[33]

故事裡主角人物主動告知與祈求，才得到鬼魅協助，兩者互動的關係
是由互不侵犯的宣告得到實質協助，由尊重而生福報，講述者透露了
一個訊息，亦即人鬼之間良性互動才會產生美好的結果。

二、人間作為，神鬼評斷

　　人類在世的作為有善惡之分，善有善報，惡有惡報，這是客家民
間信守的觀念，在神鬼與人之間的互動裡，神鬼經常是報應的執行者。
　　傳說中，人死之後陰間有鬼引路，像〈索鍊綁錯人〉敘述陰間的
勾魂使者捉錯人的故事，令人啼笑皆非。一般民間傳說的鬼差應是黑
白無常，這黑白雙煞就是勾魂使者，手中所拿的就是押解犯人的鐵鍊
刑具，傳說在作奸犯科者死後，將被鐵鍊綁走，帶到陰間受制裁，此
則故事驗證了民間的傳說：

---

[33]　〈拗筍〉，《東勢鎮客語故事集（五）》，頁 19-21。

> 怎麼知道捉錯人呢？就是因為那位老人家被勾魂使者捉到
> 時，發出了很大的呻吟聲，他的家人覺得怪異，怎麼這位老人
> 家的情況和平常不同，就趕快起床察看，結果聽到勾魂使者
> 說：「不對了！捉錯人了！」因為本來是要捉隔壁的那個殺人
> 犯。後來，過了不久，就聽到隔壁傳來哭聲了。這就是那個人
> 殺了人，所以在臨終時，會被勾魂使者用鐵鍊綁走，再受到陰
> 間法律的懲罰。[34]

民間相傳鬼差會在人死前，前來喪家提人，而這則傳說就是敘述陰間的勾魂使者捉錯人的烏龍。就倫理活動而言，這是攸關生命絕續的關頭，卻出現如此玩笑性質的情節，背後影射的意義，是否可以視之為講述者的生命觀，甚至代表某些客家人的人生觀？這是在嚴肅主題中適時展現幽默性格的人生態度。

前述情節在另一則傳說〈歹東西來打探〉也有相似的說法，內容是講述者敘述五十幾年前，大概十五、六歲時，「晚上睡覺要點煤油燈。有天我的弟弟要睡覺啦！我進去房間替他點燈，當我站著點燈時，不知什麼東西一直捆我的腳，我就趕快跳出來，看到腳白白的。」但是家人在屋內遍尋不著有何異物，經過幾天，妹妹就生病去世。「去世後大家就猜想，說那天不是蛇，可能是不是很好的東西，壞東西來打探消息。」[35]勾魂使者也差點帶錯人。

一般人認為生前惡行，將會在地獄裡受到懲罰，〈燒鵝腳〉敘述了早期東勢的楊家人吃鵝掌的方式，及死後受到的懲罰。楊家位在牛屎坪與公館之間的楊屋夥房，富有人家對吃十分講究，據說活鵝掌經過燙熟後風味特別好，又脆又爽口，但是一般人不忍心這麼折磨畜牲。有人用「關落陰」的方法到陰間，看見那個姓楊的被閻王爺用鐵鍊拴在石墩上懲罰，因為他平日為善不足，且有損陰德：

---

[34] 〈索鍊綁錯人〉，《東勢鎮客語故事集（五）》，頁 51。
[35] 〈壞東西來探路〉，《東勢鎮客語故事集（六）》，頁 36。

這個人是用什麼方法吃鵝掌的呢？他把磚用火燒得紅紅燙燙的，然後將活生生的鵝捉上去，因為鵝會感到痛，所以就會在磚上跳來跳去，但是怎麼跳也跳不下來，直到鵝掌熟了，才將鵝捉下來斬斷雙腳。那個人就是利用這個方法吃鵝掌的。

等到那個人死後，有人利用「關落陰」的方法到陰間，就看見那個人被閻王爺用鐵鍊拴在石墩上懲罰他。因為他用這種殘忍的手法來虐待動物，是有損陰德的，所以在死後到地獄被閻王爺懲罰。[36]

閻王形象在傳說裡是明察秋毫的斷案神祇，人間所為種種，皆無法逃離清算。這則傳說顯現人神之間的緊張關係，也突顯客家人對萬物生命的同等尊重。

其實，人神關係並非一成不變的嚴肅和緊張，在另一則傳說〈貓的祖先〉[37]裡，敘述年輕人太懶而死，在閻王殿轉世當貓，仍想偷懶的故事。故事中的閻王形象頗通人情，沒有威儀，竟然讓年輕人稱心轉世，這是客家的閻王傳說裡情節構思非常另類的故事。對照前述傳說，同樣的人與閻王的互動氛圍，一則冷酷嚴峻，一則活潑輕鬆，兩面兼具。

民間傳說常有神仙下凡打探人間善惡的內容，為善者獲得善報；為惡者亦將獲得報應。人間的種種作為，並非只有死後才會得到報應，也有現世得報的情形，像〈何仙姑〉就講述何仙姑下凡試探人心好壞，賞賜給最有良心的人銀子：

從前有位神仙下凡裝成平民，要試試看凡人有沒有良心，結果試了九十九家，只有一家很有良心，他到人家家裏借住，不住

---

[36] 〈燒鵝腳〉，《東勢鎮客語故事集（五）》，頁 101。
[37] 〈貓的祖先〉，《東勢鎮客語故事集（二）》，頁 53。

> 普通房間，要住人家的新娘房，他說：「我喜歡住新娘房，新
> 娘房比較好睡。」那個人也很有雅量，就讓他去睡新娘房。睡
> 覺時就假裝腳長滿爛瘡，叫那個人說：「你多拿些紙來吧！我
> 的腳很會流膿。」好心的人就說：「好啦！」主人就從晚上一
> 直忙到天亮，想說不知道到半夜會不會有問題，一、兩點的時
> 候，就聽到有聲響，打開房門一看，整間房間都是銀子，上面
> 裏提字說：「我呀！我是天上的仙人啦！我下凡來試了九十九
> 家人，就只有你這一家人有這麼好的脾氣，第一等的心，連新
> 娘房都肯讓我睡。今天，你的福氣到了。」[38]

如此現世報的故事不少，〈猴子的由來〉[39]講述姑嫂挑水，仙人把好心
小姑變漂亮，把壞心眼的大嫂變醜長出尾巴，夜裡偷吃時，屁股被磚
燙紅成為猴子。另外〈猴子的祖先〉[40]也有極為相近的情節，神仙為
測人心，化作乞丐討食，佣人好心施粄變得漂亮，吝嗇的老板娘學樣
卻變為猴子，後來也被灶上燒紅的磚塊燙紅屁股。

　　足見人心好壞是報應的關鍵，人神或人鬼之間的互動關係，便受
人心左右，人的好心使神鬼與人際趨於和諧，人的壞心則會使彼此關
係陷入緊張對立。

三、信守承諾，違者受罰

　　神鬼與人的互動關係中，信守彼此的默契甚至約定，常被作為民
間故事的題材，當其中一方未能信守，便會遭到對方的懲罰。像〈百

---

[38] 〈何仙姑〉，《東勢鎮客語故事集（二）》，頁 16。
[39] 〈猴子的由來〉，《東勢鎮客語故事集（二）》，頁 45。
[40] 〈猴子的祖先〉，《東勢縣客語故事集（四）》，頁 39。

姓公廟个故事〉敘述一位賭徒，向「百姓公」許願，願望實現之後，並沒有完整的還願，「百姓公」認為受到欺騙，賭徒因此賠上性命：

> 聽說是有一個賭徒，很好賭，但是每賭必輸，他就很生氣。看到這間又小又破爛像座工寮的廟，於是他就走了進去，將那些存放無主枯骨的瓦罐打開，把兩枝手骨、頭殼拿了出來，當成鑼鼓般的敲了起來，唸說：「哎！好兄弟啊！好兄弟啊！我晚上和人賭博的時候，你要保佑我贏錢啊，讓我多贏幾個錢，我給您蓋一座舒適的廟住，並且演一百場的戲，答謝您。」之後，就將它們放回去。當晚，他又去賭，結果真的賭贏了。於是，他就建造這座百姓公廟，廟蓋好後發現，糟糕了，不夠錢演一百場戲，於是他就自己演了起來……後來沒想到就因為少演一場，百姓公怪他說話不算話，就把他弄得生病死掉了。[41]

「百姓公廟」是奉祀孤魂野鬼的廟宇，地方上常因開路或是蓋房子挖出一些無主枯骨，鄉人就尊稱這些為「百姓公」，將這些枯骨放在廟裡祭拜。故事裡的賭徒祈求「百姓公」庇佑贏錢，還許諾蓋廟和演戲酬謝，這些承諾是賭徒在賭輸盛怒之下對鬼魅的祈求，負氣言語可能不夠慎重，還願之時因而有些敷衍，沒想到鬼魅卻慎重其事，認定賭徒未守信用，終將對方懲罰至死。

人鬼互動以誠信為重，否則將遭前述傳說同樣懲處，人與人之間更不在話下，在〈柯漢文收怪龍〉裡敘述張竹慶與柯漢文兩人同行要學仙法，恰巧孫猴子與海龍王的女兒鬥法，龍女被打傷，結果龍丹被打出來掉在路上。張步行在前，撿起龍珠，起了私念，把龍珠吞下肚，當晚竟全身長滿了麟片，只剩一顆人頭。於是兩人各自謀畫，柯漢文隻身前往學法，張竹慶則讓海龍王招為女婿。柯漢文告訴張竹慶，「若

---

[41] 〈百姓公廟的故事〉，《東勢鎮客語故事集（二）》，頁 8。

你不為好，改日我就收拾你。」三年過後，張邀鯉魚精到處遊玩，為
非作歹，結果遇到柯漢文，柯一心要替天行道為民除害，但收拾不成，
張躲至員外家：

> 那員外看到張竹慶一表人材，就把女兒許配給他。結果他懷了
> 張的骨肉，臉色便漸漸地難看起來，不管吃什麼藥都沒效。員
> 外就出告示，要找能治好她的病的人。柯漢文趕來，法眼一看，
> 說：「你女兒不是有病，是肚子裡懷了龍子。」員外：「可怎麼
> 辦好呢？」柯說：「對付這龍子，要取那古井蓋來畫幅八卦圖。」
> 說著就進行收妖。肚子裡的龍子有九隻，一隻隻被打下井裡，
> 然後八卦井蓋蓋在井口，員外女兒的病就不藥而癒了。
> 那張竹慶想逃走，柯漢文在後面追趕，不久張也被柯收服了。[42]

柯張兩人本來同行去學法，途中生變，關鍵在於張的私心貪念，吞珠
變身後，不得不分道揚鑣，柯看穿了對方的邪惡本質，警告他不得為
非作歹，否則他日必將收拾性命。這個告誡並未奏效，張後來仍舊違
逆忠言，以致難逃被收拾的下場。這個傳說的趣味在於柯張兩人的關
係由人際互動轉變為人與妖的互動，但關係的轉換並未影響到倫理核
心，使得柯的施法收妖行動具有必要性。

　　所謂「承諾」，在傳說裡並非一定得彼此明言約定，而是雙方可能
在互動的過程中，以不同形式的暗示達成如同承諾的作用，像〈床公
婆的由來〉[43]是民間習俗由來的故事，內容講述逃犯求救卻餓死在房
裡，女孩將他埋在床下，每天祭拜而成為習俗的故事。故事中的女孩
沒有盡力挽救逃犯之命，終於心生畏懼而遵照托夢祭拜對方，托夢是

---

[42] 〈柯漢文收怪龍〉，《東勢鎮客語故事集（二）》，頁 129。
[43] 〈床公婆的由來〉，《東勢縣客語故事集（四）》，頁 9。

雙方進行約定的途徑，祭拜便是彼此的「承諾」，也由於信守承諾，才成為今日民間祭拜「床公婆」的習俗。

四、起乩問神，溝通陰陽

人鬼殊途，溝通的管道十分特別，客家人多藉問仙的過程與往生者溝通。在早期農業社會，民眾認為如果時運不佳，容易遇到鬼，甚至遭到鬼的傷害，一旦有些異樣的感覺，往往會透過靈媒，向神鬼探詢原因，並尋求化解之道。

像〈討丁〉故事的講述者，敘述其叔叔小時候即過世，「過世之後，骨灰罈放在公會堂附近的公墓，後來因為開路的關係，人口越來越興旺，那骨灰在開路中就不知去向了，找不到了。」從此家中經常出現黑影子，堂兄弟身體就一直不好。「大家也都無法可想，只好借助神明的力量，這神明這才指示：『這是你父親的兄弟回來討丁了。』」向那個叔叔祭拜之後，將那堂弟身體不好的兒子過繼給他後，大家從此平安無事。令人不可思議的是：講述者的姪子，身體就這樣好起來，所以一般人寧可信其有，絕不敢怠慢：

> 因為如此，冥冥中的事，說有也像沒有；說沒有又像有，就向神明請求幫助，向那個「叔叔」說明並祭拜他，我堂弟兒子的身體就這樣好起來。
>
> 後來就是將那個身體不好的兒子過繼給他。那個兒子就是因為「叔叔」回來作弄他，身體才不好的。[44]

---

[44] 〈討丁〉，《東勢鎮客語故事集（六）》，頁 53。

透過問神儀式，溝通陰間親友，了解其訊息與需求，滿足鬼魅欲望，
使祂不再干擾生活。客家老人常說：「阿公婆保庇人斯沒，整人是有。」
所以讓往生者安息，才能撫慰生者。

像〈問仙〉的故事，便是講述「問神」的情節，在親人過世後，
找有通靈能力的乩童入地府尋找往生者，使其附身於乩童上，藉此詢
問死後的情形：

> 有個叫阿妹牯的人說到，有個人死了老公後，到豐原水源地去
> 問神。結果死者就向他老婆說，「你一直叫我來！一直叫我來，
> 你不知道我的情形嗎？」因為死者是崩山時被壓死了，而且腳
> 被壓斷也沒找到。所以他的意思是說：「明明說知道我沒了腳，
> 又一直叫我來。」第二次又叫死者來問，死者就說：「這次是
> 我二哥揹我來的，你知道嗎？一直把我叫出來問，拐杖也不順
> 便帶來。」[45]

這個故事中的往生者不悅地抱怨，責怪其妻不體恤祂行動不便，一直
呼叫會面，造成困擾，同時也怪怨家人沒有為祂準備拐杖供其使用。
在問仙時，親人的音容笑貌如在眼前，十分真實。

另外，人神之間最普遍的溝通方式就是擲筊，〈伯公賠刀嫲〉中敘
述不講理的男子，要土地伯公送他種在伯公祠後的竹子，結果擲出站
得直直的聖筊，「伯公不置可否，也未答應」，結果：

> 土地公聽到這樣的話，要怎麼回答他好不好呢？這杯竟然站得
> 直挺挺的，不翻正面也不翻反面。他的口才也真是好，他說：
> 「茭杯跌落挺挺站，連連砍了兩三支！」土地公竟沒話可回答
> 他。那兩三支竹子就硬硬被他拿去了。硬拿去了之後，那柴刀

---

[45] 〈問仙〉，《東勢鎮客語故事集（六）》，頁47。

啊，竟然被砍得有缺口了，他也就說：「要你賠！」他就要土
地公賠，因為砍土地公的竹子而有缺口，所以就要土地公賠。[46]

那不講理的男子連砍了三支竹子，還要伯公賠他砍壞的柴刀。伯公只
好威脅撿走柴刀的人，若不賠柴刀，病就無法痊癒，逼迫他賠一支新
的柴刀，好還給那個不講理的男人。伯公任由男子予取予求，充分表
現出神祇的無奈。

神人之間的溝通多透過靈媒之類的角色進行，如前述三山國王顯
聖救莊民，便是乩童起乩顯靈，乩童將神意轉譯出來，讓莊民知曉，
原住民將出草，應避免外出工作，以免遭其殺害，這種傳達神旨方式
已行之久遠。故事中的乩童確有其人：「是溫阿添的父親溫阿耕做的乩
童，如果溫阿耕還在，現在也上百歲了，所以是一百多年前的事了。」[47]
人神或人鬼之間透過起乩、擲筶、問仙的形式，溝通彼此意見，才能
使陰陽無隔。

五、未明所以，保持距離

神鬼與人之間的互動有時並非十分明確，有些只是一種感受，或
好或壞的主觀認定，這種情形也常在生活中出現。例如鬼火傳說便可
以看出人對鬼魅的誡警，〈伯公火同鬼火〉敘述鬼火與神明火的區別，
鬼火是藍色火焰，伯公火則是紅色的：

神明火是紅色的，那是伯公火啊。鬼火有時會追人噢～你從那
兒走過，他會追。會跑到新社上坡那條路，吭，整河流都是那

---

46 〈伯公賠刀嫲〉，《東勢鎮客語故事集（三）》，頁 91。
47 〈王爺的傳說〉，《東勢鎮客語故事集（六）》，頁 17。

> 鬼火，好多好多是藍的火焰，到現在已經沒有了，現在陽比較
> 盛就是啦！吃過晚飯，天黑了，看不見路走的時候，那些火就
> 可以看見了，在河流跳上跳下，有時候也會成堆成堆的呢！這
> 是我親眼看過的呀！站在崁邊（大甲溪崁）就可以看到了。[48]

故事提到鬼火會追人，但因火不是鬼的具體形象，使人易生畏懼。又
如〈鬼火〉敘述年輕的時候，在河邊田裏工作，親眼看見「鬼火」以
致受到驚嚇的情形。她形容那種景象十分駭人，從此，她只要接近那
河邊，就感到害怕：

> 說到那鬼啊！像那個火呀！「颼」一聲竄到這邊，「颼」一聲
> 一下子又竄到那邊。……那鬼火呀，過水的時候，看到好像腳
> 沒著地呢？沒貼到河床，「颼」地一下過來，「颼」地一下子竄
> 到石頭駁崁上面。我看了就嚇壞了，孩子爺爺就是不讓我
> 看。……藍色的火焰是鬼火，伯公火火焰是紅紅的。我一直看
> 哪，說真的，去河壩我實在很害怕呀！[49]

〈伯公火同鬼火〉與〈鬼火〉的講述者，都在大甲溪畔曾看見鬼火，
並對鬼火的飄忽不定，甚為恐懼。鬼火只是鬼魅的象徵，人真正害怕
的是鬼魅，但是鬼魅未現身，無法斷其吉凶，所以看見鬼火反而不知
手措，戒心因而更重。

　　至於不明物的恐懼感也是存在生活裡，像〈石牌旅舍有鬼〉是講
述者敘述十幾年前，她將近五十歲時的親身經驗。因為照顧在臺北榮
總住院的弟弟，有一天，投宿石牌旅舍遇到鬼的經驗，當時讓他嚇得
奪門而出，口中不停唸著「阿彌陀佛」：

---

[48] 〈伯公火同鬼火〉，《東勢鎮客語故事集（五）》，頁 23。
[49] 〈鬼火〉，《東勢鎮客語故事集（五）》，頁 30。

當天晚上十點就拿了自己的東西到旅社去了。當我上床，眼睛
閉上而已，還沒睡著喲！就感覺不知被什麼東西壓得緊緊的，
要喊也喊不出聲，腳也不能動。被壓得很痛苦。突然想到唸阿
彌陀佛之後，就感覺輕鬆自在了。於是我趕快跨下床，把我的
手提包提了就走。[50]

這是鬼壓床的經驗，以為鬼魅作祟，所以驚恐。〈捉著水鬼〉中敘述住
土牛一位姓劉的，無意中捉到「魚海獺」，其實是水鬼變的，回家後病
了很久，直到請示神後，才了解捉到「那個東西」，拿了金香紙拜拜後，
病才好轉：

還有一個故事，住土牛的一個劉姓人，從前是在東勢做餅說
的：這距離現在八十多年前的事啦！
有一個愛捉魚的人，他去捉魚，以前河上沒有現在的橋，是用
竹子搭的竹橋，說捉魚的捉一捉，有那個好兄弟呀！化不掉，
匆促間，化成像捉魚吃的「魚海獺」，他看見就想捉，一直追，
他看見鑽進石縫裡，就用手在那兒一直掏～掏～掏～掏出來一
看，看到軟軟的，又把它放回去，因為他發現不太像「獺」，
還是有些不一樣的東西，所以再把它放回去。
他回家去以後就生病啦！病了後去請示神，神才指示他：「你
某某人什麼時候嘀～到河霸那邊哪！裝到「那個東西」啦！他
回答說：「是啊！是啊！」他就拿了金紙香去那兒拜拜，拜了
以後，病才轉好。不然他病了好久，都治不好呢！[51]

---

[50] 〈石牌旅舍有鬼〉，《東勢鎮客語故事集（六）》，頁30。
[51] 〈捉著水鬼〉，《東勢鎮客語故事集（五）》，頁45。

這則是八十多年前發生在大甲溪的一則傳說，其中的「那個東西」，指的是水鬼，因忌諱而用模糊語代稱，當時鬼魅沒有具體現身，使得捉魚人心生恐懼。

上述那些不明對象的鬼魅，或以鬼火、或以「獺」出現，甚至不現身，民間多與其保持一定距離，不去遭惹。就心理上言，不明對象，無法應對，進而心生受害的驚恐，所以遠離對方，才是上策。

肆、客家神鬼傳說的倫理概念特質

一、尊立神威以得保障

客家神鬼傳說對於神祇威信的建立，運用比較多的篇幅講述，明顯的為幾位客家熟悉的神祇舖陳神威。在前述分析中，講述者對於護民事跡著墨頗多，如三山國王在開墾拓荒時期的祐民保命，積極作為於嚇阻原住民；消極作為在預告危險，防人出門，涉入險境。此類傳說著意突顯三山國王在客家族群來臺開荒時期，擔任保佑客家族群發展與延續族群命脈的歷史使命，具有極大的貢獻。

其次，講述者運用懲罰不敬、不孝者的故事，為神祇樹立威儀，使人對之敬畏，〈番龍的故事〉中三山國王罰不敬者被香燙和鑽八仙桌的縫；〈王爺公顯身〉裡王爺三兄弟晚上顯靈，跑到窗戶邊把窗團團圍住，讓日本人嚇壞。又講述神祇無所不能，可以為鄉人治重症，使其免於病死；還能鑽地引水，排洪治水，平日解決紛爭，排除困難。

這些種種，其用心在運用顯靈事跡以取信於人，庇佑信徒不受害，又以不依照神祇指示而擅自作主者遭原住民殺害，說明人不自愛，會咎由自取。一切終在鞏固神位，宣揚神威，這是長久以來客家人依賴神意而保命的生活模式。

二、神祇有高下之別

客家神鬼傳說中最常為講述者提到的神祇有三種，即高位的三山國王和城隍爺，及低階的土地伯公。

三山國王和城隍爺二者在客家信仰中屬高位之神，甚有威儀，與世人情感較為疏遠。在東勢客家傳說裡，二神皆掌人吉凶禍福，祂關係著客家族群存續的命運，所以必然扮演凜然不可侵犯的角色。

以倫理概念分析來看，高位神祇所轄區域較廣，擔負職責也較重，小型客家聚落裡不一定看得到這兩種神的廟宇，但二神顯聖不限廟內，隨處佑民，像〈王爺的傳說〉的嚇番保庄作為、〈王爺公顯身〉在大茅埔的山背後，兩兄弟站著在山頭的威武，讓原住民怕得要死，馬上退陣。可說在緊要關頭，都有祂們蹤跡。

至於土地伯公屬低階之神，但與人日常生活密切，故親近而溫和。東勢客家傳說裡，與土地伯公有關的內容極夥，因為這是最普及的人神關係。客家人暱稱守護地方的土地公為「伯公」。「伯公」是對祖父兄長之稱謂，足見對土地神的尊敬與親暱。在臺灣土地公的廟宇最多，隨處可見。家中長者每天早晚到「伯公下」上香奉茶，成了例行公事。家裡有婚喪喜慶、子弟赴考、服兵役、求職，都會向土地伯公祈求平安順利。

其實，伯公與客家庄開發有密切關係，嘉慶十三年（1808），粵人劉阿滿更募二百餘位土著族，南向開闢新伯公地區（今東勢鎮），移墾之初，為祈求平安乃築祠祀地神，墾成之後遂命其地「新伯公庄」。[52] 村民建造伯公祠，不僅請求伯公准許在其境上開墾，也祈求伯公能庇

---

[52] 陳運棟：《臺灣的客家人》（臺北：臺原出版社，1992 年 12 月），頁 135。

佑地方風調雨順、五穀豐登。所以在客家莊的開發過程中,土地伯公實扮演著精神安頓的重要角色。

　　由於生活上的依賴關係,土地公在客家人的心靈上宛如親人,因此形象自然平民化,〈伯公顯靈〉敘述有一人常在土地廟前向人炫耀子孫眾多的幸福,土地公顯靈附身在別的靈魂,以恐嚇方式對她說:「一天死三個,三天死光光。」誡其炫耀,可見土地公風趣親民之一面。

三、鬼魅有善惡之分

　　對鬼魅傳說的倫理概念而言,善惡是最單而具體的一種講述構思,尤其講述的傳播效果較易達成。綜觀客家傳說裡,善鬼一類多以發揮人性,陞為神祇舖敘;惡鬼一類則多被修理制服,甚至被油炸燒燬。十分具有教化的意義。

　　像〈新竹城隍个由來〉中敘述魚夫與水鬼結拜為兄弟,後來水鬼多次想找替身,都被魚夫技巧性阻止,結果因沒有害人性命,好心有好報,終至升為城隍爺,魚夫也到城隍廟擔任掃地清潔員,延續人鬼情誼。又像〈水鬼升城隍〉中,雖然有類似的情節,卻非升為城隍爺,而是城隍爺收水鬼為身邊之人,在出巡時,代祂坐鎮城隍廟,成為「代理人」:

> 城隍爺降旨下來說:「你這副德性啊!到頭來就是不能出世啦!這樣吧!你到我的城隍廟來,有時我會出巡去,你可以代我坐鎮就對啦!

這兩則故事的情節主軸應是魚夫的善良,使得水鬼沒有辦法如願害人,因此才有陞官的善報。就像另一則〈水鬼變伯公〉中也敘述東勢

沙連河有個打魚的和水鬼結交為好友，接連三次，都被好友魚夫破壞，雖無法找到替身，結果好心有好報，終至升為土地伯公。

善鬼的情節內容似乎必有好人的協助，使得鬼魅也有人性的表現，最終升格為神祇，這固然是客家人善有善報觀念的投射，但也突顯了人在其中扭轉改變鬼性的力量，似乎暗示鬼魅的善行，完全是人的功勞，這應是人鬼之間倫理行為最佳的範行。這類善鬼故事應是東勢客家神鬼傳說中極有特色的作品。

至於惡鬼被人制服的下場安排，除了〈棺材板落油鑊〉的「揹過了河，把她扔在那滾燙的油鍋裡。一直炸、一直炸，炸到最後剩下像豬油渣。」下場最慘烈之外，其他多沒有刻意舖講，像〈水鬼〉就只說「揹過河之後，因甕上有八卦，鬼被八卦鎮住。」還有「等那水鬼一跳回水裡，我就用網子將牠罩住」，〈鬼鬧賭繳人〉鬼出去時把甕用那大黑褲圍住。讓鬼想進去也回不去等等情節，極為平淡，似乎對惡鬼並沒有深惡痛絕，也許是受善鬼情節的影響，又或許可以統觀東勢客家的鬼魅傳說裡人鬼關係本來就沒有過分緊張的情形。

四、尊重生命，物我平等

在客家神鬼傳說裡傳達了一個重要的倫理意識，就是物我平等互利的概念。在人類社群裡，基本的倫理即是人我關係，有了信仰，便添了人神關係的倫理，進步的倫理觀才會涉及人與自然萬物的倫理關係。本來客家人在山林原野當中生活，與自然界相處，就很容易產生對待關係，所以客家民間文學中便常有這類題材，東勢的神鬼傳說觸及人與動物互動關係的內容，也不足為奇。但是難得的是不以宰制、利用的心態講述，而以平等的概念舖陳，就是倫理意識上的特色了。

在〈鯉魚伯公的故事〉傳說中敘述東勢「泉水井」中的兩尾「金鯉魚」被荷蘭人捉走後，大甲溪河水就常倒灌，大家認為：「啊！現在

這魚來討債了。」鯉魚說:「你們這些人不保護我們,讓我們給荷蘭人抓走了。」當地人就用石頭堆了鯉魚的形狀來補償牠們。後來建立鯉魚伯公才平安。另一則相似度很高的傳說則把主角換成金螃蟹,說是「螃蟹維護大甲溪安全,被抓走就崩堤。」後來也是蓋土地伯公才免河患。當然,故事中的鯉魚之言,應是人的心念,透過講述而轉化,因此這也是當地客家人的共同意念,在此展現了物我平等對待的倫理概念。

在來源型傳說〈木魚的由來〉中利用佛教故事講述了具有尊重萬物生命的主題,故事裡經書掉入江中被一隻鱷魚吃了,唐僧命令孫悟空將鱷魚殺掉,觀世音菩薩現身感化唐僧說:「你別殺牠吧!我現在用木頭鑿一顆鱷魚頭賠給你好了,讓你將來敲一次這鱷魚頭,就會出現經書中的一個字給你看!」[53]敲木魚唸經修行聯結到不殺生的故事情節,十分巧妙,在一般宗教情境中出現這種說法,應是平常不過,但是成為客家民間傳說,便有不同的意義。

對於不尊重生命的後果,在〈燒鵝腳〉傳說中便有十分生動而明確的講述,前文提到,死後到陰間被閻王爺用鐵鍊拴在石墩上懲罰,全是因為生前用殘忍的手法虐待動物,有損陰德,這種民間的果報故事傳達出非常前進的倫理意識,即是尊重萬物生命的平等意識。

伍、神鬼傳說的道德評價

一、神鬼傳說隱含善惡判準

客家神鬼傳說裡講述者舖陳的故事情節,無論何種內容,經筆者檢驗發現大多以善惡觀構思安排。故事中,人的行為善者獲得神鬼獎

---

[53] 〈木魚的由來〉,《東勢鎮客語故事集(六)》,頁11。

賞，惡者現世即罰，或死後受罪；鬼魅行為善者陞官，惡者被困受到教訓，甚至被滅不得超生轉世，可見故事中的底層思維即存有善惡的批判。

善惡判準約略可分四類，經筆者彙整如次：

好人得報：〈問觀音〉祖孫三人供佛得到三顆珠寶、錢財，還娶了女孩；〈問佛祖〉青龍做善事可以上天庭；〈孝順〉孝子得裝滿錢銀的瓦罐成有錢人；〈拗筍〉婦人尊重墳內鬼魅而連續得到協助，摘得滿袋筍；〈何仙姑〉好心人禮遇神仙得到整房間銀子。

惡人受懲：〈番龍的故事〉番龍不孝也不敬神被罰燙香和鑽桌縫；〈王爺公顯身〉日本人欺神以致夜裡受驚；〈燒鵝腳〉楊家人虐殺動物在陰間受懲罰；〈猴子的由來〉仙人把壞心的大嫂變為紅屁股的猴子；〈猴子的祖先〉神仙把吝嗇老闆娘變成紅屁股猴子；〈百姓公廟个故事〉賭徒說話不算話被百姓公罰生病到死。

善鬼得報：〈新竹城煌个由來〉水鬼沒找替身轉世而當城隍爺；〈水鬼變城隍〉水鬼好心被城隍爺收為身邊的要角；〈水鬼變伯公〉水鬼好心沒找替身而陞為土地伯公。

惡鬼受懲：〈水鬼〉水鬼作弄人被八卦鎮住；另一〈水鬼〉把沙子撒進飯鍋，被主人用網子罩住；〈棺材板落油鑊〉女鬼害人被扔進油鍋炸死。

由此可見，客家民間傳說情節安排是在善惡標準衡量的架構下進行，其中，善鬼得報一類有一個重要的樞紐，即是人助鬼的倫理關係，此種關係的基礎又在人助人的互動情節中。這其間善惡判準或顯或隱，對故事結局的影響十分明朗，講述者無須費盡心思構思結局。如此簡明的講述邏輯，或許是民間故事本具的特徵，但就倫理概念的宣達而言，當是簡便有效的文學形式。

二、人神倫理關係趨於互惠

　　本研究觀察所得，傳說裡的人神關係多以現實經驗之價值為倫理內涵，世人多以物質求福報，神祇亦多以錢財賜人，未達道德層面之互動，以致規範概念未能建構，簡言之，彼此屬互惠關係。

　　人神關係建立在互惠的活動，這點大陸學者周福岩曾對民間故事裡的人神關係提出相似看法：

> 神與人之間的關係雖然密切，但這種關係絕不是純粹信仰性質的，而是契約性質的：作為契約的一種信物，禮物是必需的，但需要其他的禮物作回報。正如每一個人都必須履行屬於自己行動範圍以內的職責；每一個神也被要求在自己的靈力範圍內履行對托請人的還報義務。[54]

所以這種關係偏向功利欲求，周福岩也解釋說：

> 一方面，神靈監督世人的行為；另一方面也要根據其行為的善惡施予現世的報償。人們行善並不僅僅是出於純粹的道德動機，它還包括非道德的功利欲求。在某種程度上，行善直接等同於「邀福」，其實質仍是一種「互惠」（即神/人互報）[55]

本文研究考察的客家東勢神鬼傳說裡的互動模式，無論是神鬼助人，或是誠信的承諾，其間的媒介多屬物質層面的利益交換。例如〈問觀

---

[54] 周福岩：《民間故事的倫理思想研究》（北京：中國社會科學出版社，2006年），頁125。

[55] 《民間故事的倫理思想研究》，頁131。

音〉的主人翁獲得海龜給的三顆寶珠，幫果農清除農地而得到財寶，又把女孩娶回去，這就是他的物質利益福報。〈問佛祖〉裡主人翁在兩棵樹下得到比原來更多的財產，兩家又結成親家，獲得更可觀的利益。故事中的佛祖和觀音發揮靈力對請托的人報以實質的財物，削弱甚至減去了世人原先修行的道德性目的。像〈孝順〉故事裡說：「天上的神仙，對於凡人只要是孝順的人，就會賜些寶貝給他。這是要鼓勵，告誡人們要孝順長輩。以下的故事是從前我的阿婆說的。」講述者明白指出故事的用意，前代的口述者本想藉此傳說教育下一代，但是行孝的道德意義被物質化了，孝道的規範無從建立，非常可惜。

人神關係之間所產生的互動行為可視之為一種倫理行為，因為「倫理行為是受利害人己意識支配的行為，所以，一眼看去，便知倫理行為分為利人行為、利己行為、害人行為、害己行為四大類型。」[56]所有人神之間的行為從利害關係觀察，便有這四種情形，這四類行為的利害意識又是根源於愛與恨的欲望而產生，[57]愛恨的感情範疇如果趨向非道德的功利欲求，那麼互動行為就只是互惠，而無法建立道德的規範。

再進一層來論，民間傳說裡的神祇，祂所表達的神意，多是講述者或傳述者將世人的倫理概念滲透或投射而進到主題情節之中，世俗的愛恨欲望已經透過講述活動轉化為神意，所以，互惠就可能只是人類的自我實現，將心理的期望透過神意以強化自我的意念，，使許多願望落實在生活層面，藉互惠的過程展現人的意志。

---

[56] 王海明：《倫理學原理》（北京：北京大學出版社，2001年），頁118。

[57] 王海明：「欲望是最基本的感情，屬於感情範疇。…感情是引發一切行為的原動力，因而也就是引發倫理行為的原動力。…引發倫理行為的原動力究竟是何種感情？主要是愛與恨。」《倫理學原理》，頁121。

陸、結論

　　本文從倫理學檢驗客家民間的神鬼傳說，其中涉及神祇、鬼魅、人物、和異族等種種關係。以倫理角色來觀察神祇和鬼魅所蘊涵的客家倫理概念，發現神祇顯聖保民、懲惡立威、萬能助人，顯現客家人對神祇的敬重與依賴；而鬼魅多以惡為本，有些稱善者，也多是緣於人的協助，使其惡行未能施展所致。

　　再以倫理關係看人與神、人與鬼之間對待的模式，看出神祇以助人、鬼魅以作惡的模式為普遍，而人世間種種作為皆有神祇考核，俟機報應。陰陽兩界皆重信諾，違者將受制裁，起乩、問神、擲筶等方式是為溝通渠道。

　　又從倫理概念去分析對待關係產生的特質，客家人依賴尊立神威以得保障，在人神關係裡發現神祇有高下之別，人鬼關係中鬼魅有善惡之分，惟其所謂善者，乃是因人協助使然，相當可貴的是顯露了尊重生命物我平等的倫理意識。

　　最後以道德價值評斷神鬼傳說裡顯現或潛藏的倫理義蘊，發現故事舖陳講述之間時時都埋伏預設了善惡的判準，也發現在人神關係的互動裡，混淆了道德與物質的分際，使道德倫理的訴求落空，雙方只是互惠之下的非道德關係。

　　但就倫理文化的大視野而言，客家人在神鬼傳說中透顯出對原住民出草文化的適度尊重，使雙方族群的生存和發展找到合適的空間，這是客家先民在墾殖歲月中表現出來的智慧。從傳說內容來看，客家神祇角色在族群互動關係裡，發揮極大的緩衝功能，祂以驅趕、嚇阻、起乩預示等非激烈的方式面對，在緩慢的磨合過程中，建立起異族關係的族群倫理，這是族群研究不可忽視的一環。

漢魏晉南北朝「騷」、「賦」分合述論
——一個文學與文化觀點的考察

許又方
東華大學中文系副教授兼系主任

摘　要

　　本文關注的焦點在於：漢儒習於將「楚辭」與「大賦」並稱為「賦」，《漢書·藝文志》即將屈原作品歸併為「詩賦類」；唯到了魏晉南北朝，先是《文心雕龍》將「騷」、「賦」分章討論，稍後《昭明文選》遂將「騷」、「賦」各自獨立為一類。文體（文類）分類可視為一種文學批評觀念的實踐，而究竟是基於如何的文學觀點及文壇實況（文學之生產、消費），或受到如何的外延因素之影響（如政治、經濟及文化等條件），使得兩朝之間關於這二種文體的分合有極不同的看法？換言之，透過此一議題的探討，吾人是否能由其中看出影響、甚至決定「騷」、「賦」分合的文化及文學或其它因素？這除了是辭賦創作慣性的改變外，是否也關涉到兩朝文人對於屈原的「接受」態度？

關鍵詞：騷、賦、楚辭、魏晉南北朝、文體、文類

一

　　詩賦分體類，應始於漢代，今可見最早紀錄則為班固（32-92）的《漢書·藝文志》，而其創始一般相信來自劉向（B.C77-B.C6）、劉歆（?-23）父子的《七略》。[1]〈漢志〉設「詩賦略」，不僅意識到文學創作與一般學術著述上的差別，並且進一步將漢代流傳的詩賦作品區分為五類：屈原以下共二十家、陸賈以下計廿一家、孫卿以下廿五家以及客主賦以下等雜賦十二家、歌詩廿八家等，[2]唯班固並未說明分類的原由，自然引來不少學者的批評，清人章學誠（1738-1801）即認為：《漢志》對於賦的分類，或以作者，或以時代，乃「以意為出入」，實無章法可循。[3]程千帆（1913-2000）亦云：「嘗冥然以思，欲求此三種確立一簡易之分類標準，竟日卒不可得。」[4]而劉師培（1884-1919）〈論文雜記〉則認為：

> 《漢書·藝文志》敘詩賦為五種而賦則析為四類，……而班〈志〉於區分之意，不注一詞，近代校讎家亦鮮有討論及此者。自吾觀之，〈客主賦〉以下十二家，皆漢代之總集類也；餘則皆為

1　〔漢〕班固：《漢書·藝文志序》（北京：中華書局鉛印本，1969）：「至成帝時，以書頗散亡，使謁者陳農求遺書於天下。詔光祿大夫劉向校經傳諸子詩賦，……每一書已，向輒條其篇目，撮其指意，錄而奏之。會向卒，哀帝復使向子中奉車都尉歆卒父業，歆於是總其羣書而奏《七略》，……今刪其要，以備篇籍。」（頁 1701）可見《漢書·藝文志》主要櫽括劉向父子奏略而成。

2　《漢書·藝文志》，頁 1747-1755。

3　章學誠：《校讎通義》（臺北：中華書局，1966），卷三〈漢志·詩賦〉。

4　程千帆：《閑堂文藪》（山東：齊魯書社，1984），〈漢志詩賦略首三種分類遺意說〉，頁 246-257。

分集。而分集之賦，復分三類：有寫懷之賦，有騁詞之賦，有闡理之賦。[5]

其以為屈原以下諸家即「寫懷類」，而陸賈以下則為「騁詞類」，荀卿以下為「闡理類」。他並進一步申論：「寫懷之賦，其源出於《詩經》；騁詞之賦，其源出於縱橫家；闡理之賦，其源出於儒道兩家。」又顧實《漢書藝文志講疏》，則認為班固之分賦為四類，其中歸屈原者乃主「抒情」；歸陸賈者主「說辭」；歸荀卿者主「效物」；歸雜賦者由於數篇皆已亡佚，故不可徵，但可能與莊子寓言相近。[6]姑不論劉、顧二說碻塙與否，若依其言，則班固之區分賦作，不僅留意到主題與風格的差別，甚至關心到這些不同作品的始源與影響，頗具一定的文學見識。因此郭紹虞（1892-1984）在論述〈漢志〉於中國文學批評之影響時，乃特標出「文學本身分類」及「文集的編定」兩項重點[7]，以說明其在文體、文類學上的貢獻。但其中最值得關注的在於：班固將「詩」與「賦」分開，表示其認為此二者體式有別；而他將屈原的作品與漢賦並述，則又顯然是將「楚辭」、「漢賦」看成同體（類）。雖然稱屈原諸作為「賦」是漢代流行的看法，司馬遷（B.C135-B.C90）、應劭（？）等人都有相近的敘述；[8]但從修辭風格及結構體式、甚至主題情調上來

---

[5] 劉師培：《文說・論文雜記・讀書隨筆、續筆》（臺北：廣文書局，1970），頁 52-54。

[6] 顧實：《漢書藝文志講疏・詩賦略》頁 175-190。

[7] 郭紹虞：《中國文學批評史》（臺北：文史哲出版社，1990），頁 48。

[8] 《史記・屈原賈生列傳》。楊家駱校編：《新校本史記三家注》（臺北：鼎文書局，1983），以下引此書簡稱《史記》）云：「屈原……乃作〈懷沙〉之賦。」又說：「屈原既死之後，楚有宋玉、唐勒、景差之徒者，皆好辭而以賦見稱。」（卷八十四，頁 2486、2491）把屈原的作品〈懷沙〉稱為「賦」，並且其追隨者的「騷」體作品亦皆冒上「賦」名。又，應劭《風俗通義・六國》（王利器注《風俗通義校注》。臺北：明文書局，1982）亦云：「屈原作〈離騷賦〉。」（卷一，頁 28）也以「賦」稱〈離騷〉。

看，「楚辭」與「大賦」畢竟有別，[9]班固（32-92）所代表的漢儒究竟依據何種「詩學觀念」視二者為一，這樣的觀念底層又何特殊的文化意義，是頗耐人尋味的問題。

若從文化承襲的角度來了解，漢儒習於視「騷」、「賦」為同類可能與漢文化直承楚文化而來有關，徐志嘯對此已有深入的論述。[10]正因文化上的影響，所以漢代辭賦的作者率皆以屈原為導師，班固在〈離騷序〉中提到：「然其（指屈原）文弘博麗雅，為辭賦宗，後世莫不斟酌其英華，則象其從容。……漢興，枚乘、司馬相如、劉向、揚雄，騁極文辭，好而悲之，自謂不能及之。」[11]即明白表示漢賦的形成，乃脫源於《楚辭》。後來《文心雕龍‧詮賦》所謂：「然賦也者，受命於詩人，拓宇於楚辭也。」、「討其源流，信興楚而盛漢矣！」[12]云云，實與漢儒的看法幾乎相合。筆者以為，漢賦既然直承屈作而轉化，則當時學者將兩種文體因此視為同類也是合理的表述。

深入一點探討，除了文化傳承的因素外，某種特殊的詩學理念似乎才是牽合「騷」、「賦」為一類的關鍵。《史記》引淮南王劉安（B.C179-B.C122）說：「《國風》好色而不淫，《小雅》怨誹而不亂，若〈離騷〉者，可謂兼之矣！上稱帝嚳，下道齊桓，中述湯武，以刺時事。」[13]等於是把〈離騷〉看作與《詩經》具有等同功能──「諷刺」──的文本，二者於焉產生了內在的聯繫。在〈司馬相如列傳〉中，司馬遷進一步提到：「相如雖多虛辭濫說，然其要引之節儉，此與《詩》

---

9 鄭在瀛十分強調「騷」、「賦」的不同，他並且認為司馬遷所謂「好辭而以賦見稱」云云，可證「辭」與「賦」是兩種不同的文體。見：鄭在瀛：《楚辭探奇‧騷賦不同論》（臺北：萬卷樓圖書公司，1994），頁234。

10 參見：徐志嘯：《楚辭綜論》（臺北：東大圖書公司，1994），頁205~210，〈漢承楚文化說〉一節。

11 轉引自：〔明〕汪瑗：《楚辭集解》（董洪利點校，北京：北京古籍出版社，1994鉛印本），頁9，〈楚辭大序〉。

12 〔梁〕劉勰著；〔清〕黃叔琳注：《文心雕龍注》（臺北：世界書局，1984鉛印本），卷二，頁27。

13 《史記‧屈原賈生列傳》，頁2482。

之風諫何異。」[14]既然「賦」在風諫精神上與《詩》無異，如此便間接地將「賦」、「詩」、「騷」依「風諫」的功能（精神）做成了交集。這樣的觀點，我們可視之為一種「功能理論」，將文學與政治結合，完全符合漢儒的「詩教」傳統。

到了東漢，班固雖然對屈原的行為及作品都略有微詞，但卻也注意到其作品中的風諫精神，〈離騷贊序〉說：「屈原痛君不明……故作〈離騷〉……以諷懷王。……至於襄王，逐屈原在野，又作〈九章賦〉以諷諫。」[15]所言可見一斑。在〈兩都賦序〉中，班固更明確地傳達「賦」同乎《詩》之風諫觀念，其云：

> 或曰：「賦者，古詩之流也。」……或以抒下情而通諷諭，或以宣上德而盡忠孝，雍容揄揚，著於後嗣，抑亦《雅》、《頌》之亞也。[16]

準此，「賦」與「騷」之所以類同，是因其在深層的語義功能中都具有《詩》的「風諫」精神，而非僅僅只是體製上「形似構近」而已。

《楚辭》與《漢賦》在「諷諫」功能上的交集一旦確立，「諷諫精神」自然成為二者在文體上都具備的「特質」（nature），這一點顯然在西漢時就已成立，班固不過是加深論述而已。揚雄（B.C35~A.D18）即曾根據這項特質來批判漢人的賦作，《法言·吾子》中說：「或曰：『賦可以諷乎？』曰：『諷乎！諷則已；不已，吾恐不免於勸也！』」[17]即已婉約道出「賦」逸出「諷諫」之途的危機，同時也就暗示「諷諫」是「賦」最重要的質素。《漢書·揚雄傳》進一步申論揚雄這個觀感：

---

[14] 《史記》，頁 3073。
[15] 轉引自：〔明〕汪瑗《楚辭集解》，頁 10。
[16] 〔梁〕蕭統編；〔唐〕李善注：《昭明文選》（臺北：漢京文化影印清胡克家覆宋淳熙本，1983），卷一，頁 21-22。
[17] 《法言》（臺北：臺灣中華書局《四部備要》本，1981）卷二，頁 1。

> 雄以為賦者，將以風之，必推類而言，極靡麗之辭，閎侈鉅衍，
> 競使人不能加也。……往時武帝好神仙，相如上〈大人賦〉欲
> 以風，帝反縹縹有凌雲之志。繇是言之，賦勸而不止，明矣！
> 又頗似俳優淳于髡、優孟之徒，非法度所存，賢人君子，詩賦
> 之正也。於是輟不復為。[18]

所謂「非詩賦之正」，實肇因於缺乏賢人君子造辭時的法度精神：諷諫。
而後揚雄所謂的「詩人之賦」與「辭人之賦」的判別，除了形式、風
格上的區分外，最深層的基調也實在於諷諭的精神。故《漢書‧藝文
志》在檢討辭賦的發展時也不得不承認：

> 大儒孫卿及楚臣屈原，離讒憂國，咸有惻隱古詩之義。其後宋
> 玉、唐勒；漢興，枚乘、司馬相如，下及揚子雲，競為侈麗閎
> 衍之詞，沒其風諭之義。[19]

這不啻已說明，漢人從形似、風諫的觀點證成《楚辭》、《漢賦》的雷
同，但也從形式（風格）、風諫的層面看到了二者的別異。換言之，一
旦逸出「諷諫」傳統，屈騷與漢賦已成殊途，因為後來的漢賦是走「侈
麗閎衍」的格調，而非楚辭的「弘博麗雅」，二者在風格體式上已自有
別。這個細微之處可見漢儒對騷、賦之間的差異已有體認，吾人似不
能因屈作被冠上一個「賦」字，便可以將時人之觀點簡化，這其中實
深蘊著漢人主要的文學（史）觀，乃至於文化（史）觀，而不僅是一
個文體分類的技術問題而已。這樣深含文化與文學意義的觀點也就十
足地影響了後世對於辭賦源流與分類的界義論述，甚至迄今未衰。就
文學批評的角度來看，這是一個十分值得探討的問題。

---

[18] 《漢書》卷八十七下〈揚雄傳‧下〉，頁 3575。
[19] 《漢書》卷三十〈藝文志〉，頁 1756。

二

　　東漢以後，一直到《文選》出現以前，學者述及騷、賦的關係時基本上都略同於揚、班。如曹丕（187~226）《典論‧論文》所載：「或問：『屈原、相如之賦孰愈？』（下略）」[20]既將二人同等論列，又把屈原、相如的作品都稱為「賦」，顯然還是視「騷」、「賦」為一類，故〈論文〉區分之文學體式，只有「詩賦」一名，並沒有特標「楚辭」或「騷體」。晉‧摯虞（?~311）的《文章流別論》也說：「前世為賦者，有孫卿、屈原，尚頗有古詩之義。」[21]他雖然用「古詩之義」稱屈、孫之作，以區別「今之賦」（指漢以後），可能已意識到二者的差異，但卻仍依漢人稱屈作為賦的習慣，並無改變。

　　首先將「騷」、「賦」分別看待約始自南朝。任昉（460~508）《文章始》（今作《文章緣起》[22]）云：

　　……《詩》則三百篇變而騷，騷變而賦，賦變而樂府、而歌行、而律、而絕，日新月盛，互為用而各不相襲。[23]

所謂「互為用而各不相襲」，意味著文體之間雖互有流變、影響，但既已轉變為新體，自然獨成一格，不相雜廁。因此他將「騷」與「賦」分列，[24]顯示二者在任昉的觀念中已是不同的文體。

---

[20] 轉引自：〔唐〕虞世南：《北堂書鈔》（上海：上海古籍出版社，1995），卷一百。

[21] 引自：〔清〕嚴可均輯校：《全上古三代秦漢三國六朝文》（上海：上海古籍出版社，2002），卷七十七。

[22] 任昉原作《文章始》已於唐代亡佚，今本《文章緣起》為張績所補。參見：〔宋〕歐陽脩、宋祁等：《新唐書‧藝文志》（北京：中華書局，1997），頁1535。

[23] 見：《文體序說三種‧文章緣起注》（臺北：大安出版社，1998），頁8。

　　《文章始》之外，劉勰（約 466~520）的《文心雕龍》[25]與梁·昭
明太子蕭統（501~531）的《文選》也出現同樣的見解。《文心》一書
中有〈辨騷〉、〈詮賦〉，將二者分別討論。雖然劉勰仍視賦為楚辭之流
衍，但他既將騷、賦分論，多少可證其對二者的本體特質已有異見。
站在文學史發展的角度來看，「騷」是影響文變關鍵的「樞紐」之一，[26]
劉勰獨立〈辨騷〉一目，是觀察到了「騷體」對後世文學創作的鉅大
影響。但做為一種繼「詩」而興的文體，「騷體」自然有其獨立的特質，
故〈辨騷〉一篇，也理應視為劉勰對「騷體」特質的實際批評，[27]與
〈明詩〉、〈詮賦〉等略無差別。黃季剛（1886-1935）認為：

> 自彥和論文，別「騷」於「賦」，蓋以尊屈子，使〈離騷〉上
> 既《詩經》，非謂「騷」、「賦」有二。[28]

這個看法若自源流上來看當無疑議，但從文體區分的觀點來看，「賦」
雖受「騷體」影響，卻畢竟不等同於「騷」。做為專業的批評家，劉
勰不可能不明白這點。正如他在漢人「辭賦乃古詩之流」的基本認

---

[24] 按《文章緣起》把文章歸為八十四類，其中將「賦」與「離騷」分別為二。
[25] 《文心雕龍》究竟成書於何時，綜說紛紜。觀〈時序〉一篇中稱齊為「皇
　　齊」，略可推證其成書或在南齊末年。清·劉毓崧著〈書文心雕龍後〉，論
　　辨頗詳，茲從之。
[26] 周振甫認為：「……〈辨騷〉，表面上是承接〈宗經〉辨別楚騷和經書的同
　　異，實際是經過這種辨別來研究文學的新變，只有經過辨別才能認識它的
　　新變。……」（見：氏著《文心雕龍注釋》頁 42。北京：人民文學出版社，
　　1981）揆其義，是主張劉勰所以立〈辨騷〉一篇，是有見於騷體對文學的
　　演變有極重要的影響。
[27] 黃維樑認為〈辨騷〉實乃劉勰對《楚辭》諸作的「實際批評」（practical
　　criticism）（見：氏著《中國古典文論新探》頁 1-8。北京：北京大學出版社，
　　1996）。這個觀點帶給我們一些啟示：既然〈辨騷〉帶有實際批評的行動特
　　質，其動機就可以理解為將「騷體」視為一個不同於其他「文體」的文體，
　　辨騷就是為了找出「騷體」的文體特質。
[28] 黃季剛《文心雕龍札記》。

識下討論「騷」，最後得出「騷」同於儒家經典者四，不同者亦有四的結論般，無異於間接說明了「騷」與「詩」畢竟不是全然相同的東西，我們對〈辨騷〉、〈詮賦〉之所以分論，正應從這個觀點來看待。魏晉以後，對於「文學」的見解，已經逐漸從「社會功能」（如前漢的「詩教觀」）的認識轉向「形式」（或可稱「體製」form）的考察——亦即，一個文學作品，不管是詩或賦，它該有哪些形式上的特殊條件才能成為一個「體」（style）？[29]而這些條件，正是它之所以是文學，而不是「非文學」的特徵。這種現象，頗近於俄國「形式主義」（Formalism）對於「文學」這個學科的認識基調，我們暫時借用「文學性」（literariness）[30]一詞來表徵魏晉以後對文學本質的內省重點。把這種見解的範圍縮小，批評家自然會注意到詩之所以為詩，賦之所以為賦的形式要件，用以辨解詩所以不是賦，而賦所以不是詩的關鍵。劉勰在〈詮賦〉中以「序」、「正文」、「亂」三者完整為大賦之「正格」，魏晉以來的小賦已逸出這個標準，自然引起他的批評（當然，劉勰仍未忘記「諷諫」等功能）。同理，在筆者看來，劉勰既主張

---

[29] 這並不是說魏晉南北朝的文學批評已完全不注著文學的社會功能，事實上不論是曹丕《典論・論文》所說的：「文章，經國之大業，不朽之盛事」，或是陸機《文賦》所謂：「濟文武於將墜，宣風聲於不泯」，依然是前漢「文章經世」的傳統。不過，當時人留意文章的怡情與美感，則亦是不爭的事實，特別是關注在各種文章體製的分類與表現特性上，更可見魏晉六朝時的文論家們實已具備成熟的文學形式思維，因此魯迅方稱其為「文學的自覺時代」。

[30] 「文學性」（literariness）一詞由俄國文學語言學者羅曼・雅各布森（R. Jackobson）所提出。他認為：「文學科學研究的對象不是文學（literature，筆者按：此語在十七世紀以前係指由文字所寫成之「著作」。參見：Jonathan Culler:「Literary Theory: A very short introduction」p.20. Oxford U. press 1998. 雅氏或藉以區分其與純文學性作品的不同），而係『文學性』—即使一個特定作品成為文學的主要因素。」（氏著《Linguistics & Poetics》.收在：Thomas A. Sebeok 主編「Style in Language」1960）揆其所謂的「主要因素」，不外是語言所展現不同於其他學科文字表現的特質，如音韻等，此與我國魏晉時期的文學理論訴求有其基本精神上的趨同。故此藉其詞以表之。

了賦之形式的「正格」，等於也區分了騷、賦的不同，因為上述三個形式的條件，基本上是漢大賦的典型，而非屈騷。

劉勰的看法體現了一種新的文學批評觀，當然也與當時文學生產、消費、評論的實況有密切的關係，可待進一步推究。之後，蕭統編《文選》，更明確地將「賦」、「騷」分列。有學者指出：《文選》對於「賦」的分類，實是受到《文心·詮賦》的啟發；[31]甚至《文選》分文體為三十七類，其實也是受到《文心》三十四類（含「騷」，實際應為三十五類）的影響。[32]這個說法是否確塙見人見智，但《文心雕龍》與《文選》是性質迥異的著作，一是批評的專書，另一則是總集的編纂；而且作者的身份不同（足以影響其視角），一是文士，一是太子，唯二書分體卻如此接近，這多少反映出當時流行的文體概念與創作實況。換言之，它們（包括《文章始》）所面對的文學生產市場與對文學史流變的觀念大抵是相同的，既然有這麼多種體類，就必須批評，同時也就應該翔實著錄。〈文選序〉云：

> 夫椎輪為大輅之始，大輅寧有椎輪之質？增冰為積水所成，積水曾微冰之凜？何哉？蓋踵其事而增華，變其本而加厲，物既有之，文亦宜然。……《詩》有六義焉，……至於今之作者，異乎古昔，古詩之體，今則全取賦名。……自茲以降，源流寔繁。[33]

揆其意，蕭統概依「源」與「變」的原則看待文體發展的事實，或許諸體在溯源上有其「宗族性」；但到了後世已發展成不同的分支，不僅

---

[31] 穆克宏：〈文選學研究的幾個問題〉。收在中國文選研究會編《文選學新論》（鄭州：中州古籍出版社，1997），頁1~25。

[32] 此論由駱鴻凱《文選學》提出。本文參考同前注。

[33] 〔梁〕蕭統：《文選》（臺北：漢京文化事業公司影印〔清〕胡克家覆刻宋淳熙本，1983）頁一。

「格式」有別,正所謂「各體互興,分鑣並驅」者是;而且「主題」亦繁,所謂「紀一事,詠一物,推而廣之,不可勝數」即然。在形式及內容都已然革辜前代的實際狀況下,為求理清耳目,不得不加以分門別類。所以《文選》既分立「賦」、「騷」,其實已間接宣示了「騷」與「賦」在「體式」上有其不同之處。但是否蕭統之區分別立只是基於「體式」、「風格」上的實際差別而已?難道沒有其它的考量?〈文選序〉中有一段頗值得深考的敘述,特別強調了屈原的作品,其謂:

> 楚人屈原,含忠履潔,君匪從流,臣進逆耳,深思遠慮,遂放湘南。耿介之意既傷,壹鬱之懷靡愬,臨淵有懷沙之志,吟澤有憔悴之容,騷人之文,自茲而作。

所謂「騷人之文,自茲而作」,意謂著自屈原以後,還有很多作家在承繼這類「傷懷憔悴」的文體,那麼賈誼〈弔屈原〉算不算(賈誼被蕭統歸入「弔文」類)?揚雄模仿〈離騷〉所做的〈反騷〉算不算?《文選》在「騷」類只錄了宋玉《九辯》五首、〈招魂〉及劉安〈招隱士〉,為什麼?特別是他所說的「耿介之意既傷,壹鬱之懷靡愬」似乎是「騷」應該被獨立的關鍵,應該如何解讀?這顯然是「《文選》學」想探究的問題,可惜的是這段論述不甚表表,必須費一番工夫由他界義荀卿、宋玉、賈誼、司馬相如的作品為繼古詩之體而起的「賦」的序論中去比對、詮釋方可得其確指,而筆者深信這其中蘊攝著一個時代對屈原作品「接受」的態度。

正因蕭統的分類難以理測,所以引發後代學者的批評與辯護,但側重點都集中在「名義」及「體式」上的問題,鮮少涉論其中所寓示的文學及文化意義。如宋人吳子良的《荊溪林下偶談·離騷名義》即云:

> 太史公言〈離騷〉者,遭憂也。離訓遭,騷訓憂,屈原以此命名,其文則賦也。故班固〈藝文志〉有「屈原賦二十五篇」。

> 梁昭明集《文選》，不併歸賦門，而別名之曰騷，後人沿襲，
> 皆以騷稱，可謂無義。篇題名義且不知，況文乎？[34]

他所謂「後人沿襲」，概指史書的分類與及文章總集（如《文苑英華》）
等，大抵披露了當時對待騷、賦的主流看法。但吳氏根據漢人的解釋
與稱謂，判斷〈離騷〉的文體屬於「賦類」（其文則賦），其篇題乃意
指「遭受憂患」，並不是一種「文體」或「文類」的名稱，《昭明文選》
用一個「篇題」作為體類之名，是無見識的分法。推斷這個言論的形
成，其終極理念仍是秉承《詩經》為一切文學根源的觀點而來，與唐、
宋以還文學史上的「復古思潮」有密切的關係。姑不論他斷定「騷」
是篇題不是文體的說法正不正確，[35]吳子良大概認為「賦」是《詩》
六義之一，其存在既早於〈離騷〉，且〈離騷〉的組辭風格其實不脫「賦」
的創作手法（這個說法也有待考慮），所以稱〈離騷〉為「賦」才是正
確的。

　　與吳子良約略同時的曾季貍在《艇齋詩話》中則明確指出：

> 古今詩人有〈離騷〉『體』者，惟李白一人。……如《遠別離》
> 云：「日慘慘兮雲冥冥，猩猩啼煙兮鬼嘯雨。」……如此等語，
> 與〈騷〉無異。[36]

---

[34] 宋・吳子良《荊溪林下偶談》（北京：中華書局《叢書集成初編》第三二四
　　冊，1985年鉛印本）卷二，頁13。

[35] 明代以後，某些學者開始認真地將「離騷」視為一種「文體」或「歌曲」，
　　如李陳玉《楚辭箋注》即認為：「騷乃文體之名。」楊慎《丹鉛雜錄》則以
　　為「楚歌曰些」，故「楚騷」即「楚些、楚歌」之異名。又戴震《屈原賦注》
　　委婉地認為：「騷者，動擾有聲之謂。」似乎也是主張「騷」與曲式有關。
　　到了民國，自游國恩以為騷乃歌曲名，到劉自齊、田彬、何錡章等學者，
　　都有以騷為曲名的主張。此已成為楚辭研究中一個公案。參見：蕭兵《楚
　　辭文化破譯》（武漢：湖北人民出版社，1991）頁180-186。

[36] 《艇齋詩話》，（收入：《歷代詩話續篇》，北京：中華書局，1983），頁322。

他留意到〈離騷〉在文字風格上的獨特「體式」，並認為只有李白才有此「體」，似乎已不再強合「騷體」、「賦體」為一類，但因所言極短，此處僅能略作推測。

元代以降，祝堯、吳訥、徐師曾、胡應麟、賀貽孫、錢謙益、程廷祚、吳景旭等人都曾在這個問題上提出過個人見解，對《文選》之見或反對，或支持，而且由於整個時代文學思潮的前伏後起，使得這個問題所蘊攝的底層意義更形複雜，直到清末未歇。[37]

三

到此為止，問題的核心已然浮現：魏晉以降看待「騷」、「賦」分類的標準顯已與前代相左，這個不同的看法究竟在深層的文學觀念中有何值得探討的「文學本體」問題？它是否也表明了兩漢、南北朝時人對於屈原，乃至漢賦的「接受」採取了相異的態度？甚至因此影響了兩代人在創作上的差別？換言之，「騷」、「賦」分合不僅是一個文體、文類學上的問題，它實際上連繫著一個朝代的主流文學觀，甚至是一個對於「屈原文學與人格」的接受及認同現象，也就是說同時關涉到整個時代的文化氛圍，當然也就涉入彼時的政治、經濟等環節中。例如兩漢時期的文學生產與魏晉南北朝的市場狀況畢竟有別；兩個時代對於文學功能的定義也有明顯的落差；而文學評論者身份的差異、對屈原作品的認同及賦體文學主題、結構的轉變也足以影響文體文類分合的看法。因此，筆者認為這是一個多面向的問題，關係到文學批評及文學史發展，十分值得探究。

---

[37] 關於明清以來學者論述「騷」、「賦」分立這個問題的大概情況，可參拙作：〈諷諭傳統與文體分類：論清代的「騷」、「賦」之辨述略〉。收入：《第七屆清代學術研討會論文集》（高雄：中山大學中文系，2002 年 6 月）頁683-704。

　　因此，本文打算對焦於一個問題：即文體歸類是一個權力運作的過程，那麼「騷」與「賦」的分合究竟體現如何的權力轉化？法國思想家 Bourdieu 曾提出一個相當知名的「文學／文化場域」理論，這個理論的重點在於：文學的魅力源於作品（形式與內容、指涉）及背後影響其形成的結構間的關係，此一結構即「權力場域」（the field of power）。在他看來，文學場域是一個獨立的社會體系，「這個體系是各式特定爭鬥激烈進行的所在，最重要的是，誰可以被認定為體系內的成員，誰可以成為作家，而誰不行。」Bourdie 更進一步指出：「（這個場域）像一個多面鏡，折射著各種來自場外的構成條件：人口性的、經濟性的或政治性的事件穿梭在這個場域的特定邏輯下，並且因此影響作品的生產邏輯。」[38]由這個觀點來看，魏晉的文學重新歸類，本身即是一種判準邏輯，在一個封閉的場域中進行作家的形構原則，但其背後則潛藏無數關乎經濟、政治與人文的干擾因素。屈原在作品在《文心雕龍》、《文選》以後被劃為獨立一類，其中應不僅止於文學觀念演進的內在因素而已，乃是一種涉及「接受」與「重塑」的文化革新，標識著魏晉南北朝在某些文學／文化場域的爭執已截然不同於兩漢。當然，這個論述涉及面既廣，絕不可能鉅細靡遺地討論，僅能說是點到為止（特別是經濟部份，遠非淺陋如筆者所能探究者），或是說暫時將問題拋出而已。

　　從漢人依《詩》之風諫精神將「騷」、「賦」合為一類來看，其主要的基調便是今文經學「通經致用」、「深求微言大義」之論，而源流則可上溯先秦儒家對《詩經》的詮解與運用。《詩經》是漢代最早立於博士的儒家典籍，即景帝時所立之轅固生《齊詩》，[39]自此以後，《詩

---

[38] Pierre Bourdieu: Field of Power, Literary Field and Habitus. The Field of Cultural Production: Essays on Art and Literature, ed. By Randal Johnson (Cambridge: Polity Press, 1993) pp.163-164.

[39] 參見：〔清〕皮錫瑞：《經學歷史·經學昌明時代》（臺北：藝文印書館，1987），頁 64。

經》成為漢儒必讀經典，武帝（劉徹 BC.156-BC.87）「獨尊儒術」後更在傳統與當代的思想交互激盪下成為「諫書」，《漢書·儒林傳》載漢昭帝（劉弗陵 BC.95-BC.74）死後，昌邑王劉賀（?-BC.59）嗣立，以行淫亂廢，昌邑群臣皆下獄誅。當時王式（?）為昌邑王師，繫獄當死，治事使者責問他說：「師何以亡諫書？」（當老師怎麼沒有「諫書」？）王式回答：「臣以《詩》三百五篇朝夕授王，至於忠臣孝子之篇，未嘗不為王反複誦之也；至於危亡失道之君，未嘗不流涕為王深陳之也。臣以三百五篇諫，是以亡諫書。」[40]類似王式的思惟絕非一朝一夕一人所成，乃是與整個時代思潮有關，甚至是漢代君王推闡儒學的結果，與政治力關聯甚深，明乎此，則揚雄、班固之著意強調漢賦的諷諫精神，可謂順理成章之事，唯其中似乎仍有耐人尋味的動機等待探究。從這個視角觀察，那麼〈離騷〉與「漢賦」會被刻意牽扯到《詩》的諷諫精神，便是某種政治權力驅使所致。

何以言之？承前論，《詩經》到了西漢已成為「經典」（canon），當時「公卿之位，未有不從經術進者」，更有謂「黃金滿籯，不如教子一經」云云，[41]五經地位之榮盛臻於頂峰，而位列今文經籍第一的《詩經》自不待言。漢儒雖已意識到《詩經》是本於情性之作，[42]換言之，

---

[40] 班固：《漢書》卷八十八《儒林傳》第五十八，頁 3610。

[41] 皮錫瑞：《經學歷史·經學極盛時代》，頁 98。近人周予同也指出：漢儒爭相透過經典的嫻熟以求列名博士，主要便是著眼於利祿與權力；而統治階級也企圖藉經典的意義控制士子的思想，以利政權的施展。參見：氏著：〈博士制度和秦漢政治〉。收入：《周予同經學史論著選集》（上海：上海人民出版社，1983），頁 728-753。

[42] 此觀司馬遷稱「《國風》好色而不淫，《小雅》怨誹而不亂」云云可知，雖然其觀點仍著重於道德的層面，但所謂「好色」、「怨誹」不正是用以表達人之情性的文學特質？所以他同時也在《史記·自序》中提到：「《詩》以達意」，又說：「夫《詩》書隱約者，欲遂其志之思也。」又論：「《詩》三百篇，大抵賢聖發憤之所作也。」言「意」、「志」、「思」，都已關涉到情志的層面，故司馬遷為文學作家獨立傳記，而不是將之歸入「儒林」，其間似有文學意味的蛛絲馬跡可循。若再考量〈毛詩序〉：「詩者志之所之也，……情動於中而形於言……。」、「發乎情，止乎禮義。」及《禮記·樂記》所謂：

即具有現代眼光中所謂的「純文學特質」；但他們闡明《詩》與情性之間的關係，並非為了說明《詩》的文學本體論義涵，而是以之作為化民成俗、頤情養性的教本，《毛詩序》所謂：「風者，風（諷）也，教也，風以動之，化以教之。」即最好的說明。《詩》既可教化下民，當然也可諷諭上公，即所謂的「上以風化下，下以諷刺上，言之者無罪，聞之者足以戒」，《詩經》的經典地位基本上是由此奠定的，而這個準的後來形成某種傳統，任何獨立創作的、帶有抒發情性之文學特質的作品，都必須以《詩經》的「諷諫精神」為中心思想──至少在漢儒的心目中是如此，也才有足夠的資格上昇到權力的位階，漢賦在西漢的興盛即循此理路而致。

漢賦依附《詩經》的諷諫精神而躍上權力場域，形成盛極一時的「文學侍從」（或稱「言語侍從」）之風，不少賦家也因此位致公卿，[43]那麼，被漢人視為賦之同裔的「楚騷」，自然也必須具有這樣的特質，才能為世所重，班固說：「大儒孫卿及楚臣屈原離讒憂國，皆作賦以風，咸有惻隱古詩之義」云云，即在著意強調辭賦的諷諭傳統。換言之，姑不論楚辭、大賦中的諷諫作用是否真受到好大喜功的王公貴族重視，單從司馬遷之贊美相如，班固之推崇荀、屈來看，似乎缺乏這項特質，辭賦是無法堂而皇之在權力核心存在的。我們看今天猶存的一些西漢重要賦家的作品，如司馬相如（B.C179-B.C117）〈上林〉、〈哀二世〉；揚雄〈甘泉〉、〈河東〉等，都具有明確的諷諭性質，即使到了東漢，班固的〈兩都〉之諫和帝不可捨東都洛陽、張衡（78-139）〈二京〉之諫王侯僭越奢侈等，也都還是前漢風格。對照《漢書·王褒傳》所言：「辭賦大者與古詩同義」、「有仁義風諭、鳥獸草木多聞之觀」云

「凡音之起，由人心生也，人心之動，物使之然也。」、《說苑·尊賢》載劉向所云：詩者「抒其胸而發其情」等說法，則我們可以認定，漢儒實已意識到《詩》的情性文學本質。

[43] 有關漢代賦家在政壇上的興衰與其作品風格的轉變，可參：簡宗梧〈從專業賦家的興衰看漢賦特性與演化〉。收入：氏著：《漢賦史論》（臺北：東大圖書公司，1993），頁207-241。

云，那麼楚辭及漢賦依附《詩經》傳統而在漢在權力場域爭得一席之地的脈絡，便十分清楚明白了。

前面所談雖及楚辭，但主要仍是以漢賦為討論核心，若單就楚辭論，除了依附《詩》之諷諭傳統、受到王室貴族青睞而登上政治舞臺外，是否有其它可再細思的原由？本文以為當與屈原在漢儒心中的形象有關。司馬遷在《史記·屈原賈生列傳》最後評論屈原說：「以彼其材，游諸侯，何國不容而自令若是？」誠然，在戰國游士任意去國、「朝秦暮楚」的風習下，屈原是不必要死守楚國；但也正因他寧死也不肯與「楚材晉用」的縱橫風氣同流，方更彰顯了其對國家、國君的忠誠，以致在傳統君、臣體制中，具有十足的象徵意義，特別是對儒家倫理觀正盛的兩漢朝廷而言。大抵來說，屈原在兩漢文人心目中有兩種特殊的意義，一是由賈誼〈弔屈原賦〉開啟的「自傷不遇」主題，將屈原看作是「逐臣」的知音；其次則是前述的忠臣形象。不論是視為知音或忠臣，有時不免也會有為了政治利益而「消費」屈原的情況發生，班固就是最好的例子。

多數學者都知道，班固曾經毫不留情批評屈原「露才揚己」（〈離騷序〉），並指責他不該在詩文中怨懟楚懷王，且認為司馬遷對〈離騷〉的高度評價是言過其實。但在另一篇提為〈離騷贊序〉的文章中，前述的批評明顯不見了，而是說：

> 屈原以忠信見疑，憂愁幽思而作〈離騷〉，……屈原痛君不明，信用群小，國將危亡，忠誠之情懷不能自己，故……上陳堯舜禹湯文王之法，下言羿澆桀紂之失，以風懷王。……至於襄王，……又作《九章》以風諫。卒不見納，不忍濁世，自投汨羅。原死之後，……其辭為眾賢所悼悲，故傳于後。[44]

---

44 引自：〔漢〕王逸章句；〔宋〕洪興祖補注：《楚辭補注》（臺北：漢京文化據《四部刊要本》鉛印，1983），頁 51。

肯定屈原作品的諷諫精神，同時也肯定他忠君愛國的情操，唯何以前後態度轉變若斯之大？考班固在布衣時，曾上具有自薦意味的書信給東平王劉蒼（？-83，漢光武帝劉秀之子），其中提到：「昔卞和獻寶以離斷趾，靈均納忠終于沈身。而和氏之璧，千載垂光；屈子之篇，萬世彌章。」[45]顯然尚未存有後來在〈離騷序〉中那樣負面的觀感，反而於屈原是推崇的。到了永平五年（62），班固因遭密告私竄國史而下獄，賴弟班超營救始脫險，卻因此獲得明帝（劉莊，28-75）賞識，因而開啟仕宦之途。章帝（劉炟，58-88）即位初，班固上〈典引〉，題前著錄了一段明帝的詔論：

> 司馬遷著書，成一家之言，揚名後世。致以身陷刑之故，反微文刺譏，貶損當世，非誼士也。司馬相如洿行無節，但有浮華之辭，不周於用。至於疾病而遺忠，主上求取其書，竟有頌述功德，言封禪事，忠臣效也。至是賢遷遠矣！[46]

大陸學者熊良智認為：班固對於屈原言行及劉安贊揚〈離騷〉「與日月爭光」（後來被司馬遷引述）的不滿應是受到漢明帝觀點的制約所致，因為〈離騷序〉與〈典引〉的寫作時間正相彷彿。[47]這個說法值得參考，最重要的是比照〈奏記東平王蒼〉中的論點，可以清楚看到班固對屈原觀感的明顯轉變，而這個轉變竟與其人生際遇有十分密切的關連。質言之，上書劉蒼時，班固仍是一介布衣，寫作〈典引〉時，他已成為帝國官僚體系中的一員，身分的改變使其不得不調整某些「視角」（point of view），這是可以理解之事。換句話說，布衣時期的班固需要借重屈原的忠貞愛國的形象來彰顯被認同、知遇的期待；然而一旦進駐某個被定位的群體角落時，符合掌控者的眼光似乎是班固應有

---

[45] 范曄（398-445），《後漢書·班彪傳》（北京：中華書局，2000），頁1332。
[46] 前揭書，頁1375。
[47] 參見：熊良智，《楚辭文化研究》（成都：巴蜀書社，2002），頁199-200。

的義務。除「身分」的因素外,這些文本的「預設讀者」無疑是班固寫作動機的觸發者:既然希望劉蒼知遇,推闡竭身盡忠的意旨是必要的;既然受明帝青睞,順上意申明「頌述功德」而非「露才揚己」方為忠臣的官箴也是應該的。由此看來,屈原的形象在班固的論敘中,多少成為一種因時制宜的典故,隨著身分認同與書寫策略而轉換其意義。

據此,屈原的事蹟在漢代可謂極具「政治隱喻功能」(其實在任何一個君主體制下都是),有時可能被有心之人無情地當作一種仕途進階的樣板,而他原具直諫精神的作品,自然也就成為政壇上君、臣投以特殊眼光的遺物,成為權力場域操作的「工具文學」。

四

除了文學源流上可能的相襲外,若從政治場域的視角來看,屈原的作品(楚辭)與漢賦之被漢人視為一類,主因於它們都與被充作政治諫書的《詩經》相同,具有諷諫的精神。那麼,魏晉以後,特別是南朝時期,騷與賦被分為二門,又是基於如何的「場域」因素?

嚴格說來,漢末魏初時,騷與賦尚未被明顯區分,據《北堂書鈔》所錄曹丕(187-226)《典論・論文》佚文所謂:「屈原,相如之賦孰愈?」來看,則曹丕仍襲漢人成見,視楚辭與漢賦為同類。不過,其中既然已試圖分辨屈原與相如作品的高下,似乎也已看到了兩者文風的差異,顯然騷、賦分立已開其端倪。到了南朝,騷、賦被分別看待已成事實,前述《文章始》、《昭明文選》及《文心雕龍》以外,鍾嶸的《詩品》也將「楚辭」與《國風》、《小雅》並列,成為五言詩啟源的三大系統,顯然在南朝文人心目中,屈原的作品已是相當重要的獨立門類,有其不同於《詩》、賦的特殊風格與意義了。

　　至於這樣把屈騷獨立出來的時代驅力是什麼？《四庫書目提要》認為：「蓋漢魏以下，賦體既變，無全集皆作此體者，他體不與楚辭類，楚辭亦不與他體類，體例既異，理不得不分，著也。」[48]紀昀（1727-1805）的看法聚焦於「文體」風格上的轉變，從騷與賦在體式上的不同來看，他的看法毫無疑問，事實上魏晉南北朝文學發展之所以深受後人重視，主要因素即在於時人對文體文類的辨析已有十分成熟的概念，特別是在諸體流變的辨析上，劉勰《文心雕龍・辨騷》即是著眼於體格「通變」的重點去分別《詩》、騷異同的。[49]顏崑陽教授指出：六朝文論家所提出的論述，皆已或隱或顯觸及「體源」的問題，展現出「體源批評」的傾向。[50]從這個現象來看，任昉、劉勰，乃至蕭統、鍾嶸諸人會把但騷（楚辭）獨立看待，似乎是極易理解之事。唯此係由時人文學認識的角度所作的詮釋，持論之中肯當無可疑，但除此之外，可有其它非文學的因素存在？

　　對此，廖棟樑教授提出二點看法：第一是六朝士人把自身對命運的困惑與絕望投射到屈原不幸的際遇中，並從其作品中體會出極為深刻的個人情感；第二則是因朝代更迭頻繁，傳統的君主集權被門閥制度所取代，屈原那種忠君愛國的精神也就失去了市場。自此文人不再留意他的「眷君情懷」，反而因注重才性，轉向標舉屈原恃才傲物的芳潔自持，因而促成了屈騷被獨立重視。[51]簡單來說，南朝士人對屈原

---

[48] 〔清〕紀昀：《四庫全書總目提要》，卷一四八「楚辭類」。

[49] 周振甫指出：「〈序志〉裏把這篇（辨騷）列入『文之樞紐』，不作為文體論中之一體，稱為『變乎騷』，這是極有見地的。蕭子顯在《南齊書・文學傳論》裏指出：『若無新變，不能代雄。』看來劉勰早已看到這一點，以把『變』列入文之樞紐。那末他的〈辨騷〉，表面上是承接〈宗經〉辨別楚騷和經書的同異，實際是經過這種辨別來研究文學的新變，只有辨別才能認識它的新變，『辨』和『變』是結合的，而以『變』為主。」所言甚中肯綮。見：氏著：《文心雕龍注釋》（北京：人民文學出版社，1981），頁42。

[50] 顏崑陽：〈六朝文學「體源批評」的取向與效用〉。文刊：《東華人文學報》第三期（2001年7月），頁1-36。

[51] 廖棟樑：〈痛飲酒，熟讀《離騷》──簡論六朝士人對屈原的讀解〉。文刊：

的接受，已從漢代的「忠君」框架中解放為具深刻情感且品行高潔的人格形象。

魏晉以下，士子重「情」是事實，強調才性也是一時風尚，廖教授將之與對屈原的接受結合，不為無見。實則若延續人物品鑑的視角繼續延伸，則屈原那種以香草裝飾自身的舉措，正好符合魏晉時人重視「身體意象」的習性。魏晉南朝名士對身體的看重有目共睹，時人除了對姿儀、風度耿耿於懷外，同時也對養生十分迷戀，甚至出現煉食丹藥的風潮。[52]屈原在他的作品中（特別是〈離騷〉）不斷描述以香草玉石自我裝飾、充作食物的情節，這點頗能吸引魏晉名士的眼光。例如〈離騷〉中說：「朝飲木蘭之墜露兮，夕餐秋菊之落英」，屈原本以之暗示自己面對時間流逝而脩名不立的焦慮，但到了曹丕的理解中，卻成了：「芳菊含乾坤之純和，體芬芳之淑氣。故屈原悲冉冉之將老，思餐秋菊之落英，輔體延年，莫斯之貴。」（〈九日與鍾繇書〉）固然曹丕已理解屈原文義，但他留意的重點顯然是在「輔體延年」上，全然是魏晉風尚。這種在意形貌、氣格的風尚持續發展，使得魏晉南北朝時的士人愈來愈重視自我身體的展演，[53]屈原那種堅持以香草裝飾自我，不與流俗同污的節操，也被時人化約為「孤芳自賞」的格調，漸漸地，「姿儀」有另一種向度的轉變，即整潔、俊美不再獨領風騷，「放浪形骸」也可以是一種傲岸自得的表現，於是便有所謂「痛飲酒，熟讀〈離騷〉，便可稱名士」（《世說新語・任誕》）的譏諷。以筆者陋見，時人所以藉屈騷以充名士，大抵與仰慕屈原那種「孤芳自賞」的格調有關。

《中國文哲研究通訊》第 8 卷第 4 期，頁 67-78。

[52] 王瑤：〈文人與藥〉。收入：氏著：《中古文學史論》（北京：北京大學出版社，1998），頁 136-164。

[53] 關於魏晉時人「身體表演」的情形與義涵，可參鄭毓瑜：〈身體表演與魏晉人倫品鑒——一個自我「體現」的角度〉。文刊：《漢學研究》第 24 卷第 2 期（2006 年 12 月），頁 71-104。

　　雖說門閥制度曾一度取代了君主極權，但我們仍不可忽略屈原「逐
臣」、「失意」形象對魏晉以降名士所起的認同作用，晉・陸雲（262-303）
〈九愍序〉提到：

> 昔屈原放逐，而〈離騷〉之辭興。自今及古，文雅之士，莫不
> 知其情而翫其辭，而表意焉。遂廁作者之末，而述《九愍》。[54]

陸雲自承《九愍》之作是感於屈原〈離騷〉而作，而〈離騷〉在他看
來即為逐臣之歌，他跟一般「文雅之士」一樣，能知屈原之「情」，並
且熟稔屈原的作品，認同之情溢乎言表，幾乎就是屈原的知音。也難
怪他的《九愍》時見〈離騷〉的影子，如〈紆思〉中有：「朝彈冠以晞
髮，夕振裳以濯足」句，大約是櫽栝〈離騷〉：「朝搴阰之木蘭兮，夕
飲洲之宿莽」句法而來。又如：「生遺年而有盡，居靜言其何須。將輕
舉以遠覽，眇天路而高遊」云云，也充滿屈騷的遺韻。其次，與陸雲
約略同時的曹攄在〈述志賦〉中也提到：「悲伍員之沈悴，痛屈平之無
辜。」葛洪（283-363）《抱樸子外篇・時難》則云：「言不見信，猶之
可也。若乃李斯之誅韓非，龐涓之刖孫臏，上官之毀屈平……，為臣
不易，豈一塗也哉！」都顯然是對屈原逐臣失遇之情抱屈，這樣的感
同身受，後來在陶潛（365-427）的〈感士不遇賦〉中更清楚地表露：

> 夫履信思順，生人之善行，抱樸守靜，君子之篤素。自真風告
> 逝，大偽斯興，閭閻懈廉退之節，市朝驅易進之心，懷正志道
> 之士，或潛玉于當年；潔己清操之人，或沒世以徒勤。故夷皓
> 有安歸之嘆，三閭發已矣之哀。

---

[54] 引自：〔唐〕歐陽詢：《藝文類聚》（京都：中文出版社，1980），卷六十四。

陶潛對屈原的認同來自他的「潔己清操」，正與「真風告逝」的虛偽濁世形成強烈對比，而卻也是有志節的士子所以不被知遇的原因。如此看來，屈原的形像在魏晉六朝除了是服食養生、孤芳自賞的名士典範外，傳統的逐臣失意之情，顯然仍是其被時人認同並接受的主因，而這當然與彼時士子動輒因政治傾軋而喪亂流離的景況息息相關。

既然魏晉六朝士子對屈原有一定程度的認同，對他的作品相當的熟稔，並且頌傳流播，那麼「騷」體之被特殊看待，並因此對其體式全然認識也是極自然之事，後來蕭統把它獨立為一類，除了是他個人的眼光以外，也應是時代趨勢使然。

提到蕭統，我們似不得不留意他的特殊身份，與他在《文選·序》對屈騷的評價。雖然《文選》是由蕭統手下文士協助編輯完成（號稱「十學士」，但主要是劉孝綽[55]），但以蕭統本身雅好文學，生平編書超過百卷的情形來看，他對《文選》編輯、選文的主要方向及體例，應有十分重要的指導作用，而他的編輯理念，便見諸《文選·序》。在〈序〉中，蕭統提出他把「騷」獨立為一類的原因：

> 又楚人屈原，含忠履潔，君匪從流，臣進逆耳，深思遠慮，遂放湘南。耿介之意既傷，壹鬱之懷靡愬，臨淵有懷沙之志，吟澤有憔悴之容，騷人之文，自茲而作。

所謂「自茲而作」，很明顯也是用「體源」的角度去申明「騷」這種文體的原創性，這一方面說明蕭統已十分明白屈原作品的體格與「賦」、「詩」乃至於其它文類都不相同，另一方面他也觀察到這個體類後有所承，宋玉《九辯》、《招魂》及淮南王劉安的《招隱士》等都是模仿

---

[55] 「十學士」指蕭衍為蕭統所置的十位師友，分別是：陸倕、張率、到洽、謝舉若、王筠、劉孝綽、張緬、王規、張纘及王錫等。這十人中究竟有多少人曾參與《文選》的編輯工作，向為治《文選》學者所留意，可參：屈守元：《文學學纂要·導論》（臺北：華正書局，2004），頁 28-42。

騷體而成（《文選》便將二者置於「騷」之下），因此屈騷可視為一種文體典型，自然要將之獨立為類。其次，蕭統對「騷人之文」的定義是：「耿介之意既傷，壹鬱之懷靡愬，臨淵有懷沙之志，吟澤有憔悴之容」，而其置諸「騷」類底下的宋玉及淮南王作品，也都刻意營造出一種低迴淒迷之情，十分吻合魏晉以降許多懷才不遇、動輒得咎的文士際遇與形象，因此若說蕭統對「騷」體的分類是受到魏晉六朝的時代氛圍所影響，應不為過。

再者，留意到蕭統特殊的身分，則「騷」之獨列亦有耐人尋味之處。一般認為，劉勰曾任東宮通事舍人，《梁書・文學傳》稱蕭統對劉勰「深為愛接」，因此劉勰區判《詩》、騷不同，並獨列〈辨騷〉的文學理念可能對蕭統頗有影響。此話雖有理，但從《文選・序》來看，蕭統對「騷」除了體式上的理解外，更多是基於情感上的認同，換言之，他體會得到屈原的遭遇。自兩漢以來，除淮南王劉安外，似未聞王室權貴發言讚揚過屈原，幾乎都是為人臣者引為自證忠誠的典型。而就位階論，劉安在漢室的地位猶不及蕭統（統貴為太子，原係皇位繼承人，不幸早死而未登基），因此蕭統對屈原的揄揚便顯得格外特殊，自然也格外具有影響力。那麼位列王儲的蕭統何以讚揚屈原「含忠履潔」，而非如班固般在乎他「露才揚己，責數君王」呢？這或許與蕭統生性寬厚仁愛、敏感重情有關，但實情究竟如何，由於史料不足，本文顯然是無力處理了。[56]唯至少可以明白的是，魏晉南朝從文士到王儲，都對屈原的作品及情志有一定的認同，在文學、歷史與政治的多重激盪下，「騷體」被獨列，無疑是水到渠成之事了。

---

[56] 按：蕭統曾在為其母丁貴嬪尋覓得墓地，後因其父蕭衍寵宦俞三副受賄，衍未用統所覓之地而改買他地。時有道士謂統，衍所購之地不利長子，恐有害於統，必須以蠟鵝埋藏其間以鎮服之。統信其言而照辦，後此事遭原受統寵信的宦官向衍舉報，蕭衍得知十分驚怒，原欲窮其事，賴中書令徐勉力諫，統方得免罪，僅誅道士了事。統自此慚愧憤恨，與其父衍亦因此而生嫌隙，甚至影響日後立嗣。不知是否因此於屈原的失意之情有更深體會，亦不得而知。事見：《南史》卷五十三，《梁武帝諸子列傳》，頁 1312-1313。

　　此外，從晉室「偏安江左」（A.D318）後，整個中原文化活動暫時移到了南方，這是一個值得留意的重點。以現存的文獻來看，「騷」、「賦」被分別看待幾乎是南朝以後的事，換言之，都在公元三一八年晉室南遷以後。我們都熟知《清商樂》是古代的《相和歌》在南朝時與「吳歌」及流行於荊楚的「西曲」糅和所成，那麼，中原士子進入南方後，風土影響，必對其原本僅在歷史文獻中習知的屈原及其作品有了更深的體認，或許這也是屈原作品終於為他們所青睞熟稔的外在因素之一吧。

　　最後，若我們考慮儒學在魏晉以後的式微，則屈原作品中那種既合於儒家「言必稱三代」、卻又在個人情調上衝破儒家倫理框架的特殊情調，似乎正與魏晉南朝的景況可以合轍。在漢代，儒家思想（特別是倫理設計）幾乎是整個群體社會的行為指導原則，不論是政府或家庭，貴族或平民，都在理論上被要求符合儒家的道德觀念。以致當司馬遷帶著些許批判昏君讒臣迫害忠良的筆鋒去描述屈原及其作品的崇高精神時，會遭到班固持「露才揚己」的意見加以反駁，因為在儒家倫理概念下，屈原是不應高揚個人主義來怨懟懷王的。我們看王逸極力綰合屈原作品與儒家經典的傳承關係，便可窺知彼時衡量一個人、一個作品的價值標準是什麼，也因此屈騷必須寄託於《詩經》的諷諭傳統下，才能在漢廷取得一席之地。後來劉勰從較客觀的立場分析了屈騷與《風》、《雅》的異同，讓我們明白在魏晉南朝人的眼光中，屈原及其作品並非合於純粹的儒家思想，其中「托雲龍、說迂怪、豐隆求宓妃、鳩鳥媒娥女，詭異之辭也；康回傾地、夷羿彈日、木夫九首、土伯三目，譎怪之談也」正符合魏晉以降談異說怪的風潮，而與儒家「不語怪、力、亂、神」相悖；而「依彭咸之遺則，從子胥以自適，狷狹之志也；士女雜坐，亂而不分，指以為樂，娛酒不廢，沉湎日夜，舉以為歡，荒淫之意也」[57]則頗得南朝失意文士看破名教、縱情自適

---

[57] 以上引文均見：劉勰：《文心雕龍・辨騷》。

的心緒，而截然不同於儒家內聖外王、禮義自持的君子典型。因此，
屈原作品容有符合儒家傳統道德觀念之處，所以獲得漢儒的稱道；但
更多則符應了魏晉南朝士子的思惟與行徑，故而得到時人的青睞，即
連魏晉以降詩文漸入豔逸一途，也多少受了屈騷的影響，故劉勰云：「是
以模經為式者，自入典雅之懿；效騷命篇者，必歸豔逸之華。」[58]

　　以上本文約略論述了自兩漢迄魏晉南北朝「騷」、「賦」分合的情
況及其所可能蘊攝的文學與文化義涵，並對此一現象的形成提出若干
粗淺的看法，這些看法前人多有言及，雖然不見得是用來解釋文體分
類的成因，但置諸「騷」、「賦」分立的歷史脈絡中去考察，卻有一定
的適切性。當然，礙於學力與篇幅，仍有許多待考察的因素未能深入
探析，包括經濟活動及門閥制度等，此待方家惠我，並俟時日以補
充之。

---

[58]　《文心雕龍‧定勢》。

另類閱讀

——學測、指考國文科寫作審題常見問題之分析

林素珍

國立彰化師範大學國文系副教授

摘　要

　　本文以八十三年至九十八年間，學測與指考國文學科七十三個寫作題為範圍，運用歸納、分析、統計等方法，探討考生在審題方面常見的問題。得知：一、誤解題目的旨意；二、對閱讀材料的理解有偏誤；三、不符合限制條件的要求；四、擅改題目等，是常見的審題缺失。其主要的原因有二：其一，未仔細、認真閱讀題目；其二，閱讀能力不佳，無法掌握題幹的意旨或題目的關鍵語詞，乃至無法理解閱讀材料的要旨等，所以造成答題上的偏差。至於教學建議事項可從以下兩個方向著手：1、就近程而言：計有加強審題能力、建立新型作文題庫、引導學生徹底改正審題方面的缺失等；2、就遠程而言：計有提升學生的閱讀能力、教導學生運用多重閱讀策略等。要之，新型寫作題是以讀寫合一的命題方式，測試考生的語文表達能力，其對審題能力的要求更甚於過去傳統命題的方式，無論教學或考試都應特別注重此一環節。

關鍵詞：學科能力測驗、指定科目考試、新型寫作、審題

壹、前言

　　所謂「審題」是對題目加以一番審視、探究，了解其中的含義、特性、範圍及形式[1]。相較於傳統的命題作文，新型寫作題對審題能力的要求更為嚴格，因為題目所提供的訊息更多，而限制的條件也更明確。因此，「審題」是提筆行文前的第一要務，唯有精準掌握題目的意義、重心、範圍，才能確定寫作立場，正確取材，針對題意的要求，深入闡述，陳品卿《中學作文教學指導》提到[2]：

> 審題乃是作文的第一步驟。審題周密正確，才能有適當的立意、靈活的運材、合宜的布局和通暢的措詞，所以說一篇好文章首要的條件就是正確的審題。

若是文不對題，即便內容精彩、文詞優美，也是徒勞無功。尤其是在考試的場合，審題更是寫作題得分之鑰，自得特別重視[3]，清代唐彪《讀書作文譜》說到[4]：

> 凡一題到手，必不可輕易落筆，將通章之書，緩緩背過，細想神理，看其總意何在？分意何在？界限節次何在？……

---

[1]　林政華：《文章寫作與教學》（臺北：富春文化事業股份有限公司，1999年），頁100。

[2]　陳品卿：《中學作文教學指導》（臺北：國立臺灣師範大學中等教育輔導委員會，1989年），頁34。

[3]　林素珍：〈差之毫釐，失之千里──談大考寫作題考生答題的幾個面向〉，收錄於王開府、陳麗桂主編：《國文作文教學的理論與實務》（臺北：心理出版社有限公司，2006年），頁443-447。

[4]　「清」唐彪：《讀書作文譜》（臺北：偉文圖書出版有限公司，1976年），頁68。

即是說明謹慎而仔細審題的重要性。另，陳滿銘《作文教學指導》也提及[5]：

> 題目的意義，可分為字面與內涵兩方面。在字面方面，須就題文逐字逐詞地分析它們的意義，……明辨題目的意義之後，就要把握題目的重心。學生能針對題目的重心加以發揮，才不會使內容無所依倚，而偏離了題目。……把握題目的重心之後，就要認清題目的範圍。學生能依這個範圍去搜尋材料，才不致漫無邊際，背離題目的要求。

由此可見，仔細閱讀題目，明白題意的要求，是作文的一個重要關鍵，會錯題意或是看錯題目，常造成不可挽回的遺憾，是非常嚴重的缺失。

就新型寫作題讀寫合一的設計理念來觀察，考生的閱讀能力也會影響其審題能力，潘麗珠〈從學測閱卷談我對「閱讀」的一些看法〉以論及[6]：

> 許多學生的寫作問題不出在寫作技巧方面，而是出在「閱讀」能力有異狀——無法有效掌握題目的訊息。……這些訊息能夠全然掌握到的學生，據筆者粗估，不達總人數的四分之一。事態嚴重，問題顯然出在「閱讀」上。

可知考生常因閱讀能力的低落而造成審題上的問題，以致在寫作題上不能有良好的表現。曾佩芬〈92 年學科能力測驗國文考科非選擇題評分標準說明〉則說到[7]：

---

[5] 陳滿銘：《作文教學指導》（臺北：萬卷樓圖書有限公司，1997 年），頁 118-121。

[6] 潘麗珠：〈從學測閱卷談我對「閱讀」的一些看法〉，《國文天地》第 227 期，（2004 年 4 月），頁 28。

「語文表達能力測驗」與傳統作文的差別，在於語表題型提供了充分、多元的寫作環境。考生在下筆前，需先費時費神地閱讀、理解或體會題幹所示的材料與情境，方能在切應題幹要求的前提下展現個人的語文表達能力。也就是說，即使作者天才橫溢、長於自出機杼，若作答前未能充分了解試題精心設計之處，落筆任意揮灑，反而容易失利。

若無法精確審題、掌握題旨，即使有敏捷的才思，流暢的文筆，仍是無法正確作答、符合考試的要求。

　　本論文撰寫之主要目的是希望基於前人已有的豐碩的成果，縱向論述八十三年至九十八年歷屆學測、指考寫作試題的發展，也以整體的觀點探討十六年間，七十三題[8]寫作試題的類型、特色等，並提出相關建議。至於主要的研究法有以下三項：

(一) 歸納法：主要用於整理學測與指考的題型及考生在審題方面常見的問題。

(二) 分析法：主要用於探討考生在審題方面之所以產生問題的原因。

(三) 統計法：以 SPSS 15.0 為資料處理平臺，主要呈現歷年學測與指考寫作題類型的百分比、題目是否提供閱讀資料的百分比、限制題型各種限制條件的百分比。

---

[7]　曾佩芬：〈92 年學科能力測驗國文考科非選擇題評分標準說明〉，《選才電子報》第 103 期，(2003 年 3 月)，網址：www.ceec.edu.tw/CeecMag/Articles/103/103_5.pdf，2009 年 6 月查詢。

[8]　此題數包括：學測五十二題寫作題、指考二十一題寫作題。其中學測部分包含九十一、九十二年五題補考題，而八十三年的命題作文、八十四年命題作文、八十七年作文、八十八年短文寫作、八十九年作文、九十年作文（表一中打「*」者），分別出兩個題目讓考生擇一作答。另，九十二年第一題「閱讀資料並作答」、九十三年第二題「描寫與擬想」，各有兩個小題，均個別以獨立的題目視之。而指考部分則包括九十三年兩題補考題。另，九十三年、九十三年（補）、九十四、九十五年的第一題（表二中打「*」者），各有兩個小題也個別以獨立的題目視之。

　　要之，本文的討論重點有三：其一，試題的類型；其二，審題常見問題分析；其三，教學建議事項。期能透過此一觀察報告，提供教學者及研究者相關參考資料，更希望學界前輩專家給予指正。

貳、學測與指考題型分析

　　大抵言之，我國學測從八十三年開始實施，至九十八年為止，十六年間共有五十二題寫作題。指考較慢舉行，至九十一年才開始，目前共有二十一個寫作題。根據大考中心的說明，命題理念有三個[9]：

1. 注重自然與人文、理性與感性、學理與實用、傳統與現代的結合。
2. 貼近生活經驗，切合社會脈動。
3. 強化分析理解，促進多元思考。

　　可知：學測與指考的非選擇題部分以新型寫作題為主，其基本理念在於包羅各方、整合多元，並以理解、思考為主。所謂「新型寫作題」是相對於傳統命題作文而言，其題面的呈現，除了題目之外，還有引導的說明或限制的條件，仇小屏《限制式寫作之理論與應用》說明：「『引導式寫作』所給的說明只是用作引導，並不具有強制性；但是『限制式寫作』中所給的說明不僅有引導的作用，而且還是一種條件的限制[10]。」前者在於引導學生進入寫作情境，後者在於說明限制條件。就寫作教學或升學考試而言，新型寫作題較傳統命題具有更大的優點，因為它的命題多元而靈活，無論在應用或評量上都更符合實用與客觀的原則。茲將歷年學測與指考的寫作試題表列如下：

---

[9]　何寄澎等：《語文表達能力測驗研究（四）》（臺北：財團法人大學入學考試中心〔研-87-143〕，1998.12.1-1999.9.30），頁 4-5。

[10]　仇小屏：《限制式寫作之理論與應用》（臺北：萬卷樓圖書股份有限公司，2005 年），頁 8-10。

文化、經典與閱讀——李威熊教授七秩華誕祝壽論文集

表一：歷屆學測寫作試題統計表

材料 限制 年度 佔題 分號		閱讀材料				限制條件					
		有			無						
		白話	文言	圖表		項目	字數	方式	情境	角度	文類
八十三 40%	一（10%）	V					V	V			
	*二 （30%）	1.									
		2.									
八十四 40%	一（15%）		V				V	V			
	*二 （25%）	1.									
		2.									
八十五 40%	一（20%）	V				V	V				
	二（20%）										
八十六 50%	一（30%）	V	V			V	V				
	二（20%）	V	V			V	V				
八十七 40%	一（12%）		V			V					
	*二 （28%）	1.			V	V					
		2.			V	V					
八十八 45%	*一 （18%）	1.			V			V			
		2.			V			V			
	二（27%）				V	V					
八十九 45%	一（18%）	V				V					
	*二 （27%）	1.			V	V					
		2.			V	V					
九十 44%	一（8%）		V			V					
	*二 （36%）	1.			V						
		2.			V	V					
九十一 54%	一（9%）			V		V		V			
	二（18%）	V				V		V			
	三（27%）	V				V				V	V

年度	題目		1	2	3	4	5	6	7	8	9	10
九十一（補）54%	一（9%）				V		V		V			
	二（18%）		V				V	V				V
	三（27%）					V						
九十二 51%	一（24%）	1.V					V	V				
		2.V					V	V		V	V	V
	二（27%）		V				V					V
九十二（補）51%	一（24%）		V				V					
	二（27%）		V								V	
九十三 52%	一（14%）	1.			V		V	V				
		2.			V		V	V				
	二（14%）		V				V		V	V	V	
	三（24%）		V				V			V	V	
九十四 54%	一（9%）		V				V		V			
	二（18%）		V				V					
	三（27%）					V						
九十五 54%	一（9%）		V				V		V			
	二（18%）		V				V					
	三（27%）		V				V		V	V		
九十六 54%	一（9%）		V				V	V				
	二（18%）		V				V	V				
	三（27%）					V	V					
九十七 54%	一（9%）		V				V	V				
	二（18%）			V			V	V			V	V
	三（27%）					V	V					
九十八 54%	一（9%）			V					V			
	二（18%）		V				V	V				
	三（27%）					V						
次數			24	7	4	14	38	17	10	5	6	4
百分比%			51.1	14.9	8.5	29.8	80.9	36.2	21.3	10.6	12.8	8.5

　　其中除83學（二，1、2）[11]、84學（二，1、2）、85學（二）的「命題作文」仍為傳統式的寫作題外，其餘均為新型寫作題，而以有提供閱讀材料者為多，限制條件則以寫作項目為多。就指考而言，則均為新型寫作題，限制與引導題型約各佔一半，詳見下表：

表二：歷屆指考寫作試題統計表

限制 \ 材料 分號 \ 年度佔題	閱讀材料			限制條件		
	有		無	項目	字數	方式
	白話	文言				
九十一 45% 一（18%）			V	V	V	
九十一 45% 二（27%）			V			
九十二 30% 一（30%）			V	V		
九十三 33% *一（6%） 1.V	V			V		
九十三 33% *一 2.V	V			V		
九十三 33% 二（27%）			V			
九十三補 33% *一（6%） 1.V	V			V		
九十三補 33% *一 2.V	V			V		
九十三補 33% 二（27%）			V			
九十四 45% *一（9%） 1.		V		V		
九十四 45% *一 2.		V		V	V	

<hr>

[11] 83學（二，1、2）意指八十三年學測國文考科寫作題第二題的第一、第二小題，以下亦同。

九十四 45%	二（36%）			V			
九十五 45%	*一（18%）	1.	V		V	V	
		2.	V		V	V	
	二（27%）			V			
九十六 45%	一（18%）		V				V
	二（27%）			V			
九十七 45%	一（18%）		V			V	V
	二（27%）			V			
九十八 54%	一（9%）		V		V		V
	二（36%）			V			
次數		4	7	10	11	5	3
百分比%		19.0	33.3	47.6	52.4	23.8	14.3

　　由表一、表二可知：學測與指考的新型寫作題又可分為二種：（一）引導型：除了引導性的文字引領考生了解命題的用意，並進入寫作情境外，並未提供任何閱讀材料，對其它事項也不加以規定。（二）限制型：又可分為提供閱讀材料及未提供閱讀材料兩種。其中閱讀材料包含文字（白話文、文言文）與圖表等。而限制的條件則又有寫作項目[12]、字數限制、行文角度、情境設定、作答方式、文類規定等。

---

[12] 所謂「寫作項目」係指在題目中有明確指出行文時必須敘述或討論的對象。

參、審題常見的問題

學測與指考的場域中,考生在審題方面常見的問題有以下四項,將分別討論之:

一、誤解題目的旨意

無論是限制型或引導型的題目,都會有其寫作的主旨,正是考生應當深入發揮的重點所在,但有些考生卻誤解題目的旨意,造成答非所問的現象,以下分別舉例說明之[13]:

1. 88 學(二):作文──「假裝」

本題題幹曾說明:「請以『假裝』為題,寫一個關於自己『假裝』的經驗,內容應包括:你為何『假裝』、你如何『假裝』、『假裝』時的心情、現在的感想等。」作答時應該選擇一次自己假裝的經驗,並說明其原由、過程、感想等。例如有位考生敘述:搭公車時,因為身上的零錢不夠,所以矇混著將僅有的零錢投入錢筒,偏巧卻被司機先生發現了,在窘迫的狀況下,只好假裝自己是外國人,聽不懂司機先生所說的話,經過一陣比手畫腳之後,二人還是無法溝通,最後司機只好放棄追款的動作,而作者則認為自己非常幸運,並警惕自己下回要小心些。然而,許多考生卻將「假裝」理解成「壓抑」,敘說自己在家裝成好孩子、在學校裝成好學生,經過十八年的「假裝」,覺得無法再

---

[13] 例子的陳列採學測在前、指考在後的排序方法,並以年度先後為序。

忍受下去了，所以想要扮演真正的自我。其實，題幹所謂的一個假裝的經驗應是短暫的一次過程，而非歷經十八年的長時間。

2. 91 學（二）：文章改寫

改寫題主要是強調在保留原作基本內容的前提下，讓學生根據特定的要求，對原文的體裁、寫法、文類等加以改變[14]。根據本題的說明是希望考生在保留原信的時間、地點、人物、情節等條件下，將情書加以改寫，並且須注意不可誤用或濫用口語及成語。或許是因為題目中有提到「寫作時，適度而精確的使用口語與成語，可使文章增色，但若濫用、誤用，反不可取」，所以考生誤以本題為「成語改錯題」[15]而忽略了「用真切、自然的文字加以改寫」的旨意，應跳脫原文的架構，進行「再創作」，不宜套用原文的框架、僅僅修改成語而已。

3. 93 學（一）：描寫與擬想

本題的重點不在圖像的原始意涵及典故的出處，而在於題目圖中的人與蛙因神情和姿態各有不同，所以可以有很大的想像空間，考生只要依題幹指示，合理敘述即可。然而，注意事項提及：「神情、姿態之描寫，與各自內心之所想，二者之間應相關、呼應，不可風馬牛不相及。」文中的「各自」指的是人的神情、姿態和內心之所想應有所呼應及相關，蛙的部分亦然，例如：

---

[14] 陳弘智等：《新型作文瞭望臺》（臺北：萬卷樓圖書股份有限公司，2003 年），頁 127。

[15] 曾佩芬：〈91 學測國文考科非選擇題解讀〉，《選才電子報》第 92 期（2002 年 4 月），網址：www.ceec.edu.tw/CeecMag/Articles/077-102/92_5.htm，2009 年 6 月查詢。

> 人：目光猙獰，面孔扭曲，痀瘻著背，怒髮衝冠，臉頰因用力
> 張嘴咆哮而凹陷，像是因極端厭惡而起了暴怒；曲著腿，
> 手背在背後，卻讓他看起來有些作勢。
>
> 蛙：四肢奮力向前後伸展，努力往前跳，似是在逃，但眼神卻
> 悠然自得，也許是對此人的暴怒感到輕蔑。
>
> 人：又是一隻青蛙，惹人生厭，快趕它走。
>
> 蛙：哎！就在跳了，別緊張啊！（南-33）[16]

有些考生卻誤以為人的神情、姿態與蛙的神情、姿態須相呼應，而人的內心所想與蛙的內心所想要相符[17]，顯然誤解了題旨，所以在答題時有所偏差。

4. 93 學（二）：判讀

本題是要求考生為求職信列舉訴求重點，並說明其理由，換言之，是在寫求職信前所做的重點整理，諸如：

一、「曾從事過紡織、餐飲、保全」：把陳先生以往的工作經驗寫出，使僱主覺得他有多方面的專才和經驗。

二、「最近在社區大學進修過電腦」：可顯示出陳先生雖是中年，仍不忘進修、充電，能令僱主認為他跟著時代潮流前進，不斷提升自己的能力。

三、「對工作性質、地點皆不挑剔」：陳先生的配合度高，讓僱主調度方便。

---

[16] 多年來，在學測或指考結束後，研究者會與許多高中老師合作，將當年的題目讓高二的學生習作，由研究者依大考中心的評分規準批閱，並給予級分，文中的例子均曾徵得當事人同意才引用。

[17] 曾佩芬：〈93 年學測國文考科非選擇題評分標準說明〉，《選才電子報》第115 期（2004 年 3 月），網址：www.ceec.edu.tw/CeecMag/Articles/115/115_3.pdf，2009 年 6 月查詢。

四、「家中越南妻子及兩名稚子的生活由自己一人扛起，希望待遇為四
萬元」：強調陳先生的經濟負擔大，使僱主心生憐憫再順勢提出薪
資條件，較易為僱主認可。（中-42）

本題非要求考生寫求職信或履歷表，題幹說明：「在寫這封求職信
之前，你必須仔細衡量上述陳先生的狀況，從中選擇若干，做為訴求
重點，以便打動僱主的心。那麼你會選擇那些重點呢？請逐項列出，
並說明所以選擇其作為訴求重點的理由。」已將題旨說明得相當清楚，
並在「注意」中再次提醒：「本題用意，並不在要求寫成完整的求職信，
作答時，請逐項列出重點並說明理由即可。」有不少考生在答題時以
求職信或履歷表呈現[18]，實在是沒有仔細閱讀題目的結果。

5. 96 學（一）：文章分析

本題要求考生依據余光中〈記憶像鐵軌一樣長〉一文，分析作者
「如何藉由想像力，描述搭火車過山洞時所見的景象與感受。」因此，
在閱讀上文時應特別注意作者運用其想像將過山洞時的景象與感受，
例如：把黑暗擬人化，用「撞」這個動詞表示從光亮轉成黑暗的突然；
之後火車駛進山洞，則以「山嶽的盲腸」來比喻火車穿越隧道，愈陷
愈深，伴隨著轟動不絕的迴聲。接著，使用人性化的動作描寫光明在
「山的那一頭迎你」，從微熹到天光到豁然開朗，又用了「吐」字來形
容黑洞吐出火車給白晝的感覺，全文用了許多譬喻、象徵與轉化的修
辭技巧，只要在閱讀的過程中掌握「黑暗迎面撞來」、「衝進山嶽的盲
腸裡去了」、「光明在山的那一頭迎你」、「黑洞把你吐回給白晝」等句
子，在答題上就不致於太困難[19]。但是，有不少考生不明旨意，將重

---

[18] 黃培青：〈人與蛙的狂想、失業者的悲歌與鬍子變奏曲——九十三年大學學
測作文現象探析〉，《國文天地》第 227 期（2004 年 4 月），頁 13。

[19] 林素珍：〈由新型作文談閱讀與寫作的關係〉，《國文天地》第 293 期（2009

點放在描述自我第一次搭火車的經驗，或是說明自己搭火車過山洞的種種，與題目的旨意均不相符。

6. 96 學（二）：闡釋與表述

本題要求考生依據閱讀材料中的對話內容的像徵意涵，闡釋「玫瑰」與「日日春」分別抱持的處世態度，再依據闡釋，選擇其一說明自己較認同的態度。所以「處世態度」是一個重點，所以「消極、積極」；「悲觀、樂觀」；「被動、主動」；「傲慢、隨和」；「追逐名利、淡泊名利」應是可以被接受的。但若是說明兩種花的花語，如：「玫瑰：永恆的愛情」、「日日春：天長地久」，或是分析兩種花所代表的人物，如：老子、孔子；伯夷、柳下惠；七十二烈士、五柳先生；李白、蘇軾；陶淵明、伊尹；衛生局的高級長官、清潔隊員；一板一眼的公務員、身無分文的游民；投機員工、安份員工；臨時抱佛腳的考生、天天讀書的考生；蔡依林、許純美；杜正勝、許瑋倫等，都有不符題意之憾[20]。

7. 92 指（一）[21]：寫作題──「猜」

題目一開始及表明是「猜」，其後的引導文字有一段是：「上課中猜想暗戀的人會不會經過門外？下課後猜測那一隊會贏得今年 NBA 的總冠軍賽？邊走邊猜今天好運會不會與我同在？邊寫邊猜所寫的是不是閱卷老師喜歡的題材？……」是以學生的生活經驗著手，引導其從日常生活取材；另一段引導文字是：「哥倫布猜測地球是圓的而找到新大陸；哥白尼猜想地球繞著太陽轉而開啟天文學的新途；牛頓也是

年 10 月），頁 33。

[20] 林素珍：〈走過學測〉，《國語日報》13 版（2007 年 4 月 4 日）。

[21] 92 指（一），意指九十二年指考國文考科寫作題第一題，以下亦同。

先猜地球必有一股力量將月球拉住,從而發現物體的質量會影響萬有引力的強度。」則是從人類歷史著眼,引導考生從理性的層面取材。所謂的「猜」應是猜想、猜測之意,且其思考的方向以應是正面的。但是有部分考生卻將題旨解釋成「猜忌」,字裡行間充滿著疑慮、妒恨,與題目原先所設計的用心是相違背的。

8. 97 指（一）：擴寫

題目說明:「『擴寫』是以原有的材料為基礎,掌握該材料的主旨、精神,運用想像力加以渲染。」所以作答時應依題幹既有的材料加以發揮,或可從范增、項莊、項伯、項羽、劉邦等人物的心理狀況著手,也可對其表情、動作深入描述,切不可增加故事中的人物,或更改情節,例如:「張良制止項莊、項伯舞劍」、「范增因計謀未成而吐血」、「項羽、劉邦逕自欣賞舞劍,全然不知情勢變化」等[22],都是不允許的。此外,「擴寫」不等於「續寫」,所以不宜敘述鴻門宴以後的情節,例如:「劉邦逃離之後,項羽派呂布追殺[23]」、「項莊因舞劍無法刺殺劉邦,所以決定下回以毒酒殺害劉邦」等,不但不符合「彰顯原義,豐美行文」[24]的擴寫精神,對歷史事件的了解也存在著許多問題。

9. 97 指（二）：引導寫作──「專家」

就題目的說明:「現代科技進步,文明發展快速,任何知識學問的數量和深度都遠遠超過古代,分工、分門成了必然的趨勢,任何人都

[22] 潘莉瑩:〈97 指考國文考科非選擇題評分標準說明〉,《選才電子報》第 168 期（2008 年 8 月）,網址:www.ceec.edu.tw/CeecMag/Articles/168/168-5.htm,2009 年 6 月查詢。

[23] 王年双:〈97 年指考作文評閱心得（上）擴寫〉,國文學科中心高中職寫作學習網址:chincenter.fg.tp.edu.tw/~writing/article.php?id=21,2009 年 6 月查詢。

[24] 張春榮:〈擴寫與創造性思考〉,《國文天地》第 205 期（2002 年 6 月）,頁 7。

無法博通一切,各類『專家』應運而生。」可知此處所謂的「專家」指的是「對某一門學問有專門研究的人,或擅長某項技術的人[25]」,所以應朝著「具有專業知識或技能的人[26]」的方向闡述題旨,如:建築師、老師、律師、醫師、工程師、會計師、精算師等,就是可以論述的對象。許多考生卻不明題旨,所說的專家只是在某些事物上較有涉獵或某種能力較突出的人,如:八卦專家、愛情專家、星座專家、打手機專家、說謊專家、吃飯專家、聊天專家、考試專家、打人專家、賭博專家、哈拉專家、睡覺專家、電動專家、偷心專家、美眉專家等,都不能含括在題目指稱的專家範疇。至於有部分考生認為:海豚是游泳專家、黃鶯是歌唱專家、夏蟬是生命專家、大自然是智慧專家、音樂是抒壓專家、小狗是嗅覺專家等,就離題更遠了。

10.98 指(一):簡答

本題引自《戰國策・齊策》「馮諼客孟嘗君」,要求考生分析「孟嘗君笑而受之」、「左右皆笑之」、「曰:『孟嘗君客我!』」中孟嘗君、左右之人、馮諼的心態,所以作答時應留意上下文的情節發展,才能準確的將三者的心態說明清楚。卻有部分考生將「心態」誤解為評論三者的行為表現,而以為孟嘗君是有仁心的人、心腸很軟的人、具有慧眼的人、真正的豪傑、有容人的雅量、有領導能力、聰明又能應變。以為左右之人是真正該被嘲弄的人、現實的表現、小眼睛器量狹小、目光如豆、只能被使喚的人等。以為馮諼是知恩圖報、伺機而動、愛現的人、不虛偽的人、深藏不露等,都誤解了題意。

---

[25] 王年双:〈97 年指考作文評閱心得(下)引導作文〉,國文學科中心高中職寫作學習網址:chincenter.fg.tp.edu.tw/~writing/article.php?id=20,2009 年 6 月查詢。

[26] 王昌煥:〈97 指考國文作文題解析〉國文學科中心高中職寫作學習網址:chincenter.fg.tp.edu.tw/~writing/article.php?id=1219888161,2009 年 6 月查詢。

二、對閱讀材料的理解有偏誤

新型寫作題是採取讀寫合一的設計，就學測與指考已出過的考題來觀察，其所提供的閱讀材料包括文字與圖表，考生常在閱讀材料的理解上產生偏誤[27]，以致答題有所偏差，以下舉例說明之：

1. 91 學（一）：圖表判讀

本題的閱讀材料為統計圖表，測驗考生分析、歸納資料的能力，將圖表所傳達的訊息條列出來，故其可能的答案分別為[28]：

一、除 87 年，85、86、88 年春、夏、秋季傳染病 x 的發生率，依次增高。

二、傳染病 x 一年四季均有發生。

三、大抵言之，一年之中傳染病 x，以秋季發生率普遍升高。

四、一年之中，傳染病 x 以冬季的發生率為最低。

五、87 年春、夏、秋季傳染病 x 發生率比 85、86、88 年高，尤以春季為高。

由於對圖表理解上的偏差，所以有非常離題的答案，如：猜測病名、海關檢疫沒做好、羅列統計數字、提倡公共衛生、宣導打預防針

---

[27] 曾佩芬以為是「文本理解不足或有偏差」：〈閱讀理解能力對學科能力測驗國文非選擇題作答之影響〉，《考試學刊》第五期（2008 年 8 月），頁 56。

[28] 曾佩芬、潘莉瑩：〈91 學年度學科能力測驗國文考科非選擇題閱卷評分標準〉，《選才電子報》第 93 期（2002 年 5 月），網址：www.ceec.edu.tw/Ceec Mag/Articles/077-102/93-5.htm，2009 年 6 月查詢。

的重要、X 病毒會帶來的疾病等。根據統計，該年此題有近四千名考生得零分[29]，是值得注意的現象，以下文為例：

近年來，政府對於「傳染病」這個問題的確下了許多工夫。不斷宣導，加強人民週遭環境的維護，並做了以下措施：
(1) 每年一月份政府會發放一些老鼠藥，讓民眾拿回家解決鼠疫問題。
(2) 每到夏天都會分派一些工作人員清理路旁的雜草，防止病媒蚊的產生。
(3) 如果有天災發生時（如：水災、土石流……等），也會調配軍方人員替民眾清理垃圾。
從以上幾點來看，政府真的很用心的看待傳染病的問題，我們應該向勞苦功高的政府致敬。（中-12）

就文字的表述而言，本篇文字確時實做到了簡潔流暢的要求，但卻得了零分，其主要原因便在於無法正確判讀，將圖表所傳遞的訊息客觀呈現。

2. 92 學（二）：閱讀資料並作答

這一題所提供的字數不少，所以考生更要耐下性子仔細閱讀資料，要充分了解郭益全的生平事跡及香米育種的歷程，才能有寫作的材料。就前者而言，有不少糊塗考生將「郭益全」寫成「郭元益」或「周元益」，並感歎若不是參加學測，還不知道郭元益除了會經營糕餅店外，也會培育香米；還有人以為郭元益是個勤奮的農夫，努力耕作

---

[29] 同註 15。

所以才會種出香米；更有人提到郭益全使人類由肉食轉為米食等[30]。就後者而言，許多考生不明白臺農 72 號、臺稉 4 號、臺農 71 號的育成順序，也不知「臺農 71 號」即是「益全香米」，甚至弄不清楚益全香米是以臺稉 4 號為父本，取其芋頭香；以日本絹光米為母本，取其外觀及品質，還寫著益全香米是稻米與芋頭雜交的成品等。其實，閱讀的材料已將答題該有的資訊都提供了，只要謹慎閱讀、深入理解，便可歸納出答題該取的重點了。

3. 93 學（一）：描寫與擬想

考題的圖像中只有單純的人和蛙，考生只要根據現有的的畫面去描寫即可，無需添加其他額外的背景或情節，例如：人本來在書桌前唸書，因為太疲累了所以起身散步；一個老爺爺帶著孫子在散步；人與蛙在一個美麗的花園相遇；一個孤單的老人因為沒事可做，所以帶著捕蛙的工具準備大顯身手；青蛙與它的同伴正快樂的唱著歌，卻遇到一個無聊的男人來打擾；青蛙伸展四隻腿緊緊的抓住地面等。此外，令人不解的還有將圖中的男子解釋為童子或小孩；男子雙手置於背後卻被說成失去雙臂的殘障人士；蛙的腿因角度的關係，正面只能看見三隻，被解讀為缺腿的青蛙等，都是匪夷所思的答案。

4. 93 學（三）：閱讀資料並作答

這題也提供了相當份量的閱讀材料，只要掌握何義士修士大愛無私的精神及犧牲奉獻的崇高人格，便不致背離題意，進一步則應注意到何義士生前還有兩件最在意的事：其一，趕寫一本有關雲南痲瘋病患的書，準備在聖誕節前出版，以便募款；其二，募款所得將在雲南

---

[30] 同註 27，頁 64。

興建第二座痲瘋病院。因此，若將重點放在其人自得於自己所做的一切，可以了無遺憾的離開人間，就與題旨大相逕庭，如：「我這輩子幫痲瘋病患做了那麼多事，應該足夠了。」；「想想這一生的種種事情，我可以放心的走了。」；「有人說『偉大的男人背後一定會有個偉大的女人。』現在我可以大聲的說：『那個女人就是我的媽媽，而我就是前面的那個男人！』」；「以我現在的成就，可以說是到達了最高點，也可以放下一切了。」等論述，絕不會是何義士臨終前的所思所感、所祈所願。

5. 94 學（一、二）：判讀、闡述

就第一題而言，應從閱讀材料中整理出「即刻」與「也卜」的意義，例如：「即刻」有求偶、宣示占有權、找尋窩巢、重得和平後的安祥等意義；而「也卜」則有對敵人的威嚇、呼叫同伴、其他穴鳥的斥喝、挑釁者的糊塗等意義。考生的答題中，有不少混淆二者所代表意義，也有誤解其意者，例如：以為「即刻」代表秋高氣爽的來臨、我已成年、號召同好加入政黨、幼鳥的叫聲、安息、悲傷；「也卜」代表不知所措、眾人皆醉我獨醒、外遇、火燒厝、派系爭吵等，都是錯誤的解讀。

就第二題而言，則應掌握生事的穴鳥並不知道自己就是生事者，好比人們在自己犯錯的情況下，往往不知道自己就是肇事者的線索來闡述。換言之，生事的穴鳥跟著叫「也卜」是因為它已經習慣了群居的生活，它與其他的穴鳥休戚與共的生命，所以當它聽到「也卜」聲時，也自然的跟著叫喊了起來。然而，卻有不少學生忽略了文中「最古怪的是原來的挑釁者也會參與『也卜』大合唱，旁觀的我們如果把人的想法投射在鳥的身上，會以為這隻生事的鳥兒，是為了轉移大家的注意力才跟著喊『捉賊』的。事實上無論是那隻穴鳥，一聽到『也卜』的叫聲就會不由自主的加入行列。」的敘述，而說明生事的穴鳥

是「做賊喊抓賊」、「製造混亂」、「把責任往外推」、「明哲保身」、「混水摸魚」、「耍弄心機」「不知羞恥」、「試圖脫罪」等，也是錯誤的解讀。

6. 95 學（二）：議論評述

　　從閱讀材料（甲）可以看出老師甲與家長觀念上的偏差，以為只要課業成就表現良好，以後能夠考上理想的大學科系如醫學系、法律系，才可為校爭光，全然不顧孩子的興趣與專長，至於其他團體活動如：大隊接力、啦啦隊等也都可以不參加，更可以不幫忙做家事，以免浪費時間。從閱讀材料（乙）、（丙）、（丁）則可看出吳茗士的人格特質和觀念舉止，他只知道依老師、父母的話，努力用功考上大學的第一志願，對他人的事務漠不關心，而參加社團也只是為了有更好的機會進入大學，沒有投入的熱忱，像這樣自私自利的人，人際關係自然也不是很好。基本上，材料的旨意是非常清楚的，但卻有考生認為：老師甲非常懂得因材施教，將學生的課業安排得很好，或是以為老師說的那些話是在諷刺家長等；在家長部分則是認為父母懂得體諒孩子，讓他有充分的發展空間。至於吳生則是專心用功的例子、能夠善用機會等，寫出如此評論的考生，不但誤讀材料，在觀念上也有極大的偏差。

7. 96 學（一）：文章分析

　　這一題考生在閱讀上較有問題的部分是「吐」字的想像[31]，讓不少考生將過山洞看成食物歷險記——從口腔進入，經過食道、胃、小腸、大腸、盲腸等，最後由肛門排出人體，如寫到：「作者把山洞比喻成嘴巴，想像如果火車是食物時，那火車如果行經山洞中段時，就會

---

[31] 林素珍：〈「走過」學測〉，《國語日報》13 版，2007 年 4 月 4 日。

像食物到了人體的盲腸，但作者並未把山洞的另一頭擬人化，我想可能是怕不雅觀的關係吧！」此外，題目中的「盲腸」，似乎讓許多考生想要有所發揮，卻未產生效果：「盲腸比直腸長，大腸更具未知性」、「山岳的盲腸就像人的腸道一樣，錯綜複雜，讓火車不知去向。」再者，有些考生則認為作者就是鄉居少年，因為不曾見過世面、少見多怪，所以才會認為搭火車過山洞是一件新鮮刺激的事，以上論述不僅讓文學的美感盡失，也教人擔心他們的閱讀能力。

8. 98 學（一）：翻譯

對考生而言，這一題應該不太困難才對，因為諸葛亮〈出師表〉是高中各版本教科書之共同選文。實際閱卷時，將全段文字分為：「宮中府中，俱為一體」、「陟罰臧否，不宜異同」、「若有作姦犯科，及為忠善者」、「宜付有司，論其刑賞」、「以昭陛下平明之理」、「不宜偏私，使內外異法也」等六個部分，每部分佔一分來進行批閱。考生答題的狀況普遍不佳[32]，大多是對此段文字中的某些字詞的解讀不當，例如：「府」指的是「丞相府」，而非「政府」；「若有作姦犯科，及為忠善者」指的是「如果有為非作歹、觸犯法令科條的人，或是盡忠行善的人」而非「與人通姦的人」、「姦淫擄掠的人」更不是「不法之事出自善良人之手」、「作姦犯科，但仍有心悔改」；「有司」指的是「主管機構」而非「司法單位」、「心腹左右手」[33]等，都是錯誤的解讀，造成翻譯上的失真。

---

[32] 曾佩芬：〈98 年學科能力測驗國文考科非選擇題評分標準說明〉，《選才電子報》第 175 期（2009 年 3 月），網址：www.ceec.edu.tw/CeecMag/Articles/175/175-8.htm，2009 年 6 月查詢。

[33] 王年双：〈98 年學測非選擇題評閱心得（一）語譯〉，國文學科中心高中職寫作學習網址：http://chincenter.fg.tp.edu.tw/~writing/article.php?id=1219888193，2009 年 6 月查詢。

9. 94 指（一）：簡答

本題出自《論語‧陽貨》「子之武城」章，見於各版本《中國文化基本教材》。「君子」指在上為的人；「小人」指在下位的人；「道」則是禮樂之道。然而，許多考生竟答以「孔子、子游、道理」；「牛、刀、雞」；「莊子、孔子、道家之道」；「好人、壞人、偄之言」；「殺牛者、割雞者、割雞之法」等[34]，令人啼笑皆非的答案。至於孔子前後態度不一，則是先以幽默、戲謔的語氣開著玩笑，但背後卻是很讚許子游，也感嘆其大材小用。其後，子游鄭重其事的說明遵循老師的教誨，讓孔子改變語氣，順便教導其他弟子，顯示其更加肯定子游的做法。許多考生不明旨趣，以為孔子的「戲言」是「失言」，反被子游教訓了一頓，所以改變態度以找下臺階。

另外，有些考生對文中提到的雞、牛特別有反應，說到：「子游認為不管是什麼刀，只要可以割雞就好了」、「子游認為牛刀比較鋒利，所以事半功倍」、「孔子看見子游拿著牛刀在殺雞，認為小人學會用牛刀殺雞之後，以後使用起來就方便多了」這樣的答案實在是牛頭不對馬嘴。有些考生則誤以為「弦歌之聲」是子游特別安排歡迎孔子的儀隊，而孔子認為這樣的排場實在太大了，因此謙虛的說：「割雞焉用牛刀」，如此一來，孔子豈不自比於雞了？本題的答案五花八門，顯現考生對閱讀材料的理解是非常不足的。

10. 95 指（一）：簡答

本題與九十四年指考的簡答題相似，出自《孟子‧盡心上》「君子有三樂」章，見於各版本《中國文化基本教材》。所謂「君子有三樂」

---

[34] 何寄澎：〈心之憂矣〉，《聯合報》D3 版（2005 年 7 月 14 日）。
　　林素珍：〈也談大考的寫作題〉，《國語日報》13 版（2005 年 8 月 17 日）。

涵蓋家庭、道德、教育三個層面[35]，分別指的是「父母俱存，兄弟無故」意謂家庭和樂、親情圓滿，可時時盡孝道，也不必為手足的事情煩惱，生活得無憂無慮；「仰不愧於天，俯不怍於人」意謂凡事依道德而行，可以俯仰無愧、心安理得，心靈是悠遊快樂的；「得天下英才而教之」意謂君子將美好的德行和才學傳給優秀的人才，讓道統代代相傳，讓社會更美好，自然是可樂之事。至於「王天下」不在「君子三樂」之中，主要是因為它可能會引起無謂的爭戰，使得天下不安寧，同時也是一責任的承擔，終日案牘勞形，何樂之有？考生的答案卻有：「父母俱在、兄弟無故，可使我們得到良好的照顧，所以很快樂。」；「不怨天、不尤人，所以可以得到歡樂。」；「英才已經夠多了，還要把他們教育得更好，請問這是快樂嗎？我認為這裡面是有些貪心的成分。」；「君王只能有一個，但在一個國家裡卻有成千上萬的人民，如果每一個人都想做君王，豈不是只有一個人能快樂？」這一題的答題狀況比前一年好，卻仍有少數離譜的答案，可見部分學生對教材的閱讀理解是需要加強的。

11. 96 指（一）：語譯

李斯〈諫逐客書〉是大多數考生在學校學過的篇章。這部分較多錯誤的有[36]：(1)「是以泰山不讓土壤，故能成其大」，其中「是以」和「故」應翻成「因為」、「所以」，若一開始便翻為「所以」，其後文句就會不通順；(2)「地無四方，民無異國」應作「土地不分東西南北，人民不分本國外國」，卻有考生翻成「土地沒有四方形的，人民都在一

[35] 潘莉瑩：〈95 國文考科非選擇題評分原則說明〉，網址：www.ceec.edu.tw，2006 年 6 月查詢。
王昌煥：〈95 年大學指定科目考試非選擇題解析〉，《國文天地》第 255 期，（2006 年 8 月），頁 21。
[36] 潘莉瑩：〈96 指考國文考科非選擇題評分標準說明〉，《選才電子報》第 156 期（2007 年 8 月），網址：www.ceec.edu.tw/CeecMag/Articles/156/156-6.htm，2009 年 6 月查詢。

國之內」、「土地廣大，民一心向國」、「土地沒有界線，到處都是老百姓」、「土地沒有方位，人民都在同一國」、「土地沒有四個方向，人民不分個別」等；(3)「此所謂藉寇兵而齎稻糧者也」應作「這正是所謂借武器給寇賊，送糧食給盜匪啊！」，卻有考生翻成「藉著要攻打敵軍之名而暗地以不正當的手段取得糧食」、「幫助敵人武器來強奪自家的糧食」、「藉匪寇來打擊偷糧食的盜賊」、「把自己的糧食借給敵方的寇兵」、「藉寇兵而使偷糧食的人強悍」等。再者，「此五帝三王之所以無敵也」，其中「無敵」指的是「沒有匹敵的對手」，而不是「敵人」；「卻賓客以業諸侯」，其中「業諸侯」指的是「成就諸侯的功業」，不宜含糊解作「幫助諸侯」；「天下之士」指的是「天下的賢士」而非「天下的人民」等，字詞的解釋也要精確，才能將整段文字翻譯得當。

12.97 指（一）：擴寫

本題引自《史記‧項羽本紀》「鴻門宴」一段，由於對文本的誤讀造成擴寫上的歧義，例如：「前為壽」的「壽」本作「祝福健康長壽」，卻被解為「作壽」、「祝壽」，使得鴻門宴成了壽宴；將「項莊舞劍」解為「吞劍表演」、「拔劍比賽」，更誇張的是「刻意安排的脫衣舞」；「為所擄」本是「為沛公所俘虜」，卻被解為「擄走劉邦」；「請以劍舞」本應為「請求用劍來跳舞」見解為「項莊邀請項羽一起舞劍」、「項莊恭請項羽表演劍術」等[37]，致使擴寫之後的文章背離原意。

13.98 指（一）：簡答

本題引自《戰國策‧齊策》「馮諼客孟嘗君」一段，是大家所熟悉的故事。其中孟嘗君的心態可能是對一個無長才、無所好的門下客毫

---

[37] 同註23。

不在意，也可能基於好奇心的心態，想看看馮諼到底有何能耐，或是基於助人的心態接納了馮諼。應不至是「早就知道馮諼有才能而先禮遇他」、「欣賞馮諼的誠實」、「不想被說成小器的人」、「撫平自我內心的自卑感，欣賞馮諼的自然、不虛偽」、「因為有人請託，所以不好意思拒絕」、「無奈、輕視」、「礙於名聲，故做大方」等心態。而左右之人的心態則可能是嘲弄馮諼的貪得無厭、鄙視馮諼的自抬身價，或是抱持著看笑話的心態[38]，不會是「欣賞馮諼窮得可愛、窮得可憐」、「一笑置之，等著分一杯羹」、「嘲笑馮諼的歌詞太奇怪」等。至於馮諼的心態應是得意洋洋的向友人炫耀，或是充滿著自信自得的心態，而不是「希望讓友人對孟嘗君產生好印象」、「不知感恩、貪心不知足」、「趾高氣揚」、「終於可以仗勢欺人」、「反諷孟嘗君無識人之明」、「讓朋友安心」、「及時行樂」、「為孟嘗君宣傳」等，誤解閱讀材料的答案。

三、不符合限制條件的要求

學測、指考寫作題在限制條件上曾有寫作項目、字數限制、行文角度、情境設定、作答方式、文類規定等，其中曾規定文類的題目如下：

1. 書信，如：91 學補（二）。
2. 計畫，如：92 學（一，2）。
3. 碑文，如：92 學（二）。
4. 新聞，如：97 學（二）。

---

[38] 潘莉瑩：〈98 指考各考科非選擇題評分標準說明‧國文考科〉，《選才電子報》第 180 期（2009 年 8 月），網址：www.ceec.edu.tw/CeecMag/Articles/180/180-5.htm，2009 年 8 月查詢。

由於 91 學補（二）的「書信撰寫」，注意事項提及：「書信所用『提稱語』（如『尊鑒』）、『結尾敬語』（如『敬請　大安』）、『署名』等，一律省略。」；92 學（二），題目為「香米碑」，而注意事項則說明：「無須拘泥於碑文體」；92 學（一，2），題幹對形式並沒有嚴格的要求[39]；97 學（二）則未要求考生遵守嚴格的新聞寫作規範[40]，在評分時對文類的要求也較為寬鬆，所以這個部分將分五項討論之：

（一）在寫作項目方面

主要是欠缺、混淆、區隔題目所要求的寫作項目，致使寫作不完整、不清楚、不周全，都會影響成績的評定，以下分別舉例說明之：

1、欠缺寫作項目

遺漏題目所規定的寫作項目，使得答題不完整，例如：

(1) 88 學（二）：「假裝」，未將自己為何假裝、如何假裝、假裝時的心情、現在的感想等，說明清楚。

(2) 89 學（二，1、2）：「我最投入的事」或「我的嚮往」，無論選擇第一或第二小題，都未將自己所最投入的對象、投入的過程、心情；投入的得失、感想。或是自己嚮往的是什麼、為何有這樣的嚮往、如何追求這嚮往、自我的感懷等，交代完整。

(3) 91 學（三）：日誌中一月四日的事——幼稚園的小朋友、外傭照顧的老人，遺漏其中一項[41]。

---

[39] 同註 7。

[40] 曾佩芬：〈97 年年學測非選擇題評分標準說明——國文科〉，《選才電子報》第 162 期（2008 年 3 月）網址：www.ceec.edu.tw/CeecMag/Articles/162/162-6.pdf，2009 年 6 月查詢。

[41] 其成績最多給 B-，同註 28。

(4) 92 學（二）：「香米碑」，紀念郭益全博士、香米育種歷史，缺少或偏重其中一項[42]。

(5) 95 學（三）：「雨季的故事」，未將題目的引文抄於文章之中[43]。

(6) 96 學（三）：「走過」，內容必須包含：生活空間今昔情景的敘寫、今昔之變的原因、個人對此改變的感受或看法，若不符合題幹的要求，成績將會受到影響[44]。

(7) 97 學（一）：大多是缺乏例證以印證作者的說法[45]。

(8) 97 學（三）：「如果當時……」，大多是缺乏具體重返或加入的描寫[46]。

(9) 91 指（一）：問答，對於所選之人只討論其生平或情懷，沒有引述其作品加以說明。

(10) 92 指（一）：「猜」，欠缺猜的原因、經過、結果中的某一項目。

2、混淆寫作項目

混合題目所規定的寫作項目，使得答題不清楚，例如：

(1) 87 學（二，1、2）：沒有選擇一個立場，將「表現自我」和「迷失自我」混合談論，致使立場不明確[47]。

---

[42] 其成績會在 B 等，同註 7。

[43] 若未抄錄引文會被降級處理，曾佩芬：〈95 年學測非選擇題評分標準說明——國文科〉，《選才電子報》第 139 期（2006 年 3 月），網址：www.ceec.edu.tw/CeecMag/Articles/139/139-31.htm，2009 年 6 月查詢。

[44] 若未符合題幹要求，結構混亂，文筆不佳、內容貧乏，只能得到 C 等成績，曾佩芬：〈96 年學測國文考科非選擇題評分說明〉，《選才電子報》第 151 期（2007 年 3 月），網址：www.ceec.edu.tw/CeecMag/Articles/151/151-5.htm，2009 年 6 月查詢。

[45] 若行文缺乏例證，最多只能給 B 等，曾佩芬：〈97 年學測非選擇題評分標準說明——國文科〉，《選才電子報》第 163 期（2008 年 3 月），網址：www.ceec.edu.tw/CeecMag/Articles/163/163-7.pdf，2009 年 6 月查詢。

[46] 缺乏具體重返或加入的描寫者，至多給 B 級，同註 45。

[47] 大考中心：《87 學年度學科能力測驗試題與解析》（臺北：財團法人大學入

(2) 88 學（二）：敘述了「餐桌上的魚」和「水族箱中的魚」兩種狀況[48]。

(3) 96 學（二）：沒有擇一說明自己較認同的處世態度，將玫瑰和日日春的處世態度都納入認同之列[49]。

(4) 91 指（一）：沒有選擇一位自己喜歡的人物與作品，作為論述的焦點，而是屈原、陶淵明、蘇軾三者都論及，或是最欣賞其中兩人的綜合體等[50]。

3、區隔寫作項目

主要是分離題目所規定應綜合起來的寫作項目，使得答題不周全，例如：98 學（二），題目要求「綜合」蘇麗文及邱淑容兩個事例，所以不可只關照其中一人[51]，進行闡述。

（二）在字數限制方面

題目在字數上會有所限制，主要是希望考生能在一定的篇幅內，整合理念或情思，其表達方式與長篇幅的寫作不同，看似容易卻得下一番工夫，才能行文自如[52]。在學測與指考中，曾規定字數的題目如下：

學考試中心基金會，1998 年），頁 13。

[48] 大考中心：《88 學年度學科能力測驗試題與解析》（臺北：財團法人大學入學考試中心基金會，1999 年），頁 12。

[49] 大考中心：《96 學年度學科能力測驗試題與解析》（臺北：財團法人大學入學考試中心基金會，2007 年），頁 19。

[50] 李清筠：〈斷裂性與模式化——非選擇題答案卷的現象觀察〉，《國文天地》第 208 期（2002 年 9 月），頁 12。
大考中心：《91 指定科目考試試題與解析》（臺北：財團法人大學入學考試中心基金會，2002 年），頁 14。

[51] 大考中心：《98 學年度學科能力測驗試題與解析》（臺北：財團法人大學入學考試中心基金會，2009 年），頁 18。

[52] 楊鴻銘：〈作文多幅訓練的方法——以今年大學甄試作文「樹」為例〉，《國文天地》第 132 期（1996 年 6 月），頁 71。

1、規定字數上限

如：83 學（一，120 字以內）、85 學（一，400 字以內）、86 學（一，600 字以內）、86 學（二，400 字以內）、91 學補（二，300 字左右）、93 學（三，1、2，各 50 字；一、二句話）、91 指（一，300 字為度）、94 指（二，1，150 字為度）、95 指（一，1，150 字為度）、95 指（一，2，100 字為度）。

2、規定字數下限

如：92 學（一，1、2，至少 200 字）。

3、規定字數區間

如：84 學（一，200-300 字）、88 學（一，200-300 字）、96 學（一，100-150 字）、96 學（二，300-350 字）、97 學（一，150-200 字）、97 學（二，250-300 字）、98 學（二，250-300 字）、97 指（一，300-400）。

考生在這部分常犯的錯誤為超出或不足題目所規定的字數，因此會被扣分。一般而言，每年的彈性不一，約在 25 至 50 字間，例如：92 學（一）為「不足七行（175 字）者，降一級；不足六行（160 字）者，得 C 等[53]。」；93 學（三，1、2）為「以 100 字（四行）左右為原則，略多或略少者酌扣，嚴重偏多或偏少者不超過 C 等[54]。」；96 學（一）為「全文超過 200 字或不足 50 字者，得分降一級。」；96 學（二）為「全文超過 400 字或不足 250 字者，得分降一級[55]。」；97 學（一）為「字數超過或不足未逾 25 字者，不予扣分；但超過以上標準者酌降一級。」；97 學（二）為「字數超過或不足未逾 50 字者，不予

---

[53] 同註 7。
[54] 同註 17。
[55] 同註 44。

扣分；但超過以上標準者酌降一級[56]。」；98 學（二）為「以 25 字彈性空間，超過或不足未逾 50 字者，不予扣分；但超過以上標準者酌降一級[57]。」；94 指（二）為「超過 200 字以上，才會斟酌扣分[58]。」；95 指（一，1）為「若考生答題字數在 80-120 字的範圍，則會酌予扣分。」；95 指（一，2）為「考生若答題字數在間，皆不扣分，過度低於或超過此限，才會斟酌扣分[59]。」、97 指（一）為「上下約略放寬 25 字，以 275-425 字為基準，明顯超出此一範圍者，才會酌降一級[60]。」足見遵守字數規定是不可忽視的。

（三）在行文角度方面

學測與指考曾規定行文角度的題目如下：

1. 規定以孤獨老人角度行文，如：91 學（三）。
2. 規定以偏遠地區小學校長角度行文，如：92 學（一，2）。
3. 規定以外來旅客角度行文，如：92 學補（二）。
4. 規定以失業者的鄰居角度行文，如：學 93（二）。
5. 規定以何義士角度行文，如：93 學（三）。
6. 規定以記者角度行文，如：97 學（二）。

---

[56] 同註 40。

[57] 同註 32。

[58] 潘莉瑩：〈94 年度指定科目考試非選擇題評分標準說明‧國文考科〉，《選才電子報》第 133 期，（2005 年 9 月），網址：www.ceec.edu.tw/CeecMag/Articles/133/133_4.pdf，2009 年 6 月查詢。

[59] 以上二者參見潘莉瑩：〈95 國文考科非選擇題評分原則說明〉，網址：www.ceec.edu.tw，2006 年 6 月查詢。

[60] 同註 22。

考生在此部分常見的缺失為忽略行文角度的規定，將會被扣分，例如：91 學（三）未以第一人稱書寫即得零分[61]；93 學（二）以求職信口吻書寫者，最多給 B+；93 學（三）不以第一人稱敘述……至多得 C 等[62]。

（四）在情境設定方面

學測與指考曾設定情境的題目如下：
1. 老人蒼涼寂寞的情境，如：91 學（三）。
2. 偏遠地區小學的情境，如：92 學（一，2）。
3. 失業而經濟窘迫的情境，如：93 學（二）。
4. 何義士生命的最後一晚，如：93 學（三）。
5. 下雨的情境，如：95 學（三）。

其中 91 學（三），將情境引至對未來充滿希望、老人認為自己寶刀未老，正要邁開腳步走向更開闊的人生；92 學（一，2），將情境引至經費預算充裕的狀態，要斥資興建全新現代化的圖書館；93 學（二）將情境引至重視親情及子女教育；93 學（三）將情境引至過往的種種困境，或是將前二、三題的情境混而為一，以何義士的口氣說到：「神啊！請多給我一點時間，因為世上有太多需要幫助的人。前面那位陳先生要趕快替他動手術才行，因為他一直找不到工作[63]。」等，都不符合題幹的要求。

（五）在作答方式方面

學測與指考曾規定作答方式的題目如下：

---

[61] 同註 15。
[62] 同註 17。
[63] 同註 18，頁 14。

1. 規定縮寫者，如：83 學（一）。

2. 規定擴寫者，如：84 學（一）、97 指（一）。

3. 規定改寫者，如：91 學（二）。

4. 規定續寫者，如：95 學（三）。

5. 規定翻譯者，如：98 學（一）、96 指（一）。。

6. 規定條列者，如：91 學（一）、91 學補（一）、93 學（二）、94 學（一）、95 學（一）、98 指（一）。

其中 97 指（一）的「擴寫」，考生作成「續寫」、「接寫」[64]，敘述鴻門宴以後的發展；91 學（二）的「改寫」仍依原有的框架行文[65]。此外，條列一項常被考生忽略，93 學（二）雖規定要「逐項列出」、94 學（一）須「分項條列敘述」、95 學（一）要「依序號改正」、98 指（一）要「分項標號說明」等，但若理路清晰，往往不會被扣分[66]。91 學（一）「若未能分點列舉，至多得 B-[67]。」，所以答題時仍要符合限制條件的要求。

四、擅改題目

考生擅自更改考試規定的題目，也是時有所見的，例如：88 學（一）將「餐桌上魚」或「水族箱中的魚」改為「餐桌上水族箱中的魚」等；89 學（二，2）將「我的嚮往」改為「我最嚮往的事」、「我最嚮往的境界」；94 學（二）將「失去」改為「失去親人」、「失意」、「失落」、

---

64 同註 23。

65 同註 28。

66 參見各年評分標準說明。

67 同註 28。

「失去的青春」、「失去才知珍惜[68]」等；95 學（三）將「雨季的故事」改為「下雨的故事」、「下雨天」等；96 學（三）將「走過」改為「經過」、「走過從前」等；91 指（二）將「對鏡」改為「鏡子」等；93 指（二）將「偶像」改為「我的偶像」、「我最崇拜的偶像」等；94 指（二）將「回家」改為「家」等；95 指（二）將「想飛」改為「飛翔」；98 指（二）將「惑」改為「困惑」等。可知：考生可能沒有仔細看題目，才會抄錯題目，造成擅改題目的缺失。如此一來，常會在評閱時被扣分，如 95 指（二）的評分標準就有：「自創題目者降一級」[69]的規定，所以抄題時一定要準確。

肆、結論與建議

考生在學測與指考寫作題的審題上會產生缺失的原因有二：

其一，未仔細、認真閱讀題目，例如：將「穴烏」寫成「穴鳥」、將「郭益全」寫成「郭元益」、將「玫瑰」寫成「薔薇」、將「日日春」寫成「日月光」等。又如：各種寫作條件的限制，題面寫得很清楚，卻有人不注意而違反了規定。

其二，閱讀能力不佳，不能掌握題幹的意旨或題目的關鍵語詞，乃至無法理解閱讀材料的要旨，所以造成答題上的偏差。

以下就近程、遠程兩方面，提出相關建議：

---

[68] 後二者引自潘麗珠：〈錯把「穴烏」當「穴鳥」，復將「失去」改另題——今年大考中心學測國文科非選擇題閱卷之我見〉，《國文天地》第 238 期，（2005 年 3 月），頁 5。

[69] 同註 35。

一、就近程而言

主要根據學測與指考中，考生常犯的缺失提出建議，讓在校的師生有所參考、及早防範，以避免應考審題時產生問題，以下分三項說明之：

（一）加強審題能力

寫作時，若不仔細審視題目，常會造成偏離主題或答非所問的狀況，劉家楨《饗宴──中學生的閱讀與寫作》提到：「看到題目的審辨工作是作文的第一步，稍一疏忽，差之毫釐，失之千里，就成為不折不扣的『文不對題』了，考生一定要抱著『戒慎恐懼』的態度小心因應[70]。」所以在下筆行文前應對題目加以探究、審視，以徹底了其主旨、範圍、形式等，李浩英《中學生作文診所──想像作文》說到：「所謂『審題』是指對作文題目和要求進行認真細緻的審察、分析，正確理解題意，明確題目的體裁、內容、選材範圍等[71]。」如此一來，才能掌握題目的意義，針對主題發揮精義，可從以下三方面著手：

1、留意題幹所強調的字詞

新型作文題往往在題幹重要字詞的部分，以加黑、加粗、以及加底線的方式，提醒考生答題的重點或限制的條件，是答題時絕對不可忽視的地方，以下分別舉例說明之：

---

[70] 劉家楨：《饗宴──中學生的閱讀與寫作》（臺北：萬卷樓圖書有限公司，2007 年），頁 149。
[71] 李浩英：《中學生作文診所──想像作文》（臺北：萬卷樓圖書有限公司，2007 年），頁 39。

(1) 86 學（一）：「**參酌上列各家觀點，並結合自身經驗、體認，**
　　用自己的文字寫出人與自然共生共榮、交流感發的關係。」
　　就畫線的部分可知：考生在作答時應遵守三個原則：其一，
　　須敘述自身經驗、體認，不可徒作議論、發揮；其二，須用
　　自己的文字，不可直接抄資料；其三，內容以人與自然共生
　　共榮、交流感發的關係為限[72]。

(2) 86 學（二）：「上列作品，各家『**文字風格**』（注意：**非指『內**
　　容』）各有特色：有重遣詞用字，力求精美者；有直述意旨，
　　平易質實者；有善藉景物以寓托情懷者；……不一而足。你
　　最欣賞那一則？為什麼？試加以分析。」題目強調「文字風
　　格」，並特別說明「非指內容」，所以應就各家風格去分析，
　　若以「文章內容」為分析對象，便不符合題目的要旨了。

(3) 88 學（一）：「以下是有關「魚」的兩種不同情境，**請選擇其**
　　中一項，寫一段散文，可以從「人」的角度寫，也可以從「魚」
　　的角度寫，**文限 200 至 300 字之間**。（一）**餐桌上的魚**；（二）
　　水族箱中的魚」題本出了兩個題目讓考生選擇，所以只能擇
　　一作答，不可兩題都寫，且字數應維持在二百至三百字間。

(4) 89 學（二，1、2）：「注意：須抄題；二題任擇一題作答，不
　　可二題皆答。……（一）**請以『我最投入的事』為題，寫一**
　　篇文章，文長不限。提示：內容應包括：（1）投入的對象；
　　（2）投入的過程；心情；（3）投入的得失、感想。（二）請
　　以『我的嚮往』為題，寫一篇文章，文長不限。提示：內容
　　應包括：（1）自己的嚮往是什麼；（2）為何有這樣的嚮往；
　　（3）如何追求這嚮往；（4）自我的感懷。」題本出了兩道

---

[72] 大考中心：《86 學年度學科能力測驗試題與解析》（臺北：財團法人大學入
　　學考試中心基金會，1997 年），頁 13。

題目，特別強調必須抄題，不可兩題都作答，並說明了文章應具備的內容。

(5) 90 學（一）：「注意：**本大題務必將各小題之題號標示清楚，否則不予計分。**」可知在答題時應將各小題題號標示清楚，不可有所疏忽，造成得零分的遺憾。

(6) 91 學（一）：「**請判讀本圖，歸納、分析它所傳達的訊息，並以條列方式陳述。**注意：1.請分點列舉，力求簡明扼要。2.不必詳述具體數字。」要求考生歸納、分析柱狀圖所傳遞的訊息，並以條列的方式陳述。

(7) 91 學（二）：「**請在不違背其本意的前提下，用真切、自然的文字加以改寫。**注意：1.改寫時須保留原信的時間、地點、人物、情節。2.不可使用粗陋的口語，並避免濫用成語。」題目要求在保留文本原意的條件下，須以真切、自然的文字將原本充滿粗陋口語、濫用錯誤成語的情書進行改寫。

(8) 91 學（三）：「**請以 1 月 4 日星期五的日誌」為對象，並以老人原本所記二事為基礎，鋪寫成首尾完整的文章，文長不限。**注意：1.不必訂題目。2.先仔細閱讀每一則日誌，體會老人的心情、了解老人的身體與家庭狀況，以便發揮；但不得直接重組、套用各則日誌原文。3.以老人為第一人稱，用他自己的口吻與觀點加以撰寫，務必表現出老人的心境與感懷。」要求考生藉著一週的日誌，體會整個情境，並以週五的事件為基礎，採用老人第一人稱的方式行文。

(9) 93 學（二）：「在寫這封求職信之前，你必須仔細衡量上述陳先生的狀況，從中選擇若干，做為訴求重點，以便打動僱主的心。那麼你會選擇那些重點呢？請逐項列出，並說明所以選擇其作為訴求重點的理由。」這段文字是在提醒考生本答題的重點在寫信前的重點整理，並要說明選取各重點的理由。

(10) 93 學（三）：「**請以其眼為眼、以其心為心，用第一人稱「我」
寫出何義士生命最後一晚的所思所感、所祈所願。**」規定考
生應以何義士第一人稱行文，並要符合生命最後一晚的情
境，寫出主角未完成的心願。

(11) 94 學（一）：「**【注意】：須將「即刻」與「也卜」聲可能代表
的種種意義，分項條列敘述，並扼要說明何以如此判讀，否
則扣分。**」規定以條列的方式，說明「即刻」與「也卜」可
能代表的意義及理由。

(12) 95 學（二）：「請閱讀下列資料後，**分別針對**老師甲、家長、
吳生的觀念、態度，**各寫一段**文字加以論述。」規定對三者
的觀念與態度加以分別評論，並要分成三個段落。

(13) 95 學（三）：「下面是一篇未完成的文章，**請以「雨季的故事」
為題，設想情境，接續下列文字，鋪寫成一篇完整的散文，
文長不限。……【注意】寫作時，為求文章完整呈現，上列
引文務請抄錄，否則扣分。**」在抄錄題目所附文字的前提下，
續寫雨季的故事。

(14) 97 學（一）：「閱讀框線內的文章，**請簡要歸納作者對文化與
藝術的觀點，並從日常生活中舉例，印證作者的觀點。**」分
析作者的對文化、藝術的看法，並須舉例以證。

(15) 97 學（二）：「閱讀下文，試以楚國、齊國或第三國記者的身
分，**擇一立場**報導此事件，**不必擬新聞標題。**」在不訂標題
的情形下，選擇一國記者的立場，報導晏子使楚的事件。

(16) 97 學（三）：「請以『**如果當時……**』為題（刪節號處不必再
加文字），寫一篇文章，**從自己的生命歷程或人類的歷史發
展中，選擇一個**你最想加以改變的**過去時空情境**，並想像那
一個時空情境**因為你的重返或加入所產生的改變**。文長不
限。」規定考生只能選擇一個過去的時空，並說明因加入或
重返所產生的變化。

(17) 93 指（一）：「下列短文共有 6 個錯別字，請依例題方式，將錯別字**挑出**並予以更正。」規定考生不但要將閱讀材料中錯字找出來，而且還得將其改正。

(18) 96 指（一）：「**請將下列文言文譯為語體文，並注意新式標點的正確使用**」可知：作答時，除了要將文言文翻譯為白話文外，也要在行文時使用正確的標點符號。

(19) 96 指（二）：「**請以「探索」為題**，寫一篇首尾俱足、結構完整的文章，文長不限。**【注意】不得以新詩、歌詞或書信的形式書寫。**」除規定題目外，也說明了某些不得使用的文體和內容。

(20) 98 指（一）：「（閱讀材料部分）**孟嘗君笑而受之**，曰：「諾！」⋯⋯**左右皆笑之**，以告。⋯⋯過其友，**曰：「孟嘗君客我！」**」；（題幹部分）**請閱讀全文，仔細推敲，分別說明三者的心態**。〔注意：**請標號分項說明。**〕」，本題在閱讀材料中有三處畫線的地方，提醒考生三者為何；在題幹處則說明作答的項目及方式。

2、圈畫閱讀材料的重點所在

提供閱讀材料的寫作題，在答題前必須先將文本仔細閱讀，才能正確作答，因此考生可以根據題目所設計的問題，圈畫閱讀材料的重點所在，以下舉例說明之：

(1) 92 學（二）：在紀念郭益全博士的部分，應著重在其人勤奮不懈的研究精神，閱讀材料中「家族本有心血管疾病病史，又因工作過勞，引起胸口悶痛卻不察，導致心臟病發，送醫不治。」、「要種稻，就要種好稻；要吃米，就要吃好米」、「農委會視『臺農 71 號』為革命性稻作品種，為紀念郭益全，特訂名為『益全香米』」、「郭益全猝逝後，同事接手他未完成的事務，見堆積如山的資料，才體會到他對工作的投入有

多深。」就是重點在。至於香米育種的過程，閱讀材料中「『臺農 71 號』是繼『臺稉 4 號』及『臺農 72 號』之後，在臺灣地區育成的第三個稉型香米品種。」、「『臺農 71 號』是以『臺稉 4 號』為父本，取其具有國人喜愛的芋頭香味，母本則為外觀、品質均佳的『日本絹光米』」、「『臺農 71 號』不僅是二十幾年來農試所自行雜交育種成功的第一個稻作新品種，也是農業界首度跳脫舊框架，以品質而非產量或抗病性為主要育種目的的新品種。」則是應該注意的。

(2) 93 學（三）：關於何義士生命最後一晚的所思所感、所祈所願，可在閱讀材料中的「他一輩子關心別人，為他人設想，晚年仍時時掛念雲南的痲瘋病患，為了興建那兒的第二座痲瘋病院，何義士正在趕寫一本有關雲南痲瘋病患的書，準備在聖誕節前出版，以便募款。為此，他常趕稿至凌晨兩三點，過世的前一天晚上，他仍在熬夜趕書。」、「他坐在桌前寫稿，忽然覺得身體不適，於是起身走動，回座後深感自己已然年老，過往歲月一幕幕浮現於眼前，他不禁陷入沉思之中……」是應該充分掌握的，據此可進一步發揮，如：思念故鄉、追念母親、懷想走過的地方、關懷痲瘋病患等。

(3) 94 學（一、二）：關於穴烏「即刻」、「也卜」，前者可能代表的意義可從「牠會用又高又尖的調子，不停地喊出『即刻，即刻，即刻』通知牠看中的雌鳥，新房子已經準備好了」、「穴烏的這種鳥類呼喚伏窩（孵卵）的儀式在秋天裡特別頻繁，每逢秋高氣爽的天氣，這些鳥兒就會出來找窩，同時會對求偶的活動特別感興趣，『即刻、即刻』之聲幾乎不絕於耳。」、「趕來管閑事的鳥經過這樣的一頓發洩之後，就又散開了，留下原來的地主在牠重得和平的家裡，靜靜地『即刻、即刻』。」等得到詮釋。後者可能代表的意義可從「於是興奮的穴烏從各個方向一齊都擠到這個小洞的旁邊，牠們把身上

的羽毛抖了開來，分別擺出威嚇的架勢，一齊加入『也卜』大合唱。」、「受侮的穴烏又急又憤，牠的『即刻』之聲逐漸提高加快，最後終於變成『也卜』了」、「最古怪的是原來的挑釁者也會參與『也卜』大合唱。」等得到詮釋。

(4) 96 學（一）：應掌握「黑暗迎面撞來，當頭罩下，一點準備也沒有，那是過山洞。驚魂未定，兩壁的迴聲轟動不絕，你已經愈陷愈深，衝進山嶽的盲腸裏去了。光明在山的那一頭迎你，先是一片幽昧的微熹，遲疑不決，驀地天光豁然開朗，黑洞把你吐回給白晝。」的敘述，就可以將作者過山洞時的景象與感受表達出來。

(5) 97 學（一）：從「每個人的文化意涵不因富貴貧賤而有高低多寡之別，體認藝術的社會本質與文化的基礎，也與學歷、族群、性別沒有太大關係」的敘述中可探知作者對文化與藝術的觀點。

3、注意各項限制條件

在限制題型中，會有限制條件的說明，如：寫作項目、字數限制、行文角度、情境設定、作答方式、文類規定等，有時候會以加黑、加粗、加底線的方式提醒考生，但有時只在題幹中敘述，所以常被忽略了，自要特別注意，以下舉例說明之：

(1) 96 學（一）：「仔細閱讀框線內的文章，分析作者如何藉由想像力，描述搭火車過山洞時所見的景象與感受。文長限 100～150 字。」本題只強調**「過山洞」**，但答題的重點還有作者如何運用想像力、字數的限制等。

(2) 96 學（二）：「閱讀框線內的對話，先依對話內容的象徵意涵，闡釋『玫瑰』與『日日春』分別抱持哪一種處世態度，再依據自己提出的闡釋，就玫瑰與日日春**『擇一』**表述你較認同的態度，並說明原因。文長限 300～350 字。」答題時，要

在 300～350 字的前提下，說明兩種花的處世態度及其中一種較被認同的理由。

(3) 96 學（三）：「**以『走過』為題**，寫一篇文章，內容必須包含：生活空間今昔情景的敘寫、今昔之變的原因、個人對此改變的感受或看法，文長不限。」題幹雖只有在題目部分以黑線強調，其後的寫作項目的規定雖沒有畫線強調，卻也是不可忽略的。

(4) 91 指（三）：「（屈原、陶淵明、蘇軾）以上三人，你**最欣賞那一位**對於出處進退的態度及其作品？為什麼？**試結合其生命情懷與作品加以說明**，文不必分段，以 300 字為度。」文中提醒考生三人中只能擇一而寫，且說明寫作的項目為何，但字數的限制卻也是要特別遵守的。

(5) 94 指（一，2）：「孔子起初『莞爾而笑』說：『割雞焉用牛刀』，後來又說：『前言戲之耳』。請**扼要說明**孔子前後反應不同的原因，以及子游回答的意涵所在。文長以 150 字為度。」題幹雖只在「扼要說明」畫線，但所謂的「扼要」是在有字數限制的條件下進行的。

(6) 95 指（一）：「請將框線內的文言文譯為語體文，並注意新式標點的正確使用。」在翻譯文言文為白話文的同時，也要留意標點符號的使用。

（二）建立新型作文題庫

由於升高中的基測、升大學的學測與指考，甚至是未來升技專院校的統測[73]，在寫作部分都是採取新型寫作題的測驗方式，所以坊間出版了不少題庫，而網頁的資料更不在少數，如：大考中心的考古題

---

[73] 參見技專院校入學測驗中心網址：http://www.tcte.edu.tw，2009 年 6 月查詢。

庫[74]、國文學科中心高中職寫作學習網站的寫作題庫等[75]，都是很好的參考資訊，教師們在取用上可說是非常方便的。然而，寫作題目的優劣深深影響學生的寫作興趣與成果，因此授課教師在作文教學活動的過程中首先最須留意的便是「命題」了，所謂「作文遇好題目，自易動人[76]。」即是。陳滿銘《作文教學指導》提到[77]：

> 命題的好壞，關係到學生作文興會之有無。出了好的題目，能使學生有一吐為快的發表欲望；出了不好的的題目，則會弄得學生文思枯竭、興會全無。如果一再使學生文思枯竭、興會全無，那麼，輕則將使學生敷衍了事，重則將使學生憎恨作文，視為畏途，這是必須極力避免的。

因此在命題的過程中，除了要注意到學生的能力、需要、興趣外，也要留心題面的呈現。就新型寫作題而言可從以下三方面著手：

1、在題幹設計方面

題幹的表達應以簡明清晰為原則，使學生能夠一目了然，掌握題目的重心。因此文字的敘述不宜冗長，應在重點處提醒學生，如將字體變化或加黑、加粗、加底線等，都是可行的辦法。再者，命題完成後，若能請其他國文老師審視是更好的。經過學生練習後，也會產生一些問題或現象，可供作修訂題目之用。坊間有許多現成的題庫，但都不如任課教師因應生活、時事、教學等經驗，所設計的題目來得多元而靈活，因此建立作文題庫是培養學生寫作能力的重要事項之一。

---

[74] 參見財團法人大學入學考試中心網址：http://www.ceec.edu.tw，2009 年 6 月查詢。

[75] 國文學科中心高中職寫作學習網址：http://chincenter.fg.tp.edu.tw/~writing/subject.php，2009 年 6 月查詢。

[76] 劉大魁：《論文偶記》（北京：人民文學出版社，1959 年），頁 22。

[77] 同註 5，頁 11。

2、在限制條件方面

題目的題幹部分除了以引導文字的敘述外,也可以規定寫作的限制條件。一般而言,可以規定寫作項目,如:自我感受、經驗、觀點等。字數限制,如:上限、下限、區間字數等。規定行文角度及人稱,如:不同年齡、職業、身份等,或是規定採用第一、第三人稱行文等;情境設定,如:喜、怒、哀、樂的情緒;富足、貧瘠、孤單、失落的情況;晴天、雨天、陰天的天氣等;春、夏、秋、冬的季節等。規定作答方式:如:縮寫、擴寫、改寫、續寫、仿寫、補寫、組寫、潤飾、翻譯、條列等。規定文類,如:計畫書、新聞稿、氣象稿、報導文學、公告、書信、廣告、標語等。

3、在閱讀材料方面

所選的閱讀材料可以是一段文字,如:84 學(一);一篇文章,如 83 學(一);可以是關涉某一共同主題的資料,如:85 學(一);甚至是統計表、圖像、照片等,如:91 學(一)、93 學(一)等。可資取材的範圍很廣,無論如何,都應以適合學生的閱讀能力為原則,選文標準可根據教育部中教司所公告高級中學課程標準暨綱要[78]以及《我國中小學國語文基本學力指標系統規畫研究(下)》所提及高中學生閱讀能力指標[79]選取。再者,文章的篇幅與資料的多寡也要因應寫作時間或命題的重心,在不違背作者原意與文章通順度的條件下,進行修改或調整,並要註明出處或處理的方式。

---

[78] 教育部中教司網址:http://www.edu.tw/high-school/index.aspx,2008 年 1 月查詢。

[79] 教育部教育研究委員會:《我國中小學國語文基本學力指標系統規畫研究(下)》(臺北:教育部,2000 年),頁 226-228。

（三）引導學生徹底改正審題的缺失

張春榮《作文教學風向球》提到作文教學的引導藝術已由「三心」──教師、教科書、課堂教學，轉向系統化的「三主」──教師為主導、學生為主角、設計為主線[80]。對高中國文教師而言，批閱學生的作文是一項費時又費力的工作，以每學期規定的四篇習作、每班三十五名學生為基準來計算，每任教一班就需批閱 140 篇作文，再加上國文課還有其他作業，而任教的班級又可能是三到四個，其總批閱篇數則為 420 至 560 間，艱辛程度是可想而知的。然而，學生若是無法依教師的批閱而確實改正寫作上的缺失，那麼教師苦心也就白費了，所以引導學生改正其在審視題目的缺失也是一個重要的課題，以下分二項說明：

1、運用講義或學習單

講義或學習單，可促使學生進行多量自主學習[81]。因此，授課教師在批閱作品的過程中，可將學生在審題方面的優缺點、錯誤類型、典型的例子等，一一記錄下來、按性質分類[82]，進一步設計成學習單或講義，讓其再度思考問題的根源所在，並確實修正缺失，避免再犯同樣的缺失，才能達到習作的真正目的。

2、採取分組討論的方式

就高中生新型寫作的練習而言，常是老師出題、學生寫作，整個過程自然是各別進行，因此不容易突破盲點，有所精進。故在此建議

---

[80] 張春榮：《作文教學風向球》（臺北：萬卷樓圖書有限公司，2008 年），頁 3。

[81] 李咏吟：《認知教學──理論與策略》（臺北：心理出版社有限公司，2000 年），頁 259。

[82] 對於被選作較差作品代表的學生，應採無記名的方式，以免打擊其信心。
曹綺雯：〈作文的評講〉，收錄於周漢光主編《閱讀與寫作教學》（香港：中文大學出版社，1998 年），頁 212。

偶爾可採分組討論的方式，不但可以促進同儕間的互動，也可彼此激盪腦力，產生新觀念。教師可將學生依不同的程度組成異質性小組進行寫作，讓彼此間產生合作關係[83]，當小組一起審題時，不同程度或背景者會產生不同的觀點，在交流、互動、分享中，共同建構題目的意義。就在上述過程中，學生們會自然模仿、互相協助，如此一來，不但可以培養他們互助合作、相互切磋的精神，也可以提升低程度學生的審題能力。

二、就遠程而言

新型寫作題是一種讀寫合一的題型，所以本節的主要重點在於學生閱讀能力的提升，以下分二項討論之：

（一）提升學生的閱讀能力

為了提升學生的閱讀能力，教師可採用直接、書談、交互、合作、讀寫等閱讀學法[84]，並留意以下三個重點：

(1) 閱讀的範圍

根據教育部「普通高級中學課程綱要」提及高中學生國文科的學習，在「讀」的方面應具備以下核心能力[85]：

其一，利用進階詞彙、語法、修辭，輔助閱讀。

其二，廣泛利化知識，輔助閱讀。

---

[83] 李咏吟：《教學原理──最新教學理論與策略》（臺北：遠流出版事業股份有限公司，1989年），頁148。

[84] 林素珍：〈高中學生作文審題能力之抽樣分析〉，《聯大學報》第5卷第2期上卷（2008年12月），頁58。

[85] 教育部中教司普通高級中學課程綱要網址：www.edu.tw/high-school/index.aspx，2008年10月1日查詢。

其三,鑑賞與評論各類作品。

而「普通高級中學課程暫行綱要」說明高中學生課外閱讀的教學則說明[86]:

其一,任課教師每學期應視學生程度及需要,選擇適當內容及份量之課外讀物,供學生課外閱讀。

其二,課外閱讀包括語文、文學、文化及當代議題等相關著述或篇章。

其三,每學期課外閱讀,學生應交閱讀報告一份併入寫作練習篇數計算。

其四,任課教師可以用讀書會方式,鼓勵同學進行多元閱讀及交互討論。

此外,在教育部的《我國中小學國語文基本學力指標系統規畫研究(下)》也提到了閱讀能力的指標向度[87]:

其一,感知與記憶:感知、辨識作品中的關鍵字詞、句子之基本語法結構、關鍵性的語義單元。

其二,理解與組織:找出作品中重要的句子與命題的關係;理解作品的篇章結構、內容與旨意、作者論點等。

其三,想像與鑑賞:由作品內容聯想相關事物;想像作品中的形象、情節、內容;品評作品的審美價值;鑑賞不同文體及不同作家的文學風格。

---

[86] 教育部中教司普通高級中學課程暫行綱要網址:www.edu.tw/high-school/content.aspx?site_content_sn=8403,2008 年 10 月 1 日查詢。

[87] 教育部教育研究委員會:《我國中小學國語文基本學力指標系統規畫研究(下)》(臺北:教育部,2000 年),頁 226-230。

其四，評判與應用：不盲目認同或反對作品中的意見；思考、評
　　判作者與作品的關係；評判作品的內涵、旨趣與作者的觀
　　點是否妥當，並與自己的價值標準相比較。

　　可見閱讀能力的加強並非一朝一夕之事，除了課本的學習外，有
也要推動課外閱讀，教導學生有計畫、有系統、多元性的閱讀[88]。依
教育部「高級中學國文科課程標準」的說明[89]，高中學生課外讀物的
範圍有三個重點：其一，應兼具古典與現代作品；其二、應顧及本國
與外國著作；其三，應涵蓋散文、小說、傳記、札記、勵志作品等。
然而，根據調查得知：許多高中學生為了減輕課業的壓力，課外閱讀
的選擇傾向以輕鬆趣味的讀物為主[90]，其實這樣是不充足的。或許可
以國文老師為主，整合不同科目的授課教師，設計一份配合課程的課
外延伸閱讀書目，引導學生進行有系統的閱讀，如：文學作品、歷史
讀物、人物傳記、心靈成長、自然科學、優良的改寫本或翻譯本等，
都可包含在內。如此，將可使學生有進一步的學習，幫助解決課業上
的問題，並強化課程的廣度與深度。

(2) 閱讀的份量

　　「大量閱讀」，一直是許多推動閱讀活動者所秉持的觀念。然而，
高中生的課業十分繁重，所謂的「大量閱讀」究竟是多少本書？恐怕
很難界定。再者，若是教師所規定的閱讀量超過學生所能負擔的，不
但無法讓學生對閱讀產生興趣，反而會使其放棄投注心力在閱讀上。
因此，訂定一個可以達成的目標是非常重要的。根據統計，一般人每

---

[88] Musthafa, B. (1994): Literary response: A way of integrating reading-writing
activities.Reading Improvement,12.pp53-56.

[89] 教育部中教司網址：www.edu.tw/high-school/index.aspx。2009 年 8 月 4 日
查詢。

[90] 李美月：《高中生課外閱讀與學業成就關係之研究》（屏東：國立屏東教育
大學國民教育研究所碩士論文，2003 年），頁 66。

分鐘可閱讀 250 至 350 個字[91]，若取 300 字計算，每天看書 15 分鐘，一天可看 4500 字，七天可看 31500 字，一個月可看 126000 字，一年可看 1512000 字。若閱讀的書約 10 萬字，一年至少可讀 12 本。所以建議每週至少撥兩個小時閱讀課外書，每年閱讀十至十二本書籍。

(3) 閱讀的延伸

a、參加相關的藝文活動

在文藝性營隊、社團、演講甚至是表演的場合中，最容易與創作者、研究者有直接互動的機會，就在活動的過程中，他們將多年苦心累積的經驗，濃縮至最精要的部分，真實而具體的展現出來，讓學生分享他們的心路歷程與實務經驗，不但可以增廣見聞，也可以開拓視野，對學生語文能力必然會有助益。

平日課堂的學習是與同班同學有所互動，而營隊、社團、演講的場合則可以和來自不同班級或學校且志趣相投的學生相互交流，得到彼此觀摩的機會[92]。此外，在閱讀或寫作的活動過程中，來自不同環境、擁有不同背景者，對同樣的事物往往會產生不同的觀點或意見，藉著參加文藝性的活動，可以相互切磋、討論、分享，讓學生得到成長的機會。

b、內化讀物的精華所在

對於所讀讀物的精華之處，可透過記誦與記錄的方式，閱讀得到的知識內化於自我的記憶系統中[93]，因此有

[91] 德立弗（Eric De Leeuw）著、黃慧珍譯：《讀得更好，讀得更快》（Read Better,Read Faste r）（臺北：桂冠圖書股份有限公司，1985 年），頁 18。

[92] 蔭山庄司等著、華意蓉譯：《現代青年心理學》（臺北：五洲出版社，1987 年），頁 189-192。

[93] 彭聃齡主編：《普通心理學》（北京：北京師範大學出版社，2001 年），頁 201。

計畫的記誦可強化印象，並有再認知、再學習的效果[94]，在作文時還可以適時提供靈感與素材，是一舉兩得之事。除了記誦外，還應勤於作筆記、寫心得，將閱讀所獲得的知識分門別類，以紙本或電腦檔案的方式記錄下來，以方便察閱並建構一己的寫作資料庫，進而形成「概念模組」[95]——一組概念群，作為某類思考的常用基本模式，以便迅速有效的開展與進行這類思考，將閱讀所獲得的啟示與資訊完整的內化、主體化[96]。如此一來，不僅可將以幫助促進閱讀的效率，也可提升寫作的構思能力，。

(4) 閱讀的檢視

人都是有惰性的，所有的閱讀活動必需持之以恆才能達到效果，所以教師應定期考評成果學生的閱讀成果，才能真正獲得效益。一般而言，撰寫學習單、閱讀記錄卡和心得報告是最通行的方式，而分享討論、舉行競賽、作品展示等，也是可行的辦法[97]。許多學生都有一個共同的經驗，那就是的閱讀課外讀物是一件快樂的事，但是一想到後面要寫的心得報告便覺得頗有負擔，所以不見得在每完成一本書的閱讀後，都要求學生須有文字性的撰寫，可選擇其中較重要或有興趣者為之即可。另外，檢視學生的圖像思考也是一個可以採取的方式，

---

[94] 欣茨曼（Hintzman Douglas L.）著、韓進之、李月明譯：《學習記憶心理學》（臺北：五洲出版社，1987年），頁279。

[95] 王開府，〈心智圖與概念模組在語文閱讀與寫作思考教學之應用〉《國文學報》第43期，2008年6月，頁271。

[96] 龍協濤：《文學閱讀學》提及：「在解讀過程中，文本對象經過接受主體積極的參與，逐漸為接受主體所把握、所佔有、所再造，而成為接受主體審美個性的化身、審美理想的負荷體；文本對象的意義和價值得到主體自身的確證、認同，從而由潛在的意義和價值變成真正現實美學意義和價值，主體的精神力量也被對象所印證和高揚。」（北京：北京大學出版社，2004年），頁27-28。

[97] 王詠晴：《高中國文閱讀教學研究》（高雄：國立高雄師範大學國文研究所碩士論文，2004年），頁77-78。

其中心智圖法（Mind Mapping）更是近年來很受肯定的辦法之一。這個方法主要是藉著明確的主題為中心概念，將文本訊息透過圖形、圖像、線條、文字、色彩、符號、數字等，進行放射狀、邏輯性的區分[98]，並有開展自由聯想、區別概念層級、增強記憶、組織與發展系統化知識、表現個人風格、發揮創意等特色[99]，比單純的文字書寫更具形式上的變化。無論無何，在檢視學讀成果的過程中，對於達成目標的學生應給予肯定與讚美，至於未達成目標的學生則要探究其原因，或許是閱讀的對象過於艱澀、或許是讀書不得法、也或許是時間的限制等，都要針對問題做適當的處理。

（二）教導學生運用多重閱讀策略

在閱讀的歷程中，可採取不同的策略以增進對讀物的理解，如：閱讀前策略在於啟動先備知識與經驗、閱讀中策略在於掌握讀的重心、閱讀後策略在於對讀物的內容能有更深的理解與投入。根據研究顯示：教師若能在閱讀時教導學生運用各種閱讀策略，確實可以提升學生的閱讀理解效果[100]。一般而言，瀏覽全文、預測內容、先略讀再詳讀、重複閱讀、速讀內容、隨筆快寫；於重點處畫線、作筆記、寫心得；查詢相關資料、解決疑難困惑；運用聯想、尋找文中線索；透過分析、比較、引申等方法，整合書籍中的相關論點等[101]，都是高中

---

[98] 孫易新：《心智圖法——多元知識管理系統》（臺北：耶魯國際文化事業有限公司，2002年），頁44-46。

[99] 同註95，頁268。

[100] 連啟舜：《國內閱讀理解教學研究成效之統合分析》（臺北：國立臺灣師範大學教育心理與輔導研究所碩士論文，2002年），頁106-107。

[101] 所列舉的閱讀策略主要參考下述書籍：

Dole, J. A., Duffy, G. G., & Pearson, P.D.(1991):Moving from the old to the new: research on reading comprehension instruction. Review of Educational Research, 61.pp245-258.

蘿拉‧羅伯（Laura Robb）著、趙永芬譯：《中學生的閱讀策略》（Teaching

學生可運用的閱讀策略。其中「6C 閱讀策略」[102]以及「ASOIM 閱讀策略」[103]具備多重策略在內，為有效率的良好閱讀策略模型。就前者而言，有六個重點：

1、連結、統合（Connection）

將已習得的知識或舊經驗加以聯繫、整合，故其可以連結的內容非常多，如：不同類別的文體知識、寫作的結構概念、不同文類的不同筆調等。

2、合作（Cooperation）

借助團體的力量相互討論、交換意見、彼此提問，在腦力激盪的過程中，得到閱讀上的提升。

3、團體、平臺（Community）

形成固定的閱讀盟友或讀書會，一起進行閱讀活動，分享彼此的閱讀資訊，將有助於閱讀興趣的提升。

Reading in Middle School）（臺北：天衛文化圖書股份有限公司，2003 年），頁 62、66。

莫提默・艾德勒、查里・范多倫（Mortimer J. Adler & Charles Van Doren ）著；郝明義、朱衣譯：《如何閱讀一本書》（How to Read a Book）（臺北：臺灣商務印書館股份有限公司，2003 年），頁 161-175。

版版元著、林慧玲譯：《思考與寫作技巧》（臺北：書泉出版社，1993 年），頁 76-77。

[102] 潘麗珠：《閱讀策略》（臺北：商周文化事業股份有限公司，2009 年），頁 87、119、124、128、134、150。

[103] 宋曜廷、張國恩：《具多重策略的閱讀理解輔助系統之設計與運用》，網址：sinica.edu.tw:8900/.../seminar/oldfiles/911109/paper/Taiwan/2303.doc 。 2008 年 10 月 1 日查詢。

4、評論（Commentary）

評論讀物的內容，如：取材的創意、不同的觀點或想法、寫作的藝術技巧、遣詞造句、文學風格等。

5、比較、省思（Comparison）

在多方比較的基礎上，運用多角度思考，對所讀的讀物從文詞、句子、段落結構、內容觀點、素材運用等，進行「反思」與「超越」，以求自我提升。

6、持續（Continue）

多讀好書、多參與文化活動，勤於動筆寫文章，日子久了便習以為常，無形間也加強了自我的語文能力。

就後者而言，有五個重點：

1、專注（Attending）

對於讀物內容中誰（who）、什麼（what）、那裡（where）、何時（when）、為什麼（why），採用自我發問的方式蒐集訊息，並藉以偵測錯誤。在此過程中，必須十分專注才能找到問題之所在。

2、選擇（Selecting）

將讀物內容的重點以畫線的方式呈現出來，在此過程中，必須有所批判、比較、分析，才能清楚的掌握重點，並將其標示出來。

3、組織（Organizing）

運用概念圖的方法，培養組織的能力，在此過程中，必須對讀物的整體概念加以組織，也可用推論的方式補足脈絡中缺少的重要訊息。

4、整合（Integrating）

以摘要的方式來整合讀物的內容，進而將其精華處呈現出來，在此過程中，必須有所判斷、歸納、運用，才能達到有效整合的效果。

5、監控（Monitoring）

主要在了解自我對上述四個歷程中各策略的執行程度，藉以培養對自身理解能力與策略運用的掌握。

此外，就前述閱讀的「核心能力」及「指標向度」來看，高中階段學生的閱讀能力的培養應更重在高級的層面，因為「感知與記憶」屬於視覺、解碼的初級閱讀層面，重在字意、詞意與句意的認讀層次，在小學階段大多可以完成訓練[104]，而「理解與組織」、「想像與鑑賞」、「評判與運用」則屬於高級閱讀層面，不僅要先具備充足的字彙，還要有足夠的先備知識並運用閱讀策略，重在比較、分析、歸納、鑑賞、推論、批判、運用、解決疑難等。因此，教師應積極教導學生運用多重的閱讀策略以提升閱讀層次。

要之，新型寫作題是以讀寫合一的命題方式，測試考生的語文表達能力，其對審題能力的要求更甚於過去傳統命題的方式，無論教學或考試都應特別注重此一環節。

---

[104] 肯尼士・古得曼（Ken Goodman）著、洪月女譯：《論閱讀》（On Reading），頁 166-170。
謝金美：《閱讀與寫作》（高雄：麗文文化事業股份有限公司，2008 年），頁 61。

求異與會同

——宋代騷體賦的傳統與新變

蘇慧霜

國立彰化師範大學副教授

摘　要

　　屈原及楚辭作品的影響，從漢賦追風以後，經過魏晉南北朝相對沉寂，唐人對屈騷的興趣不外對屈原其人與其文的理解與闡述，到了宋代，不僅詞論提出騷雅的標準，騷體的勃興，從賦作到文論形成一股新風貌。本文試從騷體賦的觀點就「理學思潮」、「詩文革新」、「楚辭傳統」三個角度觀察，冀辨特色於求異，論價值於會同，發微宋代騷體賦的傳統與新變。

關鍵詞：騷體賦、楚辭、理學

壹、前言

　　宋代由於政治因素影響，文人進退失據的苦悶與屈騷發憤抒情的傳統相互感應，儒家濟世體國的精神與道家哲理的省思結合，藉著騷體辭賦的創作表達，不僅詞論提出「騷雅」的標準，從賦作到文論形成一股騷體賦勃興的新風貌。

　　首先是宋代重視義理的闡發，因應儒學濟世思想而產生的新儒學——理學，使楚辭研究蒙上一層理學色彩，宋代重要楚辭學者朱熹本身就是理學大家，理學思想深化了漢代以來辭賦諷諫的本色，更多了一層哲理思維，宋代騷體辭賦的創造便深蘊問道遠遊、放情超然、寄意詠物的人生哲理。

　　其次是詩文革新影響了騷體寫作的形式，不管是組詩形式，或九歌體式，騷體作歌往往不拘句式，從四言、五言、六言、七言到九言，形式變化極為豐富。

　　屈原是楚辭的奠基者，漢代大量的辭賦創作，無疑擴大了騷體賦的題材，至於宋代，在楚辭研究的基礎上，對於騷體的藝術手法、意象的延伸與審美的象徵進一步深入，特別是「悲秋」、「美人」、「禽鳥」等意象的延續，正是宋代騷體賦對傳統楚辭的繼承與創新。

　　本文試從騷體賦的研究觀點，從「理學思潮」、「詩文革新」、「楚辭傳統」三個層面，探討宋代騷體賦的傳統與新變。

貳、理學思潮深化騷賦的哲理內涵

　　在騷體賦發展過程中，漢賦體物，唐賦主情，宋賦則趨向哲理，這與宋代理學思潮的發展有關。宋代理學思想的哲學本體，多與釋老

思想關聯，講求心性的本體，強調虛明空靈，主張從內省的角度發微本心，進而追求超逸放曠的主體心靈價值，此一哲理體悟，適與騷體「幽憂窮蹙、怨慕淒涼」的本質結合[1]，匯聚形成既理智又感性的內蘊特質，騷體賦發展至此因此呈現一種理性與審美兼具的深蘊，因而超越漢賦一向以來騁詞體物的「諷諫」或「詠物」本色，成其特色與價值。

　　大凡文學發展受時代思潮的影響，理性思維表現在宋賦中，特別是以騷體詠物，更能表現超脫的理性思維，此理性思維主要來自生活遭際的省思，宋代因黨爭不斷，動輒得咎，貶謫不遇的文人甚多，著名的有王偶稱、尹洙、范仲淹、歐陽脩、蘇軾、蘇轍、黃庭堅、秦觀、寇準、胡銓、陸游、文同等人，這些詩人作家在遭受政治挫折後，焦慮，悲怨，省思，因而重視自我的心理調適和超脫曠達的課題，吟詠山水，縱情自然，固是一種排遣，更重要的是正視生活，品味當下，所以在文學美學風格上較漢唐人寫賦多了一份「高曠平遠、淡泊閑吟，乃至戲謔調侃」的意味[2]，擁持平和寧靜的心境面對流放生涯，即使懷抱「先天下之憂而憂，後天下之樂而樂」的濟世思想，在謫居期間「不以物喜，不以己悲」的曠達仍然突顯宋人不遇貶謫後的高曠情懷，此份心思反應在騷體詩賦裡，表現在「遠遊」、「超然」、「詠物」等課題之中。

一、問道遠遊

　　〈遠遊〉本是屈原作品之一，王逸以為：「屈原履方直之行，不容於世，上為讒佞所譖毀，下為俗人所困極，章皇山澤，無所告訴[3]。」

---

[1]　朱熹：《楚辭後語》（臺灣：藝文印書館，1983），頁413。

[2]　周尚義：〈宋代貶謫詩文的高曠情懷述論〉，《湖南社會科學學報》（2002年6月），頁110-112。

[3]　洪興祖：《楚辭補注・遠遊》（臺北：漢京股份有限公司，1983），頁163。

屈原的發憤抒情，不僅僅蘊含著一般意義的怨刺，更表現理想與現實不能一致的悲劇感，是「政治的失戀者」，而蘇軾同樣懷有政治熱情，但他的仕途路卻是坎坷的，他一生幾乎都在貶謫之中度過，元豐二年（1079）因著名的「烏臺詩」案被貶黃州，元豐七年改貶至汝州，不到一年，元豐八年又貶至英州，一月之間三次降官，被貶至惠州，紹聖四年（1097）更被貶往海南島。在蘇軾來說，貶謫固是一種政治遠遷，更是一場心靈遠遊，他在〈遠遊庵銘〉寫道：

> 悲哉！世俗之迫隘兮，願從子而遠遊。子歸不來而吾不往，使往象乎相求。
>
> 問道乎屈原，借書乎相如。忽焉不自知，歷久嶷而過崇邱。[4]

此與屈原〈遠遊〉開章：「悲時俗之迫阨兮，願輕舉而遠遊」如出一轍，文學不僅僅是閒情逸致的書寫，更是生命的外化象徵，蘇軾推尊屈原原有跡可尋，他屢屢在詩文中頌揚屈原其人及作品，如〈題楊次公春蘭〉自許：「丹青寫真色，欲補離騷傳。」更寫〈屈原廟賦〉和〈屈原塔詩〉，〈遠遊庵銘〉「問道屈原」之語，顯示兩人在文學精神上的相通，屈原的生命本質是孤獨與痛苦的昇華，蘇軾同樣以獨特的理性精神，冷靜客觀的關注周遭，在作品中呈現求知和思考的精神，將屈原的文學精神發揚，賦予騷體賦更深一層的內涵。

屈原〈遠遊〉除了直抒現實世界裡的悲愁之外，更以虛擬的遊仙世界：赤松、王喬、句芒、太皓、馮夷、海若、宓妃、軒轅等神仙人物，體現虛靜恬愉，飛升不死的神仙思想。而蘇軾此賦顯然傳承了屈原遠遊超離的精神，同時更出入佛道隨化任情的生活態度，所以賦中最後以「全身遠害」超脫自勉，少了一分神仙思想，多了幾分現實的省思與頓悟。同樣的體悟亦反應在蘇軾〈屈原廟賦〉中：

4　《蘇軾文集》卷 19。

……吾豈不能高舉而遠遊兮，又豈不能退默而深居。……嗚
呼！君子之道，豈不全兮。全身遠害，亦或然兮。嗟予區區，
獨為其難兮。雖不適中，要以為賢兮。夫我何悲，子所安兮。[5]

嘉祐四年，蘇軾過屈原之楚宮舊址，去家千里之際，感念生死茫茫的
未卜前程，嘆息於「世愈狹而難存」的官場險惡，既弔屈原，更借屈
原故事抒發自己貶謫的鬱悶，以騷體寫就此賦，反覆觀照〈遠遊庵銘〉
中「問道屈原」之語，此賦「君子之道，豈不全兮。全身遠害，亦或
然兮。」之體悟，表現對人生的種種苦痛和夢幻虛無特質的思考，相
較屈原的政治熱情，更多一分理性思維。可見東坡在屈原的鬱愁中深
沉的超越。

二、放情超然

　　繼漢代宮廷苑林的詠物題材之後，北宋亦興起一系列的亭臺詠物
賦，如〈超然臺賦〉、〈歸來堂賦〉、〈釣臺賦〉、〈屈原廟賦〉、〈鴻慶宮
三聖殿賦〉等等，其中以〈超然臺〉為題的詠作最得北宋人青睞，文
同[6]、鮮于侁[7]、李清臣[8]、蘇轍都曾以〈超然臺〉為題作〈超然臺賦〉，
蘇轍〈超然臺賦〉序更引老子言：「老子曰：雖有榮觀，燕處超然」[9]可
見〈超然〉系列之作寄寓作者藉物遣懷，超然物外之趣。
　　蘇轍以騷體寫作的〈超然臺賦〉，寄豪放於其中，最是曠達：

5　〔清〕陳元龍：《御定歷代賦彙》（南京：鳳凰出版社，2004 年）卷 110，
　　頁 456。
6　〔清〕嚴可均：《全宋文》（北京：商務印書館，1999 年）卷 1098，頁 1。
7　《全宋文》卷 1116，頁 295。
8　《全宋文》卷 1709，頁 656。
9　〔宋〕蘇轍：《欒城集》（臺北：中華書局，1981 年）卷 17，《歷代賦彙》
　　卷 81。

> ……嗟人生之飄搖兮，寄流會於海壖。苟所遇而皆得兮，遑既擇而後安？彼世俗之私己兮，每自予於曲全。中變潰而失故兮，有驚悼而汍瀾。誠達觀之無不可兮，又何有於憂患？顧遊宦之迫隘兮，常勤苦以終年。何求樂於一醉兮，滅膏火之焚煎。雖盡日其猶未足兮，俟明月乎林端。紛既醉而相命兮，霜凝磴而跰躚，馬躑躅而號鳴兮，左右翼而不能鞍。各雲散於城邑兮，徂清夜之既闌。惟所往而樂兮，此其所以為超然者邪？[10]

北宋賦家大都遭遇被貶謫的命運，在貶謫不遇的長期失意心態下，寄情自然，求樂於一醉，「嗟人生之飄搖兮，寄流會於海壖」，超脫世俗宦遊的迫隘苦楚，是失意文人藉騷體詠物一抒胸中塊壘的最好解脫與釋懷之道，騷體因此也得到發揮的機會，「苟所遇而皆得兮，遑既擇而後安」，除了騷體形式以抒情的悲嘆之外，有時亦滲入說理、議論以及豁達超然的思想意識。

文同〈超然臺賦〉作於神宗熙寧九年（1076 年），此賦藉美人騁想，是一篇登臨騁思之作。其辭曰：

> 有美一人兮在東方，去日久兮不能忘。凜而潔兮岌而長，服忠信兮被文章。
> 中皦皦兮外琅琅，蘭為襟兮桂為裳。儼若植兮奉珪璋，戴光耀兮秘芬芳。
> 賈世用兮斯卷藏，游物外兮肆猖狂。余將從之兮遙相望，回羊角兮指龍骯。
> 轉嵫夷兮蹴扶桑，倚泰山兮聊徜徉。下超然兮拜其旁，願為問兮遇非常。
> 勿掉頭兮告以詳，使余脫亂天之罔兮，解逆物之韁。已而釋然兮，出有累之場，余復仙仙兮，來歸故鄉。[11]

---

10 《御定歷代賦彙》卷 81，頁 336。
11 同註 10。

「有美一人兮在東方，去日久兮不能忘」的感懷，是騷賦一向以來的
美人寄寓傳統，但是賦中引「物外」、「超然」等語，更憑添道家出世
哲理，「已而釋然兮，出有累之場」是經過理性深思後的感言，此舉顯
然超越漢賦「風諫」，唐賦「抒情」的樊籬，成為宋賦的特色。

又如張耒作〈超然臺賦〉，表面讚頌登高望臺之巍峨，實則心裡清
楚明白「有物必歸於盡兮」的深刻哲理，：

> 登高臺之岌峨兮，曠四顧而無窮。環群山於左右兮，瞰大海於
> 其東。棄塵之喧卑兮，挹天半之清風。身飄飄而欲舉兮，招飛
> 鵠與翔鴻。莽丘原之茫茫兮，弔韓侯之武功。提千乘之富強兮，
> 憑百勝而稱雄。忽千年而何有兮，哀墟廟之榛蓬。有物必歸於
> 盡兮，吾知此臺之何恃。惟廢興之相召兮，要以必毀而後止。
> 彼變化之無窮兮，嗟其偶存之幾何。聊徼樂於吾世兮，又安知
> 夫其他。……[12]

大凡「物必歸於盡化」，因此寄寓「聊徼樂於吾世兮，又安知夫其他」
的物外之旨，超然之外，最是灑脫。

三、寄意詠物

詠物寫志的傳統，自屈原作〈橘頌〉以來，一直是騷體作家的傳
統。屈原詠物始自〈橘頌〉，對橘樹重土安遷的高度讚美，寄意詩人高
尚的品德和獨立不遷的堅持。宋代詠物寫作題材多樣，詠物賦的形式
多以騷、散並行，詩人寄意於物，藉物象以抒情形成宋賦一大特色。
根據《全宋文》所載騷體詠物賦的作者與篇目如下：

---

[12] 《御定歷代賦彙》卷 181，頁 336。

王偁稱（954-1001）：〈園陵犬賦〉[13]、〈怪竹賦〉[14]

釋智圓（976-1022）：〈感物賦〉[15]

范仲淹（989-1052）：〈靈烏賦〉[16]

宋祈（998-1061）：〈詆仙賦〉[17]

梅堯臣（1001-1060）：〈哀鷓鴣賦〉[18]、〈放鵲〉[19]

文彥博（1006-1097）：〈金苔賦〉[20]

歐陽脩（1007-1072）：〈鳴蟬賦〉[21]、〈啄木辭〉[22]

蔡襄（1012-1067）：〈季秋牡丹賦〉[23]

陳洙（不詳）：〈漫泉亭賦〉[24]

文同（1018-1079）：〈石佬賦〉[25]、〈松賦〉[26]、〈蓮賦〉[27]

劉敞（1019-1068）：〈秦昭和鐘賦〉[28]、〈栟櫚賦〉[29]、〈奇羊賦〉[30]

鄭獬（1022-1072）：〈小松賦〉[31]、〈劍池賦〉[32]

---

[13] 《全宋文》卷 137，頁 206。
[14] 《全宋文》卷 138，頁 230。
[15] 《全宋文》卷 307，頁 171。
[16] 《全宋文》卷 367，頁 397。
[17] 《全宋文》卷 483，頁 92。
[18] 《全宋文》卷 592，頁 506。
[19] 《全宋文》卷 592，頁 515。
[20] 《全宋文》卷 641，頁 484。
[21] 《全宋文》卷 663，頁 131。
[22] 《全宋文》卷 663，頁 141。
[23] 《全宋文》卷 994，頁 547。
[24] 《全宋文》卷 1031，頁 395。
[25] 《全宋文》卷 1098，頁 2。
[26] 《全宋文》卷 1098，頁 3。
[27] 《全宋文》卷 1098，頁 3。
[28] 《全宋文》卷 1276，頁 2。
[29] 《全宋文》卷 1276，頁 3。
[30] 《全宋文》卷 1176，頁 8。
[31] 《全宋文》卷 1457，頁 187。
[32] 《全宋文》卷 1457，頁 185。

劉邠（1023-1089）：〈鴻慶宮三聖殿賦〉[33]、〈鬥蟻賦〉[34]、〈詆風
　　　　　　　　　　　穴賦〉[35]、〈崆峒山賦〉[36]、（棋賦）[37]

范純仁（1027-1101）：〈秋風吹汝水賦〉[38]、〈喜雪賦〉[39]

王令（1032-1059）：〈藏芝賦〉[40]

蘇軾（1036-1101）：〈酒子賦〉[41]

蘇轍（1039-1112）：〈屈原廟賦〉[42]、〈御風辭〉[43]

　　騷體本宜於抒情言志，清人孫梅《四六叢話》云：「騷賦源出靈均，
幽情藻思，一往而深。則《騷》之真也。」「幽情藻思」是屈賦騷體的
特色，但北宋詠物賦往往更加強說理的內容，「藉物言理」因此成為北
宋詠物賦的特色[44]。如文同〈松賦〉以松之蒼勁磅礡起句：「度眾木而
特起兮，有高松之可觀。含古意以茫昧兮，負天材而岑寂。柯滂博而
如抱兮……」，最後以：「榮枯系乎所托兮，用舍由乎見覓。[45]」作結，
與莊子〈逍遙遊〉中立於無何有之鄉的大樗形象類仿，強調無知無欲
的精神自由境界。

---

[33] 《全宋文》卷 1484，頁 578。

[34] 《全宋文》卷 1484，頁 584。

[35] 《全宋文》卷 1484，頁 588。

[36] 《全宋文》卷 1484，頁 586。

[37] 《全宋文》卷 1484，頁 587。

[38] 《全宋文》卷 1545，頁 104。

[39] 《全宋文》卷 1545，頁 104。

[40] 《全宋文》卷 1741，頁 440。

[41] 《全宋文》卷 1849，頁 472。

[42] 《全宋文》卷 2037，頁 358。

[43] 《全宋文》卷 2037，頁 367。

[44] 林天祥：《北宋詠物賦研究》第四章〈北宋詠物賦之藉物言理〉指出北宋詠
物賦的特色有四點：「一、藉詠物闡儒家之理。二、藉詠物言釋家之理。三、
藉詠物述道家之理。四、藉詠物融會儒釋道之理。」（臺北：萬卷樓圖書股
份有限公司，2004 年），頁 109。

[45] 《御定歷代賦彙》補遺卷 15，頁 714

　　從宋人賦作篇名看來，歌詠鳥獸草木之名的寫作題材仍是傳統騷
體詠物賦之延續，但宋賦寫物題材之豐富，顯然已超越楚騷傳統的侷
限，其中文同、劉敞的詠物尤其有傑出表現，是繼〈橘頌〉以後的騷
體詠物佳作。其中文同〈蓮賦〉全篇以騷體寫作，不論用詞遣句，極
盡抒情騷體之能事：

> 彼芳蓮之紛敷兮，乃橫湖之繡繪。挺濁淤以自潔兮，澡清漪而
> 逾麗。纖空其上下兮，細理周其向背。甘液凝而露浥兮，清香
> 馥而風遞。向冰筋與玉骨兮，外吐心而露肺。承寶座之千趺兮，
> 取龜魚之芘賴。既怙水以不競兮，復沿涯而自退。實華葩之上
> 品兮，豈草木之一概。[46]

賦中歌詠蓮為「華葩之上品」，非一般遇秋而枯之草木，更以蓮「挺濁
淤以自潔兮，澡清漪而逾麗」的高貴品格與氣質寄喻。其後北宋劉敞
作〈栟櫚賦〉，以同於〈天問〉、〈橘頌〉的四言體句式，讚美栟櫚剛健
專直，中立不倚，其賦云：

> 圓方相摩，純粹精兮。剛健專直，交神靈兮。
> 馮翼正性，栟櫚榮兮。中立不倚，何亭亭兮。
> 受命自天，非曲成兮。外無附枝，匪其旁兮。
> 密葉森森，劍戟鋩兮。溫潤可親，廉而不傷兮。
> 霜雪青青，不凍僵兮。壽比南山，遐其無疆兮。
> 被髮文身，何侔狂兮。沐雨櫛風，寒無所妨兮。
> 苦身克己，用不失職兮。摩頂至踵，尚禹墨兮。
> 黃中通理，類有得兮。屹如承天，孔武且力兮。
> 懍其無華，不尚色兮。表英眾木，如繩墨兮。

46　《全宋文》卷1098，頁3。

播棄蠻夷，反自匿兮。逷世無悶，曷幽嘿兮。
明告君子，吾將以為則兮。[47]

「苦身克己，用不失職」顯然是劉敞真切的體悟，賦末「明告君子，吾將以為則兮」句法引自〈懷沙〉「明告君子，吾將以為類兮」[48]，若屈原將〈栟櫚賦〉與屈原〈橘頌〉對照，句式如出一轍：

后皇嘉樹，橘徠服兮。受命不遷，生南國兮。
深固難徙，更壹志兮。綠葉素榮，紛其可喜兮。
曾枝剡棘，圓果摶兮，青黃雜糅，文章爛兮。
精色內白，類可任兮。紛縕宜脩，姱而不醜兮。
嗟爾幼志，有以異兮。獨立不遷，豈不可喜兮。
深固難徙，廓其無求兮。蘇世獨立，橫而不流兮。
閉心自慎，不終失過兮。秉德無私，參天地兮。
願歲并謝，與長友兮。淑離不淫，梗其有理兮。
年歲雖少，可師長兮。行比伯夷，置以為像兮。[49]

兩者均以四言寫作，而且都用騷體兮字，藉物言理的手法一致。四言斬釘截鐵的俐落語氣，適足以表現栟櫚剛健專直的特質，作者藉栟櫚以為奉則，和屈原「自喻才德如橘樹[50]」用意相同。

總歸上述，可見北宋騷體詠物的重心不在於物象本身，而在於理趣的發抒，此際文人常藉騷體抒情的特質以表意，本意仍用來抒解人生不圓滿的長嘆，抒發感時與不遇之遭遇，在理性哲學的時代思維之下，「問道遠遊」、「放情超然」、「寄意詠物」是騷體文人從楚辭體悟中

---

[47] 《全宋文》卷 1276，頁 3。
[48] 洪興祖：《楚辭補注》，頁 146。
[49] 洪興祖：《楚辭補注》，頁 155。
[50] 洪興祖：《楚辭補注》，頁 153。

走出的新道，突破騷體悲情的詠嘆，成就詩人豁達的心境與理趣，此亦宋代騷體賦特出於傳統楚騷的特色之一。

　　宋代雖是文賦盛行的時代，但受到詩文革新的影響，致力於改革「西昆體」的浮豔風潮，不論詩、賦、文、歌、詞、操等各體文學，以騷體寫作的不少，重要人物如梅堯臣、蘇東坡、黃庭堅等都曾寫作騷體賦，祝堯《古賦辨體》評〈秋聲賦〉即云：「此等賦實自〈卜居〉、〈漁父〉篇來」。〈秋聲賦〉、〈赤壁賦〉形式上散文化，但猶有楚騷韻味。祝堯《古賦辨體》除卷一、卷二首列「楚辭體」外，另有外集二卷收錄擬騷、琴操、歌等騷體作品，楚辭體作品有李綱〈擬騷〉，范成大〈楚辭四首〉、劉宰〈楚辭二首〉等作，至於以文名篇的騷體辭也不少，如劉敞〈逐伯強文〉、〈弔海文〉等，此外，不以騷名但實際是騷體的有王安石〈寄蔡氏女〉，邢居實〈秋風二疊〉，沈括〈幽命〉，黃庭堅〈毀壁〉等作，騷體兮字句式變化的長短形式，反映在宋賦之中，或以組詩形式，或依襲九歌體，或作騷體歌詞，句式由四言、五言、六言、七言到九言不等，極具形式之變化。

（一）騷體組詩

　　《九歌》可以說是第一套文人抒情組詩，十一首詩組成一個人神相戀的文學系統，此後組詩自是一脈相承，相沿成習，漢代以騷體創作的組詩作品大多仿《九歌》以「九」為名，如王褒〈九懷〉[51]、劉向〈九嘆〉[52]、王逸〈九思〉[53]，晉代陸雲〈九愍〉[54]，晚唐皮日休〈九

---

[51] 王褒〈九懷〉題下分別是：〈匡機〉、〈通路〉、〈危俊〉、〈昭世〉、〈尊嘉〉、〈蓄英〉、〈思忠〉、〈陶壅〉、〈株昭〉九詩。

[52] 劉向〈九嘆〉題下分別是：〈逢紛〉、〈離世〉、〈怨思〉、〈遠逝〉、〈惜賢〉、〈憂苦〉、〈愍命〉、〈思古〉、〈遠遊〉九詩。

[53] 王逸〈九思〉題下分別是：〈逢尤〉、〈怨上〉、〈疾世〉、〈憫上〉、〈遭厄〉、〈悼亂〉、〈傷時〉、〈哀歲〉、〈守志〉九詩。

[54] 陸雲〈九愍〉題下分別是：〈喬皇〉、〈修身〉、〈涉江〉、〈悲郢〉、〈行吟〉、

諷〉。隋唐五代以下，組詩不再以「九」名篇，初唐四傑之一的盧照鄰
有〈五悲〉，題下分別是〈悲才離〉、〈悲窮通〉、〈悲昔遊〉、〈悲今日〉、
〈悲人生〉五首，以四六句為主，間雜以騷體句式，是騷體賦體式的
新創。唐人作騷體詩往往直接在篇題點出，如盧照鄰、宋之問、王維
皆作〈騷體詩〉，盧照鄰又有〈騷體詩〉五首，題下分別是：〈明月引〉、
〈獄中學騷體〉、〈懷仙引〉、〈七日登樂游故墓〉、〈釋疾文三歌〉，同時
宋之問〈騷體詩〉五首，則是〈嵩山天門歌〉、〈高山引〉、〈冬宵引〉、
〈綠竹引〉、〈下山歌〉，皆為騷體。騷體組詩大行，王維作〈騷體詩〉
八章，顧況作〈騷體詩〉六章，句式變化豐富，或四言，或五言，或
六言，或七言，可見組詩形式之自由。李白作〈騷體詩〉二十一首，
其中〈鳴皋歌送岑徵君〉，清代沈德潛《唐詩別裁》評曰：「學楚騷而
長短疾徐，橫縱馳驟，又復變化其體[55]」，宋代騷體組詩繼作，沿襲分
章分題的傳統，沿襲楚辭，各自成詩，但一氣呵成，范成大、王令皆
有騷體組詩佳作。范成大〈楚辭〉四首：

其一〈幽誓〉：

> 天風厲兮山木黃，歲晼晚兮又旱霜；虎號崖兮石飛下，山中之
> 人兮孰虞。予造靭兮挾輗，紛不可兮此淹留；靈暉兮遄邁，趣
> 駕兮遠遊。予高馳兮濡蓋，予揭淺兮水漸佩；橫四方兮未極，
> 泥盎盎兮予車以敗。望夫君兮天東南，江復山兮斯路巉；怳欲
> 遇兮忽不見，奄晝晦兮懸懸。前馬兮無路，稅駕兮無所；誰與
> 共兮芳馨，獨蒼茫兮愁苦。

其二〈憨遊〉：

〈紆思〉、〈考志〉、〈感逝〉、〈征〉九詩。

[55] 〔清〕沈德潛編：《唐詩別裁集》（北京：中華書局，1973）。

君胡為兮遠遊，蹇行迷兮路阻修。朝予濟兮滄海，靈胥怒兮蛟躍舟。暮予略兮太行，車墮輻兮驂決攀。援怪蔓兮一息，雷畫闔兮山裂。四無人兮又風雨，靈悠悠兮為予愁絕。君胡為兮遠遊，委玉躬兮荒草。與魑魅兮爭光，與虎兕兮群嘷。君之居兮社木蒼然，衡門之下兮可以休老。歸來兮婆娑，芳滿堂兮舞歌。奉君子兮眉壽，光風蕩兮酒生波。雲日兮同社，月星兮偕夜。千秋兮歲華，弭予蓋兮絏予馬。悲莫悲兮天涯，樂莫樂兮還家。

其三〈交難〉：

美一人兮岩之扃，佩璧玉兮閑珠星，歲既單兮不圭匜，路巉絕兮遠莫致。稼石田兮長飢，誰也此兮藝之；藉予玉兮雙轂，先予締兮五兩。不萬一兮當此，托長風兮寄想；長風兮無旁，吾媒乏兮鳳凰。謂葦若兮萬蒿艾，風告予兮以不祥；恐青女兮行秋，奄銷歇兮眾芳。騫芳華兮玉蕤，將以遺兮秋思；玉蕤兮霜露，所思兮未知。

其四〈歸將〉：

與不濟兮中河，日欲暮兮情多；木蘭橈兮蕙棹，願因子兮凌波。瞀鑿兮以漁，周落兮以驅；驪龍兮飛渡，蛟之麟兮去汝。波河濆兮迷途，黃流怒兮不可以桴；目八極兮悵望，獨顧懷兮此都。御右兮告病，鑾鈴兮靡騁；河之水兮洋洋，不濟此兮有命。

王令作〈騷體辭〉四首，四首之中末首是「九歌體」句中用兮形式，其餘三首為「離騷體」，其一〈南山之田〉：

南山之田兮，誰為而蕪？南山之人兮，誰教墮且？來者何為
兮，徑者誰趾。草漫靡兮，不種何自始。吾往兮無耔，吾將歸
兮客我止，要以田兮寄於治。我耕淺兮谷不遂，耕之深兮撓吾
耒。吾耒撓兮嗟耕難，雨專水兮日專旱。借不然兮穎以秀，螟
懸心兮朦開口。我雖力兮功何有，雖不可以已兮，寧時我違而
不負。

其二〈我思古人〉：

我所思兮，忽古今之異時。生茲世以為期，欲勿思而奈何。獨
斯人之弗見，故永懷而自歌。樂吾行之舒舒，忽忘世之汲汲。
睇萬里以自鶩兮，豈寧俯以郊拾。載重道遠兮，子欲行而誰與？
累九鼎以自重兮，固尫之不舉。矯身以為衡兮，權世之重輕。
廣道以為路兮，聽人之來去。

其三〈山中辭〉：

山中兮何遊？登彼山兮樂夫高。棄吾馬兮取步，降吾車兮足兩
履。石當道兮行旁，木礙上兮下俯。曾蹈險之非艱，聊憑高而
下顧。何所視之乃牛，而獨見之如鼠。彼侏侏者出其下長兮，
何獨計其高下。山之高兮崔嵬，山之路兮百折而千回。趨前行
而就挽，笑顧後使推之。彼遊者誰兮，何以子之車來。

其四〈江上辭〉：

江之水兮東流，溯湍流兮寄吾舟。舟無袽兮載函重，風乘波兮
棹人用。濟不濟兮奈何，舟中流兮涕滂沱。來何為兮不待，今
雖嗟兮安悔。舟方乘兮人不吾以，覆且溺兮我同人死。江之水

兮東流，濟欲濟兮何流？水瀘瀘兮灘露，暮濤下兮夜潦收。舟
不行兮推之于陸，力不足兮汗顏。行無由兮塗足，時不逝兮奈
何。歸日暮兮途遠，風高兮水波。行躊躇兮佇望，聊逍遙兮永
歌。江之水兮東流，沿湍流兮望歸舟，舟來歸兮何時。步芳洲
兮濯足，陟南山兮采薇。江風波兮日暮。望夫人兮未來。江之
水兮東流，沿湍流兮望歸舟。風滔滔兮浪波。若嗟往者兮未還，
惜行人兮將去。去何道兮歸何時，執子手兮牽子衣。行何如兮
來復，濟豈無兮他時？

從〈九歌〉組詩到范成大、王令等人的騷體組詩，顯示宋代騷體
賦對楚辭的傳承之跡，繼承了「九歌」組詩的分章形式，結構極具彈
性，句式自由，此固然受到詩文運動追求散文化的影響，亦可視為宋
賦對楚辭的融會貫通，而此會通，正突顯了宋代騷體賦的價值。

（二）騷體歌

以騷作歌，源於楚辭「亂辭」形式，〈離騷〉、〈招魂〉、〈涉江〉、〈懷
沙〉等賦末有「亂曰」，〈遠遊〉有「重曰」，〈漁父〉有「歌曰」，到了
宋代，蘇軾、黃庭堅均有相同形式的騷體創作。東坡〈酒子賦〉前文
部分以散文形式書寫，「歌曰」以下則以騷體形式寫作：

> 米為母，麴為父。蒸羔豚，出髓乳。憐二子，自節口。餉滑甘，
> 輔衰朽先生醉，二子舞。……醒而歌之曰：遊物初而神凝兮，
> 反實際而形開。顧無以醇二子之勤兮，出妙語為瓊瑰。歸懷
> 璧且握珠兮，挾所以傲其妻。遂諷誦以忘食兮，殷空腸之轉
> 雷。[56]

---

[56] 《御定歷代賦彙》卷 100，頁 413。

賦作全篇以散行,「歌曰」以下沿用騷體,此寫作手法乃仿效〈漁父〉「歌曰」以下「滄浪之水清兮,可以濯我纓;滄浪之水濁兮,可以濯我足」形式,說是創新,亦是傳統,〈酒子賦〉如此,〈前赤壁賦〉亦然:「醒而歌之曰」以下全以「兮」字句帶出歌唱的旋律,節奏明快活潑,一反騷體幽怨的述情,此因東坡個性使然,曠達的東坡,不同於哀怨屈原,因此出入騷體而能運情自如,然非東坡無以能如此,宋代騷體賦在東坡手上,有了很大的轉折,騷體歌因此呈現豁達之思。

以歌名篇還有黃庭堅〈王聖涂二亭歌〉[57]和張橫渠〈鞠歌〉,〈王聖涂二亭歌〉以騷體詮釋歸隱的閒適之趣:「下有錦石兮可用梧杓,雲月供帳兮萬籟奏樂。石子磊磊兮澗谷縱橫,春月桃李兮千女傾城。」〈鞠歌〉收錄於朱熹《楚辭後語》第五十一[58]:「鞠歌胡然兮,邀余樂之不猶。宵耿耿其不寐兮,日孜孜焉繼⋯⋯」或詠物,或贈言,題材十分豐富,相較於唐人騷體歌,如顧況〈日晚歌〉全以騷體兮字寫成:

> 日窅窅兮下山,望佳人兮不還。花落兮屋上,草生兮階間。
> 日日兮春風,芳菲兮欲歇。老不可兮更少,君胡為兮輕別。[59]

宋賦以騷體制歌,前散後騷特別具有特色。

(三)騷散結合

北宋騷體詠物賦在形式上往往騷、散結合,以散文句式融入騷體之中,所謂「出新意於法度之中」,在傳統騷體的格理之中加上新的變

---

[57] 《山谷全書・正集》卷 12。
[58] 朱熹:《楚辭後語》,頁 604。
[59] 朱熹:《楚辭集注》,頁 539。

化，並形成自己的特色。北宋以散文文體和騷體結合的作品數量相當多，如王禹偁〈怪竹賦〉、釋智圓〈感物賦〉、文彥博〈金苔賦〉、歐陽脩〈鳴蟬賦〉、梅堯臣〈哀鷗鵊賦〉、蔡襄〈季秋牡丹賦〉、蘇軾〈酒子賦〉等等，內容或抒情、言理、議論、寫景、緒事兼而有之，騷散結合的形式，使得騷體形式不但有了變化，內容亦得到充分發揮的機會。歐陽脩〈鳴蟬賦〉：

> 蕭祠庭以祇事兮，瞻玉宇之崢嶸。收視聽以清慮兮，齋予心以薦誠。
> 因以靜而求動兮，見乎萬物之情。……豈非因物造形潭變化者邪？出自糞壤慕清虛者邪？凌風高飛知所止者邪？喜木茂樹喜清陰者邪？呼吸風露能尸解者邪？綽約雙鬢修嬋娟者邪？……吾嘗悲夫萬物莫不好鳴。若乃四時代謝，百鳥嚶兮；一氣候至，百晶驚兮。囀喉弄舌，誠可愛兮；引腹動股，豈勉彊而為之兮？……[60]

全賦以蟬鳴起興，藉言萬物好鳴的道理，「蕭祠庭以祇事兮」以下六句用騷體兮字句，中間以散文句式發問，「豈非因物造形潭變化者邪」以下六問句全用散文句式，是抒情與言理並存，騷散並用的例子。

　　以上從「組詩」、「騷體歌」、「騷散結合」的文學現象，觀察到騷體在宋代詩文運動中，結合詩、歌、文各體形式的變化，重而建立屬於宋代騷體的新風貌，有傳承，有創新，在傳統與當代的異、同中，確立騷體的特色。

60　《御定歷代賦彙》卷 138，頁 550。

參、騷體賦直承楚辭抒情傳統

劉勰〈辨騷〉云:「軒翥詩人之後,奮飛辭家之前」[61],騷體文學無論創作形式與或藝術內涵,對於後代文學無疑具有某種程度的啟發與影響,其中「悲秋」、「美人」、「禽鳥」等意象的延續,正是宋代騷體賦對傳統楚辭的繼承。

一、悲秋傳統

從宋玉悲秋之後,便樹立了文人悲劇心理模式,政治失意,無以擺脫的仕宦得失,從此成為悲秋文學中最主要的怨嗟情愫,結合騷體賦抒情述志的特質,蘇軾〈秋陽賦〉、歐陽脩〈秋聲賦〉、邢寶居〈秋風三疊〉、張耒〈暮秋賦〉、劉邠〈秋懷賦〉、陳子龍〈秋興賦〉、高似孫〈秋蘭賦〉、陳普〈秋興賦〉、葉清臣〈松江秋泛賦〉[62],這些以騷體表現的悲秋主題,構織自楚騷以來的悲秋意象傳統。

朱熹《楚辭集注》卷六云:

> 秋者,一歲之運,盛極而衰,肅殺寒涼,陽氣用事,草木零落,百物凋悴之時,有似叔世危邦,主昏政亂,賢智屏絀,奸凶得志,民貧財匱,不復振起之象。是以忠臣志士遭讒放逐者,感時興物尤切。[63]

---

61 《文心雕龍義證》(上海:古籍出版社,1989),頁 146。
62 歷見周殿富選注:《楚辭源流選集》四〈歷代騷體賦選〉。(長春:吉林人民出版社,2003 年)。
63 朱熹:《楚辭集注》(臺北:臺灣藝文印書館,1983 年)卷 6,頁 221。

宋玉藉由秋興感物而引起的悲憤是很深的喟嘆，宋代騷體作品中壯志
難酬的悲憤，大多是對屈騷朗麗哀志的繼承，如歐陽脩〈秋聲賦〉極
力寫秋夜淒寒之氣：「……其色慘淡，其氣凜烈，其意蕭條，山川寂寥，
淒淒切切……」「悲秋」之嘆古今一氣同愁。

　　宋賦有些作品雖不以「秋」命題，內容卻也取徑秋意，如〈思歸
賦〉是王安石寄寓鄉愁的一篇騷體作品：

> 寒吾南兮安之？莽吾北兮親之思。朝吾舟兮水波，暮吾馬兮
> 山阿。
> 亡濟兮維夷，夫孰驅兮亡巇。風翛翛兮來去，日翳翳兮溟濛
> 之雨。
> 萬物紛披蕭索兮，歲逶迆其今暮。吾感不知夫途兮，徘徊徬徨
> 以反顧。[64]

其中「萬物紛披蕭索兮」的感慨雖未明言，卻無可諱言是一種秋意的
發抒，以「兮」字造語的騷體呈現，則更表現音讀的悲戚，舒緩的語
調更添悲秋之感，這是騷體文學的特色，與其他悲秋詩或文比起來，
騷體抒情的優勢，是其他文體所難及的。

　　蘇軾等人以騷體寫成的秋思作品，不同於屈原的忠憤，不論形式
或精神，均已是一種創新和突破了，以〈赤壁賦〉中「歌曰」一段
為例：

> 於是飲酒樂甚，扣舷而歌之。歌曰：「桂棹兮蘭槳，擊空明兮
> 溯流光。渺渺兮于懷，望美人兮天一方。」客有吹洞簫者，倚

> 歌而和之，其聲嗚嗚然：如怨如慕，如泣如訴；余音裊裊，不
> 絕如縷；舞幽壑之潛蛟，泣孤舟之嫠婦。[65]

賦中「歌曰」的形式顯然是騷體「亂辭」或「倡曰」的遺形，透過生
動的扣舷擊歌，原本制式的騷賦末「歌曰」一段陳詞，由形式上的結
構變為生動活靈的人物心聲，其中「美人」意象顯然又是援自屈原二
〈湘〉與宋玉〈神女〉之意態，忠君之思在蘇子「望美人兮天一方」
語中得到寄託，突出悲秋的感傷。

　　歐陽脩在文壇上的領導地位，使他的騷體作品對於騷體賦風的轉
變尤其起了引導的作用：

> 歐陽子方夜讀書，聞有聲自西南來者，悚然而聽之曰：「異哉！
> 初淅瀝以蕭颯，忽奔騰而砰湃；如波濤夜驚，風雨驟至；其觸
> 於物也，鏦鏦錚錚，金鐵皆鳴；又如赴敵之兵，銜枚疾走，不
> 聞號令，但聞人馬之行聲。」
> 予謂童子：「此何聲也？汝出視之！」童子曰：「星月皎潔，
> 明河在天；四無人聲，聲在樹間。」予曰：「噫嘻！悲哉！此
> 秋聲也，胡為乎來哉！蓋夫秋之為狀也，其色慘淡，煙霏雲斂；
> 其容清明，天高日晶；其氣慄冽，砭人肌骨；其意蕭條，山川
> 寂寥。故為其聲也，淒淒切切，呼號奮發，豐草綠縟而爭茂，
> 佳木蔥蘢而可悅，草拂之而色變，木遭之而葉脫；其所以摧敗
> 零落者，乃一氣之餘烈。夫秋、刑官也，於時為陰；又兵象也，
> 於行為金。是謂天地之義氣，常以肅殺而為心。天之生物，春
> 生秋實，故其在樂也，商聲主西方之音，夷則為七月之律。商
> 傷也，物既老而悲傷；夷戮也，物過盛而當殺。嗟夫！草木無
> 情，有時飄零；人為動物，惟物之靈。百憂感其心，萬事勞其

---

[65] 《御定歷代賦彙》卷 20，頁 84。

形，有動乎中，必搖其精；而況思其力之所不及，憂其智之所
不能，宜其渥然丹者為槁木，黟然黑者為星星。奈何非金石之
質，欲與草木而爭榮！念誰為之戕賊，亦何恨乎秋聲！」
童子莫對，垂頭而睡，但聞四壁蟲聲唧唧，如助予之歎息。

〈秋聲賦〉作於仁宗嘉祐四年，文章以「嗟呼」為界分為兩大部分，
前部份寫大自然的秋氣，秋瑟蕭蕭，反映萬物的零落與摧殘；後半部
由自然轉為對人事悲涼的感嘆，一反對自然季候變化的秋怨之氣，轉
而述說人事之秋的沉痛憂慮，全文以流暢的散文寫作呈現，內容全然
取意屈宋以來的悲秋題旨。〈秋聲賦〉從形式上看已散文化，但借秋抒
懷的題旨猶有屈騷悲秋的影子，騷散的結合，為騷體賦注入新的生命，
顯示宋代騷體文學在傳統中的創新。

南宋詩人能將哲理與騷情融一而成就騷學復興的作家首推楊萬
里，《誠齋集》中所收錄的辭賦作品多是詠物寫事，寓含人生哲理的創
作，其中，〈秋雨〉一篇仿似歐陽脩〈秋聲賦〉的創作手法，寫「夜半
驚醒，飛雨驟至」的驚心動魄；〈中秋月賦〉則超脫傳統悲秋的情境，
寫景懷人，以清明的意境揚棄傳統歷史的悲秋俗套，抒發「悲秋豈其
達人兮，愛月乃我輩事」的理境，羈客騷人的離情怨緒，不僅在悲秋
傳統意緒中別開生面，更為悲秋文學創作造另一蹊徑。至於著名的〈海
鰍賦〉作於「辛巳之秋」，明顯是一篇秋題賦，嚴羽稱他「盡棄諸家之
體，自出機杼[66]」，此「自抒機杼」，所指稱的正是「情與理融的創作[67]」。

---

[66] 嚴羽：《滄浪詩話》（臺北：里仁書局，1987 年），頁 59。

[67] 許結：《中國賦學歷史與批評》五六〈南宋辭賦藝術探索〉：「如果說詩歌之
誠齋體成為宋詩轉變的主要樞紐，則辭賦的誠齋體，又顯然一懲於唐宋試
賦日趨庸塞，二懲於北宋賦風議論傷情，而倡揚情與理融的創作，成為宋
賦由南而北的一大轉變」（江蘇教育出版社，2001 年），頁 273。

二、美人之思

　　宋代黨禍政爭不斷，置身宦海沉伏，有識文人更著重人格精神的涵養，「不以物喜，不以己悲」的豁達表現在懷才不遇的對應態度上，歐陽脩、陸遊、黃庭堅的作品相對表現出對生命的灑脫[68]，其中，以美人喻君的思維勃興，逐漸形成宋代騷體寫作的寄託情感之一[69]。

　　觀察政治黨爭的紛擾不休，北宋中期詩人政客理性思潮的反省，反映在文學創作中，從歐陽脩到蘇東坡、王安石等人，許多作品由發憤走轉向豪邁，騷體的創作也由發憤抒情，轉而追求平淡雋永的理趣，如蘇軾《傷春辭》：『佳人與歲皆逝兮，歲既復而不反。付新春於居者兮，獨安適而愈遠。畫昏昏其如醉兮，夜耿耿而不眠。』屈原〈離騷〉「惟草木之零落兮，恐美人之遲暮。[70]」僅是傷感「美人遲暮」，東坡進一步以歲月與佳人並比，提出「歲既復而不反」的時間思維，同樣面對消逝的光陰，年年歲歲，歲歲年年，歲月不斷循環反復，春去春可再來，唯佳人的過去，昨日青春一旦消逝便永不復反。蘇東坡作〈前赤壁賦〉，「歌曰」以下以騷體句式亦援引「美人」之思：「桂櫂兮蘭槳，擊空明兮泝流光。渺渺兮予懷，望美人兮天一方。[71]」謫居黃州的蘇子借美人寄寓懷君遠離的幽思，同樣也是「美人」意象思維的延續。

---

[68] 尚永亮：《元和五大詩人與貶謫文學考論》：「蘇黃貶謫文學的特質則主要顯現於同命運搏鬥之後，純綿裏鐵外圓內方更富藝術家的情感張力和哲人的理性氣度。」（臺北：文津出版社，1993 年），頁 13。

[69] 劉培：《北宋初中期辭賦研究》第二章〈北宋中期賦論〉：「騷體在北宋中期興起，與這一時期的政治變革運動密切聯繫。在變革運動中，經世致用的精神被發揚光大，屈騷發憤抒情的傳統被很好地繼承。」（臺北：萬卷樓圖書股份有限公司，2004 年），頁 194。

[70] 洪興祖：《楚辭補注》，頁 6。

[71] 《歷代賦彙》卷 20，頁 339。

　　北宋另一騷體大家首推文同，文同的騷體作品有三篇描繪「美人」意象，分別是〈超然臺賦〉、〈秋望〉、〈玉女〉，三篇作品透過美人遊物於外的澄淨純潔，寄託作者超拔流俗的昇華思想，平淡致遠與莊子逍遙的境界相通，是繼屈騷美人意象的進一步勃興。

　　文同〈秋望〉以冰清玉潔的美人，表達作者抒情的嚮往，辭曰：

> 彼美人兮在一方，望泊鬱兮蔽雲煙。期將邁兮殫所思，念莫致兮勞且悁。零露濛濛兮促其歸，灑涕淚兮紛如泉。

美人在水一方的意象，自《詩經》中的〈漢廣〉、〈蒹葭〉即有著若即若離的迷思之美，文同進一步以「期將邁兮殫所思」，詮釋詩人對現實以外世界的想望和追尋。劉培認為北宋騷體「內容上由發憤抒情到崇高閒逸；其風格由豪雄奇峭趨向平淡雋永[72]」，觀文同騷體辭賦中意思蕭散的美人意趣，轉換屈騷美人以喻君的傳統思維，表現了與政治疏離的演變過程與文學軌跡，轉而探討人生課題，追求內心世界的平和與寧靜，這也是整個北宋文壇所呈現的哲理省思與慷慨情懷。

　　蔡襄〈季秋牡丹賦〉悵然於霜清露白的秋意閑寂，突破屈原寫作〈橘頌〉時四言的窠臼，以騷、散結合的形式詠物，賦云：

> 霜天一清，露草皆白。……悲哉！轉涼葉於亭臯兮，悵穠華之閒寂。……是知元冶一陶，昌生萬族。無左右先容者淪乎朽株，當匠伯不顧者被之散木。譬此花之賦命兮，亦節暮而葩獨。然貴賤反衍，禍福倚伏。其暮也何遽不為貴，其獨也庸知不為福。[73]

---

[72] 劉培：《北宋初中期辭賦研究》，頁 194。
[72] 《歷代賦彙》卷 20，頁 339
[73] 《御定歷代賦彙》卷 121，頁 492。

此賦序云：「昔騷人取香草美人以媲忠潔之士，牡丹者抑其類與？」可知是以屈騷美人香草為譬，獨多了「貴賤反衍」、「禍福倚伏」的哲理反思。

三、禽鳥意象

宋代反「西崑」華麗文風的文學主張在一定程度上反映在騷體創作上，透過禽鳥賦作的書寫，以騷體推陳議論，簡明暢達的意境，充滿理趣。以騷體創作的禽鳥類賦作，在北宋一代較具有表性的有范仲淹〈靈烏賦〉[74]、梅堯臣〈哀鸛鴣賦〉[75]、〈放鷓〉[76]以及歐陽脩〈啄木辭〉[77]。

范仲淹（989-1052）作騷體〈靈烏賦〉乃「感物之意」：

> 靈烏靈烏爾之為禽兮，何不高翔而遠翳。何為號呼於人子，告吉凶而逢怒。方將折爾翅而烹爾軀，徒悔焉而忘路。彼啞啞兮如愬，請臆對而心喻。……

郭維森說他「托『靈烏』以致情，慷慨且摯厚。」[78]范仲淹的賦作去浮求實，不用華麗詞藻而用語凝煉，托靈烏高鳴以寄意，頗有「忠言逆耳」的旨趣，在騷體文學發展中，以慷慨務實的風格，建立北宋騷體求實致用的賦風。

---

[74] 《歷代賦彙》卷 129，頁 518。

[75] 《全宋文》卷 592，頁 506。

[76] 《全宋文》卷 592，頁 515。

[77] 《全宋文》卷 663，頁 141。

[78] 許結、郭維森：〈仿漢新變期──宋金辭賦〉引《翁氏困學紀聞》卷 17 云：「范文正《靈烏賦》，寧鳴而死，不默而生，其言可以立懦。」《中國辭賦發展史》（南京：江蘇教育出版社，1996 年），頁 546。

梅堯臣（1002-1060）的騷賦創作和范仲淹一樣具有平易暢達、擅長議論的特色，他和范仲淹一樣的同題賦作〈靈烏賦〉，同樣抒發「鳳不時而鳴」的不遇感慨，賦云：

> 將兆而獻忠，人反謂爾多凶。凶不本於爾，爾又安能凶。[79]

梅堯臣又有〈後靈烏賦〉同樣抒發忠言的憤慨：

> 靈烏，我昔閔爾之忠，告人之凶，遭人唾罵，於時不容，覆巢彈類，驅逐西東，於是時作賦以弔汝，非乘爾困而責汝……[80]

梅堯臣也作有〈紅鸚鵡賦〉[81]，與歐陽脩同題而反其意，同樣是在發抒「異不如常，慧不如愚」的人世喟嘆。

歐陽脩（1007-1072）的賦作以清新見長，《歐陽文忠公集》存辭賦二十二篇，其中〈靈烏賦〉、〈啄木辭〉、〈哭女師〉、〈病暑賦〉、〈述夢賦〉為騷體，〈紅鸚鵡賦〉為騷、散混合體，這些作品基本上都有「幽憂窮蹙，怨慕淒涼」（朱熹《楚辭集注》語）的楚騷韻味。

北宋禽鳥賦作的重心不在於物象本身，而常常是理趣的寄寓，其特色有二，一是騷體結合散文，北宋以散文文體和騷體結合的作品，如梅堯臣〈哀鸕鷀賦〉，內容或抒情、言理、議論、寫景、緒事兼而有之，騷散結合的形式，使得騷體形式不但有了變化，內容亦得到充分發揮的機會。二是藉物言理：此際文人常藉騷體抒情的特質，用來抒解人生不圓滿的長嘆，抒發感時與不遇之遭遇，從植物、動物到亭臺寫作，藉物言志理之餘，並有樂觀豁達的心境，企圖走出騷體悲情的詠嘆。

---

79 《歷代賦彙》卷 129，頁 518。
80 《歷代賦彙》卷 129，頁 518。
81 《歷代賦彙》卷 130，頁 522。

肆、結論

騷體的發展從戰國時代開始，屈原、宋玉擅美於前，魏晉漢唐歷代追隨者有之，宋代積極學術文化的發展，對楚辭研究尤其熱衷，《宋史・藝文志》著錄《楚辭》專著 12 部，首 2 部為屈原《楚辭》16 卷和工逸《楚辭章句》17 卷，其餘為宋人專注，分別是：晁補之《續楚辭》20 卷、《變離騷》20 卷，黃伯思《翼騷》1 卷，洪興祖《楚辭補注》17 卷、《考異》1 卷，周紫芝《竹坡楚辭贅說》20 卷，朱熹《楚辭集注》8 卷、《楚辭辨證》1 卷，黃銖《楚辭協韻》1 卷，錢杲之《離騷集傳》1 卷，共七家十種書。其他散見於宋人雜史、文集、筆記等文籍資料更多，可見宋代楚辭研究之熱潮。

研究之外，應用騷體創作的喜愛亦不遑多讓，宋代辭賦創作眾體兼備，並互相融匯貫通，辭賦創作尤其呈現眾作而求變的特徵，宋人在改革賦體的語言上，詩文革新之舉不但突破楚辭傳統的形式，騷、散結合，行文趨於口語化，賦的形式因此更靈活變化。而慣於書寫淒愴悲涼的騷體，隨著宋代政治革新的歷程，文人通過理性的思索，抒情言志的濃郁情感趨向哲理內省，表現出沉潛的抒情特徵。

宋代騷體的新風貌，有傳承，有創新，在傳統與當代的新變與異同中，確立騷體的特色，其價值與特色有三：

其一、宋人沉潛於心性義理的學術精神，騷體賦創作，異於傳統「詩言志」的意念，轉以「理韻」為標誌，抒情言志以外，賦家更以理性的思維發明本心的沉潛意志，宋賦好發議論，騷體詩人的理性哲思表現在「遠遊」、「超然」、「詠物」等課題之中。

其二、騷體「兮」字游離的特性，宜長宜短，句式自由，加以當代詩文革新的影響，騷體賦或依襲九歌體，或作騷體歌詞，「組詩」、「騷

體歌」、「騷散結合」等形式，范成大、王令皆有騷體佳作，凸顯宋代
騷體的新風貌。

其三、騷體之美在於內蘊深刻的情感，而透過「悲秋」、「美人」、
「禽鳥」等意象的延續，歐陽脩、陸遊、黃庭堅的作品，情辭兼備的
騷賦正是宋賦對傳統楚辭的繼承。

儀禮聘禮的施行與演變

劉國平

大葉大空間設計學系助理教授

摘　要

　　周王朝為鞏固封建制度，在禮制的規範下，團結藩國，減少衝突，增進邦誼，對封國的相互朝聘作出規定。此規定包括兩大部分：一為聘禮施行之週期與頻率，一為聘禮之程序與儀節。有關聘禮儀節之探討，已有專文之研究，本文只對諸侯國實踐朝聘之情形與變化作探討。先說明儀禮聘禮之意義、實施之背景與淵源，其次推斷聘禮實施之期間，再其次探究春秋聘禮施行之演變，最後說明戰國聘禮之消亡。一方面，可以看出聘禮之所以陵夷愈下，二方面可以助見禮崩樂壞之情形。

關鍵詞：儀禮、聘禮、禮制、儀節、周朝

壹、前言

雖然《史記·五帝本紀》形容顓頊帝高陽之時,「日月所照,莫不砥屬」;帝嚳高辛之時,「日月所照,風雨所至,莫不從服。」[1]但這未必就是政治上的統一與隸屬,而是生存或德義的感召。《詩·小雅·谷風之什·北山》也說:「溥天之下,莫非王土;率土之濱,莫非王臣。」[2]也許只是士大夫宴飲的場面話。但不論如何,西周之後,這種「論述上」的情勢有了轉變。封建開始,諸侯有國,各行其政,各施其禮。[3]司馬遷於〈秦本紀〉說:

周避犬戎難,東徙雒邑,(秦)襄公以兵送周平王·平王封襄公為諸侯,賜之岐以西之地·曰:『戎無道,侵奪我岐、豐之地,秦能攻逐戎,即有其地。』與誓,封爵之。襄公於是始國,與諸侯通使聘享之禮。」[4]

這一段話固然在說秦之所以崛起,但亦可見一個國家立足於世,他國之承認及友好來往,是不可或缺的條件,此司馬遷所以言及「通使聘享」之故。而中國古籍於「諸侯通使聘享」有專門之書載者,莫早於《儀禮·聘禮》,然前人研究《儀禮·聘禮》,多從儀節著手,如謝德瑩的專書《儀禮聘禮儀節研究》,[5]鄭憲仁也寫了一篇論文,名為

---

[1] 司馬遷:《史記》(臺北:鼎文書局,1991 年),頁 11-12,14。

[2] 余培林師:《詩經正詁》(臺北:三民書局,1995 年),頁 209。

[3] 《史記·魯周公世家》載,魯公伯禽之初受封之魯,三年而後報政周公,周公曰:「何遲也?」伯禽曰:「變其俗,革其禮,喪三年然後除之,故遲。」太公亦封於齊,五月而報政周公,周公曰:「何疾也?」曰:「吾簡其君臣禮,從其俗為也。」

[4] 司馬遷《史記》(臺北:鼎文書局,1991 年),頁 179。

[5] 謝德瑩:《儀禮聘禮儀節研究》(臺北市:文史哲出版社,1983 年)。

〈《儀禮·聘禮》儀節之研究〉,[6]幾與謝書雷同。本文擬從聘禮之起源及其施行之期間、施行之演變,與戰國之世的情形著手,一則補充聘禮之研究,二則可觀古代各國間友好訪問之情形,三則藉聘禮之變遷,觀禮崩樂壞的真實情狀,以為論學者之一助。

貳、儀禮聘禮之意義、施行背景與淵源

一、聘禮之意義

首先來看看,何謂聘禮。《荀子·大略》:「聘,問也;享,獻也。」[7]《說文解字》說:「聘:訪也。从耳甹聲。」《釋言》說:「聘,問也。」所以聘就是「訪問」的意思。賈公彥《儀禮疏》引鄭目錄云:「大問曰聘。諸侯相與久無事,使卿相問之禮。小聘使大夫。」然後解釋說:

> 鄭云「大問曰聘」者,則此篇發首所論是也。云「久無事」者,案下記云:「久無事則聘焉。」注云:「事謂盟會之屬。」若有事,事上相見,故鄭據久無事而言。[8]

因此,依照鄭玄《目錄》的說法,所謂的聘禮,包括了「大問」的「聘」與「小聘」的「問」,也就是諸侯之間,因很久沒有國際事務,如爭、戰、會、盟等,也就沒有國君或使臣的見面,因此派遣卿為使者,往

---

[6] 鄭憲仁:〈儀禮聘禮儀節之研究〉,《南臺科技大學學報》31 期(2006 年 12月),頁 69-83。

[7] 李滌生:《荀子集解》(臺北:學生書局,1991 年),頁 610。

[8] 李學勤主編:《十三經注疏》《儀禮注疏》(賓禮)(臺北:臺灣古籍出版社,2001 年),頁 412。

他國作較正式及高規格之友好訪問；或派遣大夫，作每年例行性較低規格之友好訪問。至於《周禮》之〈大行人〉則說：

> 凡諸侯之邦交，歲相問也，殷相聘也，世相朝也。

鄭玄注說：

> 小聘曰問，殷中也，久無事又於殷朝者，及而相聘也。父死子立曰世。凡君即位，大國朝焉，小國聘焉。此皆所以習禮考義，正刑一德，以尊天子也。必擇有道之國而就脩之。

換言之，小聘或說是「問」，是每年辦理的例行性外交。而「殷聘」依據聘義所云「比年小聘，三年大聘」，則是三年辦理一次的較高規格外交。至於「朝」，則是某國之君父死亡，新君即位，所進行的賀使外交。如果新君是大國，而自己是小國，則遣使朝之；如果新君是小國，而自己是大國，則遣使聘之。

　　不過昭公十三年《左傳》曰：「歲聘以志業，間朝以講禮，再朝而會以示威，再會而盟以顯昭明。」賈逵、服虔皆以為朝天子之法，鄭玄以為不知何代之禮，崔靈恩則以為朝霸主之法。許慎的《五經異義》提到：公羊說「諸侯比年一小聘，三年一大聘，五年一朝天子」，是虞、夏之制，鄭康成舉《周禮·大行人》的：「諸侯各以服數來朝」，來說明這些都不可信。各家說法孔穎達疏陳述甚明。[9]衡情論理，這些說法，由於古書文獻缺佚既不足確證，[10]只好回到聘禮與禮經中對朝聘規定

9　　見禮記正義頁 42-425

10　《左傳》昭公十三年，叔向所言：「故明王之制，使諸侯歲聘以志業，間朝以講禮，再朝而會以示威，再會而盟以顯昭明，志業於好，講禮於等，示威於眾，昭明於神，自古以來，未之或失也。」此言之難以確證，楊伯峻說之甚詳，見《春秋左氏傳注》（高雄：復文圖書公司，1991 年），頁 1356。

的考察才是較合理的作法。換言之，邦誼之經營規定，仍以聘禮或禮經所載者為準。《禮記》〈經解〉篇也提到：

> 故朝覲之禮，所以明君臣之義也。聘問之禮，所以使諸侯相尊
> 敬也。
> 所以本文不把諸侯對天子的朝覲之禮，及天子對諸侯的聘禮當
> 作重點，只有在必要涉及之處略作說明，而專就諸侯間之邦誼
> 行為，包括聘、問、小國對大國之朝，大國對小國之聘等加以
> 析論。當然，婚、娶之聘也不再討論的範圍內。又會、盟、朝、
> 聘皆屬賓禮之範圍，故偶而亦述及盟、會，但仍以朝聘為主。

二、聘禮之施行背景

源聘禮之義，在於和睦諸侯以利周天之統控天下。《禮記》之〈聘義〉說：

> 故天子制諸侯，比年小聘，三年大聘，相厲以禮。使者聘而誤，
> 主君弗親饗食也。所以愧厲之也。諸侯相厲以禮，則外不相侵，
> 內不相陵。此天子之所以養諸侯，兵不用而諸侯自為正之具也。

從文中的「諸侯相厲以禮，則外不相侵，內不相陵」之文，可見這是「諸侯間」之事。而此禮制制定之目的，卻是用來服務周天子的，它是為了讓諸侯相厲守禮，是「自為正之具」，以免禮樂征伐自天子出。所以，這也算齊之以禮，而帶有秩序與和諧的目的，也是《春秋繁露》所謂的「王道之意」：

> 諸侯來朝者得襃，邾妻儀父稱字，滕薛稱侯，荊得人，介葛盧
> 得名。內出言如，諸侯來曰朝，大夫來曰聘，王道之意也。[11]

又聘禮與射禮都是最重大的禮儀，天還沒亮就開始進行，到日快當中
才禮成，如果不是身強體建的人，恐怕難以負荷及完成[12]。如果聘禮
進行有失誤，主君就不陪聘使吃飯，以羞愧之、勉勵之。這是天子頒
發的儀節，也是天子制諸猴的手段。至於為要如此作，則與當時之背
景有關。蓋周公東征之後，鑑於管叔之誅、蔡叔之放，兄弟相殘，於
此封建既行之時，如何有效控制邦國，則莫若聘問朝觀。一則可窺見
諸侯之虛實，二則相屬以禮，所以廣親親尊尊之意。然上古之時，君
王與諸侯，除作戰會師，同盟發誓之外，諸侯間並無一套固定之聘問
程序或儀式。及周公東征之後，為維持封建之安定運轉，於是朝庭乃
頒定聘禮，除勉勵諸侯邦國之相屬以禮，亦含讓其互相監看的意思在內。

三、聘禮之淵源

《聘禮》〈記〉曰：「久無事，則聘焉。若有故，則卒聘。」鄭玄
注說：「事謂會盟之屬，故謂災患時事相告請也。」由〈記〉及鄭玄的
注可以知道，聘禮必興於會盟既有之後。但會盟究竟始於何時，則《史
記》〈五帝本紀〉記載，黃帝曾征師諸侯，以與蚩尤戰，而諸侯咸尊其
為天子。《尚書》〈甘誓〉則載夏朝的君王與有扈氏「大戰於甘，以召
六卿」。[13]盤庚既遷，亦曾「爰綏有眾（告於大眾）：

---

11 《春秋繁露‧王道》：「諸侯來朝者得襃，邾妻儀父稱字，滕薛稱侯，荊得
人，介葛盧得名。內出言如，諸侯來曰朝，大夫來曰聘，王道之意也。」
12 《禮記‧聘義》：「聘、射之禮，至大禮也。質明而始行事，日幾中而後禮
成，非強有力者弗能行也。」
13 屈萬里《尚書釋義》（臺北：中國文化大學出版部，1984 年），頁 66。

嗚呼！邦伯師長百執事之人，尚皆隱哉！予其懋簡相爾念敬我眾。朕不肩好貨，敢恭生生。鞠人謀人之保居，敘欽。今我既羞告爾於朕志若否，罔有弗欽！無總於貨寶，生生自庸。式敷民德，永肩一心。[14]

《周書》〈牧誓〉也記載武王的宣言：

嗟！我友邦塚君御事，司徒、司鄧、司空，亞旅、師氏，千夫長、百夫長，及庸，蜀、羌、髳、微、盧、彭、濮人。稱爾戈，比爾干，立爾矛，予其誓。……古人有言曰：「牝雞無晨；牝雞之晨，惟家之索。」

以上所錄，都有君王與諸侯相會之事。但這些相會，尚未有盟的意味。《公羊傳》所謂：「古者不盟，結言而退」[15]但是由《禮記》：「殷人作誓而民始畔，周人作會而民始疑。」[16]及《淮南子‧氾論訓》：「殷人誓，周人盟」之語觀之，盟會之開始於周朝，應無疑義。《史記‧秦楚之際月表》載「孟津之會」云：

昔虞、夏之興，積善累功數十年，德洽百姓，攝行政事，考之于天，然後在位。湯、武之王，乃由契、后稷脩仁行義十餘世，不期而會孟津八百諸侯，猶以為未可，其後乃放弒。

---

[14] 屈萬里《尚書釋義‧盤庚》（臺北：中國文化大學出版部，1984年），頁82-83。

[15] 《公羊傳》〈桓公三年〉：夏，齊侯、衛侯胥命于蒲。胥命者何？相命也。何言乎相命？近正也。此其為近正奈何？古者不盟，結言而退（古人不盟誓，說一句話就算數了）。雪克《新譯公羊傳》〈桓公三年〉（臺北：三民書局，1998年），

[16] 《禮記》〈檀弓〉下。

《穀梁傳》於〈隱公八年〉（前715年），曰：「誥誓不及五帝，盟詛不及三王。」意謂五帝之時，民風淳厚，無須誥誓，強制百姓遵守。夏禹、商湯、周文等聖王之世，人民守信，不用盟誓祈求神明督證。故而盟之始見，當在成王之時。《左傳》〈僖公五年〉（前655年）所載：

> 虢仲，虢叔，王季之穆也，為文王卿士，勳在王室，藏於盟府。

此時僅記功勳，還未見到「盟」，此處所謂之「盟府」，當是後人之追記。但《左傳》〈僖公廿六年〉（前635年）載，魯使展喜犒師時對齊侯說：

> 昔周公，大公，股肱周室，夾輔成王，成王勞之，而賜之盟曰，世世子孫，無相害也，載在盟府，大師職之，桓公是以糾合諸侯，而謀其不協，彌縫其闕，而匡救其災，昭舊職也。

此則明記天子與諸侯之「盟」，在成王分封諸侯之時。然則聘禮當起於此盟之同時或稍後。盟有專司之官，曰「詛祝」，「掌盟、詛、類、造、攻、說、禬、禜之祝號，作盟詛之載辭。以敘國之信用，以質邦國之劑信。」[17]

參、聘禮施行期間之推斷

《史記》〈魯周公世家〉云：

> 成王在豐，天下已安，周之官政未次序，於是周公作《周官》，官別其宜，作《立政》，以便百姓。百姓說。

---

[17] 見《周禮·春官·詛祝》。

周之官政，自是周本身之內政，至於邦國之外交，則《禮記》〈曲禮〉云：

> 諸侯北面而見天子，曰覲。天子當宁而立，諸公東面、諸侯西
> 面，曰朝。諸侯未及期相見曰遇，相見於郤地曰會。諸侯使大
> 夫問於諸侯曰聘，約信曰誓，蒞牲曰盟。

而「成康之際，天下安寧，刑錯四十於年不用。」[18]當時聘禮必曾依
規定而行之者。及穆王征犬戎，「自是荒服者至，諸侯有不睦者，甫侯
言於王，作脩刑辟。」可見諸侯間開始有了紛爭，而到了「懿王之時，
王室遂衰」，及宣王即位，二相輔之，脩政，法文武成康之遺風，諸侯
復宗周。魯武公也在周宣王十二年（前816年）來朝。[19]

案《白虎通・崩薨篇》云：

> 諸侯薨，使臣歸瑞圭於天子何，諸侯以瑞圭為信。今死矣，嗣
> 子諒闇三年之後，當乃更爵命，故歸之，推讓之義也。

《詩・大雅・韓奕》亦云

> 韓侯受命，王親命之，纘戎祖考（繼承汝先祖先父之德），無
> 廢朕命，夙夜匪懈，虔共（恭也）爾位。」

可推見西周確有朝覲侯命之禮，[20]也可見當時周天子尚有力量控御諸
侯。王龍正〈甸盉銘文補釋并再論覜聘禮〉一文考釋周穆王時的一次
聘禮說：

---

[18] 《史記・周本紀》。下兩句同。
[19] 具見《史記・周本紀》。
[20] 此說見許倬雲《西周史》（臺北：聯經出版事業公司，1990年），頁170。

整篇銘文大意是說在周穆王某年四月戊申這一天,應國使者完
成對青邢國的覜聘使命, 到了青國近郊的館舍──氏地,即將離
開青國歸國,青國國君青公派專門管理外交事務的司使,把紫
鹿賁一束、蔽膝兩件、紅銅三十斤贈送給訇。訇感謝青公的饋
贈,特做成這件銅盉以作紀念,並希望能長久地使用。顯然,
訇禿銘文是對應國委派使者前往青邢國進行聘問的真實記
錄,反映了古代覜聘禮。銘文記載與《儀禮・聘禮》的某些內
容若合符節,而劉桓先生對聘禮儀節的詳細闡釋,則提供了更
有力的證據。[21]

這篇銘文經過很多次的討論,文中的「覜」即《周禮・春官・典瑞》:
「以覜聘」的「覜」,鄭玄注說:「大夫眾來曰覜,寡來曰聘。」《說文》:
「諸侯三年大相聘曰覜。覜,視也」。所以「覜」也就是「聘」的意思。
作者第二次歸納各專家學者研究成果所寫成之論文當有一定的可信
度。如此看來西周之時當有聘禮之往來,應無疑義。如果說內政之後
必及外交,則吾人似可推斷,聘禮在周公成王之時,即已存在。而西
周之時禮樂未壞,猶有親親之仁,尊尊之義,聘禮自有施行之可能。
否則,到了春秋的亂世,才開始倡行聘禮,似乎為時已晚。因為自從
周平王東遷之後,諸侯日益強大,王室漸漸不能掌握,如何還能頒行
聘禮,以行於諸侯間?而且,此時四境 夷狄日興,卒至「南夷北狄交
侵,中國不絕如縷」,[22]《左傳》僖公廿八年(前 633 年)也說:

　　漢陽諸姬,楚實盡之。

而《左傳》〈成公八年〉(前 583 年)申公巫臣說:

---

[21] 見王龍正:〈訇盉銘文補釋并再論覜聘禮〉,《考古學報》(鄭州:河南省文
物考古研究所,2007 年 4 月) ,頁 405-422。
[22] 見《左傳》〈僖公四年〉。

思啟封疆，以利社稷者，何國蔑有，唯然，故多大國矣。

《左傳》〈襄公廿五年〉（前 548 年），鄭國的子產更說：

若無侵小，何以至焉？

可見諸侯兼併之風已盛，這就是孟子所以慨言「春秋無義戰」的緣故吧！[23]而隱公之時的周鄭交質，就已可見諸侯之目無天子，禮義之江河日下了。但春秋的霸主仍試圖維持聘禮於不墜。左昭三年（前 539年），子大叔就說過：

昔文襄之霸也，其務不煩諸侯，令諸侯三歲而聘，五歲而朝，有事而會，不協而盟。

可見是晉文公及宋襄公都還試圖努力維持諸侯相互之間「三歲而聘，五年而朝」的規矩與制度。

西周史料固然不甚豐富，但東周之始，確實可以自諸侯的交聘之例中，一睹聘禮施行之梗概。《左傳》〈隱公〉以下，諸侯交聘問朝時見。文公六年（前 621 年），季文子還問，出使萬一遭遇（邦交國君主）喪事之時該如何處理。《左傳》如此記載：

秋，季文子將聘於晉，使求遭喪之禮以行，其人曰，將焉用之，文子曰，備豫不虞，古之善教也，求而無之，實難（臨時要找，找不到，就陷入困境了）。過求何害？

楊伯峻《春秋左傳注》說：

季文子求遭喪之禮者，杜《注》謂「聞晉侯疾故。」孔《疏》
引劉炫說，則以為「聘使之法，自須造（照）遭喪之禮以行，
防其未然也，非是聞晉侯有疾。」依《儀禮》〈聘禮〉，遭喪之
禮有五：一，主國君之喪；二，主國夫人、世子之喪；三，聘
君之喪；四，私喪，即使者父母之喪；五，賓介之喪。又據《禮
記》〈曾子〉問，「君出疆，以三年之戒，以椑從」，人君出境
有喪備，人臣出境亦可能預慮喪事。據下文「其人曰，將焉用
之」之語，則未必聞晉侯之喪。劉炫說可從。

可見當時還有重視邦誼之國，也還有用心於邦交禮儀之使者，也由於
聘使之頻繁，所以突發狀況多，而行人不得不有所準備，此皆見聘禮
之施行。

又宣公八年（前 601 年）《春秋》經云：「夏六月，公子遂如齊，
至黃乃復。」《公羊傳》載：

夏，六月，公子遂如齊，至黃乃復。其言至黃乃復何？有疾也。
何言乎有疾乃復？譏。何譏爾？大夫以君命出，聞喪徐行而不反。

《公羊傳》的意思是說，這次公子遂使齊，到了黃這個地方，因得知
父母過世的消息而折返，這是不對的，應該放慢腳步，繼續完成任務，
不該折回才是。這其中充滿尊君與天下大一統之義。但《春秋》經文，
只說公子遂到黃這個地方就折回了，其下經文則記載公子遂死在垂這個
地方。孔穎達於「至黃乃復」疏曰：

《聘禮》曰：「賓入竟而死，遂也。若賓死，未將命，則既殯
棺，造于朝，介將命。哀十五年，《傳》曰：「有朝聘而終以尸
將事之禮。」是入所聘之境則當遂行。黃是齊境，遂以疾還，
非禮也。

足見真正執行之時，有許多情況，已超出《聘禮》之規範。又如出訪
過境借道一事，《聘禮》說：

> 若過邦，至於竟，使次介假道，束帛將命於朝，曰：「請帥。」
> 奠幣。下大夫取以入告，出許，遂受幣。

《國語》〈周語〉中亦記載：

> 定王使單襄公聘于宋。遂假道于陳，以聘于楚。

按：周有兩定王，前周定王當紀元前 606~586 之間，時宋猶存。後周
定王當紀元前 486~441 之間，時宋已滅。此處既云聘於宋，故是前定
王。是紀元前 606~586 之間，還有越過別國國境假道行聘的事情。
　　《左傳》〈襄公廿九年〉（前 544 年）載：

> 范獻子來聘，拜城杞也，公享之，展莊叔執幣，射者三耦，公
> 臣不足，取於家臣。

此亦可徵聘禮仍為當時所重，一切還照規矩而行。而同年之季札聘魯，
請觀周樂，其後歷使齊、鄭、衛、晉諸國，亦可見當時聘禮之盛。只
是昭公（前 541 年~510 年）之後，情況丕變，國際間友好邦誼的互聘
愈來愈少，而三《傳》所載最後一次的聘訪是《左傳》魯哀公二十七
年（前 468 年）的春天，越王派舌庸前來聘問，目的是商議邾國土田
的事情，雙方協議以「駘上」做為魯、邾兩國的邊界。二月在平陽結
盟。由於季康子、叔孫文子及孟武伯都跟隨魯哀公出席此盟，因此頗
感不快，而思及子貢說：「若（子貢）在此，吾不及此夫。」蓋此時越
國強大，魯國勢弱，讓人擺佈，所謂弱國無外交，這是再現實不過的
事。哀公死後，悼公即位，〈魯周公世家〉說：「悼公之時，三桓弱，

魯如小侯,卑於三桓之家」,這樣的國家自無外交可言。魯國如此,列國亦爭奪無已,戰國到來就再也看不到聘禮的影子了。

總之,周公制禮,完成了德治與禮制之統一,而聘禮由焉開始,此後直到魯哀公之時,猶可見聘禮之施行。三家分晉,戰國開始之後聘禮才真正的消亡。

肆、春秋聘禮之質變

《史記‧周本紀》對周夷王的一生,沒有一個字的敘述,但《禮記‧郊特牲》說:

> 天子不下堂而見諸侯,下堂而見諸侯,天子之失禮也,由夷王以下。

夷王何以如此客氣,是否是諸侯強大的表徵,不得而知,但天子對諸侯的過度客氣,卻為壁壘分明的封建的階級撒下了填平的沙子。此後歷經幽、厲之禍,由於史料缺乏,無由得知聘禮施行之大略,然平王東遷之後,國際間聘禮施行之漸變,卻有明顯之軌跡可言。

一、自周鄭交質,桓王兵傷,諸侯無統,征伐迭興

《詩經‧小雅‧雨無正》說:

> 周宗既滅,靡所止戾。正大夫離居,莫知我勩(勞也)三事大夫,莫肯夙夜。邦君諸侯,莫肯朝夕。

這是多麼可憐的一個王室,不但邦君諸侯不理他,連臣下也不理睬。
但平王東遷之局面終於底定,當時鄭國最為強國,周平王也任鄭武公
及鄭莊公為執政之卿士。但亦將部分政事付于西虢公,於是鄭伯不高
興,周平王表示沒有分權這回事,魯隱公三年(前 720 年)雙方為了
取信,互換重要人質。周平王以王子狐質於鄭,鄭莊公以太子忽質於
周。同年,周平王崩,周人想將國政託付西虢公,此舉引起鄭國不快,
四月祭仲帶領軍隊割了溫地的麥子,秋天更收取成周的禾穀,顯見鄭
國的目無天子。當然由《左傳》所載〈鄭伯克段於鄢〉之事,鄭莊公
處心積慮二十二年,欲除其弟,可見鄭莊之心,其目無王室也固然。
但周平王死後,「秋,武氏子來求賻」。依鄭玄之注,「王室之喪,含襚
賵贈是正禮,魯已行之,賻以大量財幣是加禮,魯未如此,故周使人
求之」,則周室之貪得無禮亦可知。上樑不正下樑歪,理固如此。其後
周平王之孫周桓王立。周桓王三年(前 717 年),鄭莊公朝,桓王不禮。
五年鄭國故意與魯國換得天子用事於泰山的「許田」。十三年(前 707
年)周桓王伐鄭,雙方戰於繻葛,鄭將軍射中桓王之肩榜。[24]從此周
之威信與聲望就更低了,李贄《史綱評論》卷二以「夷王足下堂,桓
王箭上肩」二語,總括王權衰微之表徵,可謂有見。

　　王室威望既低,自也無能處理日益增加之國際紛爭。直到齊桓公
稱霸,才在尊王攘夷的口號下,勉強維持王室之尊嚴。顧棟高《春秋
偶筆》所謂:

> 春秋二百四十二年,時勢凡三大變,隱、桓、莊、閔之世,伯
> 事未興,諸侯無統,會盟不信,征伐屢興,戎狄荊楚交熾,賴
> 齊桓出而後定,此世道之一變也。[25]

---

[24] 見《史記·周本紀》。

[25] 見顧棟高《春秋大事年表》,第一冊(臺北:廣學社印書館印行,1975 年),
　　總頁 90。

這期間列國交往,最驚悚之外交事件,莫過魯桓之死。魯桓公夫人於齊襄公為女弟,兄妹固嘗私通,桓公十八年(前 694 年),與其夫人姜氏如齊,在樂水這地方兩君相會後,桓公便與文姜共赴齊國,沒想到兄妹二人又復私通。桓公責備妻子,文姜訴於襄公,襄公竟使力士彭生殺了桓公。[26]這對外交邦誼是多大的打擊。

二、因征伐迭興致聘禮之施行產生現實之考量

春秋之時,由於王室衰微,諸侯力征,因此朝聘配合會盟成了一種角力工具,失去原始制禮之初衷。以魯國為例,顧棟高統計:

> 終春秋之世,魯之朝周者二,如京師者一,而如齊至十有一,如晉至二十,甚者旅見而朝於楚焉。天王來聘者七,而魯大夫之聘周者僅四,其聘齊至十有六,聘晉至二十四,而其受列國之朝,則從未嘗報聘焉。

而後指出,「由魯以知天下,而王室之微,諸侯之不臣可概見也。」[27]然而這只是表象,其內裡的意義,則在諸侯國現實性的考量。蓋當時齊桓先成霸業,其後「齊伯息而宋興,宋襄死而晉興。晉成、景不競(強也)而楚莊熾,楚莊死後,幾二十年晉伯復盛」。[28]齊近於魯,於魯威脅最大,故魯君如齊至十次。晉霸最久,故魯君如晉者至二十次。至於周王朝之國力既衰,所謂魯兩次之「朝於王所」不過是魯僖公應

---

[26] 此事《公羊傳》、及《史記・魯周公世家》等都有記載。

[27] 見顧棟高《春秋大事年表》,第四冊(臺北:廣學社印書館印行,1975 年),總頁 1985-1986。

[28] 見顧棟高《春秋大事年表》,第一冊〈春秋偶筆〉(臺北:廣學社印書館印行,1975 年),總頁 92。唯如齊實際上僅十次。

晉文公之會諸侯，而「天王狩於河陽」，在晉的帶領下，不得不朝於河陽而已。至如成公十三年（前 578 年），魯國惟一一次之「如京師」，正如張洽所說：

> 魯從伐秦，未有不由周北門者。秦之伐鄭過周北門，則晉鄭與魯可知也。故魯與諸侯因講禮於京師，而後同劉子、成子為伐秦之行。《春秋》以諸侯事周之禮久廢，而偶行于伐秦之役，沒而不書，是盡廢其僅存之禮。若遂書朝于京師，則是舉百年之墜典，又非其實，故書如京師而不言朝。[29]

這樣看來，嚴格說之，是終春秋之世，魯國從無朝周之心。周禮所在中心之魯國猶如是，其他可以思過半了。黃仲炎於《左傳》宣公元年（前 608 年）邾子來朝云：

> 邾自僖、文之世常與魯抗，今宣篡立而反朝之，非畏魯乃畏齊也。齊悅魯之利，邾畏齊之壓，而公論不復存矣。[30]

魯國與齊國對抗時，邾亦與魯為敵，魯國與齊國友好時，即使莊公是篡位，邾子亦來魯國朝見，國際現實之可嘆，觀一葉足以知秋。高閌於《左傳》成公六年（前 585 年）夏六月邾子來朝也說：

> 天王新即位不朝王而朝魯，可見其惟陵我是畏也。[31]

---

[29] 顧棟高《春秋大事年表》，第四冊（臺北：廣學社印書館印行，1975 年），總頁 1988-1999。

[30] 顧棟高《春秋大事年表》，第四冊（臺北：廣學社印書館印行，1975 年），總頁 1993-1994。

[31] 見顧棟高《春秋大事年表》，第四冊（臺北：廣學社印書館印行，1975 年），總頁 1993。

更是點出各國之力拼外交，無非是以現實性作為最大的考量。

三、因現實之考量，聘禮之施行轉以霸主國為中心，且有強逼之事

顧棟高《春秋大事表‧賓禮表》敘云：

> 隱、桓之世盟會繁興，諸侯互結黨以相軋，自莊十三年，齊桓
> 為北杏之會而天下之諸侯始統于一，無敢擅相盟會歷一百五十
> 六年，晉伯衰鄢陵，始復為參盟。[32]

而周定王之后為齊女，朝庭又有王孫滿等賢臣，故此時周室局面尚屬穩定。《左傳‧宣公七年》（前 602 年）載：

> 鄭及晉平，公子宋之謀也，故相鄭伯以會。冬，盟于黑壤。王
> 叔桓公臨之，以謀不睦。晉侯之立也，公不朝焉，又不使大夫
> 聘，晉人止公于會。盟于黃父，公不與盟。以賂免。故黑壤之
> 盟不書，諱之也。

這時伯主齊桓公已死，鄭、晉兩國，都是護送周平王東遷的有功之國，周定王派出王叔桓公監臨兩國會盟，但不參與盟會，目的在防止盟國間發生衝突。可見當時，周朝還很重視諸侯之和諧，定王也是東周除周襄王外，惟一還有一點威望之周天子。[33]

---

[32] 見顧棟高《春秋大事年表》，第四冊（臺北：廣學社印書館印行，1975 年），總頁 1985-1986。

[33] 按東周王室雖衰，但還是很想在國際舞臺上有所表現，所以曾四次派代表參與盟會，分別是僖公 5 年、9 年、28 年（見《春秋經》）及前文所引《左

　　然而黑壤之盟，晉國阻擋魯國與會，因為魯國在晉君即位之時，國君既未親朝，亦未遣使聘晉，因此把魯宣公關起來，足徵當時之晉國把持朝聘，當然從另一方面看，表示他十分注重朝聘之禮。但因禁魯宣公之本身，卻壞了外交之規矩。而之後或許是受到教訓之故，魯宣公也確實與齊國及成周來往密切。到了魯成公之時，更發生讓魯國面子盡失之事。成公十年（前581年）《左傳》載：

> 公如晉，晉人止公，使送葬。於是（時）糴茷未反，冬葬晉景公。公送葬，諸侯莫在。魯人辱之，故不書，諱之也。

雖然，晉國對於魯國到底是跟隨楚國還是跟隨晉國，因糴茷出使楚國未歸尚有所疑慮，但竟然就這樣禁止他返回國內，直到魯成公請求接受盟誓，歷經九月才讓他回國。其後雖晉使郤犨來聘，魯亦使季文子如晉報聘，但以魯國人之引以為恥，《春秋》連「葬晉景公」亦不書，則成公內心之介蒂不言可喻。而次年，秦、晉為成，兩國將會於令狐，晉侯先到，秦伯不肯渡河，派史顆盟晉侯於河東；晉郤犨盟秦伯於河西。范文子以為連約見之場所，都不願誠信相定，豈能期待盟約的內涵，果然「秦伯歸而背晉成」。這裡講的雖是會盟，但國際間君王相處如此，聘禮的每況愈下，也可以想見了。

　　無獨有偶，成公十五年（前576年），楚國也背棄盟約，帥師侵鄭。子反還說：「敵利則進，何盟之有？」盟有咒誓，[34]尚且如此，更何況沒有約束的聘禮。因此成公十六年（前575年），楚公子成以汝陰之田求成於鄭時，鄭國立即反叛晉國而與楚國盟於武城。

　　唯一的曇花一現，是成公在位的最後一年（前573年）。是年晉悼公即位，成公親朝，回來後，晉使范宣子來聘，以謝成公之朝，秋天

　　傳》宣公7年之臨。
[34] 例如《左傳》襄公九年即載：晉士莊子為載書，曰，自今日既盟之後，鄭國而不唯晉命是聽，而或有異志者，有如此盟。

杞桓公來朝，接著轉朝晉國。八月邾宣公來朝，這是即位來少見之情
形，各國交聘，盛況空前。以及魯襄公即位（前 572 年）時，計有邾
子來朝，衛子叔、知武子來聘。《左傳》特別讚美說：

> 凡諸侯即位，小國朝之，大國聘焉，以繼好、結信、謀事、補
> 闕，禮之大者也。

此後大多只有晉與小國來聘。而晉國之聘，大體是為了維持其盟主之
地位，而為表率之意或為謀取利益之故。而小國有時不得不在大國中
討生存。如襄公二十二年（551）夏天，晉人要求鄭國朝之，鄭國命亞
卿子產應對，說：

> 在晉先君悼公九年，我寡君於是即位。即位八月，而我先大夫
> 子駟從寡君以朝于執事，執事不禮於寡君，寡君懼。因是行也，
> 我二年六月朝于楚，晉是以有戲之役。楚人猶競，而申禮於敝
> 邑。敝邑欲從執事而懼為大尤，曰：『晉其謂我不共有禮？』
> 是以不敢攜貳於楚。我四年三月，先大夫子蟜又從寡君以觀釁
> 於楚，晉於是乎有蕭魚之役。謂我敝邑，邇在晉國，譬諸草木，
> 吾臭味也，而何敢差池？楚亦不競，寡君盡其土實，重之以宗
> 器，以受齊盟。遂帥群臣隨于執事，以會歲終……間二年，聞
> 君將靖東夏，四月，又朝以聽事期。不朝之間，無歲不聘，無
> 役不從，以大國政令之無常，國家罷病，不虞荐至（憂患屢至），
> 無日不惕，豈敢忘職？

這段文字看來，可知鄭國外交處境之艱難，鄭國朝晉，晉國不加禮遇，
於是改朝楚國，晉國吃味出兵伐鄭。楚國此時尚強，因此出面援鄭。
其實鄭國很在乎晉國，但當時楚國既強又軍援楚國，也只好再次朝楚，
而晉國也再次來伐。但晉楚爭強的局面，讓鄭國左右為難，國內也分

兩派，此時子產既向鄭國解說，只好把第二次的朝楚，說成去觀察楚國的間隙毛病。可見在現實的考量上，不但朝聘是以霸主國為主要的經營重點，而且可以顛倒是非，背棄友邦。

四、為因應霸主、強權，聘禮之言辭由質樸漸轉為狡辯詭說

諸侯相聘，本來是國與國之間的友好訪問，互示關懷，但列國相爭，聘禮也漸失去本意，漸漸轉為言詞之交鋒。先是陳侯會楚人伐鄭，襄公二十五年（前 554 年），鄭師七百乘伐陳，八月子產獻捷於晉，戎服從事，晉國問陳人所犯何罪及何以戎服，子產引經據典滔滔雄講，晉人問何故侵小，子產竟搬出：

> 先王之命，唯罪所在，各致其辟。且昔天子之地一圻（畿），列國一同，自是以衰。今大國多數圻矣，若無侵小，何以至焉？

晉國變成霸主自是「侵小」而來，理不直則氣不壯，無可奈何之下，只好接受鄭人的獻捷。孔子知道此事後說：

> 志有之：『言以足志，文以足言。』不言，誰知其志？言之無文，行而不遠。晉為伯，鄭入陳，非文辭不為功。慎辭哉！

本來「凡諸侯即位，小國朝之，大國聘焉，以繼好、結信、謀事、補闕，禮之大者也。」但到春秋後期，也越來越講求外交辭令，連孔子不得不承認這種現實。

如此的外交辭令的更進一步就到了故意曲解與誤讀的地步。左襄二十六年（前 555 年）傳：

秋,七月,齊侯、鄭伯為衛侯故如晉,晉侯兼享之。晉侯賦〈嘉
樂〉。國景子相齊侯,賦〈蓼蕭〉。子展相鄭伯,賦〈緇衣〉。
叔向命晉侯拜二君,曰:「寡君敢拜齊君之安我先君之宗祧也,
敢拜鄭君之不貳也。」國子使晏平仲私於叔向,曰:「晉君宣
其明德於諸侯,恤其患而補其闕,正其違而治其煩,所以為盟
主也。今為臣執君,若之何?」叔向告趙文子,文子以告晉侯。
晉侯言衛侯之罪,使叔向告二君。國子賦〈轡之柔矣〉,子展
賦〈將仲子兮〉,晉侯乃許歸衛侯。

由這段對話看來,齊侯與鄭伯本意是來為衛侯開脫,所以賦〈嘉樂〉、
〈蓼蕭〉[35]之詩,但叔向卻故意要晉侯對齊君及鄭君表達「協助」與
「忠心」之謝意,其不欲晉侯赦衛侯甚明。

五、聘禮之通好漸變為窺探虛實甚至偷襲

聘禮自管仲相齊為一巨變。《管子·八觀》提到一個外交官員,出
訪他國可以透過八種觀察以了解受訪國之「饑飽」、「貧富」、「侈儉」、
「實虛」、「治亂」、「強弱」、「法令行否」、「存亡」。齊閔公元年(前
661 年),經書:「冬,齊仲孫來。」《左傳》以為「齊仲孫湫來省難,
書曰『仲孫』,亦嘉之也。」但仲孫回國後,齊桓公竟問了一句,魯可
取乎?對曰:「不可,猶秉周禮。」是齊桓之使仲孫,非「省難」一詞
之所能盡,而這也可見,齊國確有借外交為窺探友邦虛實之行為。又
魯襄公死後,昭公即位,昭公元年(前 541 年)春,楚公子圍聘于鄭,
而且要娶公孫段氏為妻,伍舉為楚國的外交副使(介),將要入城進住

---

[35] 〈嘉樂〉,《詩·大雅》之篇,詩云:「嘉樂君子,顯顯令德,宜民宜人,受
祿於天。」〈蓼蕭〉,《詩·小雅》之篇,詩云:「既見君子,孔燕豈弟,宜兄
宜弟。」二詩都在勸晉君善待衛國。

客館之時，鄭人發現楚使有詐，因而心生嫌惡，就派外交官員子羽對楚說明，於是楚使乃舍於城外。行完外交之聘禮後，楚使卻以兵眾來迎新娘，鄭國擔心他們藉機侵鄭，於是展開一場諜對諜的機鋒應對。最後伍舉知道鄭國已有了防備，於是要求「垂櫜」進城，鄭國才容許他們進入。

不但使節團可用以偷襲他國，厲害的受聘國，也可從與來使的對話中套取敵情。襄公三十年（前 543 年），《左傳》記載：

> 春王正月，楚子使蒍罷來聘，通嗣君也。穆叔問王子圍（楚令尹）之為政何如。對曰：「吾儕小人食而聽事，猶懼不給命，而不免於戾（罪也），焉與知政？」因問焉，不告，穆叔告大夫曰：「楚令尹將有大事，子蕩（蒍罷之字）將與焉助之，匿其情矣。

這是魯國的穆叔，從詢問楚令尹的國鄭中，得知楚令尹的也心。又如昭公廿七年（前 515 年），吳國想趁楚國平王之喪而伐之，因此使公子掩餘，公子燭庸，帥師圍潛。同時「使延州來季子聘于上國，遂聘于晉，以觀諸侯。」案吳國的季札，在襄公二十九年（前 544 年）歷聘上國，見到各國的重要人物，並且對所見人物有開誠佈公的建議，更有讓國的賢名，但此次的歷聘上國，卻成為以觀諸侯動靜的工具，聘禮的真誠也就陵凌遲愈下了。

六、定哀之後朝聘漸少，諸侯漸行漸遠

首先藉用顧棟高《春秋大事年表》，重新整理以魯國為中心的朝聘會盟情形如下表：

（一）魯之朝聘他國

朝聘行如＼魯公	公朝周王	列國來朝+旅見不及廟受+及世子朝	公如齊	公如晉	公如楚	天王遣使來聘	聘周	聘齊	聘晉	聘楚	聘宋	聘陳	聘衛	聘邾	聘莒	聘牟
隱公11		0+1+0				2										
桓公18		3+2+1				3										
莊公33		2+0+1				1						1				
閔公2																
僖公33	2	3	3			1	1	3	2							1
文公18		4					1	4	4		1	1				
宣公18		1	5			1	1		5	1						
成公18	1	5			1			1	3			1			1	
襄公31		6		5	1		1	1	9		2			1	1	
昭公32		3	2	9	1			1	4	1	1					
定公15		2		1				1	1							
哀公27		1														
合計	3	35	10	16	2	8	4	16	24	1	5	2	1	1	1	1

（二）他國之朝聘魯國

行聘＼魯公	齊使來聘	晉使來聘	衛使來聘	宋使來聘	陳使來聘	鄭使來聘	外裔來聘	來聘及盟	特會＋外裔	內大夫特會諸侯	內大夫特會大夫	參會	外特會參會	特盟	外諸侯特盟	參盟
隱公11	1								2+2戎			1		3	2	1
桓公18	1								9			5	1	4		4
莊公33				1			1荆		1					2		
閔公2														1		
僖公33	1															1
文公18		1					1楚			2	1	1				
宣公18	1								1	2	1			1		
成公18		2		2				2	+1楚	1	1				1	
襄公31	1	5	1		1	1	2楚吳	2	2	+1	1				1	
昭公32		2	1		1					1	1					1
定公15									2				1	1	3	
哀公27									+2吳	1			2			
合計	5+	9	2	3	3	1	4	4	15	6	5	11	4	12	6	7

行聘　魯公	公與大夫盟	內大夫盟諸侯	內＋外相遇	脣命									
隱公 11	1	1	1+1										
桓公 18		1		1									
莊公 33	2	1	2+2										
閔公 2													
僖公 33	2												
文公 18	1	2											
宣公 18													
成公 18		1											
襄公 31													
昭公 32		1											
定公 15		1											
哀公 27		1											
合計	6	9	3+3	1									

很明顯的,昭定哀三朝,除昭公在霸主強勢引導與權臣控制下,多次朝聘齊、晉之外,對於他國則朝聘減少,而盟會增加,也就是友好訪問減少,而軍事結盟增加,聘禮之衰微可見一斑。當然,孔子之《春秋》,乃至三《傳》,所記春秋聘事,未必完備,這個統計只是一個概略的數字。楊伯峻就說:

> 總計春秋二百四、五十年間,魯宋兩國往來通好,若是其少,未必合於情理,當是記載有缺。[36]

此外就是,《春秋》畢竟以魯為中心,對於他國之互訪,記載較少,此表只以魯為觀察之取樣,是其局限。但無論如何都顯現定、哀之世朝聘訪問的大減大衰,而這也預告了聘禮終將走向沒落,趨於消沉。

七、國政下及,權在陪臣,公室如解,聘禮幾亡

魯襄公二十八年(前 545 年)如楚,到了漢水,楚康王死了,襄公想回國內,在臣下的辯論及建議下,繼續往楚國進發。二十九年(前 544 年)正月,楚國人讓魯襄公為楚康公的屍體放置衣服,襄公感到憂心。五月襄公從楚國回來,到達方城山的時候,季武子攻佔卞地以自肥,卻以卞地圖謀叛變為藉口,派不知情的公冶報告襄公。襄公表示:想要(就明說),卻以叛變為藉口,這樣只是疏遠我而已。由此可見,襄公對權臣之陵駕公室益地自肥,早已認命。接著襄公問公冶說,我可以回國嗎?公冶回答說:「君實有國,誰敢違君?」襄公為一國之君,不會不知道這個道理,他所以有此一問,顯然感受到自身安全已受到威脅。其後「范獻子來聘……公享之,展莊叔執幣,射者三藕,

---

[36] 《春秋左傳注》,頁 818。

公臣不足，取於家臣。」可以看出，「公室已無民矣」。[37]三十一年（前542年），六月，魯襄公薨於他所營造的楚宮。《左傳》接著記載：

> 立胡女敬歸之子子野，次于季氏。秋九月癸巳，卒，毀也。

《左傳》似乎十分篤定住在季氏那裡的敬歸兒子子野，是過度哀痛襄公的去世而死的。然而後世學者有不同的看法。顧棟高〈春秋子野卒論〉云：

> 凡亂臣賊子謀行不軌，類不于宮庭，慮君之徒御多而耳目廣也。必伺其閒於寬閒隱僻之所而後得以肆虐且為後日諉罪飾奸之地。'況此傳更明云「次于寄季氏，秋九月，癸巳卒」。入大臣之家，而不得反，則弒逆之罪，季氏將誰討乎？左氏乃云「毀」，此正季氏之欲蓋而彌彰也。且所云毀者，以為哭泣哀傷而毀乎？則當在大斂筱斂搶天呼地之際，以為 粥疏食不勝羸瘠而毀乎，則當遲之朞月經年之久。今襄公以六月辛巳，子野之卒以九月癸巳，相去七十五日，距襲斂之時則已遠矣，胡乃不先不後，適當其時，豈平日倚廬堊室之毀，獨無恙，次于季氏遂至一毀而卒乎？

且季氏為正卿，攝國政，職當調護嗣君，嗣君入其室，凡防衛之不周，進藥之不謹，當惟季氏是問……許世子不嘗藥，而《春秋》書之曰「弒」，今季子豈只不嘗藥而已。故孔子書之與子般、子赤一例……霍顯（霍光妻）之藥殺許后也，乘其產子……謀曰：「婦人大故，九死一生，可用投藥去」；季之謀曰：「子之喪親，禮當哀毀，可以毀卒。」飾加至

---

[37] 顧棟高《春秋大事年表》，第四冊（臺北：廣學社印書館印行，1975年），總頁2194引汪克寬說。

美之名于君父，以惑羣聽，立其親娣之子以釋羣疑，舉朝莫得知，通國莫敢議，而學士大夫亦遂相蒙以至于今，是其謀更巧而心更毒。

固然這其中不少是揣測之辭，但以「毀」來作為子野的死因，在孝行可感的掩飾下，確實容易讓人不太會再去追究原因。但不論如何，公室的日漸卑微，國君之漸受權臣控制卻是事實。顧棟高復言：

> 經于襄二十九年正月，書公在楚，五月公至自楚，聞季孫取卞，而不敢入。于昭元年書取鄆，二年公如晉至河乃復，而季孫宿如晉，《穀梁》曰：「公如晉而不得入，季孫宿如晉而得入，惡之也。」是季之結緣大國，動見掣肘，擅用甲兵陵逼君父。

再說子野死後，對於誰該嗣立，穆叔曾與季武子有過爭論，穆叔引經據典，但最後季武子還是立了公子裯，是為昭公。《左傳》云：「於是（時）昭公年十九矣，猶有童心，是以君子知其不能終也。」擁立一個好控制的人作國君，然後操控之，玩弄之，至此，魯國與諸侯國間即使仍有行聘如往之禮，離創制之初衷也就更加的遙遠了。

昭公五年（前 537 年），「公如晉，自郊勞至于贈賄無失禮。」晉侯認為魯君知禮。但這只是表象，一切皆如晉國的女叔齊所說：

> 禮，所以守其國、行其政令、無失其民者也。今政令在家，不能取也；有子家羈，弗能用也；奸大國之盟，陵虐小國；利人之難，不知其私。公室四分，民食於他。思莫在公，不圖其終。為國君，難將及身，不恤其所。禮之本末將於此乎在，而屑屑焉習儀以亟。言善於禮，不亦遠乎？

《左傳》接著記載：夏天，莒國的牟夷以牟婁及防、茲「來奔」。莒人愬之於晉，晉侯因此想扣留魯昭公。從「來奔」二字可知，莒國的牟夷是有罪之人，而魯國的季孫宿為何要在此時犯國際間之大不諱，接

納莒國有罪的逃亡之人，答案很簡單，就是要晉國處理魯昭公，讓魯昭公陷於危亡之地，好從中撈取利益。[38]

襄、哀之際，大抵楚國蠻橫而不講理，此觀其使魯襄公親襚可見；晉平公則受到向戌弭兵之說的影響，結合諸侯的力量，為其母家城杞，不再搭理諸侯的事情，[39]而六卿皆強，[40]魯國則朝夕凌虐邾、莒等小國。[41]十五年冬天，昭公去晉國參加平丘之會，因邾人與莒人的投訴，晉國扣留了魯昭公。十六年昭公始被放回。此後諸侯仍有往晉者，邾、莒猶有朝魯者，這是何故？汪克寬說得好：「此不畏其君，而畏強臣耳。」[42]臣下可以陷害國君，地主國可以扣留來訪國君，但國際間不但不討，反而不得不照樣聘訪，這樣的聘禮豈非早已質變了。

二十五年（前 517 年），昭公在郈孫氏的慫恿下，討伐季平子，最後因孟懿子的倒戈，局勢大變，昭公遂去魯適齊，而終卒於齊國。定公十年（前 500 年），齊魯有夾谷之會，表面上魯定公與孔子獲得外交上的大勝利，實則那一場外交之會面萬分驚險，甚至是一場陰謀。方苞說：

> 春秋國君之會，相者必上卿。魯大夫特會諸侯久矣。今公主會而孔子攝相者，魯恃晉而結怨於齊，雖新與齊平，知其必以惡來，故使公試其危。而　三桓亦不敢相也。《左》、《穀梁》所稱卻萊兵，誅優施、請汶陽之田，欲張大聖人而反小之，先儒推以情事，謂不足信，誠然。

---

[38] 《左傳》所載，昭公廿一年夏天，晉國的士鞅前來聘訪，叔孫氏負責接待，季孫存心得罪晉國，讓官員以齊國的鮑國回到費地的禮節招待士鞅，引起士鞅之不悅一事，亦是存心得罪之例。

[39] 事見《左傳》襄二十九年。

[40] 見《左傳》昭公十六年，子服昭伯對季平子之語。

[41] 《左傳》昭公十三年：邾人、莒人愬於晉曰：「魯朝夕伐我，幾亡矣。」

[42] 見汪克寬：《春秋左傳纂疏》。轉引自楊伯峻《春秋左傳》注，頁 1383。

宋人雖有大膽疑經的風氣，但此說也非全無道理，而果真如此，則權臣之玩弄君主與外交，可謂已到出神入化之境，而一個充滿陰謀詭計的鬼域國家也隱約可見。

伍、戰國聘禮之消亡

　　齊國自齊景公死後國勢大衰，權臣把持政權，魯哀公十四年（前481年），齊國的田氏弒齊簡公，由於「民之不與者半」，[43]只好立簡公之弟是為平公，但這時「齊國之政皆歸田常……封邑大於平公之所食」，[44]周安王十六年（前 386 年），天子終於冊命田和為齊侯，遷齊康公於海濱。

　　晉國自魯定公十三年（前 497 年），趙鞅伐邯鄲氏後，趙國內部即在六卿的爭鬥局面中。先是晉出公十七年（前 458 年），「知伯與趙、韓、魏共分范、中行地以為邑」，晉哀公四年（前 448 年），趙襄子、韓康子、魏桓子共殺知伯，盡并其地。哀公死，子幽公立。《史記·晉世家》特筆記載：

> 幽公之時，晉畏，反朝韓、趙、魏之君。獨有絳、曲沃，餘皆入三晉。

晉國國勢衰微，害怕三家，居然以上朝下，朝聘之禮至此已日薄西山。晉靜公二年（前 359 年），三家終於滅晉而三分其地，晉國就這樣走進了歷史。

---

[43] 《左傳》哀公十四年。
[44] 《史記田敬仲完世家》。

　　曾經領袖中原的齊、晉兩大國，發生巨變之後，從此走入歷史，也開啟了戰國時代。戰國時代，各國以富國強兵，攻戰殺伐，開疆拓土為務，誠信棄置，詐利是從。司馬遷慨言於前：

> 陪臣執政，大夫世祿，六卿擅晉權，征伐會盟，威重於諸侯．及田常殺簡公而相齊國，諸侯晏然弗討，海內爭於戰功矣．三國終之卒分晉，田和亦滅齊而有之，六國之盛自此始．務在彊兵并敵，謀詐用而從衡短長之說起．矯稱蠭出，誓盟不信，雖置質剖符猶不能約束也。[45]

顧炎武深譏於後：

> 春秋時猶尊禮重信，而七國則絕不言禮與信矣。春秋時猶宗周王，而七國絕不言王矣。春秋時猶嚴祭祀、重聘享，而七國則無一言及之矣。春秋時猶宴會賦詩，而七國則不文矣。春秋時猶有赴告策書，而七國則無有矣。[46]

唯利是圖，誠信破滅的戰國時代幾乎無年不戰，而策士縱橫，言詭多變，連會盟都因反復無常而難以再見，何況聘問。所也不再時興聘享那一套繁文縟節，但也因為戰事多端，列國求才，布衣卿相，對人才之招攬納聘，反而盛行。當齊國廢黜孟嘗君之時，馮諼遊說秦國引納孟嘗君，秦國乃出車百乘，黃金千斤以引孟嘗。馮諼說：

> 千金重幣也，百乘顯使也，齊其聞之矣。

---

[45] 《史記·六國年表》。
[46] 顧炎武：《日知錄》卷十三〈周末風俗〉條，（臺北：世界書局，1962 年），頁 304~305。

可以看得出來，春秋的聘，是對邦國的存問，戰國的聘，是對人才的吸納。春秋的聘，是圭、璋、璧之屬，戰國之聘，是黃金、車馬之類。時移禮異，自也是必然的趨勢。

陸、結論

周人歷經艱苦奮鬥，在風雨飄搖之中建立起統一的國家，為了安撫殷民，因封武庚於東土，並使管叔、蔡叔監看之。武王於克商後二年死去，成王年少，因此周公攝政，此舉引起管、蔡不滿，因流言國中，周公將不利於孺子（成王），武庚趁機聯合管叔、蔡叔叛亂。周公只好二次東征，掃平亂事，周王朝遂建立一個勢力東到海濱的統一國家。之後為了統一運作，使邦國和睦相處，因此頒定諸侯國之間的朝聘之禮。經過探析發現朝聘與盟會關係密切，因此盟會既始之後，當亦有朝聘之實踐，惜西周史料有限，較無法顯現實際情形，然亦可略知梗概。平王東遷之後，鄭國小霸，國力最強，但卻與王室有所摩擦，而自周鄭交換人質，鄭國一箭射掉了天子的威風，從此諸侯無統，征伐迭興，但朝聘見亦進行。

然因諸侯征戰不休，朝聘亦漸脫離創制之理想，而有了現實性之考量。因現實之可考量，出現朝聘以霸主、強權為中心的現象，所謂「陵我是畏」，自然也就「是畏是朝」了，而這其中還有徵聘、徵朝之事。兩大之間難為小，大國交伐，小國只好夾縫求生，而外交言辭之交鋒，漸由質樸轉為狡辯與詭說。列國為爭取利益，取得情報，於是朝聘成為探察虛實之手段。甚焉者以之為偷襲之掩護。如此之發展，加上齊國田氏與晉國六卿忙於奪權，終於使諸侯漸行漸遠，而朝聘漸疏。最後田氏篡齊，六卿兼併的結果是韓、趙、魏三家瓜分了晉國，聘禮也在各國之唯利是圖，誠信破滅的情況下轉為人才的爭奪。當合

縱連橫的游說之士，登上國際政治之舞臺，聘禮也就消失於縱橫捭闔
與攻占殺伐之中了。

壯遊與天遊

——康有為境內旅遊詩研究

陳室如

臺灣師範大學國文系助理教授

摘　要

　　以「好遊」自豪的康有為，擁有極為豐富的旅行閱歷，戊戌之前已開啟多次境內旅遊，戊戌政變之後流亡海外十六年，返國後持續寄情山水，遨遊各地。自稱「凡遊覽名勝，必有詩歌」的康有為共留下462 首境內旅遊詩作，數量不可謂不豐，相對於海外旅行作品的備受注目，康氏的境內旅遊詩作卻未受到一定程度的關注。

　　自小好遊的康有為並未因早期的理想挫折與晚年失意而影響出遊興致，從壯年到晚年，在不斷遷徙移動中，他徹底實踐以旅行作為自己特有的一種生活方式。由離到返，不同生命階段的康有為在面對故國山水時，始終面臨著家國與個人之間的矛盾衝擊，出遊的悠閒之樂與超脫感受，看似愉悅逍遙，實質上卻隱含著難以消解的失落傷悲；在海外大量接觸西方新文明的刺激後，重新開啟國內旅行的康有為在對比自我／他者之際，已跳脫全然抒情的感傷悲嘆，進而參考異文化經驗，提出具體建議。康氏肯定故國山川之秀麗與豐富文化遺產，卻

避談現況。擺盪在他者／自我、傳統／現代之間，他返國後的觀看角
度即便已有所調整，但自始至終以國家社會為己任的自我認知，卻未
因旅遊時間與地域的差別而有太大改變。

關鍵詞：旅遊、旅行、晚清、康有為、旅遊詩、山水詩

壹、前言

以「好遊」[1]自稱自豪的康有為，擁有極為豐富的旅行閱歷。戊戌運動之前，他已遍遊中國各地；戊戌運動失敗後，流亡海外的十六年間，更是三周大地，遊遍四洲，經三十一國，行六十萬里；民國成立、重返中國之後，則寄情境內山水，持續旅遊，遊歷足跡之廣於當時幾乎無人能比。

歷來對康有為的旅行作品研究專論，多半集中於海外旅行的部分，[2]然而，除去周遊列國之旅，戊戌政變之前與之後，生活於中國境內期間，康有為均有過多次大規模的漫遊之舉，再加上其「自幼耽詩，若出生性，凡遊覽名勝，必有詩歌」，[3]亦留下豐富的境內旅遊詩作。

康有為自言「五十年來千首詩」，[4]根據筆者統計結果，中國境內旅遊詩作即有 462 首，[5]數量不可謂不多。目前以此為研究焦點者，卻

---

[1] 康氏多次強調自己對旅行的喜好：「一生不入官，好遊有癖嗜」、「吾好遊者」，參見〔清〕康有為：〈開歲忽六十篇〉，姜義華、張榮華編校：《康有為全集・第 12 集》（北京：中國人民大學出版社，2007 年），頁 337。湯志鈞編：《康有為政論集》（北京：中華書局，1998 年，初版），頁 574。

[2] 遊記部分如莊燕玉：〈康南海《列國遊記》研究〉（嘉義：中正大學中文研究所碩士論文，1997 年）、張治：〈康有為海外遊記研究〉，《南京師範大學文學院學報》，第 1 期（2007 年 3 月）；詩作如郭延禮：〈論康有為的海外詩〉，《東岳論叢》，第 6 期（1984 年）、黃錦樹：〈過客詩人的南洋色彩贅論──以康有為等為例〉，《海洋文化學刊》第 4 期（2008 年 6 月）。

[3] 廖中翼：〈康有為第一次來桂講學概況（節錄）〉，《桂林文史資料》第 2 輯（桂林：桂林市政協文史資料研究委員會，1982 年 12 月），引自夏曉虹編：《追憶康有為》（北京：生活・讀書・新知三聯書店，2009 年），頁 209。

[4] 確切數字仍有差異，根據郭延禮的統計，康有為一生寫詩 1572 首，但根據張巧佳以中國人民大學出版社所整理的《康南海先生詩集》統計結果共為 1989 首。參見郭延禮：〈論康有為的海外詩〉，頁 64、張巧佳：《康有為古典詩研究》（彰化：彰化師範大學國文研究所碩士論文，2009 年），頁 91。

[5] 主要以姜義華、張榮華編校：《康有為全集・第 12 集》（北京：中國人民大

僅有王英志〈康有為山水詩略論〉一文，該文承接任訪秋之分期方式，
將康有為的詩作分三階段加以論述，分別為光緒 13 年（1887）以前—
—讀書和講學階段、光緒 14 年～24 年（1888-1898）——從事維新變
法運動階段、光緒 24 年（1898）變法失敗——流亡海外階段。一、二
期的部分集中於境內旅遊詩的探討，第三期則專以海外旅遊詩為主，
康氏於民國成立後返國的作品卻未納入分析。[6]歷經變法復辟失敗、政
治上屢受挫折的康有為，其心境已有所轉變；流亡海外、接受各種異
文化衝擊之後，他的眼界也大為拓展。當生命經歷多項重大轉變，接
受多種現代化新事物刺激的康有為，重返中國之後，他所書寫、觀看
的內容，自然也有所不同。倘若忽略此部分的差異，而將康氏返國後
的旅遊詩作略而不論，勢必無法對其旅行書寫有全面性的認識。

　　馬洪林在評析百年來康有為的相關研究成果之後，將民國初年時
期（1913-1927）稱為是「康有為研究的一片荒原」，[7]晚年的康有為「反
對外國侵略之情未泯，復辟之心不死，尊孔之志猶存，反對革命、赤
化之意益堅」，[8]被歸類為政治上的落伍人物，在大量出遊行旅中，對
沿途風光的描述與建構，卻隱喻了更多難以言說的個人心志。本文即
欲透過康有為境內旅遊詩的整理與耙梳，補足康有為旅行書寫與晚年
生活相關研究之不足。首先瞭解其境內旅行概況與個人特殊之旅行態
度，對其創作背景有基礎認識與瞭解，其次，再藉由具體詩作的分析，
探討其於旅行過程中，擺盪於個人／家國、傳統／現代、新／舊、自

　　學出版社，2007 年）為主，編者選錄梁啟超手寫《南海先生詩集》四卷本
　　（1911 年日本影行）、崔斯哲手寫《康南海先生詩集》（1937 年商務印書館
　　影行，後輯入蔣貴麟編《康南海先生遺著匯刊》），並對與上海博物館藏康
　　詩手稿、抄件作了對校。

[6]　王英志：〈康有為山水詩略論〉，《蘇州大學學報》第 4 期（2005 年），頁 59。

[7]　馬洪林：〈康有為研究百年回顧與展望〉，《學術研究》2008 年第 12 期，頁
　　108。

[8]　林克光：《革新派巨人康有為》（北京：中國人民大學出版社，1990 年），
　　頁 482。

我／他者之間的多種矛盾情緒，分析其筆下風景所呈現的複雜意涵。透過對戊戌政變之前與返國之後境內旅遊詩作的對照，探討其詮釋風景的方式與觀看角度之差異，進而對康有為的旅行詩作有更為完整的觀照。

貳、旅行——一種生活態度的實踐

在祖父的帶領之下，康有為的旅行創作啟蒙甚早，祖父康贊修以舉人官連州州導，康有為隨之遷居，「暇則從遊山水」、「時年十二，始學為詩」，登城北畫不如樓時，即留下此作：

> 萬松亂石著仙居，絕好青山畫不如。我愛登樓最高處，日看雲氣夜看書。[9]

詩中已明言其愛好山水之心，其後陸續因北上赴試，多次旅遊各地。康有為早年規模較大的壯遊始於光緒 14 年（1888 年），為應順天鄉試，他往返南北，遊踪甚廣，其後五六年之間「北出山海關，登萬里長城，南遊江漢，望中原，東詣闕里，謁天林，浪迹於燕、齊、楚、吳、荊、襄之間，察其風土人物，交其士大夫；西溯江峽，如桂林」。[10]除以專程遊覽為目的之旅行外，伴隨著宣揚變法理念、講學……等執行其他任務的機會奔走各地，康氏亦善於掌握各式遊山玩水的機會，例如他於桂林講學時，「暇則寄情山水，以風景優美之桂林，深感興趣，故題咏亦多，殊增山巖景色」。[11]

9　〔清〕康有為：〈侍連州公登城北畫不如樓〉，《康有為全集·第 12 集》，頁 141。
10　〔清〕梁啟超：〈南海康先生傳〉，《清議報》100 冊（1901 年 12 月），《追憶康有為》，頁 4-5。
11　廖中翼：〈康有為第一次來桂講學概況（節錄）〉，《追憶康有為》，頁 209。

　　根據相關傳記與年譜資料整理結果，[12]康有為於戊戌政變之前的
遊歷行蹤大抵如下表：

時間	年紀	足跡
1879	22	入西樵山中，居白雲洞，專學佛道經典。秋，出山還鄉，居澹如樓。11 月初遊香港。
1882	25	至北京應試，不第。歸途經上海、揚州、鎮江、南京，購買介紹西方情況之書。
1887	30	8、9 月遊香港，11 月遊肇慶七星岩。
1888	31	5 月赴北京應順天鄉試，不第，8 月遊明陵，單騎出居庸關，登萬里長城，出八達嶺，還遊湯山，9 月遊西山。11 月上書請求變法不達，徙居北京汗漫舫中。
1889	32	8 月出京，遊杭州、蘇州、溯江入九江、遊廬山，至武昌、漢陽，12 月還粵，居廣州。
1894	37	8 月遊羅浮山，9 月復歸講學，11 月遊廣西桂林，愛其山水，盤桓 40 日。
1896	39	7 月與弟廣仁遊羅浮山，8 月遊香港，10 月至澳門，與何廷光籌辦《知新報》，12 月重遊廣西。

　　在早期的旅遊詩作中，康有為已說明自己對旅行的認知：

　　　　天地浩漫漫，漫叟將何遊？我亦汗漫人，齒齒枕清流。[13]

當時康有為以所著《新學偽經考》被按劾，梁大鐵君招遊梧州，日與
飲酒訪山水。輒成此詠。他以「汗漫人」自居，在康氏紀錄旅行的作

---

[12] 主要參考張伯楨：《康南海（有為）先生傳》、〔清〕康有為：《康南海自訂年譜》，沈雲龍主編：《近代中國史料叢刊第 2 輯》（臺北：文海出版社，1966年）、康文佩：《康南海（有為）先生年譜續編》沈雲龍主編：《近代中國史料叢刊第 77 輯》（臺北：文海出版社，1972 年）、汪榮祖：《康有為》（臺北：東大圖書股份有限公司，1998 年）、王明德：《百年家族——康有為》（臺北：立緒文化事業有限公司，2002 年）……等資料。

[13] 〔清〕康有為：〈漫泉〉，《康有為全集‧第 12 集》，頁 179。

品中,或見人生體悟之抒發:「人生原逆旅,燈話慰窮途」、[14]或見對喜好景物之描寫:「我好林泉尤愛石,園林無石不為姝」,[15]或見其強調不畏困苦、深諳旅行之樂:

> 去家十五日,乃始到平樂。看山舟行緩,吾意不厭惡。
> 巨石亘中流,與水相激搏。樓船載千斛,小舟先纜索。
> 上流繫石底,轉軸行寸尺。竹纜或中斷,陡然千丈落。
> 吾航輕以駛,數篙翩已躍。馬峽最險絕,龍門尤詭錯。
> 怪石千重列,若規八陣略。或列若魚飛,或立如鸛鶴。
> 或哮如虎豹,或蹲如鳥雀。或如袍笏立,或如甲胄擢。
> 空曲入盤突,迷眩吞牙角。誰云上灘難,吾行得至樂。[16]

儘管路途奔波、船行驚險,康氏還是專注於欣賞沿岸怪石之奇,不因險絕詭錯之河勢而有任何退縮,反盛讚這才是旅行之至樂。

康有為這種樂於冒險的精神,並未因年齡增加而有所改變。[17]結束海外流亡之旅返國後,1917 年參與張勳復辟失敗後,康有為前往天津、青島、濟南等地漫遊,然而,他所觀賞之景象並非僅侷限於平易坦順、尋常之景,當行至濟南外二十餘里時,見底下有龍洞,「亂山合沓,峭壁環拱,松柏倒掛」,康有為當時已屆六十高齡,卻仍貿然入洞參觀:

---

[14] 〔清〕康有為:〈秋尋碧雲寺,失道,宿田家〉,《康有為全集・第 12 集》,頁 158。

[15] 〔清〕康有為:〈將至桂林,望諸石峰〉,《康有為全集・第 12 集》,頁 185。

[16] 〔清〕康有為:〈過平樂〉,《康有為全集・第 12 集》,頁 180。

[17] 康有為的海外旅行亦充滿驚險,以印度之行為例,其中一詩題便為〈復過鐵橋,前次夜來無火,危崖百丈,路廣數尺,下聞泉聲澎湃,左持刀捫夢攀壁,又扶璧女抱持而行,僕人吳積仁手牽三馬前導,經兩時乃行里許,方見燈光,若遇猛獸毒蛇或失足,皆致死。戊戌之險,未知過也〉,《康有為全集・第 12 集》,頁 229。攜女同璧摸黑同行,幾乎是冒著生命危險前進。

> 高穹忽峻拔,邃徑且匍匐。行行皆圈豚,步步慮傾覆。
>
> 上懼折元首,下憂濡溺足。百步露線光,狂喜慶出谷。[18]

於洞內蜿蜒前行、低頭匍匐,只為觀賞特殊美景。康氏的好遊好險之心,比起壯年之行並未曾稍減。

康氏於 1913 年返國之後的旅行紀錄大抵如下:

時間	年紀	足跡
1913	56	母病卒於香港,10 月奔喪歸國,葬母畢,移居上海。
1916	59	6 月遊杭州,8 月遊蘇州、泰山,9 月遊鳳陽、泰山,10 月遊茅山。
1917	60	5 月參與張勳復辟失敗,逃往美國使館,10 月由美使館保護離京,經天津、青島,又至大連、濟南。
1922	65	5 月遊曲阜,登泰山,10 月遷居杭州。
1923	66	漫遊河北、河南、江蘇、山東、陝西等地。
1925	68	至天津覲見溥儀,3 月住青島,5 月住杭州,6 月返青島避暑、9 月舉家回上海。
1926	69	8 月重到北京,憑弔戊戌遺跡,9 月回到上海。
1927	70	正月赴天津向溥儀祝壽,2 月病逝青島。

1917 年參與張勳復辟失敗後至 1927 年病逝於青島這十年間,他開始遊覽全國各地,除安家上海「遊存廬」外,又在杭州西湖築「一天園」,青島築「天遊園」,上海楊樹浦築「瑩園」三座別墅,皆在風景絕佳處。步入生命階段後期的康有為,儘管政治失意,卻依然「縱浪大化中,不憂亦不喜;江海幾浩蕩,天人自遊戲」。[19]當歷經海內外輾轉遷徙,重返國內,於漫遊途中回顧自己生涯時,他抒發了如是感嘆:

---

18 〔清〕康有為:〈龍洞〉,《康有為全集·第 12 集》,頁 345。
19 〔清〕康有為:〈開歲忽六十篇〉,《康有為全集·第 12 集》,頁 337。

半生憂患尚何圖，不信賡酬□□湖。老我猶能鼓遊興，前塵如
夢有還無。[20]

半生憂患、前塵如夢，但對於旅遊的興致卻不會因此而有所改變。由
境內遨遊到海外壯遊，再由海外歸返境內重新再遊，透過自始至終、
一以貫之的個人信念與實際行動，康有為已將旅行轉化為一種屬於自
我的生活方式，在不斷的遷徙移動中，他不但透過旅行體驗生活，更
透過生活實踐旅行。

參、無止盡的循環
——康有為境內旅遊詩的衝擊與擺盪

　　戊戌之前，康有為已有過數次境內壯遊，民國成立後返國，晚年
的康有為依然持續進行各種旅遊活動。在歷經境內——境外——境內
的離返循環，康氏在不同階段所開展的境內旅遊也留下許多詮釋空
間，在對比兩個時期所書寫的旅遊詩作，也可以發現康氏在不同價值
觀與觀看角度之下所呈現出的衝擊擺盪。

一、個人與家國

　　在康氏戊戌政變之前的境內旅遊詩中，可以明顯發現其雄心壯志
之投射，例如 1879 年所作：

---

[20] 〔清〕康有為：〈烟霞洞〉，《康有為全集・第 12 集》，頁 329。

　　秋風立馬越王臺，混混蛇龍最可哀。十七史從何說起，三千劫
幾歷輪迴。
　　腐儒心事呼天問，大地山河跨海來。臨睨飛雲橫八表，豈無倚
劍嘆雄才。[21]

雖以「腐儒」自稱，但他在詩中寫出山河跨海之揮宏雄邁境界，也蘊
含救國的慷慨之志。抑或 1894 年於桂林講學旅遊之作：

　　我本滄海客，慣看島嶼日出沒。斗室不合繞雲霞，峰巒光怪捧
紅日。
　　壯士有奇懷，天地為細物，星宿羅諸胸，丘壑瀉諸筆。[22]

以「滄海客」、「壯士」自比，充滿雄渾壯闊的意象與自我抱負。
　　行旅途中，康氏所著眼不僅是自然風光水色，觸目所見之民生問
題與國家憂患，反而成為另一個著墨的重點。1882 年，康有為赴北京
試畢，於秋天南歸，歸途順道遊覽揚州，見名城殘破，不禁於詩中抒
發沉痛感慨：

　　千年形勢話維揚，蒼翠坡陀作蜀岡。舊日名園皆瓦礫，只今環
郭剩垂楊。
　　孤臣雪嶺梅花墓，賢守平山芍藥堂。廿四橋頭又明月，不堪回
首更平章。[23]

21　〔清〕康有為：〈秋登越王臺〉，《康有為全集・第 12 集》，頁 143。
22　〔清〕康有為：〈在桂林得佳石，示桂中學者〉，《康有為全集・第 12 集》，
　　頁 181。
23　〔清〕康有為：〈遊揚州，久經兵燹，名園盡毀，繁華無睹，愴然賦詩〉，
　　《康有為全集・第 12 集》，頁 144。

維揚是楊州別稱，自隋唐即為長江重鎮，形勢重要，建有蜀岡井，但久經戰火，名園勝地已化為瓦礫堆。該地尚有史可法衣冠冢與歐陽脩所建、以芍藥聞名之平山堂，但如今皆已不堪回首，康氏於詩末兩句引杜牧〈送揚州韓卓判官〉「二十四橋明月夜」之典，間接說明家國殘破之痛。

在訪勝懷古之中，年輕氣盛的康有為所寄託的個人感慨直接結合了民生社稷，1888 年走訪北京碧雲寺，寺中明代魏忠賢所蒐羅的佛物工絕精美，康氏卻看出華美表象之後的問題：

> 國步既阽危，民膏已窮搜。侈此紺宇觀，豈願宗廟謀？
> 壯士覽山河，長風動人愁。[24]

國勢頹危之際，為政者卻僅為滿足自己私欲而罔顧民生問題，康氏以「壯士」之姿痛心批判，更甚者進而直接在詩作中痛陳黎民百姓之苦與己身之悲：

> 淫霖已兩月，荷稻芽已朽。懸市米驟騰，民飢何得救？
> 斯城有司憂，羈客寧獨否？夜雨打孤舟，愁絕不得酒。
> 一燈照寒江，擁被傷懷久。[25]
> 枕霞閣上送歸船，水月洞中生曉煙。天使看山行兩載，人同聽雨話千年。
> 關河金鼓頻憂國，黎赤瘡痍欲問天。多謝灕江夜相送，景風回首總淒然。[26]

---

[24] 〔清〕康有為：〈碧雲寺有石塔，高矗宵漢，三成四阿，乃印度式，刻鏤佛經像皆工絕，明魏忠賢物也。九邱登塔高吟〉，《康有為全集・第 12 集》，頁 159。
[25] 〔清〕康有為：〈過石城〉，《康有為全集・第 12 集》，頁 168。
[26] 〔清〕康有為：〈門人龍贊侯、龍左臣、胡治堂、黎曉峰、龍積之、況晴皋、周伯啞、王仁長夜餞余于枕霞閣，贊侯、積之及李小浦凌晨追送余至水月

即便只是匆匆路過、短暫停留的過客，面對無法解決的民生問題與國家困境，康有為依然充滿憂國憂民之沉痛感懷。

旅居至「佳境之極致」[27]的桂林美景時，當遭遇大雨屋漏、床簀盡濕的窘況，康有為也不免引發「顧念四海家，塗炭無救藥」[28]之嘆。康氏於 1889 年呈畢〈上清帝第一書〉後，在京城廣泛遊說，10 月返回故鄉途中，瀏覽匡廬之際，雖大力描寫廬山之美：「紫漢吹落青芙蓉，隨風飄墮江之東。瓣開四面花玲瓏，化作碧玉千百峰。倒影翻湖黛色濃，突兀方丈絢青紅。層巒重阜筑為宮，五老拄杖碧雲中」，最後依然忍不住直言現實問題：

> 我來經喪亂，九十九寺皆在焚劫中。瀑泉又已枯，秀色減昌丰。
> 惟有重崖與疊嶂，蒼翠合匝轉無窮。陶謝妙述作，幽人不可逢。
> 長臥龍潭石，醉欲騎蒼龍。青鸞未能馭，白鹿已無蹤。[29]

自然景觀之美因人為災禍而褪色，青鸞未馭、白鹿無蹤，又暗喻作者在政治活動的受挫。在國難民哀的背景之下，任憑自然山光何等美麗動人，倒映在憂心忡忡的詩人眼中，卻始終有著揮之不去的灰暗陰影。

王英志評定康有為早期的山水詩「繼承的是龔自珍山水詩模式，與黃遵憲、梁啟超、譚嗣同等詩界革命山水詩屬同一類型，這自然是由他們的愛國思想情懷所定的」，[30]在這些寄寓愛國情懷，借山水書寫民族憂患意識的旅遊詩作中，確實可以看見康有為在模山範水之外所欲言說的個人心境。

洞乃別，卻寄〉，《康有為全集・第 12 集》，頁 182。

[27] 康有為曾於詩作中盛讚桂林美景：「吾行半天下，佳境此為極」，〔清〕康有為：〈泛漓江到桂林〉，《康有為全集・第 12 集》，頁 180-181。

[28] 〔清〕康有為：〈再遊桂林，居風洞之景風閣，大雨屋漏，床簀盡濕。作詩報蔡仲岐廉訪，而廉訪即命匠人來矣〉，《康有為全集・第 12 集》，頁 186。

[29] 〔清〕康有為：〈廬山謠〉，《康有為全集・第 12 集》，頁 168。

[30] 王英志：〈康有為山水詩略論〉，《蘇州大學學報》第 4 期（2005 年），頁 59。

此種悲傷情緒並未隨著康有為海外之旅的結束而有所改變,當革命成功、民國成立,康氏君主立憲的保皇理想確定無法實現,1917年5月參與張勳復辟的垂死掙扎又宣告失敗,政治上再度受挫的打擊,使得康有為筆下的北京城充滿哀傷氛圍:

> 百雉環城故國難,風樓晚日霽明虹。逋臣廿載重歸日,無限傷心烟樹紅。[31]
>
> 城頭馳道直如矢,夾道林花紅翠寒。玉殿瓊樓無限影,傷心隱隱月中看。
>
> 正陽毀斷尚岧嶢,步接崇文百雉遙。城郭人民可非是,濛濛烟月望深宵。
>
> 坐几林中掃綠苔,巡兵碧眼荷鎗來。此何國土燕京也,壁壘今歸客館開。
>
> 夜夜城頭步月明,俯窺粉堞聽笳聲。人家燈火十萬戶,朝市邅流感我生。[32]

國難未解,重返舊地的康有為屢屢以「傷心」形容此趟北京之行,再見城中各國使館荷鎗巡邏衛兵,熟悉故土與陌生入侵者的鮮明對比,更讓他不勝欷歔。同樣雄渾壯闊的故國景色,在重返國門的康有為眼中看來卻是無比辛酸,他多次出遊,明言「老夫七十意興濃」,目睹崤函關、太行山卻「喟嘆河山心有忡」,[33]見昔日遊覽舊景,直呼「逋臣

---

31 〔清〕康有為:〈九日八時天暮,望都城各門樓〉,《康有為全集·第12集》,頁339。

32 〔清〕康有為:〈中秋北京城上步月〉,《康有為全集·第 12 集》,頁342-343。

33 〔清〕康有為:〈遊陝西登太行山感賦〉:「陝城形勢天下雄,河流滾滾與天通。巍樓翼翼崤函關,時有舟楫泛其中。北望太行勢崇隆,千里疊巘望極空。九秋萬里起長風,城頭蒼翠極太空。縣衙池沼倚高墉,河聲岳色自雄濛。昭暉夕靄應接同,老夫七十意興濃。東望崤渑漢關封,西顧桃林秦塞空,喟嘆河山心有忡」《康有為全集·第12集》,頁358。

重到腸堪斷」，[34]旅行途中觸景懷人，卻始終悲嘆「俠士頻呼未救國，
微臣感痛望青霄」。[35]

　　康有為的困頓失意來自於政治道路上的不順遂，重返中國後的他
並未放棄改革之企圖，民國成立後，為因應時時勢潮流之變，他修正
之前的君主立憲理念，架空君主地位，提出新的「虛君共和」之說以
順應民心，[36]希望藉此取代當時所試行的總統共和，[37]卻終究未能成
功。復辟失敗後，他遊覽各地，此項陰霾依然未散，旅行至青島之際，
康氏回顧自己過往的努力與民國現況，在詩作中提出對共和體制的猛
烈抨擊：

> 吾國共和謬稱民，群盜攘權徒紛紜。生民塗炭日遘屯，試觀川
> 粵湘黔滇。
> 同室操戈日相煎，豈有國利民福焉。豈有民意與民權，大漫欺
> 民內訌鬩。
> 徒供漁人得利便，山東日沒民政官，我乃蔽目掩耳何可憐。[38]

---

[34] 〔清〕康有為：〈十一夕出西直門至頤和園門外步月，仰瞻璇題，蒼茫有感。
同行者善伯及雲門侍講〉：「欲瀾堂裡席囚堯，欄檻摩摩久寂寥。俠士頻呼
未救國，微臣感痛望青霄。」，《康有為全集・第 12 集》，頁 339。

[35] 〔清〕康有為：〈遊玉瀾堂昔幽德宗所，德菱云德宗談我，輒言不受官只為
救國，是俠士，五十餘次〉，《康有為全集・第 12 集》，頁 364。

[36] 康氏在〈救亡論〉中提出虛君之目標不過為了遏止積習已久的民族產生弊
端，因為中國失去君主統治，可能造成群龍無首之況，皇帝之設置，應仍
暫時保存，為其地位應如「冷廟之土偶」。參見〔清〕康有為：〈救亡論〉，
湯志鈞編：《康有為政論選集》（北京：中華書局，1981 年），頁 675-677。

[37] 康有為在另一篇〈共和政體論〉中比較中外歷史 12 種形式的共和體制，認
為英國的「君主共和」弊端較少，較符合當時中國之需要，參見〔清〕康
有為：〈共和政體論〉，湯志鈞編：《康有為政論選集》，頁 686-687。蕭公權
認為在民國初年不可救藥的情勢下，康氏的此番建議其實不全然為顛覆民
國、與民國為敵，反而是有意要改良民國。參見蕭公權著、汪榮祖譯：《康
有為思想研究》（臺北：聯經出版事業有限公司，1988 年），頁 235。

[38] 〔清〕康有為：〈丁巳冬至日遊青島並謁恭邸于會泉〉，《康有為全集・第
12 集》，頁 344。

對於革命黨推行共和所造成的亂象猛烈批判，認為民意民權之說皆屬荒謬，念茲在茲的依然是天下百姓之福祉，眼前風景反成個人政治挫折之印證。

　　擺盪於個人與家國之間，康有為在旅途中尋出另一種消解模式。旅遊所帶來的不盡然是憂國憂民之傷悲與個人落拓之失意。遨遊山水之間，還有另一番幽然享受：

> 朝作居庸遊，暮作湯山宿。就食酒家胡，石磴蔭茆屋。
> 高柳低拂簷，豆棚花已熟。素月度河漢，娟娟花若浴。
> 野店無長物，白麵與酸菽。引杯對月酌，頹然罪幽獨。
> 興酣望旅羈，高歌動鄰曲。土人走相驚，群出視以目。
> 引踵就溫泉，小坐且濯足。人生多苦憂，此樂未易續。
> 北首望行殿，禁木郁森蕭。仰睨躡華雲，俯視愧懷祿。
> 得意在適然，豈貴絲與竹。[39]

1899 年赴北京應試不第後，康有為展開大規模的旅遊活動拓展心志，白天探訪過居庸關、萬里長城……等壯闊景象後，投宿於湯山野店的他，在得暇享受泡溫泉、賞月之樂，盡而抒發「得意在適然」之嘆。蕭公權在研究康有為的思想時，注意到康有為在關心百姓民生、追尋國家富強之外的另一種性格：對生命的一種歡樂感，「他的強烈慾望和感情，使他認為肉體之享樂與舒服，是良好生活的當然因素。早年即已養成一種奢侈的習慣。進而將長期流亡當作快樂的旅遊，滿足他的遊癖」，蕭公權並舉出他在歐洲旅遊時的奢華享受作為例證加以說明。[40]實際上，除去流亡海外之旅，在康有為早期的境內旅遊詩中，

---

[39] 〔清〕康有為：〈夜宿湯山行宮旁野店，無可食。新月方吐，飲酒對之，陶然大樂〉，《康有為全集・第 12 集》，頁 161。

[40] 蕭公權以康有為及流亡歐洲，卻仍雇用翻譯人員、奧國廚師、著重高貴裝扮等事為例證加以說明，參見《康有為思想研究》，頁 27-28。

也可感受到此種令人愉悅的遨遊之樂，例如在「澄潭綠靁霤」、「青夢洗嵐黛」的碧山之下，見「茅屋倚岩幽，青杉殊蓊薈。樵歸汲清泉，漁柁夕烟晦」的怡然景象，康有為抒發如是感觸：

> 佳趣在抱領，即事多可愛。妙悟無大小，濠濮冥所會。[41]

從出遊過程中體會到的美好情趣與悠然心境，明顯迥異於前半段所提到的沉重情緒。

此類悠閒的旅遊之樂，同樣也出現於康氏晚年的旅遊詩中：

> 紅樹青山好繫舟，西湖煙雨放中流。六橋柳色三潭月，剪取秋光入醉遊。[42]

西湖美景令人沉醉，紅樹青山、柳色潭月，加上迷人秋光，全然一片美好。然而，再以晚年另一首描寫西湖的作品作為對照，卻不難發現，這類看似輕鬆愉快的悠閒情境並不單純：

> 竟日西湖汗漫遊，園林菊鬧醉高秋。表忠觀古殘碑立，招隱山孤老樹幽。
> 夕照樓臺橫翠浪，晚霞天水弄扁舟。遊人畫夜連裙屐，忘卻中原戰鼓愁。[43]

詩中一樣著墨於西湖美景與出遊之樂，甚至更具體描寫賞菊、弄舟之行徑，卻不望將鏡頭移至湖畔表揚忠士的殘碑、以及被如織遊人所遺

---

41 〔清〕康有為：〈雨後泊舟山下〉，《康有為全集・第 12 集》，頁 182。
42 〔清〕康有為：〈九月二十五日陳三立諸友泛舟招飲〉，《康有為全集・第 12 集》，頁 402。
43 〔清〕康有為：〈又與陳敦厚遊錢王祠〉，《康有為全集・第 12 集》，頁 402。

忘的中原戰況，表面上一派祥和的歡樂情境，對比出的卻是詩人的淡淡無奈與感傷。

除去閒適之樂，在個人理想與現實挫折的衝擊之下，透過旅遊出走，康有為還展現了其他排遣方式：

> 深深萬竹一峰圓，磴道盤青欲上天。空翠濕衣山雨合，身作雲霧作飛仙。[44]

一方面描寫環境清幽，一方面卻希望忘卻俗事煩惱，享受飛仙超脫。當他因《新學偽經考》被劾，避地西遊羅浮、桂林之時，作品更流露出隱逸成仙之消極思想：

> 雲氣頻往來，溪流無盡窮。澗花染黃白，山果結青紅。
> 怪樹危峰底，孤筇萬壑中。金丹可成就，欲問葛仙翁。[45]

> 萬峰走神仆，絕頂立飛仙。俯視但雲氣，山丘盡茫然。
> 迷濛難見日，呼吸欲通天。白帝如能問，蓬萊駕紫烟。[46]

現實生活的不如意，使得他在自然山水之間，尋求避世之道。這類消極的超脫思想在晚年返國之後的作品中更為明顯，例如他晚年旅居杭州西湖、描寫歸隱之樂的〈一天園十章〉，多次以用陶潛、范蠡……等相關典故，說明自我避世之心志，[47]也不忘再次強調「即未成仙樂長隱」、「天開圖畫成樂土，人住蓬萊如列仙」……等成仙超脫之樂。

44　〔清〕康有為：〈韜光寺〉，《康有為全集・第 12 集》，頁 167。

45　〔清〕康有為：〈羅浮雜咏〉，《康有為全集・第 12 集》，頁 178。

46　〔清〕康有為：〈登羅浮飛雲峰頂〉，《康有為全集・第 12 集》，頁 178。

47　例如：「一天山裡一天園，地傍西湖負郭村。丘壑自專吾可老，湖山高臥我無言。閉門萊甲漸成圃，避地桃花亦有源。拄杖徜徉成日涉，神遊天外此身存」，其中「桃花源」即陶潛之作，「園日涉以成趣」，亦出自其〈歸去來

　　康有為直到過世前幾年，依然不忘北上天津覲見溥儀、為其祝壽，實際行徑與詩中所言的不問世事仍有所差距，自始至終，他還是無法捨棄自我期許的個人使命。關於個人與家國的擺盪，或許從他早期的旅遊詩中便可看出些許端倪，當他行經陶潛當年為官的彭澤縣時，最後的結論雖是「不如歸去躬耕誠有味」，卻還是不忘著眼於兩個不同朝代任官制度的優缺點比較，[48]感嘆理想政治的難以實踐。返國之前與返國之後，這些透過旅遊所呈現的消極避世思想，畢竟只是偏向於一時的情緒宣洩與自我慰藉，而非真正超脫決絕的徹底體悟。

二、自我與他者

　　在面對「他者」時，旅人在心理符號機制（semiosis）上會發展出「比較國際觀」（comparative cosmopolitism），旅人在其旅程中思索自己的認同位置，透過差異的比較，發現自己的不足與缺點，而開始對本土政治、經濟、社會種種文化現象有著批評的距離、不同的觀點，亦即文化批判的位置。[49]行遊者對異文化的切入較深，對他者文化的評判較為理性而深刻，故而往往能將自己文化與他者文化擺在一個適當的位置，增進文化的雙重確認。[50]

辭〉。也以范蠡自比：「扁舟西子泛西湖，我亦飄然范大夫。三徑欲營思種菜，下橋散策且騎驢。畫船蕭寺歸遊屐，柳浪荷塘入畫圖。南北高峰踏雲望，錢江依舊浪流粗」。參見〔清〕康有為：〈一天園十章〉，《康有為全集・第 12 集》，頁 178。

[48] 「想見晉宋時，選吏擇近地。方今移官千里外，就道彌月如編置。言語不通俗尚殊，客入主家難為治。過此懷古浩長嘆，不如歸去躬耕誠有味。」參見〔清〕康有為：〈過彭澤〉，《康有為全集・第 12 集》，頁 171。

[49] 廖炳惠：〈旅行、記憶與認同〉，《臺灣與世界文學的匯流》（臺北：聯合文學，2006 年），頁 186-187。

[50] 郭少棠：《旅行：跨文化想像》（北京：北京大學出版社，2005 年），頁 106。

戊戌之前的康有為曾於 1879、1887 年至香港旅遊，面對昔為故國、今卻淪為異族統治領土的「他者」，康有為的比較國際觀與文化確認態度尚不明顯。他於 1879 年初次造訪香港時的旅遊作品如下：

> 靈島神臬聚百斿，別峰通電線罩微。半空樓閣凌雲起，大海艨艟破浪飛。
> 夾道紅塵馳腰□，沿山綠圍鬧芳菲。傷心信美非吾土，錦帕蠻靴滿目非。[51]

雖然見識到高樓電器的現代建設與「錦帕蠻靴」的異國風情，但他所在意的卻是「傷心信美非吾土」；同樣的感觸依然可在他 1887 年再遊香港的作品中發現：

> 空濛海月上金繩，又看秋宵香港燈。曼衍魚龍陳百戲，參差樓閣倚高層。
> 怕聞清曲何堪客，便繞群花也似僧。歡來獨惜非吾土，看劍高歌醉得曾。[52]

重申「非吾土」之嘆，針對國土被佔的悲劇久久無法釋懷，在此種前提下，就連登上太平山夜遊，任憑山頂夜景燦爛絕美，最後卻是感嘆「我登絕頂生百憂，向天無語聲啾啾」。[53]

事隔數十年，結束海外流亡生活，返國之後重新開展境內旅行時，面對前朝喪權辱國、一再割地求和的後果，此種感覺更為強烈。例如

---

[51] 〔清〕康有為：〈初遊香港睹歐亞各洲俗，己卯冬月〉，《康有為全集・第 12 集》頁 143。

[52] 〔清〕康有為：〈八月十四日夜香港觀燈〉，《康有為全集・第 12 集》，頁 149。

[53] 〔清〕康有為：〈重九夜登高上太平山〉，《康有為全集・第 12 集》，頁 150。

1917 年旅遊大連、旅順時，見到被俄國強行租借的故國彼地，不免又
興起壯年時期旅遊香港的類似感觸：

> 驅車登高岡，覽彼戰利品。感慨為流涕，信美天何愁。
> 紫瀾回內灣，公園亦有韻。大中小各校，宏麗氣殷賑。
> 環山度阡陌，霏白雪填□。嗟我為荒壤，授人作雄郡。[54]

儘管腳下踩踏的是過去權力領域中被劃歸為「吾土」的故國，卻因統
治者的懦弱無能，導致疆界重分，過去被當成荒攘棄置的區域，如今
卻在異族統治下改以全新面貌出現，同樣是對於土地被佔的感嘆，除
了傷心、難過等情緒抒發之外，周遊大地數匝、體驗過中西差距的康
有為，卻已開始注意到過去與現在、不同統治者經營策略下的差距。

同樣的比較態度，在康氏見到被德國所佔領的青島租界時，又再
次出現：

> 海上忽見神仙山，金碧觀闕絢其間。曉曦乍上映紫瀾，樓觀飛
> 驚抗晴巒。
> 崇樓尖塔五色宣，晃耀炫目出人寰。六衢整潔樹列班，萬貨殷
> 闐彌百廛。
> 驅車周道馬翩翩，逾山歷澗至會泉。樓閣倚山臨海滑，碧波浩
> 蕩通天邊。
> 登高嘯望心悠然，樂土信美吾不存。此吾青島昔荒田，粵昔丁
> 酉德攘先。[55]

---

[54] 〔清〕康有為：〈遊大連、旅順，謁艾堂賢王賦呈〉，《康有為全集・第 12
集》，頁 344。
[55] 〔清〕康有為：〈丁巳冬至日遊青島並謁恭邸于會泉〉，《康有為全集・第
12 集》，頁 344。

過去被當作荒田棄置的青島，如今在他者管理統治之下繁華進步。繼續強調「非吾土」之嘆的康有為，不再僅停留於感性情緒的抒發，轉而注意到昔日荒田與今日崇樓尖塔、整潔街衢的差異，雖未在詩中提出更深入的檢討批判，但審視觀點的調整，已由他者（現今異族統治下的租界地區）轉向自我（過去故土），藉由兩者的懸殊差距，漸漸趨近於前文所提到的「文化批判的位置」。

至於在自我／他者之間對比出的「比較國際觀」（comparative cosmopolitism），在康氏的境內旅遊詩中有其他更為具體的展現方式。周遊海外十六年、體驗過西方文明的康有為，在接受過新事物衝擊之後，再重新看待自己原本熟悉的國家時，他在旅遊詩作中開始展現出新觀點：

> 弘農古澗牧馬場，桃林放牛田可疆。棉花滿野棗林香，惜經亂後生計荒。
> 去年城破驚慘□，搜刮千萬滋吾傷。萬民飢溺何以慰，吁嗟物質宜改良。[56]

康氏於流亡期間一路上接受西方科技文明進步成果，一方面思索救國良方，在遍遊西歐橫穿美國大陸旅行之際，他最後體認出「中國之病弱非有他也，在不知講物質之學而已」，甚至認為「中國能精物質之學即霸於大地」，因而得出「物質救國」新觀念，[57]也於 1905 年於美國洛杉磯完成《物質救國論》一書，奠定之後改造中國的思想，希望將西方成功踏上富強之路的經驗移植到中國。同樣是感嘆城池殘破、以及相對衍生的民生問題，返國之後的康有為，不再只是傷悲感嘆，還

---

[56] 〔清〕康有為：〈遊陝西紀盛〉，《康有為全集‧第 12 集》，頁 358-359。

[57] 〔清〕康有為：《物質救國論》，蔣貴麟主編：《康南海先生遺著匯刊 15 集》（臺北：宏業書局，1976 年），頁 6-7。

進一步在詩作中提出具體解決方案，呼應他在海外流亡時即已提出的
「物質救國」學說。

另外還可由其他旅遊詩作中，看出康氏新觀念的轉化，例如造訪
以楊貴妃聞名的華清池：

> ……烽火諸侯開笑口，溫泉一浴見凝脂。驪山真是雙傾國，石
> 上華清下浴池。……溫泉千載尚能清，高閣長廊合沓成。應作
> 公園與民樂，我來二浴夢華清。[58]

除了原有的思古懷人感發外，康有為還在旅遊過程中，提出政府興建
公共建設、與民同樂的新觀念。康氏在先前的域外遊記中已注意到歐
美政府的公共建設，並對其盛讚不已：「醫院、公園、聾盲啞校、博物
院、藏書館都邑相望，公館壯麗，獄舍精潔，道路廣淨，為民之仁政
備舉周悉」，[59]興建公園的建議看似尋常，但若以相近時期（1903 年）
梁啟超在紐約公園所興起的感觸為對照，更可見其難得之處：

> 其地在市中央，若改為市場，所售地價，可三四倍於中國政府
> 之歲入。以中國人眼觀之，必曰棄金錢於無用之地，可惜！可
> 惜！論市政者，皆言太繁盛之市，若無相當之公園，則於衛生
> 上、於道德上皆有大害，吾至紐約而信。[60]

同樣一塊土地，就經濟價值來看，中西雙方的考量點與出發點完全相
反，來到新大陸之前，梁啟超的價值觀也停留在舊有的認知價值中，

---

58 〔清〕康有為：〈易俗社〉，《康有為全集·第 12 集》，頁 405。

59 〔清〕康有為：《康南海先生遊記彙編》（臺北：文史哲出版社，1979 年），
頁 417-418。

60 〔清〕梁啟超：《新大陸遊記》，鍾叔河主編：《走向世界叢書》（長沙：岳
麓出版社，1985 年），頁 460。

然而，親自接觸到不同的新事物後，才開始讓他反思原先的價值觀，並重新加以調整。返國後的康有為則將西方進步觀念對比眼前故國景物，進而提出具體建設意見，對映他者與自我文化之間的差異，康氏的旅遊詩也隨之跳脫一般訪舊懷古層次，呈現不同的思想深度。

對比自我與他者之後，在旅遊途中，康氏雖發現自己國家的諸多缺點，卻也在歷經同樣的比較過程之後，更清楚確認自己國家的優點所在。例如當他造訪西方羅馬、雅典等古都後，返國後重遊煙霞洞，便於詩題底下便說明「洞在南高峰麓，有六朝佛像數十，精妙迫肖，神氣如生，天下皆稱。素欽雅典、羅馬刻象之精，不知中國古舊刻像精能如此，實為中國瑰寶，國人宜共珍之」，[61]肯定中國文物之精美珍貴；見西湖三潭印月之景「湖中有湖島中島，三十折橋堤柳早」，亦盛讚其「為歐美公園所無，吾遍遊數十國，嘆為絕景」；[62]睹圓挺似柱之高聳嵩山「香爐雄杰凌清漢，圓嶠嶺首郁紫烟」，更加感嘆「大地周流無此岳」，[63]晚年的康有為，在累積豐富海外旅遊閱歷之後，也因此有了更多的評斷基準，透過他者／自我的對比，在重新觀看自己國家之餘，賦予新的評價。

或許因為晚年失意的緣故，在康氏返國後的境內旅遊詩中，中西對比所凸顯的正面評價，多半僅集中於對自然山水、客觀景物的讚嘆，幾無涉及當時家國現況，例如見到琳瑯滿目的山西碑洞，康氏雖推崇「中華古物此第一」，卻有其他擔憂：「頗慮泥壁墁□色不固，圖垂久遠宜石室」，至於解決方式，僅能期待未來，而非現在：「將來望之賢良吏，人天呵護五雲吉」，[64]此種特定的選擇，或許也正隱喻了某些婉轉言說的不平與抗議。

[61] 〔清〕康有為：〈遊煙霞洞〉，《康有為全集・第 12 集》，頁 325。
[62] 〔清〕康有為：〈重遊三潭印月〉，《康有為全集・第 12 集》，頁 324。
[63] 〔清〕康有為：〈欲遊嵩山未果。自洛北行車，忽睹嵩山，圓徑直上，岩蕘參天，大地未見此異也〉，《康有為全集・第 12 集》，頁 395。
[64] 〔清〕康有為：〈洞碑〉，《康有為全集・第 12 集》，頁 407。

　　返國之後的康有為，陸續在旅行過程中接觸到種種曾在國外體驗過的西方科技文明，如星象觀測、汽車……等，[65]但 1923 年於保定搭乘飛機升空，則是畢生未嘗有過的首次刺激體驗：

> 飄飄乎我今日又上青天！升騰虛空，凌跨紫烟。俯視人世，臨眺山川。回旋霄漢，遨翔碧落，若羽化而登仙。松林若芥苗，人馬若蟻旋。峻嶺若丘坯，長河若蟲蜒。下觀保定十里之大城，若一方器之在埏。其中崇樓杰閣若覆杯，市廛壘畝若井田。乘雲作抑揚，御風更上仙。忽逍遙夫月宮，乃巡歷夫木土火金水之星躔。登太陽□天子之殿，同太微紫微天市之垣。入北極之辰而四眺，乃升晃昱而窮遊太元之元。回盼吾地之渺小，增不逮□巢蚊睫蟭螟之末孫，乃為爭蝸角之微末，日弄蠻觸之兵鋌。自爾王霸而高視，甚于南柯蟻斗之夢焉。吾非私人之徒而誰與？哀生民而救殃，不願居天上，仍還處人間。呼飆驅于吾地，遂轉輪于人寰。回望諸天遊戲事，世界無量劫經賢。[66]

當時的康有為已屆六十六高齡，喜愛嘗試新事物的冒險精神卻未曾有任何改變，以月宮、北極、紫微……等傳統詞彙詮釋嶄新經驗，升上青天的康有為雖興起逍遙天遊之念，卻終因掛念黎民蒼生而甘願回返人間，遊走於傳統／現代，在故土上接觸外來的他者新事物，康氏最後所強調的卻還是未曾卸下的責任使命，相似的情懷，不免讓人想起

---

[65] 例如觀測星象：「木星晃昱做光芒，繞木四月耀寒光。我欲乘風天上去，銀河炯炯自蒼蒼」、搭乘汽車旅遊：「七年不見黃河水，今日重看流瀰瀰。暮烟隱隱山水紫，河中浩淼多洲渚。長虹臥波波不起，橫亘河流三十里。汽車長驅若平地，水容瀲灩樹欹旋。回望橫雲空徙倚，卅年前陳此巨工，今乃度橋增感矣。」參見康有為：〈丙寅七月十八夕，登青島觀象臺〉、〈三月二十一日渡黃河橋滎澤口〉，《康有為全集・第 12 集》，頁 379、381-382。

[66] 〔清〕康有為：〈癸亥三月廿五日，在保定乘飛機，空中御風，神為天遊。口占示善伯〉，《康有為全集・第 12 集》，頁 360。

他於海外流亡期間所作的〈巴黎登汽球歌〉,儘管搭乘工具不同、地點
與時間各異,在巴黎搭乘熱汽球飛升至天空的康有為也一樣讚嘆天遊
之驚奇:「超超乎我今白日上青天,杳杳乎俯視地上山與川。身輕浩蕩
入雲霧,腳底奇特聳峰巒」,最後卻仍將焦點轉向天下百姓:「不忍之
心發難滅,再入地獄就斯民。特來世間尋煩惱,不願天上作神仙」。[67]
擺盪在他者／自我、傳統／現代之間,即使康氏返國後的觀看角度已
有所調整修正,但這種以國家社會為己任的固執性格與自我認知,卻
未因旅遊時間與地域的差別而有太多改變。

肆、結語

　　康有為的詩作基本上以白描為主,風格亦較為單一,或有不足之
處,錢仲聯便稱其詩「唯不能精煉,讀之有黃河之水,泥沙俱下之
感」,[68]藝術成就雖無太過突出之處,卻別具其他價值。康氏紀錄境內
旅遊的詩作,或許沒有海外見聞的新鮮特殊,但交相對比其早期與晚
期的旅行心得,卻忠實反映了康有為在歷經海外流亡生活後,在思想
與情感上的複雜糾結。

　　自小好遊的康有為並未因現實理想的挫折而影響出遊興致,早期
因赴京應試、奔走講學……等因素開啟多趟境內旅遊;結束海外長期
流亡、返國之後,因參與復辟失敗而晚年失意,他選擇寄情於山水之
間,持續進行境內旅遊,從壯年到晚年,徹底實踐以旅行作為自己的
生活方式。

　　由離到返,不同生命階段的康有為始終面臨著家國與個人之間的
矛盾衝擊,在面對故國山水時,此種情感上的衝突尤為明顯。早期的

---

[67]　〔清〕康有為:《康南海先生遊記彙編》,頁 311-314。
[68]　王英志:〈康有為山水詩略論〉,頁 59。

雄心壯志與憂國憂民情懷，到了晚年因人生際遇而有了不同變化，出遊所帶來的悠閒之樂與超脫感受，看似愉悅逍遙，實質上卻隱含著難以消解的失落傷悲，自始至終皆著眼於家國社會與黎民百姓的考量依然相當明顯。

多年奔走海外的流亡生活，使得康氏累積了豐富的旅遊閱歷，在大量接觸他者新事物後，返國後的康有為自然也有了不同的觀看角度。異文化的新刺激促使旅人更清楚觀看自我的缺失與不足，晚年的康有為在旅遊之際，除抒發與壯年時期相似的家國之感外，更參考西方經驗而提出具體改進意見，使得他後期的旅遊詩作不再僅停留於懷古感嘆的抒情層面。重新觀看故國，康氏肯定山川之秀麗與豐富文化，卻避談現況。面對新／舊、現代／傳統的過渡交接，晚年的他在故國所接觸的新文明體驗中，所展現的熱情與理想，實質上與壯年之際並無太大改變。

從早年壯遊到晚年漫遊，透過不斷的移動與行進，康有為一方面與途中景物對話，一方面也與過去的家國、自我對話，相對於整個時代而言，康有為將海外流亡生活劃上句點的返國行徑看似宣告回歸，實際上，對於思想與生活上皆已遭受異文化劇烈衝擊的康氏而言，滄海桑田、人事已非，返國之舉未嘗不是另一趟嶄新旅行的起點。在如是前提下對比康有為兩個不同生命階段的境內旅行，也更能更清楚窺見其中的變與不變。

《公》、《穀》二家對
《春秋》「義例」相關議題的看法

江右瑜
大葉大學通識教育中心兼任助理教授

摘　要

　　「義例」是三傳詮解《春秋》的途徑之一，透過經文的分析與歸納，試圖梳理出一套書法義例，以為解經之依據。《公羊》、《穀梁》二傳對《春秋》「義例」的論述尤多，特別在日月時例方面，二傳多所闡論，後世學者加以因襲引申，使其成為二傳在詮解《春秋》上的主要重心，卻也招致不少爭議。

　　《公羊傳》對「義例」的論述主要著重在書與不書的書例上；至於日月時例，在《公羊傳》中提及的次數並不多，內容也僅限於日與不日的問題，直至何休作注時，始大量地於日月時例上加以發揮闡揚，且以系統化的論述方式，條例不同狀況、程度下的不同書法，後世學者承襲其說，使得日月時例儼然成為《公羊》學解經的主要依據；然而，對日月時例的申說太過繁碎，卻也產生疏文在論述上矛盾與未盡周延之處。

　　《穀梁傳》中以日月時例為論述的重心，傳文中以重覆申說的方式，除了明確指出「正例」之書法外，也於其他各處傳文中，詳細區分「非正例」的各種用法，其嘗試以系統化的方式，解釋《春秋》中的日月時例；而范甯《穀梁注》與楊士勛《穀梁疏》對「義例」的態度，基本上是承襲前人之說而來。注文中多次提及「傳例」一詞，疏文中則廣泛徵引「范例」、「《別例》」、「《略例》」、「范氏例」之語。大體而言，《穀梁》之「義例」之說，不論是日月時例，或是相關書例，多於傳文中即已確立，而注、疏之文則是在傳文基礎上做進一步的說明與歸納。

關鍵詞：春秋、義例、公羊、穀梁

壹、前言

　　孔子作《春秋》以為後世法，但《春秋》文辭簡略古樸，三傳說經，莫不由義例著手，試圖由《春秋》書例中，去闡釋聖人褒貶之意。自漢儒始，三傳學者即關注於《春秋》義例的標示與詮發，《左氏》杜預（222-284）由「發凡以言例」，並著《釋例》十五卷；[1]《公羊》何休（129-192）則「略依胡毋生《條例》，多得其正，故遂隱括使就繩墨焉」；《穀梁》范甯（339-401）亦「商略名例，敷陳疑滯，博示諸儒同異之說」[2]，由義例說經，是三傳詮解《春秋》的主要方式之一。

　　所謂「義例」者，戴君仁解釋曰：

> 三傳都講例，古代的漢晉儒者，近代的清儒，都是如此。他們認為春秋是聖人示褒貶之書，而經中褒貶進退，都靠書法表達。書法是有例的，例有正例變例，於變例見義，可以看出聖人褒貶進退之意。可以說，聖人因褒貶而生凡例，後人由凡例以見褒貶。單詞言之叫做例，複詞言之便叫做義例。[3]

　　《春秋》之褒貶隱含於書例中，聖人於義例中寓意褒貶，後人亦透過義例以見聖人褒貶進退之意。《春秋》書法之例即稱為「義例」，「義例」是在「一字定褒貶」的原則下，針對《春秋》文本進行歸納與分析，試圖尋繹出《春秋》書寫之定式與法則，以為後世解經之依據。而《春

---

[1] 李學勤主編、〔唐〕孔穎達正義：《十三經注疏・春秋左傳正義》（臺北：臺灣古籍出版社，2001 年），卷 1〈春秋左傳序〉，頁 16-28。

[2] 李學勤主編、〔唐〕楊士勛疏：《十三經注疏・春秋穀梁傳注疏》（臺北：臺灣古籍出版社，2001 年），〈春秋穀梁傳序〉，頁 13。

[3] 戴君仁：《春秋辨例》（臺北：國立編譯館中華叢書編審委員會，1978 年），頁 9。

秋》「義例」的內容包括日月時、名氏稱謂、朝聘、災異等各方面，唐代啖助（724-770）、趙匡（?-?）、陸淳（?-806）等人所編纂的《春秋啖、趙集傳纂例》中即標舉出二十六種義例。

三傳雖皆言義例，但後世學者對三傳義例的評價卻差異甚大，《春秋啖、趙集傳纂例》中曾云：

> 《公羊》、《穀梁》初亦口授，後人據其大義，散配經文，故多乖謬失其綱統，然其大指亦是子夏所傳，故二傳傳經，密於《左氏》。《穀梁》意深，《公羊》辭辨，隨文解識，往往鉤深。但以守文堅滯，泥難不通，比附日月，曲生條例，義有不合，亦復強通，踳駁不倫，或至矛盾，不近聖人夷曠之體也。夫《春秋》之文，一字以為褒貶，誠則然矣。其中亦有文異而義不異者，二傳穿鑿悉以褒貶之言之，是故繁碎甚於《左氏》，《公羊》、《穀梁》又不知有不告則不書之義，凡不書者，皆以義說之，且列國至多，若盟會征伐喪紀，不告亦書，則一年之中，可盈數卷，況他國之事，不憑告命，從何得書，但書所告之事，定其善惡，以文褒貶耳。《左氏》言褒貶者又不過十數條，其餘事同文異者，亦無他解。舊解皆言從告及舊史之文，若如此論，乃是夫子寫魯史爾，何名修《春秋》乎？故謂二者之說俱不得中。[4]

《春秋》之文雖以一字為褒貶，但啖氏等人認為《公》、《穀》二傳所言之褒貶，過於繁碎而流於穿鑿，尤其是二傳「比附日月，曲生條例」，最為人所垢病。劉敞（1019-1068）《春秋權衡》中即直言對「日月時例」的批評，其云：

4　〔唐〕陸淳：《春秋啖、趙集傳纂例》，卷 1〈三傳得失議第二〉，頁 4。

聖人據魯史以作經，是以稱日，其事則史；其序，則主會者為
之；其義，則丘有罪焉。若夫日月有詳略，此皆史文也，聖人
所不得改之。又非不欲改也，無所據也。事有善惡，史文雖不
實，聖人則正之，何則事故與日月不同也。假令舊史無日月，
今例當日，橫增之則不信，不增之則反於例，如此者聖人所無
可奈何也。是以《春秋》不取日月也，若夫人事之善惡、政令
之得失，聖人嘗上考三五之世矣，與天下共之，故加其意而損
益焉，不疑故也。故吾論《春秋》不以日月為例，豈不然乎？[5]

劉氏認為孔子據魯史以作《春秋》，《春秋》中日月之詳略，皆是因襲
舊章史文而來，「聖人所不得改之」，因為日月與事故不同，聖人豈能
因人事之善惡而任意增減日月，故劉氏強調「《春秋》不以日月為例」，
也暗諷二傳擅說日月時例之不可信。

以義例說經，是二傳詮解《春秋》的主要方式，但二傳也因擅說
日月時例，而多為後人所訾議，只是，《公羊》與《穀梁》對日月例的
說法有否異同？二傳論述義例的重點與特色又分別為何？近代學者對
《春秋》義例的研究，多側重在例說的起源或是個別學者的論述上，[6]

---

[5]　〔宋〕劉敞：《春秋權衡》，卷 8〈公羊・隱公〉，收於《景印文淵閣四庫全書》，頁 147。

[6]　近代學者對《春秋》義例的研究，臺灣專著期刊方面，主要包括：戴君仁：《春秋辨例》、陳梅香：〈《穀梁》「內不言戰，言戰則敗也」義例辨析及其相關問題〉，《中山人文學刊》2 期（1996 年 6 月）、楊濟襄：〈《春秋》書法的常與變──論董仲舒、何休二種解經途徑所代表的學術史意義〉，《經學研究集刊》1 期（2005 年 10 月）、鄭卜五：〈劉逢祿《春秋公羊經何氏釋例》其「義例」之見解研究〉，《經學研究集刊》2 期（2006 年 10 月）等文；大陸期刊方面則有：晁岳佩：〈《春秋》說例〉，《古籍整理研究學刊》1 期（2000年）、趙伯雄：〈《春秋》學中的「日月時例」〉，《中國經學》1 輯（2005 年11 月）、李洲良：〈闡釋的權利：《公》、《穀》釋例舉隅──春秋筆法與今文經學（上）〉，《北方論叢》（2005 年 3 期）、葛志毅：〈《春秋》義例的形成及其影響〉，《中華文化論壇》（2006 年 2 期）、葛志毅：〈《春秋》例論〉，《管子學刊》（2006 年 3 月）、肖鋒：〈從「春秋書法」到「春秋筆法」名稱之

較缺乏對二傳做相關的比較研究，因此本文嘗試透過《公》、《穀》二家傳、注、疏文的考察，研析二傳對《春秋》義例，包括日月時例、書與不書之例及相關議題的論述，以進一步釐清並瞭解二傳在詮解經書上的方式與差異。

貳、日月時例

孔穎達（574-648）曾批評二傳曰：

> 《春秋》諸事皆不以日月為例。其以日月為義例者，唯卿卒、日食二事而已。……《公羊》、《穀梁》之書，道聽塗說之學，或日或月，妄生褒貶。先儒溺於二傳，橫為《左氏》造日月褒貶之例，故杜於大夫卒例備詳說之。仲尼刊定日月無褒貶，而此序言史官記事必繫日月時年者，自言記事之體須有所繫，不言繫之具否皆有義例也。[7]

《左氏》中以日月為義例者，僅卿卒及日食二事，孔氏主張「《春秋》諸事皆不以日月為例」，《春秋》中之繫日月時年者，皆因襲舊史，故批評二傳的廣說日月時例，是妄生褒貶的「道聽塗說之學」。廣說日月時例，是二傳與《左氏》在解經方法上一個重要的差異點，只是，二傳雖同樣廣說日月時例，但《公羊傳》所側重的僅為日不日的問題，至何休時，始大量標舉日月時例；而《穀梁傳》則針對日月時例做一系統化的整理，不僅指明日月時例之「正例」，也對非正例的部分加區分說明。

考察〉，《殷都學刊》（2008 年 3 期）、劉寧：〈屬辭比事：判例法與《春秋》義例學〉，《北京大學學報》46 卷 2 期（2009 年 3 月）。
[7]　《春秋左傳正義》，卷 1〈春秋左傳序〉，頁 4-5。

一、《公羊》學的日月時例多見於何休

　　《春秋》中以日月為例的看法，在《公羊傳》中即已提出，傳文中提到的日月例，包括：

　　△〈隱元年〉「元年，春，王正月。」傳文曰：「元年者何？君之始年也。春者何？歲之始也。王者孰謂？謂文王也。曷為先言王而後言正月？王正月也。何言乎王正月？大一統也。」[8]

　　△〈隱三年〉「三年，春，王二月。己巳，日有食之。」傳曰：「何以書？記異也。日食，則曷為或日，或不日？或言朔？或不言朔？曰：某月某日朔，日有食之者，食正朔也。其或日，或不日，或失之前，或失之後。失之前者，朔在前也。失之後者，朔在後也。」[9]

　　△〈隱三年〉「癸未，葬宋繆公。」傳文曰：「葬者曷為或日，或不日？不及時而日，渴葬也。不及時而不日，慢葬也。過時而日，隱之也。過時而不日，謂之不能葬也。」[10]

　　△〈隱十年〉「六月，壬戌，公敗宋師于菅。辛未，取郜。辛巳，取防。」傳曰：「取邑不日，此何以日？一月而再取也。」[11]類似的說法亦見於〈文七年〉「三月，甲戌，取須朐。」傳曰：「取邑不日，此何以日？內辭也，使若他人然。」[12]

　　△〈莊十三年〉「冬，公會齊侯盟于柯。」傳曰：「何以不日？易也。其易奈何？桓之盟不日，其會不致，信之也。」[13]類似的傳文亦

8　李學勤主編、〔唐〕徐彥疏：《十三經注疏・春秋公羊傳注疏》（臺北：臺灣古籍出版社，2001 年），卷 1〈隱元年〉，頁 6-11。

9　同註 8，卷 2〈隱三年〉，頁 43。

10　同註 8，卷 2〈隱三年〉，頁 47-48。

11　同註 8，卷 3〈隱十年〉，頁 74。

12　同註 8，卷 13〈文七年〉，頁 334。

13　同註 8，卷 7〈莊十三年〉，頁 176。

見於〈莊二十三年〉「二十有三年，春，公至自齊。」傳曰：「桓之盟
不日，其會不致，信之也。」[14]〈莊二十三年〉「十有二月，甲寅，公
會齊侯盟于扈。」傳曰：「桓之盟不日，此何以日？危之也。」[15]及〈僖
九年〉「九月，戊辰，諸侯盟于葵丘。」傳曰：「桓之盟不日，此何以
日？危之也。」[16]

△〈僖二十二年〉「冬，十有一月，己巳，朔，宋公及楚人戰于泓，
宋師敗績。」傳曰：「偏戰者日爾，此其言朔何？《春秋》辭繁而不殺
者，正也。」[17]

△〈僖三十三年〉「夏，四月，辛巳，晉人及姜戎敗秦于殽。」傳
曰：「詐戰不日。此何以日？盡也。」[18]

△〈定元年〉「元年，春，王。」傳曰：「定何以無正月？正月者，
正即位也。定無正月者，即位後也。即位何以後？昭公在外，得入不
得入，未可知也。曷為未可知？在季氏也。定、哀多微辭。主人習其
讀而問其傳，則未知己之有罪焉爾。」[19]

△〈哀五年〉「閏月，葬齊景公。」傳曰：「閏不書，此何以書？
喪以閏數也。喪曷為以閏數？喪數略也。」[20]

上述數例，是《公羊傳》文中明確涉及日月例者。《公羊傳》認為
《春秋》中的日或不日，有一固定的書法體例可言，每一次的「變例」，
皆蘊涵了聖人筆削褒貶之意，所以針對經文中的變例，一一加以申說。
只是《公羊傳》所言之日月時例僅約上述九種，其論述也較為簡略，
多僅涉及日不日的問題，而未有月、時例的說明。

---

[14] 同註 8，卷 8〈莊二十三年〉，頁 191。
[15] 同註 8，卷 8〈莊二十三年〉，頁 193。
[16] 同註 8，卷 11〈僖九年〉，頁 260。
[17] 同註 8，卷 12〈僖二十二年〉，頁 287。
[18] 同註 8，卷 12〈僖三十三年〉，頁 317。
[19] 同註 8，卷 25〈定元年〉，頁 625-627。
[20] 同註 8，卷 27〈哀五年〉，頁 690。

然至何休作注時，卻大量地於日月時例上加以引申闡釋。注文中所提及的日月時例即多達六十餘種，且在內容上，也不再僅限於日不日的問題，而能遍及日月時三者。這其間固然有引申自傳文者，但更多的例說，是何休自經文中加以整理歸納而得。《公羊》學中的日月時例，可謂於何休時，始加以大大闡揚，而成為《公羊》學解經的特色之一。

何休不僅大量闡揚《春秋》中的日月時例，也在論述上採取和傳文不同的敘述方式。比如「偏戰者日」、「詐戰不日」二例，〈僖二十二年〉及〈僖二十三年〉的傳文中，分別指出日或不日之「正例」，並說明此處不依正例的理由，其著重的皆是正例以外的「變例」，以「變例」來說明其間的褒貶之旨，且因為著眼於變例上，所以對於「詐戰不日」之「不日」，是為不書？或言月？或言時？傳文中皆未明言。然在注文中，何休一方面結合傳文之說，另一方面又由經文中加以歸納，明確提出「戰例時，偏戰日，詐戰月」的說法，〈隱六年〉「六年，春，鄭人來輸平。」傳文曰：「狐壤之戰，隱公獲焉。然則何以不言戰，諱獲也。」何休注曰：

> 君獲不言師敗績，故以輸平諱也。與�戰辟內敗文異。戰例時，偏戰日，詐戰月。不日者，鄭詐之。不月者，正月也，見隱終無奉正月之意。[21]

傳文中偏戰與詐戰日不日的問題，到何休時，已明確成為戰例的日月時之分，其中一般戰例為時，偏戰為日，詐戰則月。何休將「戰」依內容分為三種，也明白區分此三種中的日月時書法。

何休注文清楚標舉日月時例為論述的依據，依此解釋其間的褒貶，日月時例成為何休立論的準則，也成為詮解《春秋》的重要途徑。

---

[21] 同註8，卷3〈隱六年〉，頁63。

其認為《春秋》中的日月時,為聖人寓意書法之一,也是詮解《春秋》的主要方式,或日、或月、或時,有其固定的書例,須先瞭解「正例」,始能明白「變例」之褒貶深意,所以他極力於日月時例上大加申述,大量地以「失鬼神例日」、「君大夫盟例日」、「潰例月」、「公夫人奔例月」、「致例時」、「奔例時」等「某例時(或日、月)」的句法,清楚標明《春秋》中的日月時例,依此作為詮解的依據。

以戰事為例,何休注文中對有關戰事的日月時例論述的頗為詳細,注文中提及者即包括下列數種:

「篡」大國例月,小國例時。	取邑例時。	救例時
戰例時,偏戰日,詐戰月。	城邑例時。	戍例時
入例時,傷害多則月。	乞師例時。	奔例時
兵滅例書月,不兵滅書時。	叛例時。	次例時
侵伐圍入例時。	追例時	潰例月。
出入月者。	執例時	

何休將《春秋》中的戰事,依不同的狀況加以細分,認為不同的狀況各有日月時例可言,所以針對經文中的不論是取邑、城邑,或是潰、入、追、戍、救等字,皆一一標明其義例,說明《春秋》經文中一字一句皆有日月時例可說。除了細膩地劃分戰事的不同狀況外,同一狀況下,依不同程度、對象、等級,其日月時之書法亦有所不同,比如「戰」例中有戰例、偏戰、詐戰之分;「篡」例中,「大國例月,小國例時」[22];「入」例亦有「入例時,傷害多則月」[23]之分。何休詳細地

---

[22] 同註8,卷2〈隱四年〉,頁53-54。經「冬,十有二月,衛人立晉。」注曰:「月者,大國篡例月,小國時。立、納、入皆為篡,卒日,葬月,達於《春秋》,為大國例。」

[23] 同註8,卷1〈隱二年〉,頁36。經「夏,五月,莒人入向。」傳曰:「入者何?得而不居也。」注云:「入例時,傷害多則月。」

歸納分類《春秋》中的日月時例,並以系統化的方式加以呈現,使得日月時例成為《春秋》一明確固定的「法」。

至徐彥作疏時,依襲何休的義例之說,並進一步將何休例說標舉為「《春秋》之例」、「《公羊》之例」,內化成為《公羊》學的基本立場。以「失禮鬼神例日」為例,此義例首見於〈隱五年〉的注文,〈隱五年〉「初獻六羽。」傳曰:「始僭諸公,昉於此乎?前此矣。前此則曷為始乎此?僭諸公猶可言也,僭天子不可言也。」注云:

> 失禮鬼神例日,此不日者,嫌獨考宮以非禮書,故從末言初可知。[24]

何休指出失禮鬼神本當例日,今不日,是因「初獻六羽」與之前的經文「九月,考仲子之宮」同日,但考宮得變禮,而獻六羽獨為失禮,故不以日示之,而改言「初」以明非禮。何休「失禮鬼神例日」的說法,於〈桓二年〉及〈宣八年〉疏文中再次被提及,〈桓二年〉「三月,公會齊侯、陳侯、鄭伯于稷,以成宋亂。」傳曰:「內大惡諱,此其目言之何?遠也。所見異辭,所聞異辭,所傳聞異辭。」注云:「所聞之世,恩王父少殺,故立煬宮不日,武宮日也。」徐彥疏云:

> 立煬宮不日者,即定元年九月,「立煬宮」是也。立武宮日者,成六年「二月,辛巳,立武宮」是也。《公羊》之義,失禮鬼神例日,故言此。[25]

---

[24] 同註8,卷3〈隱五年〉,頁60。疏文解釋云:「失禮鬼神例日者,成六年『二月,辛巳,立武宮』之屬是也。言考宮與獻羽實同日,若置日於考宮上,則嫌獻羽不蒙之,獨自考宮以非禮而已,故從下事言初。初是非禮辭,則獻羽非禮亦可知。然考宮得變禮,而不置於獻羽上者,嫌別日故也。知初是非禮者,正以『初稅畝』同文矣。」

[25] 同註8,卷4〈桓二年〉,頁85。

疏文以「失禮鬼神例日」作為論述的依據，代表「《公羊》之義」；又〈宣八年〉「仲遂卒于垂。」傳曰：「仲遂者何？公子遂也。何以不稱公子？貶。曷為貶？為弒子赤貶。然則曷為不於其弒焉貶？於文則無罪，於子則無年。」注云：「日者，不去樂也。」徐彥疏云：

> 正以《春秋》之例，失禮鬼神例日故也。[26]

此處，徐彥將「失禮鬼神例日」之說視為「《春秋》之例」。「失禮鬼神例日」此何休所標舉出的日月時例，在疏文中已提升地位為「《春秋》之例」、「《公羊》之義」，成為《公羊》學的定論，代表《春秋》中一固定的書例，具有詮解《春秋》的正當性。

有時，徐彥也承襲何休歸納區分的方式，將注文中的日月時例進一步地系統化，比如〈隱元年〉「三月，公及邾婁儀父盟于眛。」傳曰：「眛者何？地期也。」何休注云：

> 凡書盟者，惡之也。為其約誓大甚，朋黨深背之，生患禍重，胥命於蒲，善近正是也。君大夫盟例日，惡不信也。此月者，隱推讓以立，邾婁慕義而來相親信，故為小信辭也。大信者時，柯之盟是也。[27]

對於君與大夫盟例，何休指出有書日、書月、書時之分，其中例日為「不信」，例月為「小信」，例時為「大信」，其並舉例一一說明之；到了疏文中，徐彥將上述之例簡化為「大信時，小信月，不信日」，〈隱元年〉「九月，及宋人盟于宿。」傳曰：「孰及之？內之微者也。」注

---

[26] 同註8，卷15〈宣八年〉，頁391。
[27] 同註8，卷1〈隱元年〉，頁18-19。

曰：「微者，盟例時，不能專正，故責略之。此月者，隱公賢君，雖使微者，有可采取，故錄也。」疏云：

> 《春秋》之例，若尊者之盟，則大信時，小信月，不信日，見其責也。若其微者，不問信與不信，皆書時，悉作信文以略之，即僖十九年冬，「會陳人、蔡人、楚人、鄭人盟于齊。」之屬是。今此書月者，義如注釋。[28]

微者盟本例當書時，但因賢隱公，「雖使微者，有可采取」，故書月而不時。疏文中並言及尊者之盟「大信時，小信月，不信日」之「《春秋》之例」。此例於〈莊二十二年〉、〈僖十九年〉疏文中皆再次被引及，[29]可見徐彥對何休此說頗為重視。疏文將注文中「微者盟例時」之說，與先前「君與大夫盟」之「大信時，小信月，不信日」例加以整合，而得「若尊者之盟，則大信時，小信月，不信日。若其微者，不問信與不信，皆書時。」的書例，將君盟的日月時例，依對象之別，做了更細膩、更清楚的劃分與安頓，並謂此為「《春秋》之例」，或「《公羊》之例」[30]，成為《公羊》學中重要的例說。

---

[28] 同註8，卷1〈隱元年〉，頁28。

[29] 同註8，卷8〈莊二十二年〉，頁190。經「秋，七月，丙申，及齊高傒盟于防。」傳曰：「齊高傒者何？貴大夫也。曷為就吾微者而盟？公也。」注云：「以其日，微者不得日。」疏云：「即隱元年『九月，及宋人盟于宿』，傳曰『孰及之？內之微者也』，彼注云『宋稱人者，亦微者也』，『微者盟例時，不能專正，故責略之。此月者，隱公賢君，雖使微者，有可采取故錄也』，是其微者不得日矣。其微者盟例時者，即僖十九年『冬，會陳人、蔡人、楚人、鄭人盟于齊』之屬是也。」卷11〈僖十九年〉，頁280。經「夏，六月，宋人、曹人、邾婁人盟于曹南。鄫子會盟于邾婁。」傳曰：「其言會盟何？後會也。」注云：「上盟不日者，深順譚文，從微者例。」疏云：「《春秋》上下，微者之盟，例皆書時，即下文冬『會陳人、蔡人、楚人、鄭人盟于齊』之屬是。今此乃以不日為微者例者，正以宋襄賢君，雖使微者，有可采取，故宜書月。隱元年注云『微者盟例時，不能專正，故責略之。此月者，隱公賢君，雖使微者，有可采取，故錄也』是也。」

[30] 同註8，卷7〈莊九年〉，頁159。經「九年，春，齊人殺無知。公及齊大

　　由上可知，雖然《公羊傳》中涉及的日月時例並不多，也多僅於日不日的問題上，但透過何休大量的標舉與運用，自經文中詳細地歸納整理，並以系統化的方式明確標舉出，使得日月時例儼然成詮解《春秋》的重要依據。後世《公羊》學者加以依循，並以此作為論述的準則，視此為《春秋》之定式，日月時例遂內化成《公羊》學詮解《春秋》的主要方式，為《公羊》學解經的特色之一。

二、《穀梁傳》
——詳述日月時例中的「正例」與「非正例」

　　《公羊》學的日月時例，直至何休時始再以開展闡揚。但《穀梁》學的日月時例，於傳文中已有了全面的論述，甚至對於「正例」與「非正例」皆做了詳細的區分與說明。陸德明〈釋文〉中曾云「《穀梁》皆以日月為例，他皆放此。」[31]《穀梁傳》擅說義例，對於《春秋》中的日月時例、名氏例、地例，以及其他書例，皆多所闡釋。尤其特別的是，《穀梁傳》在論述日月時例時，不僅標舉「正例」與「非正例」的書法，對於「非正例」中書日、書月、書時之差異，亦皆加以區分論述。《穀梁傳》主張《春秋》中的日月時例，不論是書日、書月或書時，皆有其固定的書法與用意，所以除了「正例」與「非正例」的區別外，「非正例」中日、月、時等不同的書法，亦各自代表了不同的用

夫盟于暨。」傳曰：「公曷為與大夫盟？齊無君也。然則何以不名？為其諱與大夫盟也，使若眾然。」注云：「不月者，是時齊以無知之難，小白奔莒，子糾奔魯，齊迎子糾欲立之，魯不與而與之盟，齊為是更迎小白，然後乃伐齊，欲納子糾，不能納，故深諱使若信者也。」疏云：「《公羊》之例，大信時，小信月，不信日。經今不月，使若信者，謂若大信也。不謂月，非信辭也。」

[31] 《春秋穀梁傳注疏》，卷1〈隱元年〉，頁4。經「三月，公及邾儀父盟于昧。」傳文中曰：「不日，其盟渝也。」〈釋文〉云：「不日，人實反；不日，謂不書日也。《穀梁》皆以日月為例，他皆放此。」

意與評價。所以與《公羊傳》中多僅言日不日的情形相比,《穀梁傳》中所闡論的日月時例,相對較為全面且完整,《穀梁傳》中常常透過反覆申說的方式,既標舉出日、月、時三者之「正例」,亦對「非正例」的各種書法,予以區分比較。

以「諸侯葬」為例,〈襄七年〉「鄭伯髡原如會,未見諸侯。丙戌,卒于操。」傳文曰:

> 未見諸侯,其曰如會,何也?致其志也。禮:諸侯不生名。此其生名,何也?卒之名也。卒之名,則何為加之如會之上?見以如會卒也。其見以如會卒,何也?鄭伯將會中國,其臣欲從楚,不勝其臣,弒而死。其不言弒,何也?不使夷狄之民加乎中國之君也。其地,於外也。其日,未踰竟也。日卒,時葬,正也。[32]

傳文針對經文中的「如會」,以及書名、書地、書日等問題,皆一一加以解釋,其主張經文中所書的名、地、時皆有一定書法,正與變即為褒貶寓意的所在。文中指出諸侯卒葬之日月時例,以「日卒,時葬」為「正例」。

上述〈襄七年〉的傳文中明白標示「日卒,時葬」為諸侯卒葬之正例,而在他處傳文中,《穀梁傳》則分別針對「日卒,時葬」以外非「正例」的書法予以說明。比如〈隱三年〉、〈隱五年〉、〈昭十三年〉三處傳文中,分別針對「日葬」、「月葬」、「不葬」的情形,給予不同的評價與說明。〈隱三年〉「癸未,葬宋繆公。」傳文曰:

> 日葬,故也,危不得葬。[33]

---

[32] 同註31,卷15〈襄七年〉,頁286

[33] 同註31,卷1〈隱三年〉,頁18。

范注云：

> 天子七月而葬，諸侯五月而葬，大夫三月而葬。傳例曰：「諸侯時葬，正也。月葬，故也。日者憂危最甚，不得備禮葬也。」他皆放此。[34]

依「天子七月而葬，諸侯五月而葬，大夫三月而葬。」之禮，〈隱三年〉「八月，庚辰，宋公和卒。」至冬十二月「癸未，葬宋繆公」，只時隔四月，於禮不合，故經文書日葬，以顯「不得備禮葬」之意。此「日葬」之傳例於〈僖三十三年〉「癸巳，葬晉文公。」中又重覆出現，晉文公卒文見於〈僖三十二年〉「冬，十有二月，己卯，晉侯重耳卒。」[35]至三十三年夏四月葬，亦未及五月，經文書日葬，傳文則重申「日葬，危不得葬也」[36]之例。「日葬」之書法與諸侯卒葬時間有關，若時隔未及五月，於禮不合，則書「日葬」以強調「憂危」、「不得備禮葬」之意。

而「月葬」之說，則見於〈隱五年〉「夏，四月，葬衛桓公。」傳曰：

> 月葬，故也。[37]

范注云：

> 有祝吁之難，故十五月乃葬。[38]

---

34 同上註。
35 同註31，卷9〈僖三十二年〉，頁178。
36 同註31，卷9〈僖三十三年〉，頁180。
37 同註31，卷2〈隱五年〉，頁23。
38 同上註。

依之前經文記載，〈隱四年〉春「戊申，衛祝吁弒其君完」，「九月，衛人弒祝吁于濮」。因為有衛祝吁弒君之難，故由四年春至五年夏葬衛桓公，時隔十五月乃葬，經文為突顯此葬事之延遲，必有其因，故書「月葬」而非正例「時葬」。此「月葬，故也」之書例，於〈隱八年〉及〈莊三年〉之傳文又再次出現，[39]皆以「月葬」強調「有故」之意。

除了「月葬」、「日葬」等「非正例」的書法外，《穀梁傳》還提到「不葬」之例，〈昭十三年〉「冬，十月，葬蔡靈公。」傳文曰：

> 變之不葬有三：失德不葬，弒君不葬，滅國不葬。然且葬之，不與楚滅，且成諸侯之事也。[40]

范注云：

> 蔡靈公弒逆無道，以致身死國滅，不宜書葬。書葬者，不令夷狄加乎中國，且成諸侯興滅繼絕之善，故葬之。[41]

傳文提到「不葬」之三種原因：「失德不葬，弒君不葬，滅國不葬。」今蔡靈公弒父無道，失德又失國，依例本不當書葬，但為了不使夷狄滅中國，也為了彰顯十三年諸侯復蔡、陳二國，以成「興滅繼絕之善」，故仍書月葬。此處，蔡靈公雖仍書葬，但傳文提出了「不葬」之例，說明失德、弒君、滅國三者，依例皆不得書葬。

至於諸侯書卒方面，除了「日卒」的正例外，《穀梁傳》在〈成十五年〉及〈僖十四年〉中皆分別提及「月卒」及「時卒」的差異與評

---

[39] 同註31，卷2〈隱八年〉，頁31。經「八月，葬蔡宣公。」傳文曰：「月葬，故也。」同註31，卷5〈莊三年〉，頁77。經「夏，四月，葬宋莊公。」傳文曰：「月葬，故也。」

[40] 同註31，卷17〈昭十三年〉，頁336。

[41] 同上註。

價。〈成十五年〉「夏,六月,宋公固卒。……秋,八月,庚辰,葬宋共公。」傳曰:

> 月卒日葬,非葬者也。此其言葬,何也?以其葬共姬,不可不葬共公也。葬共姬,則其不可不葬共公,何也?夫人之義不踰君也,為賢者崇也。[42]

注文云:

> 宋共公正立,卒當書日,葬無甚危,則當錄月,今反常違例,故知不葬者也。然則共公之不宜書葬,昏亂故。[43]

傳文先指出「月卒日葬」為「非葬也」。接著說明因共公失德昏亂,依「失德不葬」之例,本不書葬,但因賢共姬,書葬共姬,而在「夫人之義不踰君」的情況下,故得書月卒日葬以顯其意。注文進一步說明,依諸侯卒葬例,宋共公正立當書日卒,而由夏六月書卒,至秋八月書葬,未及五月,當書日葬。今「月卒日葬」違反常例,即是表示共公不應書葬而書葬,以責其失德。[44]

---

[42] 同註31,卷14〈成十五年〉,頁268。

[43] 同上註。

[44] 此處注文中謂「葬無甚危,則當錄月」,疏文進一步解釋曰:「葬書時,正也。注不以時決而以月決之者,以葬書時最為正,書月有故,書日危不得葬,今共公月猶不得,明不葬可知,故不以時決之。然共公失德,所以不全去葬文者,為伯姬書葬,故不得不存共公之葬。但書日以表失德,且不全去葬文,嫌是魯之不會,無以明其失德也。」依注、疏之意,「日葬」為表示共公「明不葬可知」,但依據〈隱三年〉、〈僖三十三年〉「日葬,危不得葬」之說,宋共公由卒至葬未及五月,依例本即當書「日葬」,故共公「不宜書葬而書」之意,或當由「月卒」而見。此處論述頗為曲折,清儒對此即有所不滿,清・陳浩於《四庫全書考證》中云:「按《穀梁》以日月為例,故有紛紛之說,魯宋婚姻之國,使使會葬則書葬,舊史有日故書日耳。傳謂以後葬共姬,此不可不葬共公,迂曲甚矣!」

而「時卒」之說,則見於〈僖十四年〉「冬,蔡侯肸卒。」傳曰:

> 諸侯時卒,惡之也。[45]

疏文云:

> 麋信云:「蔡侯肸父哀侯,為楚所執,肸不附中國,而常事父讎,故惡之而不書日也。」案蔡侯自僖以來,未與中國為會,則麋信之言是也。不書葬者,或是失德,或是魯不會也。[46]

疏文中引麋信之言解釋,蔡侯肸常事父讎楚,而不與中國會,故卒時以惡之也;可知諸侯「月卒」與「時卒」皆非正例,但兩者的評價差異不同,其中「時卒,惡之也」,譏責貶惡尤甚。

諸侯之卒葬,不論是日卒、月卒、時卒,或是日葬、月葬、時葬,甚至是不葬,傳文皆指出其中各有用意。比如「日卒,時葬」為諸侯「正例」,而「非正例」中的「月卒」為非葬,「時卒」為惡,「月葬」則有故,「日葬」不僅有故,且是「危不得葬」,至於「不葬」則是失德、弒君、滅國之大惡。《穀梁傳》不僅標舉出日月時例的「正例」書法,對「非正例」的部分,亦分別針對書日、書月、書時一一加以解釋說明,其認為《春秋》中書與不書,或是書日、書月、書時,皆有其固定的書法,亦皆為聖人寓意褒貶善惡之所在。換言之,《春秋》中的日月時例,不再僅限於「正例」與「非正例」的問題,而是在「非正例」中,亦有不同程度、不同狀況、不同評價之別。《春秋》中任何日、月、時之書法,皆寓意了聖人的褒貶,皆非隨意為之,故《春秋》「一字定褒貶」的原則,於日月時例上同樣適用。

---

[45] 同註31,卷8〈僖十四年〉,頁151-152。
[46] 同上註。

　　上述諸侯的卒葬例，《穀梁傳》於各處傳文中，分別論述書日、書月、書時之用意。有時，《穀梁傳》亦於一處傳文中，並列各種書法與差異。比如〈莊二十三年〉「夏，公如齊觀社。公至自齊。」傳曰：

> 公如，往時，正也。致月，故也。如往月、致月，有懼焉爾。[47]

傳文說明公如會，「往時」為正例。若「往時，致月」，為有故；「往月、致月」則有所懼。今莊公至齊，「往時、致月」顯然有故之意；而〈定八年〉中，《穀梁傳》又重覆申說此例，〈定八年〉「二月，公侵齊。三月，公至自侵齊。」傳曰：

> 公如，往時致月，危致也。往月致時，危往也。往月致月，惡之也。[48]

疏云：

> 復發傳何？解莊二十三年起例，公行有危而書月。今公伐齊有危，危而書月，一時之間，再興兵革危懼之理，義例所詳，故重說以明之。[49]

依傳文之意「往時、致時」當為正例。書月者，則為危也，若「往月」則為危往，若「致月」則為危致，若「往月、致月」則為惡也。〈莊二十三年〉中莊公往時致時，當無所危懼，而〈定八年〉定公「往月，致月」，可見定公伐齊有危，再興兵革，危懼更甚，故往、致皆書月以惡之。傳文中同時陳述書月、書時的不同狀況，及其間的善惡評價。

---

[47]　同註31，卷6〈莊二十三年〉，頁102。
[48]　同註31，卷19〈定八年〉，頁369。
[49]　同上註。

趙伯雄於〈《春秋》學中的「日月時例」〉一文中曾云：

> 《公羊傳》運用「日月時例」，實際上只限於日，解釋《春秋》
> 所以書日或者不書日的理由，並沒有涉及日和時，因此，嚴格
> 地說，「日月時例」在《公羊傳》中的運用還是不完整。《穀梁
> 傳》就不同了。《穀梁》不僅有許多處對書日、不書日的解說，
> 也有大量的對書月、書時的解說。……可知只有在《穀梁傳》
> 裡，才有相對完整的「日月時例」。但古人談到「日月時例」，
> 往往《公》、《穀》並稱，甚或集矢於《公羊》，那完全是因為
> 何休的注所發生的影響。何休為《公羊傳》做解詁，大量運用
> 「日月時例」。[50]

趙氏認為「日月時例」在《公羊傳》中的運用還不完整，只有在《穀
梁傳》中才有相對完整的「日月時例」。而由上述的論述中可知，與《公
羊傳》相比，《穀梁傳》中的日月時例，已遍及日月時三者，且除了標
示「正例」與「非正例」的問題外，《穀梁傳》還針對「非正例」中的
日、月、時，或是不書等情況皆加以說明，《春秋》中之繫日、繫月、繫
時皆有不同的褒貶之意，甚至繫與不繫亦有其特定的用法，「由一字論褒
貶」的解經特色，在《穀梁傳》之日月時例中可謂展現地淋漓盡致。

參、《公羊》中之書與不書之例與「小國卒葬例」

何休注文中以日月時例作為其論述「義例」的重心，而《公羊傳》
中對日月時例的著墨雖不多，但對於《春秋》書與不書之例卻是論述

---

[50] 趙伯雄：〈《春秋》學中的「日月時例」〉，收於彭林主編：《中國經學》（桂林：廣西師範大學出版社，2005年）第一輯，頁210-211。

不少。至於徐彥疏文,其一方面承襲前人之說,另一方面卻也因論說太過瑣碎,不免產生一些語意不清,甚至前後矛盾的情形。

一、《公羊傳》著重於「書與不書」之書例上

　　《公羊傳》著重於「書與不書」之書例上,傳文中提及「天子記崩不記葬」、「君弒賊不討,不書其君葬」、「大夫不書葬」、「外夫人不卒」等,皆是針對經文中的用字,一一提出說明,《公羊傳》認為《春秋》中的書與不書,皆為寓意之所在,其對書例的重視,充份反映了其以《春秋》為聖典的立場。

　　考察《公羊傳》中,有關書與不書的論述多達五十餘種,其中尤以戰事及災異二事為多,以戰事為例,傳文中所提及的相關書例即有:

> 戰不言伐,圍不言戰,入不言圍,滅不言入,書其重者也。
> 將尊師眾稱某率師,將尊師少稱將,將卑師眾稱師,將卑師少稱人
> 復歸者,出惡,歸無惡;復入者,出無惡,入有惡。入者,出入惡;
> 歸者,出入無惡。
> 伐而言圍者,取邑之辭也。伐而不言圍者,非取邑之辭也。
> 君死于位曰滅,生得曰獲,大夫生死皆曰獲

內不言戰,言戰乃敗	詐戰不言戰	外取邑不書
觕者曰侵,精者曰伐	次不言俟	邑不言圍
國曰潰,邑曰叛	救不言次	外平不書
敗者不稱師	入不言伐	

這些書例中,傳文多以「某曰某」,或是「某不書」、「某不言某」之句式來說明《春秋》中用字之書例,或釋經文字義,或釋不當書而書者,或申述言外之意,或說明上下文之關係,或比較不同用字的褒貶。

（一）釋經文字義

〈僖四年〉「四年，春，王正月。公會齊侯、宋公、陳侯、衛侯、鄭伯、許男、曹伯侵蔡，蔡潰。」傳曰：

> 潰者何？下叛上也。國曰潰，邑曰叛。[51]

注云：

> 不與諸侯潰之為文，重出蔡者，侵為加蔡舉，潰為惡蔡錄，義各異也。月者，善義兵也。潰例月，叛例時。

經文書諸侯侵蔡，又書蔡潰。傳文解釋「潰」字與「叛」字同義，皆指下叛上也，只是「潰」字用於國，「叛」字用於邑。今經文書「侵」又書「潰」，即為「惡蔡」之義。傳文以「國曰潰，邑曰叛」說明經文用字之意，何休注文一方面解傳文提問的理由，另一方面則以日月時例釋之。

又〈莊十年〉「二月，公侵宋。」傳文曰：

> 曷為或言侵，或言伐？觕者曰侵，精者曰伐，戰不言伐，圍不言戰，入不言圍，滅不言入，書其重者也。[52]

傳文區分「侵」與「伐」有麤密深淺之不同，[53]接著提到「戰」、「伐」、「圍」、「入」、「滅」等辭，指出戰事中狀況、程度各異，經文描述時

---

[51] 同註8，卷10〈僖四年〉，頁246。

[52] 同註8，卷7〈莊十年〉，頁165-166。

[53] 同註8，卷7〈莊十年〉，頁165-166。何注解釋曰：「觕，麤也。將兵至竟，

多不兩書，而是採取「書其重者」的方式，以重者論罪之。傳文以「某曰某，某曰某」之句型，區分不同用字之意，以解釋經文字義。

（二）釋不當書而書者

除了釋經文字義外，傳文也針對依「例」不當書而書者，其「例」外之意加以說明。以「外取邑不書」為例，傳文中共提及七次之多，[54] 為《公羊傳》中提到最多次的書例。傳文論述時，先提出不書之例，再接著解釋此處不當書而書者，其背後所呈現之用意，比如〈隱四年〉「四年，春，王二月，莒人伐杞，取牟婁。」傳文曰：

> 牟婁者何？杞之邑也。外取邑不書，此何以書？疾始取邑也。[55]

何休注云：

> 外小惡不書，以外見疾始，著取邑以自廣大，比於貪利差為重，故先治之也。內取邑常書，外但疾始，不常書者，義與上逆女同。不傳託始者，前此有滅，不嫌無取邑，當託始明，故省文也。取邑例時。[56]

以過侵責之，服則引兵而去，用意尚麤。精，猶精密也。侵責之不服，推兵入竟，伐繫之益深，用意稍精密。」

[54] 關於「外取邑不書」之例，除了上述二例外，於〈隱六年〉「冬，宋人取長葛。」〈莊三十年〉「秋，七月，齊人降鄣。」〈宣元年〉「六月，齊人取濟西田。」〈昭二十五年〉「十有二月，齊侯取運。」〈哀八年〉「夏，齊人取讙及闡。」五處傳文中皆有提及。

[55] 同註8，卷2〈隱四年〉，頁50。

[56] 同上註。

此處莒人伐杞，取杞邑，傳文以「外取邑不書」之例，說明此依例本不當書，今書者是為了突顯「始取邑」之惡。何休解釋時，取〈隱十年〉傳文「《春秋》錄內而略外，於外大惡書，小惡不書；於內大惡諱，小惡書」[57]相對照，今莒取杞邑，屬「外小惡不書」，理應不當書，以異於「內取邑常書」之例，但經文為了惡莒之貪利，故明言取邑以責諸侯相取邑之始。

又如〈莊元年〉中，傳文又再次提到此書例，〈莊元年〉「齊師遷紀郱、鄑、郚。」傳曰：

> 遷之者何？取之也。取之，則曷為不言取之也？為襄公諱也。外取邑不書，此何以書？大之也。何大爾？自是始滅也。[58]

何休注云：

> 以師稱，知取之。……襄公將復讎於紀，故先孤弱取其邑，本不為利舉，故為諱。不舉伐，順諱文也。將大滅紀從此始，故重而書之。[59]

此處雖未出現「取」字，但傳文認為「遷」字即有「取」意，齊取紀邑本屬「外取邑不書」之例，今不當書而書，但為了突顯「滅紀」之始。何休進一步說明，紀因「先祖有罪於齊」[60]，故齊襄公取邑滅紀，

---

[57] 同註8，卷3〈隱十年〉，頁74。經「六月，壬戌，公敗宋師于菅。辛未，取郜。辛巳，取防。」傳文曰：「取邑不日，此何以日？一月而再取也。何言乎一月而再取？甚之也。內大惡諱，此其言甚之何？《春秋》錄內而略外，於外大惡書，小惡不書；於內大惡諱，小惡書。」

[58] 同註8，卷6〈莊元年〉，頁137。

[59] 同上註。

[60] 同註8，卷6〈莊三年〉，頁141。經「秋，紀季以酅入于齊。」何注：「紀與齊為讎，不直，齊大紀小，季知必亡，故以酅首服，先祖有罪於齊，請

經文為齊襄公諱，不書「取」而書「遷」，以呼應下文〈莊四年〉之滅紀、[61]〈莊三十年〉取紀遺邑鄅等事。[62]

（三）申述言外之意

此外，傳文也針對經文未言之意加以引申說明，如〈桓十年〉「冬，十有二月，丙午，齊侯、衛侯、鄭伯來戰于郎。」傳曰：

> 郎者何？吾近邑也。吾近邑，則其言來戰于郎何？近也。惡乎近？近乎圍也。此偏戰也。何以不言師敗績？內不言戰，言戰乃敗。[63]

注曰：

> 《春秋》託王於魯。戰者，敵文也。王者兵不與諸侯敵，戰乃其已敗之文，故不復言師敗績。魯不復出主名者，兵近都城，明舉國無大小，當戮力拒之。[64]

為五廟後，以鄅共祭祀，存姑姊妹。」

[61] 同註8，卷6〈莊四年〉，頁142-143。經「紀侯大去其國。」傳曰：「大去者何？滅也。孰滅之？齊滅之。曷為不言齊滅之？為襄公諱也。《春秋》為賢者諱，何賢乎襄公？復讎也。何讎爾？遠祖也。哀公亨乎周，紀侯譖之，以襄公之為於此焉者，事祖禰之心盡矣。盡者何？襄公將復讎乎紀，卜之曰：『師喪分焉。』『寡人死之，不為不吉也。』遠祖者，幾世乎？九世矣。九世猶可以復讎乎？雖百世可也。」但後世學者對此則有所質疑，比如劉敞即言：「非也。有遷而不取者，有取而不遷者，有且遷且取者。《春秋》據實而書耳，非譏也。且襄公獨非懷惡而討不義者，乎其何譏焉？」見同註8，卷6〈考證·莊元年〉，頁137。

[62] 同註8，卷9〈莊三十年〉，頁211。經「秋，七月，齊人降鄣。」傳曰：「鄣者何？紀之遺邑也。降之者何？取之也。取之則曷為不言取之？為桓公諱也。外取邑不書，此何以書？盡也。」

[63] 同註8，卷5〈桓十年〉，頁112。

齊侯、衛侯、鄭伯來戰於郎，此為各居一方的偏戰，[65]經文未言戰果，傳文解釋「內不言戰，言戰乃敗」，魯而曰「戰」者，實已隱含「敗」意，因為魯諱，故僅言「戰」，而不言「敗」。

「內不言戰，言戰乃敗」的書例，在〈桓十二年〉的傳文中又再次被提及，〈桓十二年〉「十有二月，及鄭師伐宋。丁未，戰于宋。」傳曰：

> 戰不言伐，此其言伐何？辟嫌也。惡乎嫌？嫌與鄭人戰也。此偏戰也，何以不言師敗績？內不言戰，言戰乃敗矣。[66]

疏云：

> 上十年郎戰之下已有此傳，今復發之者，上經來戰于魯，此則往戰于宋，嫌其異，故明之。[67]

傳文先解釋「戰」、「伐」並稱之用意，接著再說明經文未言敗績，是依循「內不言戰，言戰乃敗」之書例。徐彥疏文特別指出，此書例於〈桓十年〉郎之戰中即已提到，但當時是諸侯「來戰」於魯邑郎，而今〈桓十二年〉是魯、鄭「往戰」於宋邑，兩者略有不同，故傳文再次申說，以明「內不言戰，言戰乃敗」之書例，不論來戰、往戰，皆可適用。

---

[64] 同上註。

[65] 關於「偏戰」一詞，何休解釋：「偏，一面也。結日定地，各居一面，鳴鼓而戰，不相詐。」見《春秋公羊傳注疏》，卷5〈桓十年〉，頁112。

[66] 同註8，卷5〈桓十二年〉，頁118-119。注云：「時宋主名不出，不言伐，則嫌內微者與鄭人戰于宋地，故舉伐以明之。宋不出主名者，兵攻都城，與郎同義。」

[67] 同上註。

（四）說明上下文之關係

傳文亦以「某不言某」之句法，標舉兩者不當並書之書例，進而
說明兩者並書之用意，如〈莊八年〉

〈莊八年〉「八年，春，王正月，師次于郎，以俟陳人、蔡人。」
傳曰：

> 次不言俟，此其言俟何？託不得已也。[68]

何休注曰：

> 据「次于陘」、「俟屈完」不書侯。師出本為下滅盛興，陳、蔡
> 屬與魯伐衛，同心人國遠，故因假以諱滅同姓，託待二國為留
> 辭主，所以辟下言及也。加以者，辟實俟。陳、蔡稱人者，略
> 以外國辭稱，知微之。[69]

依〈僖四年〉「遂伐楚，次于陘。」傳文曰：「其言次于陘何？有俟也。
孰俟？俟屈完也。」[70]之例，「次」與「俟」當不同書。但〈莊八年〉
中二字同書，傳文先指出「次不言俟」之書例，再解釋此處同書，是
諱言魯滅盛，故託待陳、蔡二國，以為留辭主。

又〈僖元年〉「齊師、宋師、曹師次于聶北，救邢。」傳曰：

> 救不言次，此其言次何？不及事也。不及事者何？邢已亡矣。
> 孰亡之？蓋狄滅之。曷為不言狄滅之？為桓公諱也。曷為為桓

68　同註8，卷7〈莊八年〉，頁156。
69　同上註。
70　同註8，卷10〈僖四年〉，頁247。

公諱？上無天子，下無方伯，天下諸侯有相滅亡者，桓公不能
救，則桓公恥之。曷為先言次，而後言救？君也。君則其稱師
何？不與諸侯專封也。曷為不與？實與，而文不與。文曷為不
與？諸侯之義，不得專封也。諸侯之義不得專封，則其曰實與
之何？上無天下，下無方伯，天下諸侯有相滅亡者，力能救之，
則救之可也。[71]

依〈僖十八年〉「夏，師救齊。」[72]之例，「救」、「次」不當同書，故
傳文先舉「救不言次」之書例，再說明此處先言「次」再言「救」，是
譏刺諸侯救邢之緩，並責齊桓公不能力救之。邢滅一事載於〈莊三十
二年〉冬，「狄伐邢。」然至〈僖元年〉諸侯始救邢，已隔二年，「救
急舒緩，使至於亡」。傳文中以「某不言某」之句型，標明二字不當並
書之例，並以解釋經文同書的特殊用意。

（五）比較不同用字的褒貶

有時傳文也並列經文中不同的用字，說明其間善惡褒貶之差異。
〈桓十五年〉「鄭世子忽復歸于鄭。」傳曰：

其稱世子何？復正也。曷為或言歸，或言復歸？復歸者，出惡，
歸無惡；復入者，出無惡，入有惡。入者，出入惡；歸者，出
入無惡。[73]

傳文中說明「復歸」、「復入」及「入」、「歸」兩組字詞的褒貶差異，
其中「復歸」是「出惡，歸無惡」，「復入」則正好相反，為「出無惡，

---

[71] 同註8，卷10〈僖元年〉，頁232-233。
[72] 同註8，卷11〈僖十八年〉，頁277。
[73] 同註8，卷5〈桓十五年〉，頁123-124。

入有惡」；至於「入」為「出入惡」，「歸」則為「出入無惡」。這「復歸」與「復入」，以為「入」與「歸」這兩組的字詞，在褒貶意義上完全相反。此處「鄭世子忽復歸于鄭」即為「出惡，歸無惡」之例。傳文一方面解釋經文，另一方面取相近的字詞並列比較，清楚說明經文用字上的不同。

　　上述數例，皆是《公羊傳》針對經文中的用字用句，進行闡釋與詮解，《公羊傳》認為《春秋》經文中的用字，有其一定的規範、法則，聖人透過不同的用字、透過書與不書、或是上下文並書的方式，寓意褒貶善惡之旨。所以傳文解經，即把重心置於《春秋》書例上，在闡釋經文的同時，也一一條列相關書例，試圖描繪出經文中的規範、法則，以為詮解《春秋》的重要依據。

二、《公羊疏》於「小國卒葬例」中的模糊與矛盾

　　《公羊傳》喜以書例解經，何休《公羊注》則極力闡揚日月時例，徐彥為其作疏，大體承襲傳、注之說，但或許是義例過於繁多紛雜，徐氏在廣言例說之際，卻也產生語意不清，甚至於前後矛盾的情形。比如「小國卒日葬時」之例，疏文中提及多次，但其間的論述卻不統一。

　　關於小國的卒葬例，《公羊》學主張「所傳聞世」、「所聞之世」及「所見之世」三世的書法各異，[74]但於〈桓十年〉、〈昭十四年〉及〈哀十年〉三處疏文中，對小國的卒葬日月例，卻說法不一致。

---

[74] 關於《公羊》學中的「三世」說，徐彥於〈春秋公羊傳經傳解詁隱公第一〉標題下，曾指出顏安樂、鄭玄與何休異說的不同，其並取何氏之說，曰：「据哀錄隱，兼及昭、定，己與父時事，為所見之世；文、宣、成、襄，王父時事，謂之所聞之世也；隱、桓、莊、閔、僖，曾祖、高祖時事，謂之所傳聞之世也。」見《春秋公羊傳注疏》，卷1，頁4。

△〈桓十年〉——所傳聞之世，不錄小國卒葬，所聞之世乃書，卒月葬時。

〈桓十年〉「夏，五月，葬曹桓公。」何休注曰：

> 小國始卒，當卒月葬時，而卒日葬月者，曹伯年老，使世子來朝，《春秋》敬老重恩，故為魯恩錄之尤深。[75]

徐彥疏云：

> 所傳聞之世，未錄小國卒葬，所聞之世乃始書之。其書之也，卒月葬時，文九年「秋，八月，曹伯襄卒」；冬，「葬曹共公」者是也。今卒日葬月者，正以敬老重恩故也。云云之說，當文皆自有解。[76]

《公羊疏》指出「所傳聞之世，未錄小國卒葬，所聞之世乃始書之」，小國之卒葬，至所聞之世始書，以「卒月葬時」為常例。而〈桓十年〉中為了「敬老重恩」，故對曹伯「卒日葬月」。

△〈昭十四年〉——所傳聞之世，小國不書其卒。所聞之世，乃書之。所見之世，小國卒日葬時。

〈昭十四年〉「八月，莒子去疾卒。」注曰：「入昭公卒不日。不書葬者，本篡，故因不序。」疏云：

> 《春秋》之義，所傳聞之世，略於小國，不書其卒；至所聞之世，乃始書之，即文十三年「邾婁子蘧篨卒」之徒是也；至所見之世，文致大平，書小國而錄之，卒日葬時，即下二十八年

「秋，七月，癸巳，滕子甯卒。冬，葬滕悼公」之屬是也。今此莒君，入昭公所見之世，宜令卒日葬時，而卒不日，復不書其葬者，正由其本是篡人，故因略之，不序其卒日，亦不序其葬矣。其本篡者，即上元年「秋，莒去疾自齊入于莒」是也。然則《春秋》之義，篡明者例書其葬，即衛晉、鄭突、齊小白、陽生之徒是。今此去疾於上元年秋亦有「自齊入于莒」之文，即是篡明，例合書葬，但以本篡，故因不序。然則入昭公所見之世，小國之卒，例合書日，而上「三月，曹伯滕卒」亦不日者，莊二十三年冬十一月，「曹伯射姑卒」之下，何氏云「曹伯達於《春秋》，常卒月葬時也」，始卒日葬月，嫌與大國同，故後卒不日。入所聞世，可日不復日。然則曹伯終生於桓十年時，以《春秋》敬老重恩之故，而得卒日葬月，以為大平，是以入所見之世，雖例可日亦不復日，是故上文卒曹伯不書日矣。[77]

疏文重申所傳聞之世，小國不書卒，至所聞之世始書，至所見之世則「卒日葬時」，此為《春秋》之義，其並舉〈文十三年〉邾婁子蘧蒢卒日不葬，[78]及〈昭二十八年〉「秋，七月，癸巳，滕子甯卒。冬，葬滕悼公。」[79]書「卒日葬時」二例，以說明所聞之世與所見之世的書法。此處莒子去疾，當依「卒日葬時」之例，但今卻「卒月不葬」，是責其篡人。至於〈莊二十三年〉及〈桓十年〉之曹伯卒，則為了「敬老重恩」而以變例示之。

　　△〈哀十年〉──所見之世，小國卒日葬月。

---

[77] 同註8，卷23〈昭十四年〉，頁577-578。
[78] 同註8，卷14〈文十三年〉，頁350。「夏，五月，壬午，陳侯朔卒。邾婁子蘧蒢卒。」不書葬。
[79] 同註8，卷24〈昭二十八年〉，頁614。

〈哀十年〉「薛伯寅卒。」注曰:「卒、葬略者,與杞伯益姑同。」疏云:

> 正以所見之世,詳錄小國,卒日葬月,是其常文,即上四年「秋,八月,甲寅,滕子結卒」;冬,十二月,「葬滕頃公」是也,今乃卒月葬時,故解矣。言與杞伯益姑同者,即昭六年「春,王正月,杞伯益姑卒」,注云「不日者,行微弱,故略之。上城杞已貶,復卒略之者,入所見世,責小國詳,始錄內行也。諸侯內行小失不可勝書,故於終略責之,見其義」,然則今此略之者,亦為內行小失,故曰與杞伯益姑同。[80]

此處疏文提及「所見之世,詳錄小國,卒日葬月,是其常文」,其並舉〈哀四年〉「秋,八月,甲寅,滕子結卒。」冬,十有二月,「葬滕頃公。」之「卒日葬月」為正例。至於此處五月「薛伯寅卒」,「秋,葬薛惠公」,及〈昭六年〉「春,王正月,杞伯益姑卒。」夏「葬杞文公。」之「卒月葬時」則為貶意。

綜合上述三處疏文,小國之卒葬,所傳聞之世不書,此無異說;但所聞之世,則有〈桓十年〉「卒月葬時」及〈昭十四年〉「卒日」二種說法;至於所見之世,亦有〈昭十四年〉「卒日葬時」與〈哀十年〉「卒日葬月」二說。再加上,曹伯可日不日之例,其例說極為混亂,甚至產生矛盾的情形。其實,考察經文,《春秋》中所謂的小國,包括曹、許、莒、薛、杞、滕、邾婁等國,其中曹國因「敬老重恩」之故,可日而不日,以「卒月葬時」為例,而許國因襲曹國之例,至於其餘諸國,則例說多為一致。另一方面,依三世說加以區分,隱、桓、莊、閔、僖之「所傳聞之世」,依例未錄小國之卒葬,但實則又有許多例外,並有「始卒」不葬之例;而文、宣、成、襄之「所聞之世」,除了曹國

---

[80] 同註8,卷27〈哀十年〉,頁700。

外，皆依「卒日葬時」之例；昭、定之「所見之世」為「卒日葬時」，
哀公之世則另依「卒日葬月」之例。以下即試由注、疏文中，整理出
「小國卒葬例」的四種例說：

（一）所傳聞之世——例不卒，書則卒而不葬

在〈桓十年〉及〈昭十四年〉都提到所傳聞之世，「未錄小國卒葬」
或「不書其卒」，但由經文中考察，由隱公至僖公，小國書卒者仍有九
處，包〈隱八年〉書宿男卒，〈桓八年〉、〈莊二十三年〉、〈僖七年〉皆
書曹伯卒，〈莊十六年〉、〈莊二十八年〉書邾婁子卒，〈莊三十一年〉
書薛伯卒，〈僖四年〉書許男卒，以及〈僖二十三年〉書杞子卒。此九
處書卒多有其特定的原因，比如〈隱八年〉「辛亥，宿男卒」，「宿男」
一詞於《春秋》中僅出現此一次，何休注文中解釋曰：

> 宿本小國，不當卒，所以卒而日之者，《春秋》王魯，以隱公
> 為始受命王，宿男先與隱公交接，故卒襃之也。不名不書葬者，
> 與微者盟功薄，當襃之為小國，故從小國例。[81]

何休先重申「小國不當卒」之例，接著說明此處違例書日卒，是因宿
男與隱公交接而卒襃之。小國於所傳聞之世書卒，皆有其特殊的用意，
除了上述宿男之例外，〈莊十六年〉、〈莊二十八年〉邾婁子因「慕霸者
有尊天子之心」[82]，〈僖二十三年〉杞子因「桓公存王者後，功尤美，
故為表異卒錄之」[83]，皆因襃揚而書卒；至於〈莊三十一年〉薛伯則

---

[81] 同註 8，卷 3〈隱八年〉，頁 71。
[82] 同註 8，卷 7〈莊十六年〉，頁 180；卷 9〈莊二十八年〉，頁 208。
[83] 同註 8，卷 12〈僖二十三年〉，頁 288。經「冬，十有一月，杞子卒。」注
文：「卒者，桓公存王者後，功尤美，故為表異卒錄之。」

是因不朝桓而書之，以「知去就也」[84]。至於曹與許，則屬小國例中的特例（此於下文詳述）。由此可知，所傳聞之世，小國依例不書卒葬，所書者皆非常例，其書法則為書卒日、月而不葬。

（二）曹之卒葬例——以「卒月葬時」為正例

所傳聞世中小國書卒葬者，僅曹伯與許男，〈僖四年〉書許男卒時葬月，注文指出「得卒葬於所傳聞世者，許大小次曹，故卒少在曹後。」[85]可見許男的書法是承自曹伯。而曹伯的卒葬例，可謂為小國卒葬中的「特例」。〈莊二十三年〉「冬，十有一月，曹伯射姑卒。」何休注曰：

> 曹達《春秋》常卒月葬時也。始卒日葬月，嫌與大國同，後卒而不日，入所聞世，可日不復日。[86]

疏文解釋注中的「曹達《春秋》常卒月葬時也」，曰：

> 即文九年「秋，八月，曹伯襄卒」，冬，「葬曹共公」；昭十八年「春，王三月，曹伯須卒」，「秋，葬曹平公」之屬是也。其有卒葬在日月下者，不蒙日月矣。其文各自有解。

解釋注文「始卒日葬月」曰：

---

[84] 同註8，卷9〈莊三十一年〉，頁213。經「夏，四月，薛伯卒。」注曰：「卒者，薛與滕俱朝隱公，桓弒而隱立，滕朝桓公，薛獨不朝，知去就也。」
[85] 同註8，卷10〈僖四年〉，頁251。經「葬許穆公。」
[86] 同註8，卷8〈莊二十三年〉，頁193。

即桓十年「春，王正月，庚申，曹伯終生卒。夏，五月，葬曹
桓公」是也。所以然者，敬老重恩故也。

又釋注文「入所聞世，可日不復日。」曰：

即文九年「秋，八月，曹伯襄卒」是。案曹為小國，入所聞之
世，正合卒月，而言可日者，正以傳聞之世，已得錄之，故所
聞世可以書日，但以嫌同大國，故不日矣。[87]

曹國之卒葬，於所傳聞之世已錄之，〈桓十年〉因始卒書「卒日葬月」
以「敬老重恩」，而入所聞世，可日不日，其後皆以「卒月葬時」為正例。

（三）所聞之世——始卒書月，後卒日，再書葬

雖然小國的卒葬，於所傳聞之世即已言及，但徐彥疏文中皆強調
「所聞之世乃始書之」，其將所傳聞之世所書者，皆視為非常例，故不
算為「始卒」，其「始卒」則由所聞之世起始，〈成十六年〉「夏，四月，
辛未，滕子卒。」何注曰：「滕始卒於宣公，日於成公，不名。邾婁始
卒於文公，日於襄公，名。俱葬於昭公，是以知滕小。」疏云：

滕始卒於宣公者，即宣九年秋，「八月，滕子卒」是也。其日
于成公者，即此經云「辛未，滕子卒」是也。二者皆不及名，
故曰不名。其邾婁始卒于文公者，即文十三年夏五月，「邾婁
子蘧蒢卒」是也。其日於襄公者，即襄十七年「春，王二月，
庚午，邾婁子瞷卒」是也。書蘧蒢與瞷，故曰名也。云俱葬于
昭公者，即昭元年夏，「六月，丁未，邾婁子華卒」，秋，「葬

邾婁悼公」；昭三年「春，王正月，丁未，滕子泉卒」，「五月，葬滕成公」是也。然則《春秋》於所聞之世，始錄微國之卒，書日書名，明其大小。滕子卒葬皆在邾婁之後，邾婁之君名於所聞之世，于滕則未，是以知其小于邾婁也。……案莊十六年十二月，「邾婁子克卒」；二十八年「夏，四月，丁未，邾婁子瑣卒」。然則邾婁始卒書日書名，並在莊公之世，而邾婁卒于文公日于襄公名者，彼是傳聞之世，小國之卒例不合書，而莊公之時邾婁之君得書卒者，何氏於克卒之下注云「小國未嘗卒而卒者，為慕霸者。有尊天子之心，行進也」；瑣卒之下注云「日者，附從霸者，朝天子行進」。以此言之，直是行進而得書卒書日，非其常例，故不取之。[88]

何休以始卒、卒日、書名三者，而謂滕比邾婁小。疏文中則一一舉例來解釋何注之說，其謂「《春秋》於所聞之世，始錄微國之卒，書日書名，明其大小。」依疏文之意，似乎指所聞之世，始錄微國卒，且此書卒，與書日書名有關，但細讀上下文與所舉之例，可知所聞之世，始錄微國卒，只是其卒葬之日月時例，卻有階段性之分，一開始為卒月不葬，後為卒日不葬，而至所見之世，始卒日葬時。以滕與邾婁為例，兩者皆為《春秋》小國，其中滕始卒於〈宣九年〉書月，至〈成十六年〉書日，皆不名，始葬於〈昭三年〉，且因恩錄之而改「卒月葬時」為卒日葬月。邾婁書卒最早見於〈莊十六年〉，但徐疏依據何注，謂其「非其常例，故不取之」，故以〈文十三年〉為「始卒」書月，至〈襄十七年〉書日，皆書名，始葬於〈昭元年〉卒日葬時。

又〈襄六年〉「六年，春，王三月，壬午，杞伯姑容卒。」注曰：「始卒，更名、日書葬者，新黜未忍便略也。」疏云：

---

[88] 同註8，卷18〈成十六年〉，頁464。

　　然則傳聞之世，小國之卒未合書見，非其常例矣。至所聞之世，
始合書卒，是以於此言始矣。文十三年夏五月，「邾婁子蘧篨
卒」；宣九年秋，「八月，滕子卒」，其名、日與葬皆未書，今
此盡錄，故解之也。[89]

所傳聞之世中〈僖二十三年〉曾記載「杞子卒」，何休解釋其因「存王
者後」，故未依例書卒。因此，此處杞伯姑容卒，何注視為「始卒」。
徐疏承其說，又再次強調「傳聞之世，小國之卒未合書見，非其常例
也，至所聞之世，始合書卒」，其並謂始卒者，書卒月，名、日、葬則
不書。

（四）所見之世──以「卒日葬時」為正例，哀公之世則以「卒日葬月」為正例

　　所見之世的問題較大。首先，依上述〈昭十四年〉疏文謂「至所
見之世，文致大平，書小國而錄之，卒月葬時」，而在〈昭三年〉「五
月，葬滕成公。」疏文亦云：

　　卒月葬時者，小國之常典，下六年夏，「葬杞文公」之屬是也。
今而書月，故以為恩錄之。[90]

〈定十二年〉「十有二年，春，薛伯定卒。」疏云：

　　正以所見之世，小國之卒例書日月，即昭三十一年「夏，四月，
丁巳，薛伯穀卒」之屬是也。[91]

---

[89] 同註8，卷19〈襄六年〉，頁487。
[90] 同註8，卷22〈昭三年〉，頁550。
[91] 同註8，卷26〈定十二年〉，頁664。

依疏文之言似乎以「卒月葬時」為正例，但三處疏文中所引之例，不論是〈昭二十八年〉滕子甯，或是〈昭三十一年〉薛伯穀，皆為「卒日葬時」，即使〈昭六年〉杞伯益姑時卒，亦是因「行微略」而「不日」。換言之，由疏文中所援引之例證視之，當以「卒日葬時」為正例，則〈昭三年〉及〈昭十四年〉之「卒月葬時」之「月」，是「日」字之誤？抑或是另有所論？實難費解。

再者，除了「卒月葬時」與「卒日葬時」的爭議外，〈哀十年〉的疏文中，又曰「所見之世，詳錄小國，卒日葬月，是其常文」，其又提出以「卒日葬月」為常文的主張，今考察經文，哀公之世，共載有四例，包括〈四年〉滕子結卒日葬月、〈八年〉杞伯過卒日葬月、〈十年〉薛伯寅卒月葬時、〈十一年〉滕子虞母卒日葬月。除了〈十年〉薛伯因「內行小失」而略之外，其餘諸子皆以「卒日葬月」為主，由此可推論，哀公之世當以「卒日葬月」為正例。

因此，依據疏文之言，並透過經文事例之考察，「所見之世」之「正例」實則可再細分「卒日葬時」與「卒日葬月」兩種，其中昭、定二公時以「卒日葬時」為主，而哀公之世則以「卒日葬月」為常典。

小國之卒葬例，於何休注文中即已提及，但何注中多因事申說，並未加以區分統整。徐彥作疏時，一方面解釋何注，另一方面又試圖標示「三世」與「正例」的關係，但卻未明確說明其間的正例與特例，以及書日、書月有先後階段性的問題，使其論述上，產生語意不清，甚至矛盾與歧出現象，此也可視為《公羊疏》在廣說義例的同時，未盡周延之弊病。

肆、《穀梁》中的「傳例」與「范例」

《穀梁傳》中廣泛地論述《春秋》各種書例，尤其對於日月時例皆做了全面且詳細的區分與說明。後世學者的例說，多是於傳文基礎

上再加以承襲引申而來，其中，范甯《穀梁注》廣引「傳例」之說，
楊士勛《穀梁疏》則以范氏例為主要依據。

一、《穀梁注》中廣引「傳例」之說

范甯在為《穀梁傳》作注時，大量地以傳文義例之說以為論述之
依據，如〈莊十三年〉「冬，公會齊侯，盟于柯。」傳曰：

> 曹劌之盟也，信齊侯也。桓盟雖內與，不日，信也。[92]

注云：

> 公盟例日，外諸侯盟例不日，桓大信遠著，故雖公與盟猶不日。[93]

〈隱八年〉傳文曾曰「外盟不日」[94]，〈文二年〉傳文亦曰「何以知其
與公盟？以其日也」[95]，故此處注文以「公盟例日，外諸侯盟例不日」
來說明公與齊侯盟本當書日，但為了彰顯齊桓公之「大信遠著」，故不
日以著其信；又〈莊十年〉「冬，十月，齊師滅譚，譚子奔莒。」無傳，
范注曰：

---

[92] 同註 31，卷 5〈莊十三年〉，頁 92。
[93] 同上註。
[94] 同註 31，卷 2〈隱八年〉，頁 30。經「秋，七月，庚午，宋公、齊侯、衛
侯盟于瓦屋。」傳文曰：「外盟不日，此其日，何也？諸侯之參盟於是始，
故謹而日之也。誥誓不及五帝，盟詛不及三王，交質子不及二伯。」
[95] 同註 31，卷 10〈文二年〉，頁 184。經「三月，乙巳，及晉處父盟。」傳曰：
「不言公，處父伉也，為公諱也。何以知其與公盟？以其日也。何以不言
公之如晉？所恥也。出不書，反不致也。」

桓十一年「鄭忽出奔衛」，傳曰：「其名，失國也。」十六年「衛
侯朔出奔齊」，傳曰：「朔之名惡也。」然則出奔書名有二義，
譚子國滅不名，蓋無罪也。凡書奔者，責不死社稷。不言出者，
國滅無所出也。他皆放此。[96]

此處傳文無說，但注文在解釋經文時，取他處傳文之說，來解釋其間
的善惡褒貶之意。范氏援引〈桓十一年〉及〈桓十六年〉的經、傳之
文，說明出奔書名有「失國」及「惡也」二義。譚子失國卻不名，可
知不以其失國為罪。然雖因失國無罪而不名，但仍書「奔」以責譏其
「不死社稷」，至於未書「出」，則因國滅無所出。

　　范甯在詮解經、傳時，多反覆援引傳文之說作為論述的依據，除
此之外，范甯還於注文中多次標舉「傳例」一詞。其將傳文所言者，
明白標幟為「傳例」，視為《穀梁傳》對《春秋》書例的說明，並於注
文廣泛的徵引，或補充傳文未說、或解釋傳文之說、或比較不同傳例、
或自行以衍義。今見注文中，「傳例」一詞出現的次數即多達四十餘次，
可見其對「傳例」的依賴。

（一）補充傳文未說

〈莊四年〉「夏，齊侯、陳侯、鄭伯遇于垂。」無傳，注曰：

傳例曰：「不期而會曰遇。遇者，志相得也。」[97]

此處傳文無說，注文在解釋經文時，完全僅取〈隱八年〉「不期而會曰
遇。遇者，志相得也。」之「傳例」[98]為說；又〈隱二年〉「秋，八月，
庚辰，公及戎盟于唐。」無傳，注文曰：

---

[96] 同註31，卷5〈桓十年〉，頁89。
[97] 同註31，卷5〈莊四年〉，頁80。

> 傳例曰:「及者,內為志焉爾。」唐,魯地。[99]

此處亦是傳文無說,注文則引〈隱元年〉「三月,公及邾儀父盟于眛。」之傳例「及者何?內為志焉爾。」[100]以為說明。

(二)解釋傳文之說

如〈莊二十九年〉「城諸及防。」傳文曰:

> 可城也。以大及小也。[101]

注云:

> 傳例曰:「凡城之志,皆譏。」今云可者,謂冬可用城,不妨農役耳,不謂作城無譏。[102]

傳文以「可城」來解釋經文之「城」字,注文則取〈隱七年〉「凡城之志,皆譏也。」[103]之傳例予以補充,說明依例此處言「城」本當有譏意,但傳文特意指出「可城也」,即是用以說明此處之城「無譏」。其取傳例來解釋傳文,說明傳文中的善惡評價之意。

---

[98] 同註 31,卷 2〈隱八年〉,頁 29。經「八年,春,宋公、衛侯遇于垂。」傳文曰:「不期而會曰遇。遇者,志相得也。」

[99] 同註 31,卷 1〈隱二年〉,頁 12。

[100] 同註 31,卷 1〈隱元年〉,頁 3。

[101] 同註 31,卷 6〈莊二十九年〉,頁 114。

[102] 同上註。

[103] 同註 31,卷 2〈隱七年〉,頁 27-28。經「夏,城中丘。」傳文曰:「城為保民為之也。民眾城小則益城,益城無極。凡城之志,皆譏也。」

又〈襄十一年〉「秋，七月，己未，同盟于京城北。公至自伐鄭。」傳文曰：

> 不以後致，盟後復伐鄭也。[104]

注云：

> 傳例曰：「已伐而盟。復伐者，則以伐致。盟不復伐者，則以會致。」此言不以後致，謂會在伐後。[105]

針對傳文中的「公至自伐鄭」，注文引〈襄十九年〉「《春秋》之義，已伐而盟。復伐者，則以伐致。盟不復伐者，則以會致。」[106]之傳例，來說明此處謂「公至自伐」，即是屬於盟後復伐的情形。

（三）比較不同傳例

有時，注文取「傳例」是用以歸納比較不同的說法，如〈桓十一年〉「突歸于鄭。」傳曰：

> 曰突，賤之也。曰歸，易辭也。祭仲易其事，權在祭仲也。死君難，臣道也。今立惡而黜正，惡祭仲也。[107]

---

[104] 同註 31，卷 15〈襄十一年〉，頁 292。

[105] 同上註。

[106] 同註 31，卷 16〈襄十九年〉，頁 299。經「十有九年，春，王正月，諸侯盟于祝柯。晉人執邾子。公至自伐齊。」傳文曰：「《春秋》之義，已伐而盟。復伐者，則以伐致。盟不復伐者，則以會致。祝柯之盟，盟復伐齊與？曰，非也。然則何為以伐致也？曰，與人同事，或執其君，或取其地。」

[107] 同註 31，卷 4〈桓十一年〉，頁 59。

注云：

> 傳例曰：「歸為善，自某歸次之。」此傳曰：「歸，易辭也。」然
> 則歸有二義，不皆善矣。突篡兄之位，制命權臣，則歸無善。[108]

對於鄭突歸于鄭而曰「歸」，傳文提到「曰歸，易辭也」，注文則另引〈成十六年〉「曹伯歸自京師」之傳例「歸為善，自某歸次之」[109]相互比較，以說明〈桓十一年〉與〈成十六年〉所言的「歸」，在意義及善惡上各不相同，「歸」實有二義，〈成十六年〉之歸為善，但此處「歸，易辭也」之「歸」則為惡。

又〈隱二年〉「九月，紀履緰來逆女。」傳文曰：

> 逆女，親者也。使大夫，非正也。以國氏者，為其來交接於我，
> 故君子進之也。[110]

注云：

> 傳例曰：「當國以國氏，卑者以國氏，進大夫以國氏。」國氏
> 雖同，而義各有當。公子公孫，篡君代位，故去其氏族國氏，
> 以表其無禮，齊無知之徒是也。若庶姓微臣，雖為大夫，不得
> 爵命，無代位之嫌，既不書其氏族，當知某國之臣，故國氏以
> 別之，宋萬之倫是也。履緰以名繫國，著其奉國重命，來為君
> 逆，得接公行禮，故以國氏重之。成九年，宋不書逆女，以其
> 逆者微。今書履緰，亦足知其非卑者。[111]

---

[108] 同上註。

[109] 同註 31，卷 14〈成十六年〉，頁 270。經「曹伯歸自京師。」傳文曰：「不言所歸，歸之善者也。出入不名，以為不失其國也。歸為善，自某歸次之」

[110] 同註 31，卷 1〈隱二年〉，頁 12。

[111] 同上註。

注文整合〈隱四年〉「大夫弒其君,以國氏者,嫌也,弒而代之也」[112]、〈莊十二年〉「卑者以國氏」[113],及此處之傳文,而謂大夫稱國氏者有「當國以國氏,卑者以國氏,進大夫以國」三種情形,前兩者為弒君,有譏責之意,但後者「進大夫以國氏」者,則為尊其「奉國重命」而書國氏,與譏責的評價完全相反。

(四)自行引申衍義

除了補充傳文之外,有時傳文未說,但注文依「傳例」之說而自行衍義闡釋,如〈宣十二年〉「十有二年,春,葬陳靈公。」無傳,范注曰:

> 傳例曰:「失德不葬」;「君弒,賊不討不葬,以罪下也」;「日卒,時葬,正也。」靈公淫夏姬,殺泄冶,臣子不能討賊,踰三年然後葬,而日卒時葬,何邪?泰曰:「楚已討之矣,臣子雖欲討之,無所討也,故君子即而恕之,以申臣子之恩。稱國以殺大夫,則靈公之惡不嫌不明,書葬以表討賊,不言靈公無罪也。踰三年而後葬,則國亂居可知矣。非日月小有前卻,則書時不嫌」[114]

陳靈公之葬「日卒葬時」,符合諸侯卒葬之正例,且此處無傳,似乎未有可說者,但范注中卻連引了三種傳例,曲折地說明其間褒貶之意。

---

[112] 同註31,卷2〈隱四年〉,頁20,「戊申,衛祝吁弒其君完。」傳文曰:「大夫弒其君,以國氏者,嫌也,弒而代之也。」此傳例亦見於卷5〈莊八年〉,頁86。經「冬,十有一月,癸未,齊無知弒其君諸兒。」

[113] 同註31,卷5〈莊十二年〉,頁90。經「秋,八月,甲午,宋萬弒其君捷。及其大夫仇牧。」傳文曰:「宋萬,宋之卑者也。卑者以國氏。以尊及卑也。仇牧,閑也。」

[114] 同註31,卷12〈宣十二年〉,頁232。

注文中先引〈昭十三年〉「失德不葬」[115]、〈隱十一年〉「君弑，賊不討，不書葬，以罪下也。」[116]、〈襄七年〉「日卒，時葬，正也」[117]三處傳例，指陳靈公既失德，又為君弑，依例當不書葬。本不書葬而書葬，接著疏文即針對此一一加以說明，首先，對於「君弑，賊不討，不書葬，以罪下也。」注文引范泰之言加以說明，謂〈宣十一年〉「冬，十月，楚人殺陳夏徵舒。」楚人已代為討賊，臣子已無所討，故「即而恕之」，未罪下而不書葬；而〈宣九年〉「陳殺其大夫洩冶。」中稱國以殺大夫，已顯大夫無罪而惡靈公，故此處就不再以不葬以明失德；再者，由〈宣十年〉「五月，公至自齊。癸巳，陳夏徵舒弑其君平國。」至〈宣十二年〉春始葬，已踰近三年，其國亂不待書而可知，故此處仍書「日卒時葬」之正例。

　　持平而論，依注文所引傳例，陳靈公既失德又為君弑，確實完全不符合「日卒時葬」的正例，但注文一方面引傳例提出質疑，另一方面又試著予以曲說協調，其中楚人代為討賊，或許可以解釋未罪下而不書葬，但殺無罪大夫，前已貶責，故此處不復責的說法，就難以令人信服，且靈公既淫夏姬亦為失德，而「非日月小有前却」之說，[118]尤

---

[115] 同註31，卷17〈昭十三年〉，頁336。經「冬，十月，葬蔡靈公。」傳曰：「變之不葬有三：失德不葬，弑君不葬，滅國不葬。然且葬之，不與楚滅，且成諸侯之事也。」

[116] 同註31，卷2〈隱十一年〉，頁35-36。經「冬，十有一月，壬辰，公薨。」傳曰：「公薨不地，故也。隱之，不忍地也。其不言葬，何也？君弑，賊不討，不書葬，以罪下也。隱十年無正，隱不自正也。元年有正，所以正隱也。」

[117] 同註31，卷15〈襄七年〉，頁286。經「鄭伯髡原如會，未見諸侯。丙戌，卒于操。」傳曰：「未見諸侯，其曰如會，何也？致其志也。……其地，於外也。其日，未喻竟也。日卒，時葬，正也。」

[118] 疏文解釋曰：「案徵舒之弑靈公在十年五月，至此纔二十一月，而注云踰三年者，諸侯五月而葬，今踰五月至三年，故曰踰也。非日月小有前却者，未五月謂之前，過五月謂之却，言葬有前却，則書月以見危。今三年始葬，非是小有前却，故書時不嫌也。」見《春秋穀梁傳注疏》，卷12〈宣十二年〉，頁232。

其迂迴難懂。此處傳文無說，注文引傳例自行衍義，卻導引出更多的疑問。

二、《穀梁疏》中之「范例」、「別例」、「略例」、「范氏例」

范甯注文中大量標舉「傳例」之說，而楊士勛作疏時，亦承襲此一模式，於疏文中大量標舉「范例」、《別例》、《略例》、「范氏例」等詞。范甯〈春秋穀梁傳序〉中曾言：

> 釋《穀梁傳》者雖近十家，皆膚淺末學，不經師匠。辭理典據，既無可觀，又引《左氏》、《公羊》以解此傳，文義違反，斯害也已。於是乃商略名例，敷陳疑滯，博示諸儒同異之說。[119]

范氏自言因不滿歷來《穀梁傳》學者之說，曾「商略名例」，以「博示諸儒同異之說。」楊士勛作疏時，進一步詳述曰：

> 案《晉書》范甯字武子，順陽縣人，為豫章太守。父名汪。長子名泰，字伯倫；中子名雍，字仲倫；小子名凱，字季倫。其從弟則注云「邵曰」是也，言「先君」則父汪是也。以傳《穀梁》者雖多，妄引三傳，辭理典據不足可觀，故與一門徒商略名例，傳示同異也。所云名例者，即范氏所據，別為〈略例〉一百餘條是也。[120]

[119] 同註 31，〈春秋穀梁傳序〉，頁 13。
[120] 同註 31，〈春秋穀梁傳序〉，頁 4。

387

文中提及,范甯除了作《春秋穀梁傳集解》外,亦著有〈略例〉一百餘條,此亦即是范〈序〉中所謂的「商略名例」。關於范甯著例一事,《隋書·經籍志》中著錄有「《春秋穀梁傳例》一卷」[121],王應麟(1223-1296)《玉海》亦承其說。[122]由此推知,范甯除了《集解》外,亦著一《例》,或稱「略例」,或稱「春秋穀梁傳例」,約一百餘條。今楊士勛疏文中的「《別例》」、「《略例》」,或即是引自此書,至於疏文中所提及之「范例」或「范氏例」,或是楊氏由注文中歸納所得,或亦是引自《略例》一書則未可知。清儒曾對《略例》與范注之「傳例」提出質疑,曰:

> 〈自序〉有「商略名例」之句,疏稱甯別有《略例》百餘條,此本不載。然注中時有「傳例曰」字,或士勛割裂其文,散入注中疏中歟?[123]

清儒懷疑范注中的「傳例曰」,是楊士勛割裂《略例》散入注中而成,范注中的「傳例」既非范甯所引,「傳例」的內容亦取自《略例》之文。然此說缺乏明確的例證,故今仍注文中的「傳例」與《略例》分視為二。

今所見疏文中,所提及的「范例」、「《別例》」、「《略例》」、「范氏例」等詞共二十餘次,其中,以「范例」十一次最多,「別例」的九次次之,「范氏例」最少。

---

[121] 〔唐〕魏徵:《新校本隋書》(臺北:鼎文書局,1992 年),卷 32〈志·經籍一〉,頁 931。

[122] 〔宋〕王應麟:《玉海》,卷 40〈藝文·春秋〉,收於《景印文淵閣四庫全書》,頁 943-124。云:「等十餘家注解范甯以為膚淺,乃商略名例,為集解十二卷、例一卷。《隋志》同《疏》云:范以所據別為例略一百餘條。」

[123] 同註31,〈四庫全書總目〉,頁 2。

（一）「范例」

〈文六年〉「閏月不告月，猶朝于廟。」傳文曰：「不告月者何也？
不告朔也。……天子不以告朔，而喪事不數也。猶之為言可以已也。」
注云：

> 郊然後三望，告朔然後朝廟，俱言猶，義相類也。既廢其大，
> 而行其細，故譏之。[124]

楊士勛疏文中引及「范例」之說云：

> 范例「猶」有五等，發傳者三：僖三十一年「猶三望」，獨發
> 傳者，據始也；宣三年不發傳者，從例也；成七年亦不發傳者，
> 亦為從例可知也；此年發傳者，朝與三望異也；宣八年發傳者，
> 嫌仲遂有罪，得不廢禮，又繹祭與朝廟禮異故也。[125]

「范例」指出經文中提及「猶」者共五處，但只有三處提到「猶者，
可以已之辭也。」之例，其中〈僖三十一年〉[126]為首次發傳，〈宣三年〉、
〈成七年〉中雖也提到「猶三望」[127]，但范氏認為因「從例可知」，故
傳文未言而無傳。而〈文六年〉「猶朝于廟」及〈宣八年〉「辛巳，有
事于大廟。仲遂卒于垂。壬午，猶繹。」之文，皆與之前「猶三望」
異，故傳文再次重申「猶者，可以已之辭也」之例。

---

[124] 同註 31，卷 10〈文六年〉，頁 193。
[125] 同上註。
[126] 同註 31，卷 9〈僖三十一年〉，頁 178。經「夏，四月，四卜郊。不從，乃
免牲，猶三望。」
[127] 見同註 31，卷 12〈宣三年〉，頁 221；卷 13〈成七年〉，頁 254。

又〈哀十二年〉「夏,五月,甲辰,孟子卒。」傳文曰:「孟子者,何也?昭公夫人也。其不言夫人,何也?諱取同姓也。」注文云:「葬當書姓,諱故亦不書葬。」疏云:

> 莊二十二年「葬我小君文姜」,經書其氏,卒又稱夫人而書葬。今孟子卒雖不稱夫人,準弋氏應書葬。不言者,知諱同姓,故范例:夫人薨者十,而書葬者十。夫人之道,從母儀。即桓公夫人文姜一,莊公夫人哀姜二,僖公之母成風三,文公之母聲姜四,宣公之母頃熊五,成公之母穆姜六,成公之嫡夫人齊姜七,襄公之母定姒八,昭公之母歸氏九,哀公之母定弋十。十者並書葬,其隱公夫人從夫之讓,昭公夫人諱同姓,二者皆不書葬。[128]

此處昭公夫人卒而不書葬,為「諱同姓」。疏文並引及「范例」之說,詳加說明夫人書葬之例。范氏歸納《春秋》經文中「夫人薨者十,而書葬者十」,其並依序舉出十位書葬者,指出僅隱公夫人「從夫之讓」與此處昭公夫人「諱同姓」二位不書葬。

(二)「別例」

〈僖九年〉「秋,七月,乙酉,伯姬卒。」傳曰:「內女也。未適人,不卒,此何以卒也?許嫁,笄而字之,死則以成人之喪治之。」針對傳文「內女也」,疏文釋云:

> 明內女有書卒之義,故發首云內女也。若其不然,不嫌非內女也。范氏《別例》云:「內女卒葬例有六,葬有三,卒亦有三。

---

[128] 同註31,卷20〈哀十二年〉,頁395。

卒者，此文一也；僖十六年鄫季姬二也；成八年杞叔姬三也。葬者，莊四年葬紀伯姬，三十年葬紀叔姬，襄三十年宋葬共姬是也。文十二年子叔姬不數之者，與此伯姬同是未適人，故總為一也。」[129]

疏文指出內女有書卒之義，其引范氏《別例》之言加以說明，范氏《別例》中條列內女卒葬例有六，包括〈僖九年〉、〈僖十六年〉、〈成八年〉的三卒例；[130]〈莊四年〉、〈莊三十年〉、〈襄三十年〉的三葬例。[131]但經文中另有〈文十二年〉「二月，庚子，子叔姬卒。」[132]亦為內女卒，但疏文解釋因子叔姬卒與此處伯姬未適人同例，故范氏「總為一」，而不另以一例數之。

又〈成十七年〉「晉侯使荀罃來乞師。」注曰：「將伐鄭。」疏云：

范《別例》云：「乞師例有三。」三者不釋，從例可知也。乞例六者，乞師五，乞盟一，并之為六。乞師五者，公子遂、晉郤錡、欒黶、荀罃、士匄是也。乞盟一者，鄭伯是也。[133]

疏文解釋「乞例」，引「范《別例》」中「乞師例有三」之說。只是疏文中條列「乞師」五者，及「乞盟」一者，顯然與《別例》所謂「三」者有異，但疏文中並未詳言，僅言「三者不釋，從例可知」。

---

[129] 同註31，卷8〈僖九年〉，頁144。注曰：「女子許嫁不為殤，死則以成人之喪治之，謂許嫁於諸侯，尊同，則服大功九月。吉笄，以象為之，刻鏤其首以為飾，成人著之。」

[130] 同註31，卷8〈僖十六年〉，頁157。經「夏，四月，丙申，鄫季姬卒。」卷13〈成八年〉，頁257。經「冬，十月，癸卯，杞叔姬卒。」

[131] 同註31，卷5〈莊四年〉，頁80。經「六月，乙丑，齊侯葬紀伯姬。」卷6〈莊三十年〉，頁115。經「八月，癸亥，葬紀叔姬。」卷16〈襄三十年〉，頁313。經「秋，七月，叔弓女宋，葬共姬。」

[132] 同註31，卷11〈文十二年〉，頁202。經「二月，庚子，子叔姬卒。」

[133] 同註31，卷14〈成十七年〉，頁274。

（三）「略例」

疏文中亦有標舉《略例》者，如〈桓九年〉「九年，春，紀季姜歸于京師。」傳曰：「為之中者，歸之也。」疏文云：

> 劉夏逆王后，經不言歸，則是魯不關與婚事。而范氏《略例》云：「逆王后有二者，以書逆王后，皆由過魯。若魯主婚而過我，則言歸。若不主婚而過我，則直言逆。」雖詳略有異，俱是過魯，故范以二例總之。[134]

前年冬「祭公來，遂逆王后于紀。」[135]今年書「紀季姜歸于京師」，疏文先引〈襄十五年〉「劉夏逆王后于齊。」[136]相較，說明〈襄十五年〉不言歸是「魯不關與婚事」。疏文並引「范氏《略例》」中「逆王后有二者」之言，說明書逆皆是過魯，若主婚則言「歸」，若不主婚則言只言「逆」，今言「逆」又言「歸」，即屬《略例》所言之前者。

又〈莊十年〉「三月，宋人遷宿。」傳文曰：「遷，亡辭也。」疏云：

> 《春秋》言遷有二種之例，一表亡辭者，此文是也；二見存亡國者，「邢遷于夷儀」是也。不於元年「遷紀」發傳者，彼以紀侯賢，經變文以示義，非正，故不發之。「遷陽」不發，從此省文也。遷文三起例者，此是亡辭之始，邢是復國之初，許獨自不月，故三發之也。范《略例》云：「凡遷有十，亡遷有

---

[134] 同註 31，卷 4〈桓九年〉，頁 56。

[135] 同註 31，卷 4〈桓八年〉，頁 55。經「冬，十月，雨雪。祭公來，遂逆王后于紀。」

[136] 同註 31，卷 15〈襄十五年〉，頁 296。傳曰：「過我，故志之也。」

三者，齊人遷陽，宋人遷宿，齊師遷紀是也。好遷有七者，邢
遷夷儀，衛遷帝丘，蔡遷州來，許遷于葉，許遷于夷，許遷白
羽，許遷容城是也。餘遷皆月，許四遷不月者，以其小，略之
如邑也。遷紀不月者，文承月下，蒙之可知也。」[137]

疏文先指出《春秋》言遷有「表亡辭」及「見存亡國」二種之例，其
後引「范《略例》」中「凡遷有十」的大段文字，並一一條列「亡遷有
三者」及「好遷有七者」，此十遷者，除了許四遷以其邑小，不書月，
而齊遷紀因承月下，亦不書月，其餘五者皆書月。以此說明此處宋人
遷宿，為亡遷之一者。

（四）「范氏例」

而「范氏例」之詞，則見於〈文九年〉「三月，夫人姜氏至自齊。」
傳文曰：「卑以尊致，病文公也。」注曰：「夫人行，例不致，乃以君
禮致，刺公寵之過。」疏云：

范氏例云：「夫人行有十二，例時，此致而書月者，蓋以非禮
而致，故書月以刺之，餘不書月者，當條皆有義耳。」夫人行
十二者：文姜七如齊，再如莒，是九也。夫人姜氏會齊侯于陽
穀，十也。夫人姜氏會齊侯于卞，十一也。并數此夫人姜氏，
是十二也。[138]

注文指出「夫人行，例不致」，疏文中則引「范氏例」所云「夫人行有
十二，例時」之說，說明此致而書月，為非禮之譏。

---

[137] 同註31，卷5〈莊十年〉，頁88。
[138] 同註31，卷11〈文九年〉，頁199。

而〈昭八年〉「秋，蒐于紅。」傳曰：「正也。因蒐狩以習用武事，禮之大者也。」疏云：

> 傳云「正也」，而經書者，范氏例云：「蒐狩書時，其例有九。書狩有四，言蒐有五。」稱狩有四者，桓四年「狩于郎」，一也；莊四年「狩于郜」，二也；僖二十八年「狩于河陽」，三也；哀十四年「西狩獲麟」，四也。蒐有五者，此「蒐于紅」，一也；十一年「大蒐于比蒲」，二也；二十二年「大蒐于昌間」，三也；定十三年「大蒐于比蒲」，四也；定十四年又「大蒐于比蒲」，五也。范又云「凡書者，皆譏也。昭八年『秋，蒐于紅』，傳云『正也』。而書之者，明比年大蒐失禮，故因以此正見不正也」，是范意將秋蒐得禮，欲見以正刺不正，故書之。范例又云：「器械皆常，故不云大。言大者，則器械過常。」狩言公，此不云公者，狩則主為游戲，故言公；蒐是國家常禮，故例不言公也。然則蒐狩書者皆譏，而傳云「因蒐狩以習用武事，禮之大者也」，據得禮者言之。范云比年失禮，謂器械過常，又失時是也。[139]

為解釋傳文「正也」之說，疏文完全以范氏之言來說明之，其間分別援引了「范氏例云」、「范又云」、「范例又云」三段文字，以秋蒐之正，來對比〈昭十一年〉「五月，甲申，夫人歸氏薨。大蒐于比蒲。」之失禮。

疏文所徵引之「范例」、《別例》、《略例》、「范氏例」，其所言之義例未有重覆者，且由疏文所援引之語，可清楚看出，此四者敘述的方式多為雷同，皆是由《春秋》經文中以歸納統計的方式，先得出使用的次數，接著，再由內容上依不同的類別加以區分，並給予不同

---

[139] 同註 31，卷 17〈昭八年〉，頁 324。

的評價。值得注意的是，此歸納統計所得的數據，帶有濃厚的主觀色彩，其間或分論而述之，或總而合一，皆依范甯的主觀的認定，比如〈僖九年〉內女卒葬例中謂「文十二年子叔姬不數之者，與此伯姬同是未適人，故總為一也。」相同情況者則總而為一而不數；又〈成十七年〉中謂「乞師例有三」，亦與疏文所統計出來的「五」者有異，疏文則以「三者不釋，從例可知也」一語帶過；而在〈文十三年〉中「范《別例》」云還例有三，但疏文統計為四，疏文亦以范氏「據內為三，不數外臣」為解釋，[140]可見范例許多統計之數值，實與經文記載不合，但疏文皆試著調和二者之差異。由此可看出，楊士勛對范甯的例說是採取遵行不悖的態度，其認為范氏之說，必有其特殊的用意與分法，縱使楊氏自行歸納統計的數據與范例的說法不合，但楊氏還是會試著加以調和，以不同的算法或例外之說來加以解釋。甚至，當楊氏無法解釋時，則將之歸諸於「字誤」，〈定十五年〉「九月，滕子來會葬。」注曰：「邾、滕，魯之屬國，近則來奔喪，遠則來會葬。於長帥之喪，同之王者，書非禮。」疏云：

> 若如此注意，以奔喪為禮，會葬為非。然則王者之喪，諸侯會，出何文證？若以會葬非禮，何以范例云會葬四？案經有三，范總云會葬禮何？解，傳言奔喪喪急，不言非禮可知。諸侯自相會葬，傳無釋文，但釋天子之會葬，云其志重天子之禮，又曰在鄀上，明其別於諸侯。傳曰「周人有喪，魯人有喪，周人弔，魯人不弔」，周人責魯人曰「吾君親之」，是以知王者之喪，諸

---

[140] 同註31，卷11〈文十三年〉，頁205-206。經「十有二月，己丑，公及晉侯盟。還自晉。」傳文曰：「還者，事未畢也。自晉，事畢也。」疏云：「《春秋》上下書還者有四，莊八年『秋，師還』，傳曰：『遯也。』今自晉為事未畢而言，嫌不得如彼例，故復發傳。宣十八年『歸父還自晉』，嫌君臣異，故復發事未畢之文。襄十九年『晉士匄帥師侵齊，聞齊侯卒，乃還』，嫌外內異，故亦復發傳云：『事未畢也。』還例有四，范《別例》云三者，蓋直據內為三，不數外臣故也。」

> 侯親會之。范云四，四當為三，古者四三皆積畫，字有誤耳。
> 會葬，禮也。據釋天子之大夫來會葬，言者重天子之禮，故范
> 例舉之，不謂皆是禮也。[141]

范氏注文中以滕子未奔喪而會喪為「非禮」，但「范例」中又有「會葬四」例之說。疏文即試著加以調和，其先舉〈定元年〉「夏，六月，癸亥，公之喪至自乾侯。戊辰，公即位。」之傳文[142]，強調天子之喪，諸侯須親會之，此會喪即合於禮。而天子之大夫來會喪，亦書「會葬」。故「會葬」不是皆為「非禮」。至於經云「會葬」三，但「范例」卻謂四，楊氏疏文則以「古者四三皆積畫」，故「四」當為「三」之字誤解釋之。楊士勛已明顯發現范例統計數據上的不合，但其不將之歸諸於范甯的錯誤，反而將此視為「字誤」，屬於傳抄時的字誤。其對范氏例說的依循，由此可見。

伍、結語

「義例」是詮解《春秋》的主要途徑，三傳認為聖人作《春秋》，於簡約質樸的文字中，寄寓獎善懲惡之法，所以透過經文的分析與歸納，試圖梳理出一套書法義例，以為解經之依據。三傳皆言義例，但在分析歸納的過程中，不同的取捨與解釋，遂也形成了三傳在解經上的差異與特色。其中，《公羊》、《穀梁》二傳對《春秋》「義例」的論述尤多，特別在日月時例方面，二傳皆多所闡論，後世學者予以因襲

---

[141] 同註 31，卷 19〈定十五年〉，頁 377-378。

[142] 同註 31，卷 19〈定元年〉，頁 357-358。傳文中提到「周人有喪，魯人有喪。周人弔，魯人不弔。周人曰：『固吾臣也，使人可也。』魯人曰：『吾君也，親之者也，使大夫則不可也。』故周人弔，魯人不弔，以其下成、康為未久也。君，至尊也，去父之殯而往弔猶不敢，況未殯而臨諸臣乎？」

引申，遂使其成為二傳在詮解《春秋》上的主要重心，卻也招致不少爭議。今由日月時例及相關「義例」的探討，一方面顯現二傳對《春秋》「義例」論述的方式與重點，另一方面也可看出二傳對「義例」議題上態度的差異。

《公羊傳》對「義例」論述的重心在書與不書的書例上，或釋經文字義，或釋不當書而書者，或申述言外之意，或說明上下文之關係，或比較不同用字的褒貶，其認為《春秋》中的用字用詞，皆有其特定的用意，所以要理解《春秋》，必須先找出《春秋》敘述的法則，始能呈顯經文背後的聖人大意；至於日月時例，在《公羊傳》中提及的次數並不多，內容也僅限於日與不日的問題，直至何休作注時，始大量地於日月時例上加以發揮闡揚，其全面探討了日、月、時三者的書法，並以系統化的論述方式，條例不同狀況、程度下的不同書例。後世學者承襲其說，作為解經的主要依據，使得日月時例儼然成《公羊》學的主要特色；然而，對日月時例的申說太過繁碎，卻也產生了論述上矛盾與未盡周延之處，比如「小國卒葬」之例，何休注文中將之與「三世說」加以結合，認為小國卒葬之日月時例，於不同階段各有不同書法，其間又有許多特例與例外的情形，但《公羊疏》在解釋時，卻未詳加區分、說明其間的差異，使得疏文中的論述產生不少模糊不清，甚至前後矛盾的情形，這也是注、疏之文在敷陳申說「義例」時，所衍生的弊病。

《穀梁傳》中以日月時例為論述的重心，傳文中以重覆申說的方式，說明《春秋》繫日、繫月、繫時之用意，除了明確指出「正例」之書法外，也於其他各處傳文中，一一區分「非正例」的各種用法。其認為《春秋》中所書的日月時皆有不同的用意，即使是「非正例」中，書日、書月、書時，或是不書，亦各代表了不同的解釋與評價。傳文以多處申論的方式，偶爾也會在一處傳文中同時說明比較，可見《穀梁傳》已嘗試以系統化的方式，詳細解釋《春秋》中的日月時例，《穀梁傳》對日月時例的運用，顯然比《公羊傳》全面深入許多；而

范甯的《穀梁注》與楊士勛的《穀梁疏》對「義例」的態度，基本上是承襲前人之說而來。《穀梁注》中多次提及「傳例」一詞，其由傳文中歸納「傳例」之說，或補充傳文未說、或解釋傳文之說、或比較不同傳例、或自行引申衍義，以「傳例」作為注文論述之依據；而《穀梁疏》中，雖也提及「傳例」之說，但更多時候，是廣泛徵引「范例」、「《別例》」、「《略例》」、「范氏例」之語，或歸納注文例說，或摘取范例《略例》之言。疏文遵循范氏「義例」之言，縱始范例統計的數據與經文的記載有所出入，疏文還是試圖加以調和，認為范例之異說，是別有所據，或是傳抄之誤，而不將之視為范誤。大體而言，《穀梁》之「義例」之說，不論是日月時例，或是相關書例，多於傳文中即已確立，而注、疏之文則多是在傳文基礎上進一步的說明與歸納。

郭店楚簡〈五行〉與《子思子》思想之比較研究

黃忠慎
彰化師範大學國文系教授

摘　要

　　在先秦儒學史上，以子思、孟子為代表人物的「思孟學派」佔有極度重要的地位。研究孟子思想有《孟子》七篇作為根據，研究子思思想則在文獻的選擇上則宜用心挑選、比對，尤其是，現代學者都已取得這樣的共識：要理解先秦學術，需要新出土的文物作為輔證。

　　1993 年 10 月，湖北荊門市沙洋區四方鄉郭店村第一號楚墓出土一篇名為〈五行〉的竹簡，墓葬的時間約為戰國中晚期，其內容足以提供吾人對早期儒家與社會文化的認識。

　　本文使用文獻研究法，嘗試著從子思的思想出發，將楚簡〈五行〉與相傳為子思著作的《子思子》一書之內容作一比較，以見兩者的論述取向差異，以及兩者在思想上的淵源與關係。

關鍵詞：子思、《子思子》、思孟學派、郭店楚簡、五行

壹、前言

在先秦儒學史上,思孟學派是繼曾子(前 505-前 435)的洙泗學派之後出現於鄒魯地區的一個重要儒學流派,此一學派的主要人物子思(前 483-前 402)與孟子(前 372-前 289)年代不相及,不過,孟子授業於子思之門人,[1]且孟子推崇曾子、子思,又認為與此二人同道,這就說明了思孟學派與洙泗學派有地緣上與思想、精神上的關係。[2]

我們今日研究思孟學派,會遇到一個棘手的問題:《孟子》七篇可以代表孟軻的學術思想,今本《中庸》與子思之間的關係究竟密切到什麼程度,卻是眾說紛紜。

西元 1973 年,長沙馬王堆三號漢墓出土了一批帛書,其中《老子》甲本卷後古佚書第一篇無篇題,抄寫時間依龐樸的意見約當秦亡(前 206)以後,漢劉邦卒年以前(前 195),龐氏依照其內容而命名為〈五行〉。[3]1993 年 10 月,湖北荊門市沙洋區四方鄉郭店村第一號楚墓出土一篇名為〈五行〉的竹簡,自此確定〈五行〉為其篇名,由於楚國郢都外一帶楚墓的順序已經排定,再加上郭店一號墓的隨葬物品與鄰近的包山二號墓相似,所以大致可以確定墓葬的時間約為戰國中晚期(前 300 年左右),[4]如此說來,竹簡的書寫時間應該更早。但不同的

---

[1] 《史記》謂孟子受業子思之門人,而《列女傳》、《漢書・藝文志》、《風俗通・窮通篇》、趙岐〈孟子題辭〉,則皆謂孟子為子思弟子,據王復禮、崔東壁、焦循等人之考證,孟子斷不能親受業於子思,說詳屈萬里:《古籍導讀》(臺北:開明書店,1974 年),頁 116。

[2] 詳王鈞林:《中國儒學史(先秦卷)》(廣州:廣東教育出版社,1998 年),頁 173-174。

[3] 本文所使用帛書本原文以龐樸:《帛書五行篇研究》(濟南:齊魯書社,1980 年)為主,〈五行〉的定名詳見該書頁 22。楚簡本則以荊門市博物館:《郭店楚墓竹簡》(北京:文物出版社,1998 年)為主。

[4] 郭店一號墓隨葬物品中,銅禮器、兵器、車馬器、漆木器等與包山二號墓相似,由於包山二號墓出土的簡牘有七條以事紀年的材料,所以可以確定為西元前 316 年。但由於郭店一號墓規模較小,似與太子師的身份不合,故亦有可能為「東宮工師」之杯或他人贈與墓主之物。詳郭齊勇:〈郭店楚

是，郭店〈五行〉只有經文，帛書〈五行〉則除了經文之外，另有「說文」。這兩份先後出土的殉葬典籍，雖有年代前後的分別，但同樣都有不同抄本的《老子》一併出土。[5]

由於楚簡〈五行〉很有可能是當時楚國太子橫（後來的頃襄王）之老師的陪葬品，足以提供吾人對早期儒家與社會文化的認識，其重要性自不待言，但更引人注目與極想獲悉的是，〈五行〉究竟是不是荀子（前 313-前 238）在〈非十二子〉中所批判的「思孟五行」？要解決這個問題，最直接的方法便是由將子思、孟子的思想與〈五行〉進行比較的工作。關於〈五行〉的經文、說文是否與《孟子》一書有傳承關係，已有學者提出研究成果，以為兩者確有多處可以互相印證。[6]本文擬從子思的思想出發，將楚簡〈五行〉與相傳為子思著作的《子思子》一書之內容作一比較，以見兩者的論述取向差異，以及兩者在思想上的淵源與關係。

貳、思孟五行

「思孟五行」的討論，起因於荀子在〈非十二子〉中對子思、孟子提出的嚴厲批評：

簡的研究現狀〉，《中國文哲研究通訊》，第 9 卷第 4 期（1999 年 12 月），頁 181。李學勤：〈先秦儒家著作的重大發現〉，姜廣輝主編：《郭店楚簡研究》，《中國哲學》第 20 輯（1999 年 1 月），頁 13。

[5] 馬王堆三號漢墓有道法融合的〈經法〉等四篇、專究刑名的〈伊尹‧九主〉、力主用兵戰守的〈明君〉外，還有〈五行〉與〈德聖〉兩篇儒家作品；郭店一號楚墓有《老子》甲、乙、丙三組，均為摘抄，丙組附〈太一生水〉，另有十一種十四篇儒家作品：〈緇衣〉、〈魯穆公問子思〉、〈窮達以時〉、〈五行〉、〈唐虞之道〉、〈忠信之道〉、〈成之聞之〉、〈尊德義〉、〈性自命出〉、〈六德〉、〈語叢〉一至四。其中兩處墓地的《老子》、〈五行〉大體相同，〈緇衣〉與傳世文獻大致一樣外，其餘篇章迄今未見。

[6] 如〈馬王堆帛書解開了思孟五行說古謎〉，《帛書五行篇研究》，頁 16-22。

> ……略法先王而不知其統，猶然而才劇志大，聞見雜博。案往
> 舊造說，謂之五行；甚僻違而無類，幽隱而無說，閉約而無解。
> 案飾其辭而祇敬之曰：此真先君子之言也。子思唱之，孟軻和
> 之；世俗之溝猶瞀儒，嚾嚾然不知其所非也，遂受而傳之，以
> 為仲尼、子游為茲厚於後世，是則子思、孟軻之罪也。[7]

孟子雖然沒有親受業於子思，但其思想有許多傳承自子思則是不容置
疑的。[8]自從荀子提出「思孟五行」之後，因其並未說明「思孟五行」
之內容，僅表示子思、孟子「案往舊造說，謂之五行」，然後就開始進
行猛烈的批判，導致「思孟五行」究何所指成為千古謎團。按前人對
於「思孟五行」的註解可以分成截然不同的兩大派，一派肯定有所謂
「思孟五行」，另一派則持否定的看法。前一派學者包括：鄭玄
（127-200）為《中庸》作《注》時，以「木神則仁，金神則義，火神
則禮，水神則信，土神則智」來暗示「思孟五行」的內容，[9]楊倞注《荀
子》「謂之五行」云：「五行，五常，仁義禮智信是也。」[10]楊《注》
主要是承續鄭玄注〈樂記〉「道五常之行」云「五常，五行也」而來。
此外，孔穎達（574-648）注《尚書·甘誓》「有扈氏威侮五行」句云：
「五行在人，為仁義禮智信；威侮五行，亦為侮慢此五常而不行也。」
[11]此皆以「五常」（仁、義、禮、智、信）來暗示「五行」即為「五常」。
章太炎（1868-1936）認為「思孟五行」應是「五倫」之意，並可比附
於水、火、木、金、土，上承〈洪範〉「五行」，下啟「燕齊怪迂之士」。

7　王先謙：《荀子集解》（臺北：藝文印書館，1997 年），頁 229-232。
8　楊樹達曾撰〈孟子學說多本子思考〉一文，舉出九例，以見孟子思想多傳
　　承自子思。詳楊樹達：《積微居小學金石論叢》（上海：上海古籍出版社，
　　2007 年），頁 320-323。阮廷焯又另舉六例以證此一事實。詳阮廷焯：《先
　　秦諸子考佚》（臺北：鼎文書局，1980 年），頁 6-9。
9　見《禮記正義》（臺北：藝文印書館，1976 年），卷 34，頁 680。
10　《荀子集解》，頁 230。
11　見《尚書正義》（臺北：藝文印書館，1976 年），〈干誓〉，卷 7，頁 99。

梁啟超（1873-1929）、顧頡剛（1893-1980）則以為「思孟五行」絕非後世之陰陽五行。范文瀾表示，《孟子》一書已有氣運終始說的痕跡，到了鄒衍更大肆鼓吹。郭沫若則認為「思孟五行」的內涵是「仁義禮智誠」，之所以以「誠」取代「信」是因為「誠」才是《中庸》的重要思想。後一派以劉節、顧頡剛為主要代表。他們認定宣傳五行說的是鄒衍，子思、孟子根本沒有提出過「五行」說，一切都是荀子的誤解。[12]此外，漢初賈誼於《新書·六術》中有「六行」之說：「人有仁、義、禮、智、聖之行，行和則樂，與樂則六，此之謂六行。」[13]此則以仁、義、禮、智、聖為五行。

　　早在帛書出土時，龐樸便指出甲本卷後的古佚書「屬於儒家思孟學派，給解開兩千多年未得其解的思孟五行說之謎，帶來了一把鑰匙」。[14]帛書與楚簡〈五行〉的相繼出土，使我們知道「五行」所指可能是「五種德行」，龐樸亦明確指出「仁義禮智聖」便是「思孟五行」的真正內容，並以為「思孟五行」應讀為「五行」（wuheng），指的是五種德性，以與水、火、金、木、土之「五行」（wuxing）區別開來。[15]〈五行〉所述即為「思孟五行」，可由下列四點來證明：其一、楚簡首行開頭兩字即為「五行」。其二、雖然從傳世子思、孟子所作的文獻中並無「五行」這一詞，但《孟子》與〈五行〉關係密切是毋庸置疑的（已見前述）。其三、楚簡〈五行〉同時伴隨著相傳為子思作品的〈緇衣〉和與子思密切相關的〈魯穆公問子思〉出現，加強了〈五行〉與子思的關係。其四、楚簡的寫成時間不會晚於西元前 300 年，

---

[12] 此處關於「思孟五行」的解釋，是根據魏啟鵬在〈帛書「德行」研究札記〉一文第三節「思孟五行說的再思考」所作的整理。見魏啟鵬：《馬王堆漢墓帛書〈德性〉校釋》（四川：巴蜀書社，1991 年），頁 112-125。

[13] 〔漢〕賈誼撰：《新書》（上海：上海商務印書館縮印圖書館藏明正德長沙刊本，《四部叢刊初編縮本》），卷 8，頁 62。

[14] 《帛書五行篇研究》，頁 7-8。

[15] 詳見龐樸：〈竹帛五行篇與思孟五行說〉，《本世紀出土思想文獻與中國古典哲學研究論文集》（上）（新莊：輔仁大學，1999 年），頁 53。

依據錢穆（1895-1990）的《先秦諸子繫年》，恰與孟子的活動時期（西元前 390-305）相當，[16]此點加強了孟子與〈五行〉的聯繫。在確定了〈五行〉與「思孟五行」的關係之後，再看前人的推論，賈誼的「六行」去掉「樂」，便是「五行」，而「五行」所指的仁、義、禮、智、聖恰好便是帛書及楚簡中「五行」的內容，所以最早明確解出「思孟五行」之謎為漢儒賈誼當無疑義。

參、《子思子》略考

《四庫全書》收有《曾子全書》一卷，卷前〈提要〉云：「宋汪晫編。晫字處微，績溪人。是書成於慶元嘉泰間。咸淳十年，其孫夢斗與《子思子》同獻於朝，得贈通直郎。」又收有《子思子全書》，也是僅有一卷，卷前〈提要〉謂：「《子思子全書》一卷，宋汪晫編，攷晁公武《讀書志》載有《子思子》七卷，晫蓋亦未見其本，故別作是書。凡九篇。」四庫館臣以為這一類型的出自後人採輯、編錄之作「以意為之」，故未曾加以注重。[17]事實上，要理解先秦學術，的確需要新出土的文物作為輔證，雖然出土文獻自身的局限性以及研究上的複雜性，使其所能發揮的作用也受到了不少限制，但不可否認的是，出土文獻的確為改寫中國思想史創造了條件，提供了可能性。[18]

---

16 錢穆：《先秦諸子繫年》（臺北：東大圖書出版社，1986 年），頁 617。

17 按：單行本的《四庫全書總目》將兩書名作《曾子》、《子思子》，詳《四庫全書總目提要》（臺北：藝文印書館，1974 年），第 3 冊，卷 92，子部，儒家類二，頁 1835-1836。不過，《四庫全書》存目中另有《曾子全書》，《提要》云：「明曾承業編。承業為曾子六十二代孫，序稱博士，蓋襲職之宗子也。案宋汪晫嘗輯《曾子》一卷，分十二篇，割裂補綴，已非唐以來之舊本。是編又分〈主言〉一篇為卷一，〈修身〉、〈事父母〉……與王應麟《玉海》所云今十篇，自〈修身〉至〈天圓〉皆見於《大戴禮》者，又多出〈主言〉一篇，而分合迥異，不知其何所據？殆亦以意為之也。」《四庫全書總目提要》，第 4 冊，卷 95，子部，儒家類，存目一，頁 1875。

18 詳曹峰：〈出土文獻可以改寫思想史嗎？〉，http://d.wanfangdata.com.cn/Perio

就「思孟五行」的內容來說，魏啟鵬在《馬王堆漢墓帛書〈德性〉校釋》一書中，曾就〈五行〉的內容注重個人的修養內省，亦論及刑政之治，而認為其作者為儒家各派中緩進型的轉變者，也就是屬於曾子、子思一脈。[19]李學勤與龐樸等學者更認為這些儒家學術著作，很有可能便是《子思子》的一部分。李學勤作〈荊門郭店楚簡中的《子思子》〉，認為〈五行〉、〈緇衣〉、〈魯穆公〉均屬於《子思子》，[20]姜廣輝更作〈郭店楚簡與《子思子》──兼談郭店楚簡的思想史意義〉[21]一文，認為〈唐虞之道〉、〈緇衣〉、〈性自命出〉、〈窮達以時〉、〈求己〉（〈成之聞之〉前半部）、〈魯穆公問子思〉、〈六德〉諸篇均為子思所作。僅就〈五行〉來說，我們無法找到記載其與《子思子》關係的古代典籍，但荀子確實明明白白地指出「五行」：「子思唱之，孟軻和之。」此所以有學者會將之列為《子思子》中的一個重要單元。

要比較〈五行〉與子思思想的相關性，可從子思的思想切入。關於子思的思想，據文獻所載，有《子思子》一書之結集問世，《漢書・藝文志・諸子略》云：「《子思子》二十三篇。」並謂子思為魯穆公師。[22]《隋書・經籍志》、《舊唐書・經籍志》與《新唐書・藝文志》分別記作八卷與七卷。[23]《通志・藝文略》、北宋晁公武（1105-？）《郡齋讀書志》、馬端臨（1254-1323）《文獻通考・經籍考》、《宋史・藝文志》

---

dical_wsz200705004.aspx。

[19] 詳《馬王堆漢墓帛書〈德性〉校釋》，頁100。在楚簡〈五行〉出土之前，魏啟鵬先生將帛書本命名為〈德性〉。

[20] 見《郭店楚簡研究》，頁75-80。

[21] 《郭店楚簡研究》，頁81-92。

[22] 王先謙：《漢書藝文志補注》（臺北：廣文出版社，1969年），頁54。

[23] 分見《隋書》（臺北：鼎文書局，1980年），卷34，〈經籍志〉，經籍三，「《子思子》七卷，魯穆公師孔伋撰。」《舊唐書》（臺北：鼎文書局，1981年），卷47，〈經籍志〉，經籍下丙部子錄儒家類，「《子思子》八卷，孔伋撰」，頁2024。《新唐書》（臺北：鼎文書局，1981年），卷59，〈藝文志〉，藝文三丙部子錄儒家類，「《子思子》七卷，孔伋撰」，頁1501。《舊唐書》之所以較《隋書》、《新唐書》多出一卷，可能是以敘目另為一卷的緣故。

仍有記載《子思子》七卷。[24]王應麟（1223-1296）《漢藝文志考證》記
《子思子》：「今有一卷，乃取諸《孔叢子》，非本書也。」[25]南宋末年，
七卷本的《子思子》已不易見到，[26]但明人陳第（1541-1617）《世善堂
書目》仍有記載「《子思子》七卷」，[27]可見此書當如鍾肇鵬所言，其
亡佚時間應是在明代。[28]輯《子思子》佚文的計有：前面提到的宋儒
汪晫（1162-1237）所輯的一卷九篇卷本，不過，此書內篇割裂《中庸》，
外篇多採《孔叢子》而成，參考價值甚低。[29]清朝則有洪頤煊
（1765-1837）、胡玉縉（1859-1940）、黃以周（1828-1899）三家。民
國阮廷焯《先秦諸子考佚》亦有輯佚四十六事。

　　《子思子》的內容為何？包含了那些篇章？《隋書・音樂志》引
梁人沈約（441-513）云：

　　　　《禮記》〈中庸〉、〈表記〉、〈坊記〉、〈緇衣〉皆取《子思子》。[30]

24　分見《通志》，《四庫全書》（臺北：臺灣商務印書館，1984 年）史部，第
　　130 冊，卷 66，頁 374。《衢本郡齋讀書志》（臺北：臺灣商務印書館，1981
　　年），〈讀書志十〉，儒家類，「《子思子》七卷」，頁 274。《文獻通考》，《四
　　庫全書》，史部，第 368 冊，卷 208，〈經籍考〉，頁 463。《宋史》（臺北：
　　鼎文書局，1981 年），卷 205，〈藝文志〉，頁 5171。

25　《漢藝文志考證》，《四庫全書》，史部，第 433 冊，卷 5，頁 675。

26　典籍上對《子思子》篇數的記載差異極大，一說《孔叢子》所載的《中庸》
　　之書即是《漢志》所說的《子思子》，因《中庸》為其篇首，故以統稱全書。
　　譚戒甫《中庸考略》云：「假設《子思》二十三篇，每篇卷大，分為上下，
　　當得四十六篇，加目錄一篇，則得四十七篇，正與李（翱）、晁（公武）、
　　鄭（樵）所見之本合，如再加《中庸說》二篇，則得四十九篇，亦與《孔
　　叢子》之本合。」四十九篇每卷七篇則為七卷。可供參考，詳見《先秦諸子
　　考佚》，頁 13-14。

27　轉引自鍾肇鵬：〈子思學派的中庸思想〉，《儒學國際學術討論會論文集》（山
　　東：齊魯書社，1989），頁 791。

28　詳前註所引書，頁 790-791。

29　汪晫所編的《子思子全書》共分內篇：〈天命〉、〈鳶魚〉、〈誠明〉三篇，外
　　篇：〈無憂〉、〈胡毋豹〉、〈喪服〉、〈魯穆公〉、〈任賢〉、〈過齊〉六篇。見汪
　　晫：《子思子全書》（上海：古籍出版社，1990 年）。

30　沈約奏答曰：「……案漢初典章滅絕，諸儒捃拾溝渠牆壁之間，得片簡遺文，

《四書》之一的《中庸》作者相傳為子思,《史記‧孔子世家》說他「困於宋,作《中庸》」,[31]《孔叢子》說子思「撰《中庸》之書四十九篇」,[32]《後漢書‧朱穆傳‧李賢注》:「子思曰:天命之謂性,率性之謂道,修道之謂教。」《中庸》為《子思子》之一,在文獻上亦可找到證據,例如《史記‧平津侯傳》載公孫弘上書之言,《索隱》云:「此語出《子思子》。」〈緇衣〉、〈表記〉出於《子思子》可由唐代馬總(?-823)《意林》載《子思子》十一條,兩條見於〈緇衣〉,一條見諸〈表記〉;北宋《太平御覽》頗有多條稱《子思》或《子思子》,其中卷43引《子思子》亦見〈表記〉;《文選》張先茂〈答何劭〉詩、王褒〈四子講德論〉李善《注》均見〈緇衣〉,故〈中庸〉、〈緇衣〉、〈表記〉出於《子思子》應是可信的。

　　清人黃以周輯解的《子思子》,以〈中庸〉、〈參德〉、〈表記〉、〈緇衣〉、〈坊記〉為內篇、並附外篇重見、逸篇、附錄等,對《子思子》一書的篇章與原貌,極具參考價值,[33]本文引用之《子思子》即以此書為準。

與禮事相關者,即編次以為體,皆非聖人之言。〈月令〉取《呂氏春秋》,〈中庸〉、〈表記〉、〈坊記〉、〈緇衣〉,皆取《子思子》……。」參《隋書‧音樂志》卷13,志第八,音樂上,同註12,頁288。

[31] 瀧川龜太郎:《史記會注考證》(臺北:宏業書局,1992年),頁747。

[32] 原文為:「子思既免曰:『文王厄於牖里作《周易》;祖君屈於陳蔡作《春秋》,吾困於宋,可無作乎?』於是撰《中庸》之書,四十九篇。」見《孔叢子》(上海商務印書館縮印杭州葉氏藏明翻宋本),卷2,頁23。

[33] 清儒黃以周輯解的《子思子》(臺北:廣文書局,1975年),分內篇與外篇,內篇包括:〈中庸〉、〈參德〉、〈表記〉、〈緇衣〉、〈坊記〉,外篇則是:〈重見〉、〈逸篇〉、〈附錄〉。〈參德〉之篇名見於《後漢書‧王良傳》:「語曰:『同言而信,則信在言前;同令而行,則誠在令外。』」李賢《注》:「此皆《子思子‧累德篇》之言,故稱語曰。」《後漢書》,《正史全文標校讀本》(臺北:鼎文書局,1980年),卷27,頁934。

肆、〈五行〉與《子思子》思想之比較

假若〈五行〉原本就在《子思子》之中,那麼比較楚簡〈五行〉與輯本《子思子》之間的內容同異,對於我們理解思孟學派的思想內涵,無疑可以提供莫大的助益。

一、五行並舉

《中庸》第三十一章云:

> 唯天下至聖,唯能聰明睿知,足以有臨也;寬裕溫柔,足以有容也;發強剛毅,足以有執也;齊莊中正,足以有敬也;文理密察,足以有別也。……,莫不尊親,故曰「配天」。[34]

龐樸在〈思孟五行新考〉中指出上面這段話五行並舉,值得我們注意。[35] 其中「聰明睿知」指「聖」,「寬裕溫柔」指「仁」,「發強剛毅」指「義」,「齊莊中正」指「禮」,「文理密察」指「智」,具有此五種條件的可稱「配天」(其德廣大如天),也呼應了〈五行〉第二段「德之行五,和謂之德,……德,天道也」的說法。雖然《中庸》無「五行」之名,但這樣的發現無疑增加了〈五行〉與《中庸》的密切性。《中庸》裡與五相關的只有「五達道」,而所指的內容則是孔子所謂的四個「君子道」再加上「夫婦」這一層,《中庸》並認為知、仁、勇是達道的道

---

[34] 朱熹:《四書章句集注》(臺北:大安出版社,2008 年),頁 51。
[35] 〈思孟五行新考〉,《帛書五行篇研究》,頁 87-88。

路。學者也指出〈五行〉與《中庸》較接近，是因《中庸》將「聰明睿知」即「聖」置於仁、義、禮、智之前，又說「苟不固聰明聖知（智），達天德者，其孰能知之」，保留了「聖智」的重要地位。可見得二者間確實有密切的關係。比較大的差異則是《中庸》明言了仁、義是禮之所由生（「仁者人也，親親為大；義者宜也，尊賢為大；親親之殺，尊賢之等，禮所生也」），而〈五行〉更強調的是「聖智」對於仁、義、禮的統率作用，「聖智」是仁、義、禮所由生的思想則不見了。《中庸》更強調「中也者，天下之大本也」，「誠者，天之道也；誠之者，人之道也」，又有「三達德」（知、仁、勇）和「五達道」（君臣、父子、夫婦、昆弟、朋友之交）的思想，這些是〈五行〉篇所沒有的。也因為《中庸》強調「三達德」，便削弱了「五行」作為一個道德體系的思想，以致「五行」在《中庸》中變得「幽隱」即不那麼明顯了。[36]

二、天道與人道

在〈五行〉當中，「天道」與「人道」正代表著「德」與「善」的區別，也代表著達到「德」之行的聖人可知天道。在《中庸》裡亦有這樣的觀點：「誠者天之道也，誠之者人之道也。誠者，不勉而中，不思而得，從容中道，聖人也。誠之者。擇善而固執之者也。」（第二十章）以天道與人道、聖人與擇「善」固執者相對，恰與〈五行〉同。按照朱子的理解，《中庸》雖然沒有直接就天道與人道的不同做出如〈五行〉篇的區分，但三十三章中從二十一章開始至三十二章，都是子思針對二者的不同做出申述，[37]與〈五行〉最大的不同在於《中庸》以

---

[36] 李存山：〈「郭店竹簡與思孟學派」復議〉，見「簡帛研究網」：
http://www.jianbo.org/admin3/2006/licunshan001.htm。

[37] 朱子於《中庸》第二十一章「自誠明，謂之性；自明誠，謂之教。誠則明矣，明則誠矣」下云：「子思承上章夫子天道、人道之意而立言也，自此以

「誠」的角度來區別天道、人道,並不是用「德」與「善」來解說天與人的差異。然而若仔細的思考意會發現二者之間有密切的關聯。即〈五行〉的特色之一便是強調人內在德行的涵養,要把五行內化為人內在之德行,而不只是要求人去踐履那些外在屬於良善的社會行為、規範。這種注重內心、強調內化的傾向,與《中庸》追求「誠」的觀點相符。與〈五行〉相同的還在於,兩者都注重德行的內化,即重視天道對人的修為的影響,並且賦予這天道根源的意義,即強調「德」與「誠」都是後天人為實踐道德行為的倫理基礎、形上根源。所以「五行」中仁、義、禮、智、聖的和合,是形上之天道;仁、義、禮、智的和合,是形下之人道。前者「誠於中」,後者「形於外」。前者是與天道相連的道德心性,屬超越層面;後者是與社會禮俗相連的道德實踐層面。[38]值得注意的是,簡本在論述「天道」以「仁、智、聖」為序,論述「人道」以「仁、義、禮」開篇,由下到上,由裏到外,仁都是起點,將「仁」置於首位,將最高之德「聖」置於最後,是合宜的,也與儒家對「人道」的重視相合。[39]

三、聖

「人之賢聖在德,豈在貌乎?」[40]是《子思子》中唯一道出賢與聖的衡量標準是在「德行」修為的句子,而這樣的觀點恰好與〈五行〉相合。

下十二章皆子思之言,以反覆推明此章之意。」朱熹:《四書章句集注》,頁42。

[38] 郭齊勇:〈郭店楚簡《五行》的身心觀與道德論〉,見「簡帛研究網」:http://www.confucianism.com.cn/html/zhexue/9285502.html。

[39] 詹群慧:《郭店楚簡中子思著述考(上)》,見「簡帛研究網」:http://www.jianbo.org/Wssf/2003/zhanqunhui02-1.htm。

[40] 《子思子》,〈外篇・附錄〉,《金樓子》引《子思子》,頁282。

　　《中庸》認為聖人是「不勉而中，不思而得，從容中道」，[41]「聖」可說是聖人生而自有的修為，而〈五行〉中的「聖」為德性之一，有一套達「聖」的進程：「聖之思也輕，輕則形，形則不忘，不忘則聰，聰則聞君子道，聞君子道則玉音，玉音則形，形則聖。」（第七段）如此，「聖」自然不是生而自有的，且「聖之思也輕」與「不思而得」明顯不同。相同的是，〈五行〉和《中庸》皆認為聖人具有廣大而深不可測的能力，《中庸》二十七章：「大哉聖人之道，洋洋乎發育萬物，峻極于天，優優大哉，禮儀三百，威儀三千，待其人然後行。」〈五行〉則說「聖人知而（天）道也。」

　　《子思子》記載，「子上雜所述請於子思，子思曰：『先人有訓焉「學必由聖，所以致其材也；厲必由砥，所以致其刃也。」故夫子之教，必始於《詩》、《書》而終於禮、樂，雜說不與焉，又何請？』」[42]「學必由聖」，其實用意也就在勉勵有志於學者立志須高，這也許就是〈五行〉將聖與仁、義、禮、智並列為德性之一的原因。而「聖」作為儒家的一種最高德行，是所有士人努力追求的目標，在〈五行〉中似乎早已點出其中的關鍵，即「聖」不僅只是最高的德行目標，而且與其他四種德行（仁、義、禮、智）比較起來，也具有不可超越性、根源性。〈五行〉云：「聖智，禮樂之所由生也，五〔行之所和〕也」，表明聖、智之德高於其他三德，是仁、義、禮等德行產生的依據。而「智」又是「聖」的前一階段，[43]因此「聖」便成了五行中最特殊的一種德行，與其他四行比較起來，不可從同一平面去理解。因為可以想像：「聖」屬土德，居中，仁、義、禮、智四德如金、木、水、火，

---

[41] 第二十章，《四書章句集注》，頁37。

[42] 《子思子》，〈外篇・附錄〉引《孔叢子・雜訓》，頁274-275，。

[43] 在簡帛〈五行〉看來，聖，聰也，其用為聽；智，明也，其用為見。說得更原初一點，即是聖與耳相連，智與眼相通，這是老常識了。簡書云：「不聰不明，（不明不聖），不聖不智，不智不仁，不仁不安，不安不樂，不樂亡德。」這裡強調了聰比明，聖比智，智比仁更根本，所謂更根本乃指聞道為善之更切近義而言也。

居四方。居中者與居四方者自然不宜置於同一平面去作解釋。[44]據〈五行〉中的「德之行五，和謂之德，四行和謂之善。善，人道也；德，天道也」，以及帛書〈德聖〉的「四行成，善心起。四行形，聖氣作」之言來看，聖一方面是與仁、義、禮、智並列，另一方面又是超越其上的。就《中庸》觀之，「唯天下至聖」一段中，與「聖」相應的就是「聰明睿智」，不論是就貌、言、視、聽，還是就仁、義、禮、智來看，「聖」也都是既與之並列，而又超越其上的。由此可見子思的思想在〈五行〉與《中庸》中有其一貫性。

四、義

〈五行〉中述及「義」的成德過程：「中心辯然而正行之，直也。直而遂之，肆也。肆而不畏強禦，果也。不以小道害大道，簡也。有大罪而大誅之，行也。貴貴，其等尊賢，義也。」然而從〈表記〉所述「子言之：君子之所謂義者，貴賤皆有事於天下，天子親耕粢盛秬？以事上帝，故諸侯勤以輔事於天子」之語觀之，[45]可以確定〈五行〉與〈表記〉所言「義」之涵義有相當程度上的差異。

湖北郭店出土的楚簡中有大量儒家簡，其中多有仁義之論，且多次出現「仁內義外」的記載，[46]〈五行〉也說：「仁形于內謂之德之行，不形于內謂之行。義形于內謂之德之行，不形于內謂之行。」〈五行〉作者不僅以為仁義皆有內外之別，並多處將「仁義禮」作為一組相關

---

[44] 郭齊勇：〈郭店楚簡《五行》的身心觀與道德論〉，見「簡帛研究網」：
http://www.confucianism.com.cn/html/zhexue/9285502.html。

[45] 《子思子》，頁130。

[46] 例如：「仁，內也。義，外也。禮樂，共也。內立父、子、夫也，外立君、
臣、婦也。……門內之治仁掩義，門外之治義斬仁。」又如：「仁生於人，
義生於道。或生於內，或生於外。」分見《郭店楚墓竹簡》，頁188，〈六德〉；
頁194，《語叢一》。

的德性，進行分析。由「知而安之，仁也。安而行之，義也。行而敬之，禮也」始，至「尊而不驕，恭也。恭而博交，禮也」，皆是如此。這種將「仁義禮」放在一起論述的情形，明顯的是作者將「五行」分為兩組不同的德性：聖、智為一組，仁、義、禮為另一組，而「仁義禮」三者之間的關係則呈現為一種本根與枝葉的隱喻，即「仁」為「義」與「禮」的根本。〈五行〉：「仁，義禮所由生也。」這種觀點在《中庸》裡也出現過，只不過其間稍有差別：

> 仁者人也，親親為大；義者宜也，尊賢為大；親親之殺，尊賢之等，禮所生也。……故君子不可以不修身，思修身，不可以不事親；思事親，不可以不知人；思知人，不可以不知天。(《中庸》第二十章)

從以上文字中可探知《中庸》的作者將「仁義」視為「禮」的根源，且又將「仁義」向上推、向內推，即再由仁義往後尋其根源，找到了「天」這個終極的依據。如此一來，仁義有了內在的根源依據，也與「天」、「天命」等相關聯，帶有超越、形上的色彩，是天所貫注於吾人身上的本質性的德。並不是說〈五行〉不重視仁義的內在德行根源追求，而是其用另一種方式來說明「仁義」的不同，這也是〈五行〉和《中庸》最大的差別所在。所謂「仁，義、禮所由生也，四行之所和也」，這裡的「仁」是指作為人性之內涵的本體之仁，它是表現於外的仁、義、禮等道德行為產生的本原與根據。因此，仁、義是由內在之仁而發的，是仁之發用和鋪陳表現。所以沒有具體的仁義禮，人性之「仁」也就是一抽象的存在而無法呈顯與實現了。由此可見〈五行〉和《中庸》對「仁義」的看法相近，只不過〈五行〉更強調「仁義」之間的不同，強調「仁」的內在性，所以在陳述「仁」與「義」的內

涵時，一則重於內心的悅、戚、親、愛等心理字詞，另一則偏重於外
在倫理規範的等級差別：直、泄、果、簡、行。[47]

五、慎獨

在〈五行〉的第九段有一句話：「君子慎其獨也。」在《中庸》第
一章我們找到了幾乎一模一樣的句子：

> 是故君子戒慎乎其所不睹，恐懼乎其所不聞，莫見乎隱，莫顯
> 乎微，故君子慎其獨也。

雖然馬王堆漢墓帛書本「說」文的解釋，為「慎其獨也者，言捨夫五
而慎其心之謂〔也。獨〕然後一。一也者，夫五夫為〔一〕心也，然
後德之。一也，乃德也。德猶天也，天乃德已。」[48]也就是把「慎獨」
解釋為「慎其心」，這一層面與《中庸》的「慎獨」是可以相通的，但
帛書本又將「慎獨」引伸為以五種德行為一，也就是達「德」、知天道，
這就離《中庸》的意思很遠了，我們可以將之視為思孟後學將「慎獨」
涵意加以擴大，但本意是與《中庸》第一章應該是相去不遠的。不過，
上述之說，大陸學者持不同意見，他們認為帛書本〈五行〉的「說」
對慎獨的解釋與《中庸》的「慎獨」之說並不相衝突，而且也用帛書

---

[47] 〈五行〉云：「顏色容貌溫，變也，以其中心與人交，悅也。中心悅旟遷于
兄弟，戚也。戚而信之，親也。親而篤之，愛也。愛父，其繼愛人，仁也。
中心辯然而正行之，直也。直而遂之，泄也。泄而不畏強禦，果也。不以
小道害大道，簡也。有大罪而大誅之，行也。貴貴其等尊賢，義也。」《郭
店楚墓竹簡》，頁 150。

[48] 帛書本原文以《帛書五行篇研究》為主，見該書頁 31，再參考陳耀森：〈「君
子慎其獨也」涵義之新探釋〉，http://www.lunwentianxia.com/product.free.58
98096.3/。

本的說法來駁斥了長久以來，包括朱子等學者對〈大學〉、《中庸》的「慎獨」之說的解釋，即「慎獨」應該是指向內心的專一（此「一」並非是將五德合一之意），與《中庸》的「誠」的內涵很像。這樣的說法也頗有開創性，因此，底下筆者暫以大陸學者的意見為主，來闡述〈五行〉中的「慎獨」與《中庸》的慎獨之關係。

簡本〈五行〉云：「『淑人君子，其儀一也。』能為一，然後能為君子，君子慎其獨也。『瞻望弗及，泣涕如雨。』能差池其羽，然後至哀，君子慎其獨也。」從上引兩段詩文，實難看出簡本〈五行〉「慎獨」的所指，但若連著上文來看，則可知「慎獨」其實和君子外在的形貌脫離不了干係。[49]但作者並非只強調了君子慎獨所表現出的行為特質而已，更重要的還在內心的修為，從第二句「至哀」可知。「哀」指向內心，是一種心理情緒，同時也指向德行的修為。所以上一句的「為一」顯然的也不是單純的說君子的儀態能始終如一而已，而是有如帛書本說的把「五行」化為內在的「行」、「德」（天道），而非只是外在的「行」、「善」（人道）而已。因為「德」是形於內的，是有始無終的，而「善」是有始有終的。

且從論「慎獨」之前的論述「仁」、「智」、「聖」的邏輯思路來看，「慎獨」也是一種內心的德性與外在形體之間的辯證關係，即如帛書本說的：「慎其蜀（獨）也者，言舍夫五而慎其心之胃（謂）□□然笱（后）一。一也者，夫五夫為〔一〕心也，然笱（后）德之一也，乃德已。德猶天也，天乃德已。」帛書本說的「一」與「多」，要以「五」為「一」，其實是指「心」對外在的形體（四肢或五官）的超越，正因

---

[49] 〈五行〉於論述「慎獨」之前，特別解說了「五行」中的「仁」、「智」、「聖」三種德行，且都強調三種德行與外在形貌、行為有密切的關係：「仁之思也精清，清則察，察則安，安則溫，溫則悅，悅則戚，戚則親，親則愛，愛則玉色，玉色則形，形則仁。智之思也長，長則得，得則不忘，不忘則明，明則見賢人，見賢人則玉色，玉色則形，形則智。聖之思也輕，輕則形，形則不忘，不忘則聰，聰則聞君子道，聞君子道則玉音，玉音則形，形則聖。」《郭店楚墓竹簡》，頁149。

為心能獨，即超越於五官四肢，故能對五官四肢均平（不偏不倚）、專一，進而能統攝之。這個意思接近《荀子·解蔽》所言的「虛壹而靜」。與〈五行〉不同的是，《中庸》並沒有就慎獨的「心」對「形」的超越、主宰作用做出說明，然而從它對慎獨與強調「誠」之間的說明來看，兩者對於「慎獨」的理解基本上是相同的。即慎獨是指內心的專一，指內心的誠及外在表現，而與「小人閒居為不善」根本沒有關係。因為在《中庸》第一章「戒慎乎其所不睹，恐懼乎其所不聞」後，接著便以喜怒哀樂之發與未發來說「中庸」，而這種發與未發正好是「誠」的關鍵內涵。由此看來，〈五行〉以「一」說「慎獨」，此「一」有可能與《中庸》的「誠」意涵相近，是指內心的專一不驚，而唯有如此，作為修養德行的「心」方能不受外在肢體、感官的影響，而能「知之」、「進之」。也可由專一、誠而達至天人合一的「一」。[50]

六、聰明聖智

楚簡本〈五行〉對「聖智」的並論與重視是非常明顯的，例如：

> 未嘗聞君子道，謂之不聰。未嘗見賢人，謂之不明。聞君子道
> 而不知其君子道也，謂之不聖。見賢人而不知其有德也，謂之
> 不智。（第十四段）

---

[50] 張衛紅云：「簡文以燕子的羽毛不整以及送別時的悲傷之情，來比喻君子臨喪以心喪為至极，而不在衰絰，亦是以一心為貴。因而，一心在人道層面指以一心統攝耳目鼻口手足，表明心統攝身體諸器官的主宰地位，從而合同為一，以達人道之善。在天道層面，一心指向「獨」。……意謂這種內在心體的體驗到了一定程度，就會消解耳目鼻口手足的牽累，此心通過剝離形體而與天道合一，進入精神的神秘體驗狀態。」〈試論五行的成德進路〉，《石河子大學學報（哲學社會科學版）》，第 3 卷第 4 期（2003 年 12 月），頁 24。

見而知之，智也。聞而知之，聖也。明明，智也，赫赫，聖也。「明明在下，赫赫在上」，此之謂也。（第十五段）

邢文在〈楚簡〈五行〉試論〉一文中，強調「『聖智』之論是貫穿全篇的重要線索。」[51]而由〈五行〉原文我們可以發現，「智」與「見」而「明」為一組，「聖」與「聖」與「聞」而「聰」為一組，恰與《中庸》第三十二章中的「苟不固聰明聖知達天德者，其孰能知之？」[52]相符，而〈五行〉中的「聖智之論」，似是對《中庸》「聰明聖智」的發揮。除此之外，《孟子・萬章下》亦有對聖智的重視：

智，譬則巧也；聖，譬則力也。由射於百步之外也；其至，爾力也；其中，非爾力也。[53]

孟子在這裡用「力」與「巧」來區分「聖」與「智」，似乎有先天本質與後天修為相對待的意思。因為光有智巧而無力道，則無法射中標的，而強勁的力道（聖）正是君子修德最根本的那個東西，就像《中庸》引孔子說的：「射有似乎君子。失諸正鵠，反求諸其身。」修道修德的根本仍在自身，要往內求而非外索。當然，孟子在這裡是強調聖、智的相輔相成，不可拋棄其中任何一種。既然所謂的「思孟學派」均有特重「聖」、「智」的記載，而〈五行〉與之相符，那麼〈五行〉承繼子思一脈思想，又多了一項佐證。再者，《子思子・外篇・附錄》云：「道為知者傳，苟非其人，道不傳矣。」這又可見子思對智的重視。「智」也作「知」，在《中庸》裡似乎沒有特別的突出其作用，反而是將「知」與「仁」、「勇」視為一組與修身密切相關的「三達德」。而「知」又指

---

[51] 詳邢文：〈楚簡五行試論〉，《文物》（1998 年第 10 期），頁 57-61。
[52] 《四書章句集注》，頁 51。
[53] 《四書章句集注》，頁 439。

向「好學」，只不過這裡的「學」顯然不是一般所認知的向外求知、學習客觀知識的認知之學，而是內聖成德之學。

與《中庸》不同的是，〈五行〉裡似乎特別將「聖智」與「仁義禮」分為兩組不同的德性品質來說明，並且以「聰」（耳、聞）、「明」（目、見）來區別兩者的不同。這是《中庸》所沒有的，也是〈五行〉與同時代其他思想相較，最為特出的地方。[54]尤其是「聖」（耳、聞）的地位，明顯超越其他四者（仁義禮智）。以「聖智」來說，聖比智更根本。簡書云：「聞道而悅者，好仁者也。聞道而畏者，好義者也。聞道而恭者，好禮者也。聞道而樂者，好德者也。」這句話同時也說明，聖之聞道乃是仁、義、禮、德之本原，特因其聞道的境界不同而互相區別。為何「聖」較之其他四行，其地位如此之高？這和它的「耳聞」特質脫離不了干係。「聖」字從「耳」得義，所聽聞者自然是上天之旨意，如此則由「聖」可連接著天意、天道等超越的、形而上意涵的一面。在中國古人那裏，天之道、聖之德就以音樂本身來顯現。《禮記‧樂記》雲：「樂由天作」，「故聖人作樂以配天」。故而，天道以天音展現，聖人以通天音而達天道，天音與聖人一而二、二而一，這就是中國上古文化常以音樂來形容聖德的原因。[55]而聖者這種特殊的聽聞方式，顯然是一種直覺性的諦聽，是直觀的把握天道、天理，而非一般的耳聞聆聽。這種直觀的把握，也可說是一種天人合一的境界，猶如《中庸》說「誠」時的境界：「故至誠無息。不息則久，久則徵，徵則悠遠，悠遠則博厚，博厚則高明。……博厚配地，高明配天，悠久無疆。如此者，不見而章，不動而變，無為而成。天地之道，可一言而盡也。」[56]

---

[54] 詳丁四新：〈略論郭店楚簡五行思想〉，《孔子研究》（2000 年第 3 期），頁 52。

[55] 同註 50，頁 25。

[56] 《四書章句集注》，頁 45。

七、和與同

　　《論語・子路》記載，子曰：「君子和而不同，小人同而不和。」依何晏所釋，「君子心和，然其所見各異，故曰不同。小人所嗜好者同，然各爭利，故曰不和。」[57]朱《注》：「和者，無乖戾之心。同者，有阿比之意。尹氏曰：『君子尚義，故有不同。小人尚利，安得而和？』」[58]這是最常見的解釋。〈五行〉可見之「和」、「同」論述如下：

　　德之行五，和謂之德，四行和謂之善。（第二段）

　　聖，知禮樂之所由生也，五行之所合也。和則樂，樂則有德，有德則邦家興（第十五段）

　　仁，義禮（帛：多智之字）所由生也，四行之所合也。和則同，同則善。（第十六段）

　　和則同，同則善。（帛本無此六字）（第二十三段）

筆者以為，〈五行〉中的「和」字不僅僅是「多種不同事物的統合」的意思，而應該是「中」庸「中和」的意思，也就是《中庸》第一章裡「喜怒哀樂之未發，謂之中；發而皆中節，謂之和。中也者天下之大本也，和也者天下之達道也」中「和」的意思，也就是「中節」之意。〈五行〉謂「和則同，同則善」，又說「和則樂，樂則有德」，究竟「和」、

---

[57]　《論語注疏》（臺北：藝文印書館，1976 年），卷 13，頁 119。
[58]　《四書章句集注》，頁 204。

「同」、「樂」三者有何關係？《子思子・外篇・逸篇》：「君子同則有樂，異則有禮。」提到了「同則有樂」，黃以周的註解為：「同謂和親，和親自有樂。」正說明了三者的關係。比較值得注意的是「同」在〈五行〉篇中是指「人道」的禮樂修為，而非天道的至高境界。所以它是「四行」之所和，而非「五行」之和。是屬於人道的「善」，而非天道的「德」。這種思想在《中庸》裡似乎還找不到相應的說法。

八、「時」（「時中」）

郭店楚簡〈五行〉與《子思子》都提到了「時」的觀點：

> 五行皆形於內而時行之，謂之君子。（第三段）

> 行之而時，德也。（第十五段）

曾子謂子思曰：「昔者吾從夫子巡守於諸侯，夫子未嘗失人臣之禮，而猶聖道不行，今吾觀子有傲世主之心，無乃不容乎？」子思曰：「時移世異，人（各）有宜也。當吾先君周制雖毀，君臣固位，上下相持若一體，然夫欲行其道，不執禮以求之則不能入也。今天下諸侯方欲力爭競招英雄以自輔翼，此乃得士則昌，失士則亡之秋也，伋於此時不自高，人將下吾；不自貴，人將賤吾，舜禹揖讓，湯武用師，非故相詭，乃各時也。」[59]

《孟子・萬章下》說：「孔子，聖之時者也。」[60] 相較於「聖之清」的伯夷、「聖之任」的伊尹、「聖之和」的柳下惠，孔子是「聖之時」

---

[59] 《子思子》,〈外篇・附錄〉,頁 283-284。
[60] 《四書章句集注》,頁 440。

者，時謂相時之宜，而權其輕重緩急，使適乎中道，不偏於一端者也。《中庸》第二章：「君子之中庸也，君子而時中。」朱熹（1130-1200）的注解為：「君子之所以為中庸者，以其有君子之德，而又能隨時以處中也。」在朱子看來，「中庸」並無定體，「隨時而在」，可謂為平常的道理，君子明白要能執守中庸之道，完全必須靠自己，故應隨時都戒慎恐懼地修養德行，時時刻刻都保持著「中」的樣態。[61]此說可與上引〈五行〉及《子思子‧附錄》所提出來的「時」之觀點互參。在此，「時」字便有幾種意涵：隨時、時常，是一種對君子修德的要求，要抱持恆久的耐心，如孔子引南方俗俚與《易經‧恒卦》說的：「人而無恆，不可以作巫醫。」「不恒其德，或承之羞。」（《論語‧子路》）另一意涵則是指隨時而應變舉措，所謂「行之而時」，能視實際情勢而調整，做出有益、確實的行動來，則自然能得「時」、得「中」。所以《中庸》說：「君子素其位而行，不願乎其外。素富貴，行乎富貴；素貧賤，行乎貧賤；素夷狄，行乎夷狄；素患難，行乎患難：君子無入而不自得焉。在上位不陵下，在下位不援上，正己而不求於人，則無怨。」「誠者非自成己而已也，所以成物也。成己，仁也；成物，知也。性之德也，合外內之道也，故時措之宜也。」[62]這即是一種「時行」的表現。因此，「時」又有了「中」的意涵。

九、心

子思對於「心」的看法，與〈五行篇〉相似，認為心是耳目的主宰，君子可以用心引導耳目，小人只能讓心被耳目的慾望牽著走：

---

[61] 《四書章句集注》，頁 24。

[62] 分見《中庸》14、25 章，《四書章句集注》，頁 31、44。

> 君子以心導耳目，小人以耳目導心。[63]

不同的是，子思更將心的能力擴張，認為心有「勝人」、「御人」的能力，其云：

> 能勝其心，于勝人乎何有？不能勝其心，如勝人何？[64]

又云：

> 百心不可得一人，一心可以得百人。[65]

所謂「勝其心」，就是「耳目鼻口手足六者，心之役也」（第二十三段），就是「以心導耳目」，心若能御耳目鼻口手足，自然能立志於成德，成德的君子能見用，便能以其心治人。正因為心有這種「得百人」的力量，所以才能由內聖而外王，這也就是〈五行篇〉第十五段所說「和則樂，樂則有德，有德則邦家興」的由一己之有德到邦家興的原因，也是《中庸》第二十章所說的「知所以脩身，則知所以治人；知所以治人，則知所以治天下國家矣。」[66]但在〈緇衣〉中，以「心」喻君，以「體」喻民，認為「心」雖然可以主宰「體」，但若不得民心，亦會因民而亡：

> 民以君為心，君以民為體，心莊則體舒，心肅則容敬，心好之身必安之，君好之民必欲之。心以體全，亦以體傷，君以民存，亦以民亡。[67]

63　《子思子》，〈外篇・逸篇〉，《意林》引《子思子》，頁246。
64　《子思子》，〈外篇・逸篇〉，《中論・修本》引子思之言，頁251。
65　《子思子》，頁245，《太平御覽》卷376引《子思子》。
66　《四書章句集注》，頁37。
67　《子思子》，頁184-185，〈緇衣〉。《文選・四子講德論・注》引《子思子》：「心莊則體修，心肅則體敬也。」文字與此稍有不同。

子曰：「心之精神是謂聖。」[68]這是《子思子・外篇・附錄》引自《孔叢子》的一句話，是唯一說明「聖」內涵的一句話，與〈五行〉中認為「形於內」才可稱為「德之行」相關，也就是說，「聖」是一種心的精神，也可說是「形於內」的精神。這也符合〈五行〉的意旨，它注重人內心的精神修養，並且把「心」的地位提昇，把「心」的「精神」，最精粹的那一部分作為成「聖」的基礎。比較奇特的是，〈五行〉將「心」分為內外：「以其外心與人交，遠也。遠而莊之，敬也……恭而博交，禮也。」與「外心」相對的是「內心」，但〈五行〉篇並沒有標舉「內心」一詞，反而有所謂的「中心」：「君子亡中心之憂則亡中心之智……不安則不樂，不樂則亡德。」；「以其中心與人交，悅也。中心悅旃，遷于兄弟，戚也。……愛父，其攸愛人，仁也。」；「中心辯然而正行之，直也。直而遂之，……其等尊賢，義也。」若連著〈五行〉開頭對「四行」與「五行」作的區別，則可知「中心」是內在之心，是「德之行五和謂之德」；「外心」是內心的發用，是「四行和謂之善」。若再參考《語叢一》：「天生百物，人為貴。人之道也，或由中出，或由外入。」、「由中出者，仁、忠、信。由〔外入者，禮、樂、刑。〕」、「……生德，德生禮，禮生樂，由樂知刑。」等文字，[69]則可知仁義忠信屬內在，禮樂刑政則屬外在。這也和孟子、子思的思想相一致。

十、君子之道

《中庸》第十二章：「君子之道費而隱。」朱《注》：「費，用之廣也；隱，體之微也。」[70]關於君子之道，《中庸》第二十九章有此描述：

---

[68] 《子思子》，〈外篇・附錄〉，頁 274。

[69] 《郭店楚墓竹簡》，頁 194。又參見李零：《郭店楚墓竹簡校讀》，《道家文化研究》，第 17 輯（北京：三聯書店，1999 年），頁 532。

[70] 《四書章句集注》，頁 29。

「君子之道，本諸身，徵諸庶民，考諸三王而不謬，建諸天地而不悖，質諸鬼神而無疑，百世以俟聖人而不惑。」[71]

　　〈五行〉第三段：「五行皆形於內而時行之，謂之君子。士有志於君子道，謂之志士。」那麼，所謂的「君子道」指的應是「仁、義、禮、智、聖」五行了。但《中庸》第十三章裡也有所謂的「君子之道」：

> 君子之道四，丘未能一焉。所求乎子以事父，未能也；所求乎臣以事君，未能也；所求乎弟以事兄，未能也；所求乎朋友，先施之，未能也。[72]

所言與〈五行〉的內涵並不相同。此外，〈坊記〉：「子言之：君子之道辟則坊與坊民之所不足者也。大為之坊，民猶踰之，故君子禮以坊德，刑以坊民，命以坊欲。」[73]這裡提到了君子如何運用君子之道來坊民。

　　從〈五行〉我們可以明白，德性的獲得，與「見賢人」、「聞君子道」是相關的。〈五行〉在「智」、「聖」兩方面說得尤其清楚：「智之思也長，長則得，得則不忘，不忘則明，明則見賢人，見賢人則玉色，玉色則形，形則智。」、「聖之思也輕，輕則形，形則不忘，不忘則聰，聰則聞君子道，聞君子道則玉音（帛：王言），玉音則形，形則聖。」（第六、第七段）而〈五行篇〉對此的重視，可以從《中庸》第十三章看出來：「道不遠人。人之為道而遠人，不可以為道。《詩》云：『伐柯伐柯，其則不遠，執柯以伐柯，睨而視之，猶以為遠。』」「道不遠人」，所以要從「賢人」、「君子」的身上去學習效法。

　　君子道貴在能行，才能如〈五行〉所說的「有德則邦家興」，《子思子》中有一段子貢（前 520-？）與原憲（前 515-？）的對話：「子貢曰：『嘻，先生何病也？』」原憲應之曰：『憲聞無財之謂貧，學道而

---

[71] 《四書章句集注》，頁 49。
[72] 《四書章句集注》，頁 30。
[73] 《子思子》，〈內篇・坊記〉，頁 199。

不能行之謂病。今憲貧也，非病也。」子貢逡巡而有愧色。」[74]原憲這一段話似乎側面指出了君子之道不光只是一種潛在、深隱於內心的德性而已，它同時也是一種外在的表現，或者說可以從外在的形貌來判斷、凸顯一個君子是否真的得「道」。這種觀念正好和簡本〈五行〉所強調的思想相合，〈五行〉云：「君子亡中心之憂則亡中心之智，亡中心之智則亡中心之悅，亡中心之悅則不安，不安則不樂，不樂則亡德。」這是說只有將仁、義、禮、智、聖等五種美好的品德規範內化為品德信念而又能時刻將這些美好的品德信念外化為品德行為的人才稱得上君子，才能叫做有德。君子是能將道德認識與道德實踐有機地統一起來的人。因而君子能合內外之道，能將人道與天道有機地統一起來。將人道與天道統一起來就叫做「君子道」。

十一、尊賢與親親

《荀子・哀公》：「人有五儀：有庸人，有士，有君子，有賢人，有大聖。」[75]荀子所指出人的這五種等級，套用於〈五行〉中亦十分吻合，可見這是當時儒家一致的分法。由此可知，賢人的德性修養是在君子之上的。在「尊賢」之前，首先要能知其為賢人。如何能知？由〈五行〉第十三段「未嘗見賢人，謂之不明。……見賢人而不知其有德也，謂之不智」來看，靠的是智者的「見而知之」，但如何能「見而知之」，〈表記〉：「是故君子以義度人則難為人，以人望人則賢者可知矣！」[76]此處提供了一個解釋，「以人望人」，相較之下則高下立判。

---

[74] 《子思子》，〈外篇・逸篇〉頁 269-270。

[75] 同註 5，頁 841。

[76] 同註 32，頁 120。

　　「尊賢」與「親親」是《中庸》非常強調的課題，並將之列為治天下國家「九經」中的第二第三位。[77]「親」在〈五行〉當中是形成「仁」德的過程之一；「尊賢」，則是「義」的表現（貴貴，其等尊賢，義也。〔第十八段〕）。《中庸》第二十章與此十分相合：「仁者人也，親親為大；義者宜也，尊賢為大。」至於尊賢的方法是「賤貨而貴德」，[78]與〈五行〉亦可相乎應。在〈表記〉中亦有「讓於賢」[79]的思想可呼應。〈緇衣〉：「好賢如緇衣，惡惡如巷伯。」[80]是以《詩經‧鄭風》中的〈緇衣〉一詩表達尊賢用賢之心，「子曰：輕絕貧賤而重絕富貴，則好賢不堅而惡惡不箸也。」[81]也表達了「好賢」的思想。至於職位的安排，寧可使人的德行過於其爵，而不可使食祿的供給超過其德性與作為應得的，並應「取其所長，棄其所短」也就是〈坊記〉、〈附錄〉所說的「故君子辭貴不辭賤，辭富不辭貧，則亂益亡。故君子與其使食浮於人也，寧使人浮於食。」[82]、「夫聖人之官人，猶大匠之用木也，取其所長，棄其所短。」[83]

　　值得注意的是，楚簡〈五行〉第十六段：「仁義禮所由生也。」依荊門市博物館《郭店楚墓竹簡》斷句為「仁，義禮所由生也。」但若將之斷為「仁義，禮所由生也」就與上引《中庸》第二十章的下一句「親親之殺，尊賢之等，禮所生也」相互呼應了。

---

[77]　《中庸》第二十章：「凡為天下國家有九經，曰：脩身也，尊賢也，親親也，敬大臣也，體群臣也，子庶民也，來百工也，柔遠人也，懷諸侯也。脩身則道立，尊賢則不惑，親親則諸父昆弟不怨，敬大臣則不眩，體群臣則士之報禮重，子庶民則百姓勸，來百工則財用足，柔遠人則四方歸之，懷諸侯則天下畏之。」《四書章句集注》，頁37-38。

[78]　分見《四書章句集注》，頁37、38。

[79]　《子思子》，〈內篇‧表記〉，頁130。

[80]　《子思子》，〈內篇‧緇衣〉，頁164。

[81]　《子思子》，〈內篇‧緇衣〉，頁190。

[82]　《子思子》，〈內篇‧坊記〉，頁206。

[83]　《子思子》〈外篇‧附錄〉，引自《孔叢子‧居衛》，頁281。。

　　子思云：「君子尊賢以崇德，舉善以勸民。」[84]這就告訴我們，「尊賢」便是崇「德」的表現，而在治民方面也要以推舉善人或善行來勉勵人民朝著成善成德的路邁進。在《子思子》一書中，「尊賢」的思想是非常明顯的，尤其是強調國君應求賢若渴，並信用之，而非以高官厚祿為餌。「君若飢渴待賢，納用其謀，雖疏食飲水，伋亦願在下風。以高官厚祿為釣餌而無信用之心，公儀子智若魚者可也，不爾，則不踰君之庭。」[85]子思勸魯穆公的這一段話，也可以看出其愛賢惜才之心。

　　此外，〈參德〉的「聖人在上，民遷如化」，[86]可與〈五行〉的「有德則邦家興」（第十五段）相參照。〈表記〉的「恭近禮」剛好是〈五行〉中「禮」的達成步驟的最後一項：「以其外心與人交，遠也。遠而莊之，敬也。敬而不節（懈），嚴也（帛：無也字）。嚴而畏（帛：威）之，尊也。尊而不驕，恭也。恭而博交，禮也。」[87]（第十九段）這也讓人想到《中庸》第二十章所說的：「或安而行之，或利而行之，或勉強而行之，及其成功，一也。」[88]

　　再者，關於荀子批評思孟五行的一段話：「甚僻違而無類，幽隱而無說，閉約而無解。」《中庸》第十二章及第三十三章裡正好有一些話可供我們對照：「君子之道，費而隱」（第十二章）朱《注》：「費，用之廣也；隱，體之微也。」；「故君子之道闇然而日章，小人之道的然而日亡。君子之道淡而不厭，簡而文，溫而理。知遠之近，知風之自，知微之顯，可與入德矣。」（第三十三章）[89]由此可知，在子思的想法中，君子之道也是相當隱微、闇然而不易瞭解的，但這些隱微、闇然與不易瞭解會隨著對君子道的理解與實現而轉變。所以荀子會提出嚴

---

[84]　《子思子》，〈外篇‧逸篇〉，《韓非子》卷 16 引，頁 247。

[85]　《子思子》，〈外篇‧逸篇〉，《太平御覽》卷 507 引，頁 248。

[86]　《子思子》，〈內篇‧參德〉，頁 101。

[87]　「恭近禮」之說見《子思子》，〈內篇‧表記〉，頁 125。

[88]　《四書章句集注》，頁 37。

[89]　《四書章句集注》，頁 52。

屬的批評，難免引起後人諸多推測，假若說荀子就僅是無法接受或理解子思學派的「君子道」，似乎把問題過於單純化，或許正如龐樸所說的：

> 荀子批評思孟，不在於這些範疇本身，也不在於一般地談論它們，而在於「案往舊造說」。就是說，荀子批評思孟將這些範疇從「往舊」的道德、政治以至認識論的諸範疇中摘取出來，不顧「類」之不同，並列而謂之「五行」，賦予它們以「幽隱」的內容，構築它們成「閉約」的體系；以致世俗之儒不知其非也，「遂受而傳之，以為仲尼、子游為茲厚於世」。這是荀子所以痛心疾首，申斥思孟為儒家罪人的緣故所在。[90]

此外，黃俊傑對此一問題也提出了引人注意且更為詳盡的解釋：「以〈五行篇〉為代表的思孟學派，主張『仁、義、禮、智、聖』五種德行（所謂「五行」）皆源於『心』（所謂「形於內」）。從荀子的立場看來，這種『心』的概念與荀子的『心』貌同而實異。貌同者是其表象，雙方皆注重『心』的自主性，但其異者則極具關鍵性。思孟學派強調『心』的主體性及超越性，荀子則強調「心」的社會性與政治性。荀子的『統類心』所關懷的不是個人成德的超越根據，而是個人成德過程中所必然牽涉的社會、政治諸般現實問題，尤其是禮法制度建構的問題。所謂『僻違而無類』，就是指思、孟之偏離『可知可能之理』（《荀子・性惡》），忽視「盡制」（《荀子・解蔽》）問題而言。」「荀子批判思、孟五行說的第二個原因在於『道』的思想內涵。一言以蔽之，思孟的『道』具有超越時空涵義，而且強調『道』的內在化。荀子的『道』則具有強烈的時空意義，荀子所強調的是『道』的客體化，要求『道』落實

---

[90] 龐樸：〈思孟五行新考〉，《竹帛五行篇校注及研究》（臺北：萬卷樓圖書公司，2000 年），頁 140。亦見於 http://www.bamboosilk.org/pangpu/Zhuanzhu/Wuxing/Xinkao.htm。

到人間，達到「盡倫」、『盡制』的效果……荀子站在『道』的客體化
這個立場，對於思孟學派所宣揚的那種貫通天人二界、含攝仁義聖五
行的『道』，當然無法接受。……荀子斥之為『幽隱而無說』，實非無
的放矢。而且，在思、孟五行說中，從『天道』到『人道』構成為一
個迴圈的系統，自成一體，具有某種內斂的性格，無法在具體歷史情
境中開展而成為創造世界的力量。所以，荀子評之曰『閉約而無解』，
可能是指思、孟五行說未能對『道』與世界的關係作一個明確解說與
安頓而言。」[91]固然這樣的見解也引來學者的異議，[92]但確實可備一說。

伍、結語

有研究者指出，瀏覽先秦儒家經典，可得到一個初步印象，那就
是字裡行間充滿了仁、義、禮、智、信、聖的道德規約，君臣、父子、
夫婦、六位、六職、六德的清規戒律，似乎有一種倫理的厚重感。[93]透
過本文的討論，可以發現這樣的瀏覽印象大致合乎實情。

《子思子》一書的重點思想主要是「修己牧民」之道，並以傳續
孔子思想為己任。其內聖以至外王的思想與〈五行〉絕對是相合的。《子
思子》既有《中庸》的「誠」與「中庸」；〈參德〉唯一保留的一章強
調的是「信」、「誠」與「聖人」；〈表記〉強調的包括禮的重要、仁的
難成、愛與親的必要性，也涉及事君之道及卜筮之法等。〈緇衣〉講的
是為君與為臣之道，國君應重仁重義。〈坊記〉所強調的是在位君子能
以身作則，人民則可起而效法，從而達到坊民的目的，其特別強調者

---

[91] 黃俊傑：《荀子非孟的思想史背景——論〈思孟五行說〉的思想內涵》，收
入《孟學思想史論》卷二（臺北：中央研究院中國文哲研究所籌備處，1997
年），頁 109-120。

[92] 詳梁濤：〈荀子對思孟五行說的批判〉，http://www.lsqn.cn/teach/LUNWEN/
200907/130887.html。

[93] 歐陽禎人：《郭店儒簡論略》（臺北：臺灣古籍出版公司，2003 年），頁 34。

為「禮」以坊民，此外並論及君子之孝。《子思子》中的「德」、「善」
是一個重要概念，指「德行」、「善行」（如：有至德者為聖人，稱人之
善，過則稱己），但並沒未論及其實質內容，故無法與〈五行〉比較。
整體來看，《子思子》一書偏重於道德的外在實踐，例如行仁、行義、
重信，其中尤以對禮的強調最能看出其價值取向，至於「智」的方面
則較少論及，德性的內在形成過程部分更是未曾涉及，雖然如此，《子
思子》的內容的確有許多可以與〈五行〉相發明之處。

九十八年一月份的慶生，前排左起：李威熊老師、林明德老師；後排左起周益忠老師、彭維杰老師、黃文吉老師。

九十八年一月份的慶生，前排左起：李威熊老師、林明德老師、呂光華老師；後排左起王年双老師、林逢源老師、徐秀慧老師、邱湘雲老師、許麗芳老師、吳明德老師。

九十八年一月份的慶生，歡唱生日快樂，左起彭維杰老師、李威熊老師、林明德老師。

九十八年一月份的慶生，愉快地切蛋糕，左起彭維杰老師、李威熊老師、林明德老師。

李威熊教授蒞臨彰化師範大學國文系演講，散發專業、謙和、溫文儒雅的風采。

李威熊教授蒞臨彰化師範大學國文系演講,散發專業、謙和、溫文儒雅的風采。

李威熊教授於彰化師範大學國文系演講結束後,受到熱烈迴響並與主辦同學
合影。

李威熊教授於彰化師範大學國文系精采的演講結束後，神采奕奕、讓與會師生受益良多。

九十五年在九峰書院慶生，左起：彭雅玲老師、林登煜老師、黃忠慎老師、林素珍老師、李威熊老師、彭維杰老師、張清泉老師、劉國平老師。

李威熊教授與師母，鶼鰈情深，共唱生日快樂歌。

李威熊教授受邀擔任彰化師範大學國文系十五屆詩學會議之主持人。

李威熊教授受邀擔任彰化師範大學國文系十五屆詩學會議之主持人。

李威熊教授受邀擔任彰化師範大學國文系十五屆詩學會議之主持人，會前攝
於國文系館。

李威熊教授受邀擔任彰化師範大學國文系十五屆詩學會議之主持人，會前攝
於國文系館。

九十六年教務處與國文系同仁一起為李威熊教授慶生。

李威熊教授於九十六年慶生留影。

李威熊教授與彭維杰老師。

李威熊教授與黃忠慎老師合影於彰化師範大學國文系館。

82 年李威熊老師與張清泉老師合影於國文系辦

國家圖書館出版品預行編目

文化、經典與閱讀：李威熊教授七秩華誕祝壽
論文集/ 王年双等著. -- 一版. -- 臺北市：秀
威資訊科技, 2010.01
　　面；　　公分. -- (語言文學類；ZG0066)
BOD 版
ISBN 978-986-221-388-9(平裝)

1. 經學　2. 中國文學　3. 文集

030.7　　　　　　　　　　　　　98025006

語言文學類　ZG0066

文化、經典與閱讀
——李威熊教授七秩華誕祝壽論文集

主　　編 / 黃忠慎
執行編輯 / 藍志成、彰師大國文系　賴昭吟
圖文排版 / 鄭維心
封面設計 / 陳佩蓉
數位轉譯 / 徐真玉　沈裕閔
圖書銷售 / 林怡君
法律顧問 / 毛國樑　律師
印製經銷 / 秀威資訊科技股份有限公司
　　　　　臺北市內湖區瑞光路 583 巷 25 號 1 樓
　　　　　電話：02-2657-9211　　　傳真：02-2657-9106
　　　　　E-mail：service@showwe.com.tw
經 銷 商 / 紅螞蟻圖書有限公司
　　　　　臺北市內湖區舊宗路二段 121 巷 28、32 號 4 樓
　　　　　電話：02-2795-3656　　　傳真：02-2795-4100
　　　　　http://www.e-redant.com

2010 年 8 月 BOD 二版
定價：530 元

讀 者 回 函 卡

感謝您購買本書，為提升服務品質，煩請填寫以下問卷，收到您的寶貴意見後，我們會仔細收藏記錄並回贈紀念品，謝謝！

1. 您購買的書名：＿＿＿＿＿＿＿＿＿＿＿＿＿＿＿＿＿＿

2. 您從何得知本書的消息？

  □網路書店　□部落格　□資料庫搜尋　□書訊　□電子報　□書店

  □平面媒體　□ 朋友推薦　□網站推薦　□其他＿＿＿＿＿＿

3. 您對本書的評價：(請填代號　1.非常滿意 2.滿意 3.尚可 4.再改進)

  封面設計＿＿＿　版面編排＿＿＿　內容＿＿＿　文/譯筆＿＿＿　價格＿＿＿

4. 讀完書後您覺得：

  □很有收獲　□有收獲　□收獲不多　□沒收獲

5. 您會推薦本書給朋友嗎？

  □會　□不會，為什麼？＿＿＿＿＿＿＿＿＿＿＿＿＿＿＿＿＿

6. 其他寶貴的意見：＿＿＿＿＿＿＿＿＿＿＿＿＿＿＿＿＿＿＿

＿＿＿＿＿＿＿＿＿＿＿＿＿＿＿＿＿＿＿＿＿＿＿＿＿＿＿＿＿

＿＿＿＿＿＿＿＿＿＿＿＿＿＿＿＿＿＿＿＿＿＿＿＿＿＿＿＿＿

＿＿＿＿＿＿＿＿＿＿＿＿＿＿＿＿＿＿＿＿＿＿＿＿＿＿＿＿＿

讀者基本資料

姓名：＿＿＿＿＿＿＿＿＿＿　年齡：＿＿＿＿　性別：□女　□男

聯絡電話：＿＿＿＿＿＿＿＿　E-mail：＿＿＿＿＿＿＿＿＿＿

地址：＿＿＿＿＿＿＿＿＿＿＿＿＿＿＿＿＿＿＿＿＿＿＿＿＿＿

學歷：□高中(含)以下　　□高中　□專科學校　□大學

　　　□研究所(含)以上　□其他＿＿＿＿＿＿＿＿

職業：□製造業 □金融業 □資訊業 □軍警 □傳播業 □自由業

　　　□服務業 □公務員 □教職　□學生 □其他＿＿＿＿＿＿

- -

（請沿線對摺寄回,謝謝!）

秀威與 BOD

BOD（Books On Demand）是數位出版的大趨勢，秀威資訊率先運用 POD 數位印刷設備來生產書籍，並提供作者全程數位出版服務，致使書籍產銷零庫存，知識傳承不絕版，目前已開闢以下書系：

一、BOD 學術著作—專業論述的閱讀延伸
二、BOD 個人著作—分享生命的心路歷程
三、BOD 旅遊著作—個人深度旅遊文學創作
四、BOD 大陸學者—大陸專業學者學術出版
五、POD 獨家經銷—數位產製的代發行書籍

BOD 秀威網路書店：www.showwe.com.tw
政府出版品網路書店：www.govbooks.com.tw

　　永不絕版的故事·自己寫·永不休止的音符·自己唱